埋もれた歴史

幕末横浜で西洋馬術を
学んだ上田藩士を追って

東郷えりか

Parade Books

埋もれた歴史　目次

序章

子供にとって、年寄りが繰り返し話して聞かせる昔話は、右の耳から入って左の耳へ抜けてしまうものでしかない。あるとき、その語り手の記憶が薄れるか、その人が他界してようやく、残された者は莫大な記憶が失われて、もはや取り返しがつかないことを悟る。数年前、法事に集まった親戚と、お互いのあやふやな記憶を探り合ったことがあった。その後、仕事の合間に、思いついた何人かの祖先の名前をグーグル検索してみた。母方の祖父と曾祖父の論文や訳本などがいくつか見つかったほか、血のつながりはないが、箱館湾海戦で朝陽丸《ちょうようまる》に乗っていて蟠竜丸《ばんりゅうまる》に撃沈された人の名前もでてきた。

しかし、いまのカネボウの前身である鐘ヶ淵紡績の勤務医として、東京の下町である隅田村や本所に住んでいたと伝わるもう一人の曾祖父、門倉安栗《あぐり》の記録は、歯がゆいほど見つからなかった。墨田区の一帯は一九二三年の関東大震災と一九四五年の東京大空襲で二度、焼け野原になっている。古い墓石は残っていても、寺の過去帳すら焼失していた。震災後、祖父の家に残っていたのは鉄の金槌一本だったという。一応、墨田区で除籍謄本の交付申請もしてみたが、「上記の除籍簿および東京法務局に保管中の副本は、昭和20年3月10日に戦災で焼失しました。このために再製することができないので、除籍の謄（抄）本は交付できません」という告知書だけが手渡された。この曾祖父の長子が母方の祖父で、父親を亡くしたときは十七歳になったばかりだった。震災後、祖父が戸籍を移した先の中野区の除籍謄本には、かろうじて曾祖父の死亡年月日だけ書かれていた。墓標には享年四十九歳と刻まれているので、生年月日を記すものがどこかにあったのかもしれないが、それを知っていたはずの叔父もすでに他界して確かめようがない。この曾祖父は位牌すらなく、写真も遺影に使われたと思われるものが一枚残るのみだ。

幸い、娘が高校二年の夏休みの宿題に、親戚中に聞き取り調査をして小説仕立てのファミリー・ヒストリーを書いたことがあり、当時はまだ健在だった何人もの親戚から得た情報がノートに残っていた。叔母からは、この曾祖父が明治の医師養成学校である済生《さいせい》学舎で学んだらしいと聞いていた。祖先は信州上田藩の馬医だったが、明治になって食べられなくなり、獣医の弟子を頼って茨城県谷田部《やたべ》に移ったのだという。祖父が父親に連れられて旧藩主の家に挨拶に行ったという話も伝わっていた。曾祖父の名前では何も検索されなかったので、さらに古い祖先はまず無理だろうと思ったが、試しに伝え聞いていたやたらに長い名前「門倉伝次郎信敏《のぶとし》」の最初の部分を入力してみた。すると、こんな文面がでてきた。

「上田で、ヨーロッパの服装をきちんと着こなした老紳士に会った。彼は騎兵教練を教えたアプリン大尉（英国公使館付陸軍騎馬護衛隊長）のかつての教え子で、大尉が日本を去る時、その鞍を買った。それはきちんと保存され、私が見た時は見事な日本馬にとりつけてあった。その老紳士は松平備後守の家臣で、名は門倉伝次郎という。［……］高田にて　一八六八年十月十七日　ウィリアム・ウィリス[1]」

（『ある英人医師の幕末維新』ヒュー・コータッツィ著、中須賀哲朗訳）

アプリンもウィリスも知らなかった私にとって、これはなんとも面食らう文章だった。祖先は馬医のはずなのに、なぜ騎兵教練などしていたのかわからなかったし、上田藩主の官名を調べてみたら伊賀守《いがのかみ》だった。これは何かの間違いだろうと思ったが、それでもつい気になってアーネスト・サトウの『一外交官の見た明治維新』や、J・R・ブラックの『ヤング・ジャパン』など、よく知られる当時の記録を読み、母校の図書館でコータッツィの原書にも当たってみた。コータッツィは駐日英国大使も務めた外交官だった。ところが、原書では「その老紳士は［……］」に相当するはずの一文がすっぽり抜けていたのだ。その後、訳者の中須賀氏が、同書に先立つ一九七四年にも『英国公使館員の維新戦争見聞記』（校倉書房）を出版し、そのなかで「英人医師の会津戦争従軍記」と題して、ウィリアム・ウィリスのこの手記を紹介していたことがわかった。それどころか、イギリス公使ハリー・パークス宛の報告書として書かれたこの手記は、「青書《せいしょ》」にまとめられて英国議会から発表され、日本でも昭和初めから研究されていたことが、ウィリスを最初に研究した鮫島近二博士の一九六八年の講演録から確認できた。「昭和17、8年頃私の友人の某大学の経済史研究室で偶然発見致したものですが、門外不出の貴重本であるため、夜陰私《ひそ》かに複写して私に提供して呉れました」[2]と、青書の一冊が見つかった経緯が講演録には綴られていた。となれば、何かしら根拠はあったに違いない。

運よく、「ウィリアム・ウィリス文書」と呼ばれる彼の手書き原稿や書簡の写しが横浜開港資料館で見つかった。地下の資料室で、彼のやや乱筆の原稿に「He is a retainer of Matsudaira Iiga［*sic*］no Kami and his name is Kadokura Denjiro」[3]と読める一文を発見したときは、それこそ小躍りしたくなった。存命の親族の誰に聞いてもほとんどわからない祖先のことが、思いがけないところから見えてきたのだ。以来、ない時間をひねりだしては関連の文献を読みあさり、ネット検索を繰り返し、横浜市中央図書館や神奈川県立図書館、横浜開港資料館などに通って関連資料を探し、実際の現場を確かめるために、自転車で横浜各地を走りまわり、都内はもちろん、信州や群馬にも駆け足ながら何度か調査旅行にでかけた。

　幕末にイギリス公使館付の医官として来日したウィリスに関しては、多数の書簡や報告書が残っていた。明治初期に日本の西洋医学の発展に貢献した人なので、前述の書以外にも、医学関係者を中心に多くの論文が書かれている。私が最初にインターネットで見つけた戊辰《ぼしん》戦争の従軍記録は、会津藩の最後を目撃した数少ない証言として近年注目されていた。ウィリスは東京大学医学部の創設にかかわったのち、薩摩藩の招きで鹿児島に渡ったため、ウィリスから直接に教わった門下生も相当数いる。アーネスト・サトウの日記を研究した萩原延壽《のぶとし》の『遠い崖』でも、彼について多くのページが割かれていた。ウィリスが旅先からパークス公使に書いた最初の報告である同じ箇所も引用されており、萩原氏は正確に「松平伊賀守（忠礼、上田藩主）の家臣である」[4]と訳していた。萩原氏のこの壮大な労作に引用されたウィリスの書簡やサトウの日記、報告書などは、原文や原書が簡単には読めないため、引用に当たっては訳文をそのまま使わせていただいた。ただし、海外の古い文献の多くはいまではインターネットアーカイブなどでネット上に公開されているので、それらを引用する際は可能な限り原文から訳し直したことをお断りしておく。

　かたやアプリンのほうは護衛官という立場であり、サトウやブラック、オールコックの著書などの端々に登場するばかりで、なかなか人物像がつかめなかった。それでも日本とは異なり、イギリス人の個人情報は驚くほど多くの新聞記事や役所の記録となって残っており、ネット上でもかなり検索することができた。おかげで、アプリン大尉が一八六七年後半に帰国し、翌年四月ごろには結婚したことや、一九一四年まで長生きしたことなどを知った。『モンマス・ガーディアン』紙の死亡欄には、少々色がついてこう書かれていた。「元駐日公使館員ヴィンセント・ジェッソン・アプリン大尉が土曜午前、ロンドンのペンブルーク・スクエアの自宅で死去。アプリン大尉は、クリミア戦争の従軍将校のうち存命だった数少ない一人であった。中国の戦争にも従軍し、アプリンズ・ホースと呼ばれる特殊騎馬隊を組織した。公使館付騎馬護衛隊を指揮し、五〇〇人の薩摩兵のあいだを走り抜けて、暴動のなかで観光客を救ったのは彼だった。享年八十歳」[5]。

イアン・アプリン夫妻と娘のなりさ　2015年撮影

彼が日本に滞在した六年間は、文字どおり激動の時代であり、イギリス公使館付護衛という立場上、幕末の外国人殺傷事件の多くの現場に駆けつけ、パークス公使とともに鹿児島に行き、徳川慶喜にも謁見した。長寿を全うできたのは、よほど健康と運に恵まれていたに違いない。アプリン大尉について調べているうちに、彼について書いていたアプリン一族の人を見つけ、連絡を取ってみた。数日後に、長文のメールで返信をいただいた日は、奇《く》しくも伝次郎の命日に当たり、馬年だった。馬が結んだ縁が、一世紀半後にこうして再び子孫同士を結びつけたことは奇跡に思われ、それから当時八十九歳というこのご高齢のイアン・アプリン氏と何度もメールと郵便をやりとりした。イギリスで勉強した私の娘が数年前に再渡英した際には、デヴォン州のお住まいを代わりに訪ねてもらった。いつか私も、アプリン大尉が一時期住んでいたエクセターのチェルストン・マナーを訪れがてら、実の親戚以上に何度もメールを交わしたイアン・アプリンご夫妻を訪ねよう。そう、夢見ていたのだが、その日がこないうちに、イアンさんは二〇一八年春に永眠されてしまった。ＳＮＳを通じてつながるご遺族が葬儀の様子を中継してくれたので、ネットを通じて恩人の最期を見送ることができた。まさかこんな日がくるとは、アプリン大尉も高祖父の伝次郎も想像だにしなかっただろう。

一方、私の祖先の伝次郎に関する調査は難航した。なんらかの手がかりを得られる可能性があるのは上田藩だろうと思い、あれこれ探すうちにネット上で一八六五年の分限帳《ぶんげんちょう》を見つけた。[6] 各藩で作成された家臣の名簿で、禄高、地位、役職などが記されているものだ。筆文字で書かれた帳面のスキャン画像で、目を凝らしながらページをめくりつづけた結果、どうにか門倉姓と読める人が二人見つかった。その一人が伝次郎で、もう一人は伝次郎倅、庄次郎となっていた。子孫に伝わっている話では、伝次郎は私の曾祖父の父であり、曾祖父は死亡時の年齢から逆算すると明治初めの生まれのはずだった。あいだにもう一代、この庄次郎がいたのか、それとも庄次郎が早死にして伝次郎が晩年に子をもうけたのか、もしくは養子をもらったのか、狐につままれた気分だった。しかし、少なくとも、伝次郎が幕末に上田藩の家臣で、藩士となるほどの息子がいる年齢であったことは確認ができ、それならばウィリスが上田で老紳士に会ったという記述とは合致する。もう少し探してみると、さらに古い分限帳二冊分が『上田藩の人物と文化』[7] という本に翻刻されているのが見つかった。そこから、伝次郎の父と思われる御馬役の門蔵なる人物を見つけ、一八一三年には上田にいたことがわかった。天保十（一八三九）年版では、当時二十五歳[8]の伝次郎が御馬乗として五両三人扶持という薄給をもらっていたこと、菩提寺が、門倉家の向島の寺と同じ真言宗智山派の宗吽寺《そううん》であることなどもわかった。馬医ではなく馬乗りだったのだ。祖父は外科医だったので、馬医なら想像はついたが、馬乗りとは！　競馬の騎手のようなものだろうか？　初めて上田に行った際に、この宗吽寺を訪ねて記録が残っていないかご住職に聞いてみたが、この寺も戦後に家を失った人たちに野宿先を提供したことが仇になり、火の不始末から火事になって過去帳などは焼失したそうだ。境内の墓地に江戸時代の古い墓は多数残っているが、いずれも戒名と梵字、没年しかなく調べようがなかった。

こうして、幕末史については高校生並みの知識しかなく、横浜の住民になって十数年にはなるものの、地元の歴史に関しては何も知らないも同然だった私の調査が始まった。調べるうちに、上田女子短期大学の大橋敦夫教授の信州各藩の洋学史に関する論文[9]が見つかった。信州では上田藩が松代《まつしろ》藩と並んで洋学の導入に積極的で、かなりの洋書を保有していたこと、伝次郎が佐久間象山《しょうざん》の弟子で、「西洋馬術規範」という訳書があったことなどがわかり、問い合わせてみたところ、ご親切にも参考資料のコピーなどを送ってくださった。また、アプリンの名前が、上田藩の赤松小三郎と関連してよく言及されることに気づき、上田高校ＯＢが中心となった赤松小三郎研究会にも連絡してみた。赤松小三郎は蘭学がまだ主流だった幕末に『英国歩兵練法』の共訳者となり、薩摩藩に顧問として招かれて、英式兵学を教えた人であり、横浜のアプリンの元に通って学んだとされていた。その赤松にアプリンを紹介したのが伝次郎だったとのことで、同研究会からは上田藩に関連した資料をいろいろ教えていただいた。なかでも貴重だったのは、一九四〇年に刊行された『上田市史』だった。東京の下町で失われてしまったはずの過去の記録が、上田に残っていたのだ。ここには、子孫が誰一人知らなかったことばかりが書き連ねてあった。昭和になって『上田市史』が書かれたとき、それだけの情報が上田に残っていた理由の一つに、一八八五年創立という上田郷友会の存在がある。その発起人の一人である山極《やまぎわ》勝三郎は、日本人最初のノーベル賞候補となった病理学者で、祖父がドイツ留学を目指した際に保証人になっていただいた方だと叔母からは聞いた。あいにく戦争に突入して祖父はドイツには行けなかったが、上田人脈は門倉家でも戦前までつながっていたようだ。

『上田市史』には、真田昌幸、仙石《せんごく》正俊、松平忠厚、松平忠固《ただかた》、赤松小三郎など、いわゆる歴史上の人物と並んで、さほど有名ではないが、幕末に活躍した竹内善吾、八木剛助、桜井純造（蔵）など七〇人ほどが取りあげられており、「門倉傳［伝］次郎」という短い項目もあった。[10] 一部引用させてもらうと以下のような内容だ。なお、本書で引用する古い史料は、読みやすさを優先して、適宜、句読点を補うなどしたほか、旧字や変体仮名はおおむね改め、読み下し文にしたので、正確には原典に当たって確認していただきたい。引用した文献の多くはいまではデジタル化され、ネット上や図書館送信サービスで読むことができる。

「上田藩士。文政三年八月二十八日生る。容貌魁偉《かいい》、膂力《りょうりょく》人に過ぐ。幼にして武術を嗜《たしな》み、殊《こと》に馬術に妙を得たり。十三歳にして乗初《のりぞめ》の駈《かけ》を勤め、十五歳にて江戸に出で、特に修業扶持《ぶち》二人口を給せらる。嘉永二年中小姓《ちゅうごしょう》となり、仙台の士、草刈又七郎の門に入る。［……］後、岩淵寛光に就き、八條流早馬の法を学ぶ。［……］後に習得せる高麗《こま》流、八條流を併せ、諸般の武術、旧法を墨守《ぼくしゅ》すべからざるを覚《さと》り、佐久間象山《しょうざん》に就きて、西洋馬術を学び、馬上砲打方、並《ならび》に西洋馬療を修む。象山其《そ》の馬術に精妙なるを見、自らは学によりて、洋式馬術を教え、彼よりは技によりて騎術を習える程なりき。象山の幽閉せらるるや、伝次郎、蘭医伊東玄朴《げんぼく》の門に入り、後、蘭学者栗田敬策に嘱して、蘭書ネツテントを訳せしめ、西洋馬術軌範と名づけて出版す。

安政四年給人席に進み、十人扶持を給せられる。藩主松平忠固、江戸扇橋邸に馬場を設け、伝次郎をして西洋馬術の普及を計れり。万延元年忠礼《ただなり》襲ぐや、献上馬御用を命ぜられ、三人口を増給せられ独礼席に進む。此頃横浜に英国騎兵士官アプリンあり。上田藩幕府に請い、伝次郎をしてアプリンに就き、西洋馬術及び馬療法を修めしむ。後、仙台産の青毛馬を購《か》い、飛雲と名づけ、アプリンに託し、一年彼国の乗馬法を以て訓育せしめ、以て藩に引き取る。慶応年間征長の役あり。列藩駿足を率いたるもの少なからずといえども、其の扮装全く西洋式なりしは、上田藩の乗馬のみなりしという。〔……明治〕三年七月馬術局教頭、兼馬政局判司を命ぜられ、〔……〕同七年一月陸軍馬医副に任ぜられ、次いで横浜に在勤し〔……〕十年西南役起るや、熊本鎮台に在勤を命ぜられ、同十二年一月軍馬買弁のため鹿児島に下る。同年七月年満ちて罷役《ひえき》となり、爾来《じらい》茨城県谷田部町に悠々晩年を送る。明治二十一年一月に至り、慢性腎臓炎に罹り、十月十八日逝く。年七十一」

わからないことだらけだったため、手始めに少しばかり調べてみた。上田藩では真田氏、仙石氏につづいて、一七〇六（宝永三）年から幕末まで、三河国碧海《へきかい》郡藤井を本拠地とした徳川一族庶家の藤井松平氏が藩主となった。上田に入封《にゅうほう》したときの藩主の忠周《ただちか》は、丹波亀山、岩槻《いわつき》、但馬国出石《いずし》、上田と、現代の転勤族のように転封《てんぽう》を繰り返している。最初の上田藩主の真田氏は、隣の松代藩に転封になったので、上田と松代のあいだは、表向きは譜代と外様という関係ながら、多くの人的交流があった。上田藩領は忠周の子の忠愛《ただざね》の時代に五万三〇〇〇石となり、廃藩までこの状態がつづいた。

『上田藩の人物と文化』にあった「松平氏家臣団について」[11]という郷土史家の尾崎行也の論考と、『上田市誌歴史編(7)城下町上田』のやはり尾崎氏による松平氏の政治の節[12]を参考にすると、新たに加わる家臣は浪人や他家の家臣、または足軽からの登用が多かったようだ。上田藩の場合、格式は組付徒士《かち》格を最下位とし、その上に組外徒士格、詰並《つめなみ》、中小姓、馬廻り、寄合席、独礼席、各種の奉行、最上位の家老職まで細かくランク付けされていた。天保十（一八三九）年時に「馬廻り」という格式名称が「給人《きゅうにん》席」と変わっている。馬廻りは戦時には大名の親衛隊ともなった騎馬軍団のことだったが、平時になって閑職となり、改称されたという。藩からの給与である俸禄は、石高でもらう知行《ちぎょう》給と、扶持米《ぶちまい》給のほか、現金で年俸が支給される人もいた。知行とは大名が家臣に与える土地のことで、家臣はその土地から年貢を取り立てることになる。ただし、上田の松平氏の知行制は形式的なものとなり、実際には知行高に年貢率を掛けた量の米が藩から給付され、しかも実収入はその何割かであった。上田藩では知行給でもらう人が全家臣の一割強いて、最高は一一五〇石だったが、大半は二〇〇石台と一〇〇石台だった。大方の人は石高と扶持米の組み合わせでもらうか、貨幣と扶持米の組み合わせでもらっており、前者のほうが上とされていた。一人扶持は、一人一日玄米五合の割合で一年分与えられることを意味する。一日五合も食べれば、たとえ玄米でも炭水化物過多になりそうだが、宮澤賢治が「一日玄米四合」と言ったのも、この基準が頭にあったからだろうか。一石は成人一人の年間消費量とされる単位で、この場合は女性・老人を含む平均の食糧という意味だったのか、一日三合で計算されていた。天保十年に二十五歳の伝次郎は、詰並で、金五両と三人扶持という後者のパターンの俸禄だった。その父の門蔵は五十四歳で中小姓、一〇石三人扶持だった。この年に、三十五歳の家老が桁違いの四五〇石をもらっているので、かなりの格差社会であったことは間違いない。伝次郎は安政四年に給人席に、その後、独礼席まで進んでいるので、父親よりは出世したことになる。独礼席は、藩主に単独で謁見できることだ。

伝次郎が四半世紀にわたって仕えた上田藩主は、老中として幕政の中心にいて、ペリー来航時の日米和親条約（一八五四年）とタウンゼンド・ハリスとの日米修好通商条約（一八五八年）の双方の締結にかかわった第六代上田藩主松平忠固《ただかた》（忠優《ただます》から改名）だった。幕末史好きであっても、上田藩や松平忠固を知らない人は大勢いるだろう。かく言う私も、先祖探しを始めるまで藩主が誰であったか知りもしなかった。忠固に関するまとまった記録はわずかしかないが、調べているうちに、実際には政敵たちが彼について膨大な記録を残していることがわかってきた。断片をつなぎ合わせて見えてきた彼の人物像には驚くべきものがあり、とうてい一つの段落には収まらず、あとから長い一章を書き足すはめになった。「開国の恩人は忠固である」と、上田郷友会の月報で松野喜太郎が書いたのはもっともなのである。「上田の領主と言えば真田四十年、仙石八十五年、松平百六十四年にして統治の年限松平家最も長く、我が上田小県《ちいさがた》地方八十二ヶ村五万三千石の民衆に一番関係深く密接であった」として始まるこの松野氏の記事は、「松平家累代の話」として一九三五年から四一年まで月報に連載されたもので、一九八二年に『上田藩松平家物語』として編集、刊行されている。[13] ところが、忠固は横浜開港からまもない一八五九年十月に急死し、長男の忠礼《ただなり》がわずか九歳で家督を継いだ。伝次郎がようやく単独でのお目通りがかなうようになった相手は、この少年藩主だった。

馬乗り、馬役がそれぞれ何をするのか定かではないが、詰並の役職の一つに馬乗りが、中小姓と馬廻り（給人席）には馬役がそれぞれ挙げられている。もとは馬奉行と呼ばれていたらしいが、幕末にただの馬役となり、「馬役では、相田・門倉・町田の諸氏は騎馬の達人である」[14]と、松野氏は書いた。信濃一帯は、河川の舟運によって大量の物資を運べず、陸上輸送が中心であったため、駄賃馬によって輸送する中馬《ちゅうま》が存在した。[15]碓氷《うすい》峠を挟んで中山道《なかせんどう》を行き来するうえで、馬は大きな意味をもっていたのである。冒頭で触れた戊辰戦争時のウィリス医師は、筑前藩の護衛二五人とともに江戸を発ってから、駕籠《かご》や馬や徒歩で本庄《ほんじょう》、高崎を経て碓氷峠を越え、上田、善光寺を通り、一二日目に最初の予定地の高田に到着していた。[16]

『上田市誌』の伝次郎の項目にあった江戸扇橋邸は、小名木《おなぎ》川と大横川が交差する地点にあった上田藩の抱え屋敷のことだった。小名木川は、家康の時代に、東国最大の製塩産地だった行徳から塩を運ぶために建設された運河で、古利根川（中川）と入間川（隅田川）を結び、江戸初期に建設された江戸・東京の舟運の大動脈の一部をなしていた。[17]江東区発行の『下町文化』（253号）によれば、抱え屋敷とは百姓から買った屋敷のことで、一万七五五一坪の敷地に江戸詰めの藩士の宿舎らしい長屋が並び、この広い敷地に「此辺庭」、「此辺田畑」などと書き込まれていた。中世ヨーロッパの修道院のように、各藩は江戸郊外のこれら屋敷でいくらか自給自足生活を送っていたのかもしれない。後年、私の曾祖父はそこからわずか数百メートルしか離れていない菊川などに移り住んでいる。埋め立て地にあったこの抱え屋敷は、一八五五年十一月に関東地方南部で発生したM7クラスの安政江戸地震で「住居向《むき》皆潰れ長屋共皆潰」れたと『安政度地震大風之記』[18]に書かれた。当時の藩主の松平忠固がここに馬場を設けたのが、地震で崩れたあとなのか前なのかはわからないが、伝次郎はアプリンに会う前から、象山に教わった西洋馬術をここで教えていたようだ。地震当時、上田藩ではまだ西の丸下の大名小路の役宅が上屋敷となっていた。いまは二重橋前の広場となっている場所だ。この付近で最も被害が大きかったのが馬場先門から西の、かつて日比谷入江があった一帯であったことも、この史料を引用した同じ論文からわかり、松平伊賀の役宅は半壊以上の被害となっていた。

伝次郎の調査はその後、赤松小三郎研究会主催の尾崎行也氏の講演会で、『明細』と呼ばれる、徒士格以上の上田藩士を対象とした家別の格禄賞罰の記録があることを知り、上田市立博物館でその史料を閲覧できたことでだいぶ進展した。あいにくミミズの這ったような筆文字から私が読み取れたのは年代と若干の固有名詞くらいで、どれだけ眺めても肝心なことはわからなかった。ほんの一五〇年前まで、文字の読める人ならば基本的に読めたはずの崩し字だが、現代人にはある意味でヒエログリフよりも難解だ。そもそもどこに切れ目があるのかわからない。ネット上にあるくずし字解読ソフトや変体仮名の一覧などを活用してみたものの、私がこの文書を読めるようになるには、シャンポリオンやジョージ・スミスのような才能と根気が必要だ。早々に諦め、SNSで知り合い、まだお会いしたことすらないお友達で、以前にもいくつかの史料を解読してくださった矢野太氏のご好意にすがることにした。

『明細』に記されたうちの祖先の項[19]は元禄十二（一六九九）年から始まっている。「初代　門倉有右衛門。元禄十二卯年　中小姓に召出さる。馬術申立」。当時、藤井松平家第三代の忠周《ただちか》は岩槻藩から但馬国出石藩へ転封したばかりだった。門倉家はもともと上田の人ではなく、門倉姓の多い北関東出身と推測されるので、忠周の岩槻時代、すなわち一六八六年から一六九七年のあいだに、なんらかの接点があったのかもしれない。最初から中小姓であり、馬術を得意としていたようなので、他藩ないし、北関東に多い旗本領の家臣だったのだろう。前述の尾崎氏の論考には、元禄十年から宝永二年に四人の浪人が召し抱えられたことを示す一覧表がある。元禄六年に藤井松平本家の下総国古河《こが》藩の松平忠之が乱心して改易され、三人の浪人が傍系の松平伊賀守家の忠周によって引き取られたとあり、この時代に関東からの新規家臣はこれ以外になさそうなので、門倉家の初代である有右衛門はこのうちの一人であったかもしれない。[20]各地にあった祖先の墓を曾祖父が整理して移したと伝わる向島の寺には、天和二年から元禄十三年までの古い墓石があるのみで、それ以外の時代のものは処分されたらしく残っていない。これらは上田に行く前に住んでいた場所にあったものと思われる。

　この初代の有右衛門は、松平忠周が上田に入封した宝永三（一七〇六）年には、上田の「七軒町北側西ヨリ一」[21]に住んでいた。松平家の初代上田藩主である松平忠周の京都所司代就任に関する甲南大学の東谷智教授の論文[22]からは、享保二（一七一七）年に京詰めとなって、江戸から上洛した家臣団の表に「門倉伝二郎」の名前が見つかり、『明細』からこれが有右衛門の息子の「伝次郎」であることが確認された。享保四（一七一九）年の「御分限帳」[23]には「米七石三人」と記されていると同論文にあったので確認してみると、同じ分限帳にまだ有右衛門も記載されていた。通常は一家から一人しか藩士には登用されないそうなので、馬関係の専門職ゆえだろうか。その後の世代でも親子二代で同時に分限帳に書かれているケースが多く見られた。二代目伝次郎の記録は享保四年からなので、正式に登用される以前の若いときに京都まで行ったのかもしれない。東谷教授によれば、士分のうち一五〇石以上は騎馬で、それ以下は乗掛、つまり両脇に荷を付けた馬の背に旅人を乗せる方法で入京したが、二代目伝次郎にはいずれの印もついていない。当時は士分と見なされず、歩いて行ったのか。藩主に随行して江戸から上洛した組に分類されていた。私は北斎の「冨嶽三十六景」東海道程ヶ谷の近くに住んでいるので、三〇〇年前ほど前に祖先の若者が権太坂《ごんたざか》であえぐ姿を想像してみた。すでに宝永火口はできて富士山は変形していただろう。

『明細』の門倉家の記述は実際には、宝暦四（一七五四）年生まれの四代目の時代に編纂され始めている。四代目のこの生年は、「戌三拾四歳」というわずかな文字を手掛かりに編纂時から逆算して、干支から矢野氏が推測してくださった。『明細』には藩士に登用された年月は書かれているが、生年の記載はなく、藩士でなくなった没年しか書かれていない。古文書の解読には相当な推理力が必要だ。初代から三代目まではそのため記述が少ないが、『明細』に書かれた祖先はすべて馬関係だったので、この初代が馬術関連の専門職として登用されたのは間違いないだろう。記述が詳しくなる四代目以降は、「賞」より「罰」を食らうことのほうが多かったと思われ、たびたび「不埒《ふらち》」や「不身持」で「御叱り」を受けて「閉門」、「閉戸」の処分を受けていた。数日から数十日間の蟄居《ちっきょ》を命じられていたのだ。四代目は気の毒に、倅の門蔵の不身持で家老に呼びだされた際に「途中より差塞《ふさがり》」、翌日病死していた。母に伝えると、「読んでくださった方はさぞかしおかしかっただろうね」と苦笑する。私の祖父などもいたずら坊主だったらしく、小学校の貴重なピアノに自分の名前を彫り、曾祖母が学校から呼びだしを食らったそうだ。一生消えない汚点だと先生からさんざん叱られたのに、「関東大震災でそのピアノは燃えちまったんだ」と後年、わが子たちに自慢していたというから、生まれか育ちかは別として、気性は受け継がれるのかもしれない。

代々の祖先はおおむね八石三人扶持など、かなりの薄給取りで、中小姓止まりだったが、それとは別に家督として七〇石ほどが相続されていたらしいことも『明細』からわかった。幕末の六代目伝次郎は、天保六（一八三五）年、五両二人扶持の組外御徒士格、御馬下乗となった。江戸に修業にでた年だ。藩主忠固が大坂城代になったのに伴って、弘化二（一八四五）年には大坂に行き、嘉永二（一八四九）年正月に「中小姓、当分定府《じょうふ》仰せ付らる」、つまり江戸詰めとなっている。伝次郎もまた、「口論」や「御政治等批判」など「身分不相応」なことをしてお叱りを受けていたが、後年は馬術の「教授骨折」の功で「御酒吸物下さる」ことが多くなった。彼は徒士頭《かちがしら》格になり独礼席まで昇格したので、出世頭だったようだ。それにしても、御酒はともかく「吸物」とは、えらくささやかな褒美に思えるが、これはとくに上田藩だけの習慣ではないようだ。プリントアウトした文章を娘にちらりと見せたところ、「あっ、伝次郎さん、骨折している！」と言うのには笑った。古文書は難しい。

伝次郎が元治元（一八六四）年九月に「西洋馬具御買入れ并《なら》びに馬療取調べの為、折々横浜表え罷越《まかりこ》し、蘭人え問合せ候様仰せ付らる」という『明細』の記述は重要かもしれない。『上田市史』の記述では万延元（一八六〇）年にイギリスの公使館付騎馬護衛隊長のアプリンから西洋馬術を学んだとも読めなくないが、アプリンの来日は後述するように一八六一年十一月で、それ以前に短期間来日したとしても馬術を学ぶ余裕はなかったと思われるからだ。『明細』から判明した大きな収穫の一つは、七代目とされる正体不明の庄次郎が養子で、墓標から私の曾祖父が生まれたと推測される明治二年に「不熟に候」という言い訳のような理由で離縁されていたことだ。祖父は、私の姉が幼児のころ、伝次郎の妻のおこと婆さん似だと言っていたので、子供のころ伝次郎の妻に会ったことがあるか、ひょっとすると一緒に住んでいたのかもしれない。そうだとすれば、伝次郎夫妻はかなり年齢差があったと思われるので、伝次郎が戊辰戦争後に若い妻をもらい、曾祖父が生まれたのではないかと私は推測している。

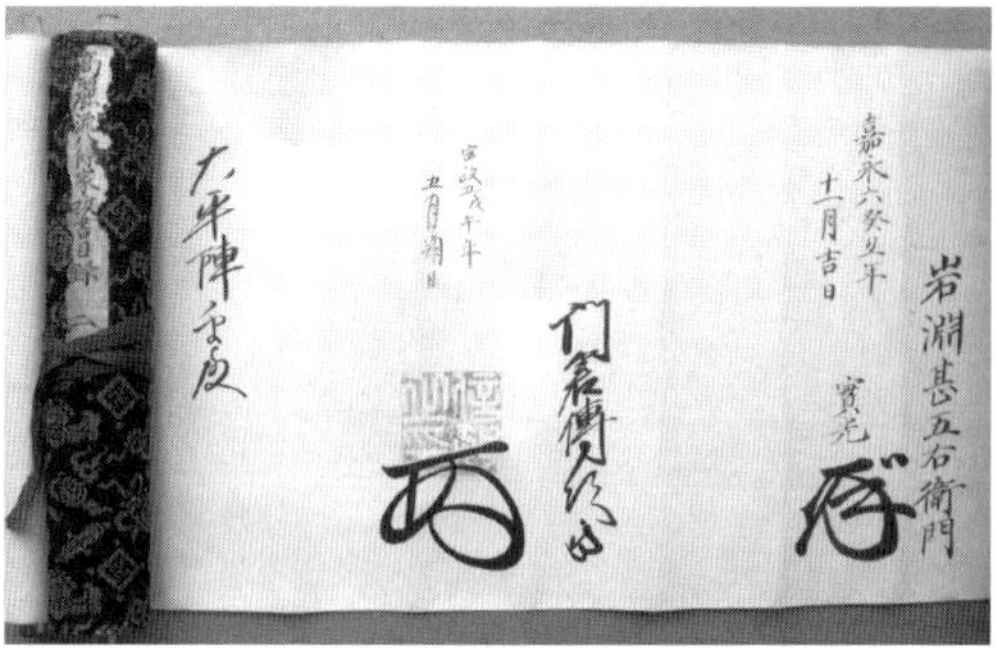

高麗流八條家抜書目録にあった伝次郎の署名と花押

伝次郎について調べるうちに古書店で、高麗流八條家抜書《ぬきがき》目録という巻物も見つけた。「抜書」というだけあって項目のみが並び、馬術の秘伝書ではなく免許皆伝のようなものと思うが、嘉永六年の岩淵甚五右衛門寛光の署名につづいて、この巻物の最後に安政五年の伝次郎の名前と花押があり、そこに几帳面そうな細い字で信敏と書かれていた。長い名前と思っていた後ろ半分は、諱《いみな》、つまり生前の実名だったのだ。私の祖父とすぐ下の妹が、それぞれこの二字を名前にもらったと伝えられていたので、この信敏の字を見つけたことで、上田藩士の門倉伝次郎が私の祖先の伝次郎信敏と同一人物であることが確認できた。

　伝次郎が馬の修行に仙台まで行ったのかどうかはわからないが、仙台藩は、盛岡藩に次いで馬の産地として知られ、草刈家と岩淵家は、及川家とともに仙台藩の馬術師範を世襲した家で、高麗流八条家馬術を称していた。[24]日本では西の牛、東の馬と言われるほど、馬の産地は東日本に偏っていた。南部馬の血を引く寒立馬《かんだちめ》を守る会によれば、下北半島の馬は一四五六年に沿海州から、江戸の文政年間にはモンゴルから、二度にわたって大陸の馬が導入されて品種改良が進んでいたのだという。[25]明治になって在来馬の改良が推進された際に、真っ先に目をつけられたのがこれら東北の馬であり、そのため南部馬も仙台馬ももはや残ってはいない。草刈家の養子となった草刈庄五郎はいまの両国駅近くにある本所亀沢町の榛木《はんのき》馬場で馬術指南をしていた。[26]「マダム貞奴《さだやっこ》」と呼ばれた「日本の近代女優第一号」の川上貞奴は少女のころ、「乗馬を習うために本所緑町にある草刈庄五郎の道場へ通い始めた」[27]ので、伝次郎はおそらく江戸の下町で他藩の数百人の藩士とともに馬術の修行をしたのだろう。私の祖父が関東大震災に遭遇したのは、この緑町に住んでいたころだった。

伝次郎の経歴のなかでもう一つ注目に値するのは、「佐久間象山《しょうざん》に就きて」という部分だ。佐久間象山は信州松代藩の人で、一時期、松代伊勢町の御使者屋《おししゃや》という旅館に仮住まいをしていたことがあった。藩で買ってもらったオランダのショメルの百科事典をもとに電信機をつくり、七〇メートル先の鐘楼とのあいだに絹巻電線を張って、一八四九年に日本で初めての電信実験に成功したと言われる場所が、この御使者屋だ。私の祖父は戦後、意図してか偶然かわからないが、この御使者屋のすぐ前にあった料亭跡で医院を開業していた。母は地元の松代中学に通い、象山が砲術を教えた松代藩文武学校の建物で学んだ。また、象山生家跡地の横に没後五〇周年に建てられた象山神社の社務所でバイオリン教室が開かれていて、幼い弟たちが習っていたため、この神社までよく送り迎えをしていたそうだ。象山の名の由来とも言われる象山（松代では「ぞうざん」と言う）へは何度か山菜採りに登ったことはあったようだが、その下に太平洋戦争末期に大本営にするための地下壕がひそかに掘られていたことは、まるで知らなかったという。これは松代にある象山、皆神山《みなかみやま》、舞鶴山の三カ所に天皇御座所から日本放送協会までを「一大遷都」する計画で、終戦時までつづけられた。松代が選ばれた理由は、海岸線から遠く、岩盤も地元民の口も堅いうえに、信州は神州にも通じ、皆神山まであるということだった。実際には、皆神山は溶岩ドームで崩れ易かっただけでなく、一九六五年代からの松代群発地震はここが震源地だった。母たちは、その形状からこの山をケツ（なり）山と親しみを込めて呼んでいたという。そんなわけで、佐久間象山の名前は、昔から折あるごとに聞いていたが、郷土の名士という程度の認識しかなかった。

しかし、「佐久間象山に就きて、西洋馬術を学び、馬上砲打方、並に西洋馬療を修む。象山其の馬術に精妙なるを見、自らは学によりて、洋式馬術を教へ、彼よりは技によりて騎術を習へる程なりき」という『上田市史』のくだりは、象山のイメージがとかく象山神社前にある騎馬像や、白馬にまたがる肖像画と関連づけられることを考えれば、あるいは洋式の馬具をつけた馬に乗っていたことが暗殺理由の一つと言われたことを知れば、心に引っかからざるをえない。象山とはどういう人だったのか。関連の書を読んでみると、象山が日本史の大転換点にいかに大きな役割をはたしたかに気づかされただけでなく、いまだにいかに誤解され、正当に評価されていないかを知って驚かされた。どうやら、伝次郎は幕末に誰よりも先駆けて開国論を主張した佐久間象山と松平忠固という、二人の特異な人物のもとでこの時代を生きたらしい。

気まぐれに、祖先の名前をグーグル検索したことから始まった私の過去への旅は、こうしてとりとめなく四方八方へと広がり、その過程で自分の祖先だけでなく、地元横浜の歴史や生麦事件などの外国人殺傷事件、クリミア戦争やアロー号戦争、在来馬から大砲鋳造の歴史まで、そして同時代を生きて多くの記録を残してくれた人びとの生涯までを知ることになった。肝心の伝次郎については、歴史に埋もれた大多数の人間の一人として、結局のところ多くは判明しなかったが、少なくとも激動の時代に表舞台に立っていた人びとの近くに彼が居合わせたことだけはわかった。記録を残さなかった伝次郎が当時何を思っていたかは想像するしかないが、彼の考え方の一端は親から子へと、子孫にも伝わっているのかもしれない。

第1章　横浜と神奈川

「まもなく、日本政府が条約に明記された神奈川ではなく、湾の対岸にある横浜という場所に外国人を住まわせようと、決意を固めているらしいことがわかった。そこは低湿地のなかに漁村があるような場所で、国を縦断する街道からは遠く離れている」。一八五九年七月一日（安政六年六月二日）の開港日に横浜を視察したオールコック英総領事（のちに公使）は、当時の横浜についてこう書いた。「彼らは莫大な費用をかけて潟湖《ラグーン》と湿地を渡る三キロほどの土手道を築き、その距離を縮めて、神奈川へ通ずる街道に確実かつ直接的にでるための方策を講じていた。花崗岩の頑丈な桟橋と荷揚げ場がすでに築かれているのがわかった。日本の商人用の急ごしらえの町と外国商人向けの小さな家屋と倉庫なども多数用意され、それとともに広い役所地区もあり、税関［運上所］がすでに完成していた」[1]

着飾った外国人が洋館の前で談笑する横浜絵からは想像もつかない光景が、開港当初の横浜では繰り広げられていた。オールコックの一行とともに長崎経由でやってきたスイスの写真家ピエール・ロシエが、麦畑と思われる農地の一角で建設工事が進む横浜の様子を撮影したステレオ写真が残っている。[2]開港後まもない六月四日に江戸を発って横浜に向かった若い幕吏の福地源一郎は、小役人のための役宅が「都合六棟を建並べ」てあり、ペリー来航時に通訳を務めた長崎の通詞《つうじ》の立石得十郎《とくじゅうろう》や薩摩藩の松木弘安《こうあん》（のちの寺島宗則《むねのり》）などがすでに隣に住んでいたと書く。[3]

開港直前に神奈川にオランダ副領事として赴任したポルスブルックは、「幕府が外国人居留地に定めた場所をじっくりと見ることができた。その場所は小さすぎた。そこには、それぞれ四つの部屋がある木造家屋が五軒、条約大国の領事のために建ててあった。しかし商人は商品もろとも自分の船上に留まるか、または杭で囲って幕府が借地料を取ろうとしている場所にテントを張るかしなければならなかった」[4]（生熊文訳）と、回想する。どうやら幕府は横浜に仮設住宅を建て、それらを条約国の領事館と幕府の役人の役宅にする算段であったようだ。オールコックはアメリカの弁理公使ハリスとともに、横浜を開港場《トリーティポート》（条約港）とするのは条約違反だと主張し、「其《その》領事館を横浜に置かずしてこれを神奈川に置き、神奈川駅［宿］の寺院を借入て其領事館とは成したりけり」[5]と福地は書いた。だが、神奈川宿は東海道沿いにあり、攘夷《じょうい》の機運が高まるなかで外国人をそこに居住させるのは困難と考えた幕府に結局は押し切られる形になった。「横浜は実際には神奈川なのであり、この名称はその地方全体を含むのだと日本政府は言い張った」[6]と、オールコックは書いた。神奈川という名称は、駅名や区名、神奈川本町などの地名としてまだ残っているが、オールコックが呆れたとおりに、いまでは県名と混同されている。地元の人ならいざ知らず、一般の人には当時、何がどう対立していたのかわかりづらい。そもそも、神奈川本町や東神奈川の一帯は横浜駅の北側にあって高速道路や幹線道路、鉄道が多数走る通過地点になってしまっているうえに、横浜の「対岸」には思えない。

『横浜市史稿』という昭和の初めに横浜市が編纂した一一巻ものの市史には多数の古地図がついている。[7]これらの地図を見比べると、幕末から明治初期にかけてこの一帯がどれだけの変容を遂げたかに気づかされる。当時の記録を読んでも、場所の見当がつかないのは、短期間に地理そのものが激変したからなのだ。

たとえば一八六三年に上海からやってきたイギリス軍の軍医D・F・レニーの日記にはこんな具合に書かれた。「横浜の日本人町を通り抜けたあと、われわれは居留地をぐるりと囲む運河にかかる木橋を渡って、湾に突きだした木の生い茂る岬を越える道へと向かった。この岬の上にトベイ、つまり知事《ガヴァナー》の屋敷がある」[8]。その年の六月に江戸城の西の丸が全焼し、不穏な空気が高まったことから、幕府が横浜の外国人居留地を見下ろせる高台に大砲を設置しているという噂が流れ、イギリスとフランス双方の公使館付き騎馬護衛隊が偵察にでかけたときのことだ。同行を許されたレニー軍医は、七月二十日の早朝、居留地を出発した。

一行が渡った木橋は吉田橋だった。その手前に、約九万五〇〇〇坪の外国人居留地[9]と、それより若干狭い日本人町、そしてまだ残っていた沼地を外部と隔てる関門・番所が設けられていた。この関門の内側が、要するに「関内」だった。面積わずか四〇〇〇坪ほどの長崎の出島とくらべれば、横浜の居留地では外国人にそれなりの自由が与えられていた。こうした開港場は、欧米の列強にしてみれば、植民地支配という形態を取らずに、貿易によって利益だけを得られる低コストで体裁もいい方法だった。吉田橋は明治になると、イギリスの技師リチャード・ブラントンによって錬鉄製の斜材がX字形に交差する「ダブルワーレントラス桁」の橋に架け替えられた。「かねの橋」と呼ばれて文明開化の象徴となった吉田橋は、錦絵にもたびたび描かれたが、いまでは運河ではなく、代わりに地下を走る首都高の神奈川1号横羽線をまたいでいる。そのため、そこに橋があることすら気づかず、素通りしてしまう人も多い。JR関内駅北口近くのこの場所に、吉田橋関門跡の小さな碑がある。現在はここから関内に入るとまっすぐ馬車道にでるが、開港当時はこの一帯はまだ湿地で、大岡川の河口沿いに縄手道を通って迂回しながら、日本人町の本町一丁目へ向かうしかなかった。

レニー軍医の前年に若い通訳生として来日したアーネスト・サトウは、「居留地の背後には、埋め立てたばかりのスワンプと呼ばれていた土地があり、競馬場があるほかはまだ空き地だった。そのさらに後方にまた悪臭のする低湿地があり、その向こうでやたら目立っていたのが、ある高貴な公爵が議席で「若い女性の教育施設」と遠回しに説明した遊郭《ヨシワラ》の見掛け倒しの建物だった[10]」と書いた。港崎《みよざき》遊郭は、そのうちの一軒で、豪華な遊女屋だった岩亀楼《がんきろう》の名で外国人には知られていた。この遊郭の跡地がいまの横浜スタジアムと横浜公園だ。やはりブラントンが設計したこの公園には、岩亀楼の名が刻まれた石灯籠が一基だけ残されている。周囲に残っていた太田屋新田という干拓地が、「悪臭のする低湿地」だった。居留地の背後でスワンプと大げさに呼ばれていた埋立地は、横浜新田のことであり、おおよそいまの中華街に相当する。

レニー軍医が「湾に突きだした木の生い茂る岬」と書いた場所は、現在の地形からは想像しにくい。「トベイ」は、戸部村宮ヶ崎、つまり伊勢山に置かれていた神奈川奉行所で、知事《ガヴァナー》は神奈川奉行を指していた。一行は関内から都橋（当時の野毛橋）で大岡川を渡って野毛坂を登り、現在の横浜市中央図書館や野毛山動物園の手前で右折したのだろう。この一帯が「木の生い茂る岬」であり、奉行所はこの高台にあった。紅葉坂の神奈川県立図書館の前に、奉行所跡と素っ気なく記された碑がある。神奈川奉行は外国奉行数名が兼務していたことも多く、年中、人が入れ替わっていた。レニーが来日した当時は崖下の、現在のＪＲ桜木町駅のあたりまで野毛浦の海が入り込んでいた。この高台に大砲を据えれば、居留地を狙うことも不可能ではなかっただろう。

　現在、能楽堂や音楽堂がある掃部山《かもんやま》公園は、明治になってから「旧彦根藩の有志が、故主井伊直弼《なおすけ》の銅像建設地として購入した地」[11]であった。井伊直弼を横浜開港の立役者とするこうした動きに反対してか、福地源一郎は一八九四年にこう書いた。「開国の遠客を懐《なつ》きたる先覚者の如くに称賛し、横浜開港を挙げて此人の功績なりと迄に頌揚《しょうよう》すれども、井伊大老が条約調印の断行に於けるは［……］勢《いきおい》に迫られたるの断行にして［……］横浜を開港場に指定したるは全く外国奉行其他の決議に出たるなれば、大老の指定と云うには非《あら》ざりしなり」[12]。それでも、桜田門外の変で殺された井伊大老掃部頭《かもんのかみ》の銅像は、当時、横浜正金銀行頭取だった旧彦根藩士の相馬永胤《ながたね》らによって私有の遊園地内に一九〇九年に建立され、一九一四年になって銅像とともに公園として市に寄贈された。台座を設計した妻木頼黄《よりなが》は、アメリカ留学時代からの相馬の友人で、横浜正金銀行本店（現、県立歴史博物館）や赤レンガ倉庫の設計者でもある。その後、この場所は関東大震災で一時期、避難所として使われたのち大幅に整備され直し、一九二七年十一月に横浜市の公園として開園式が挙行された。当初の銅像は太平洋戦争中、金属類回収令で供出されてしまったため、現在の銅像は開港一〇〇周年記念に再建されたものだ。かつてはこの巨大な「井伊大老の銅像は千古《せんこ》に港湾を睥睨《へいげい》して、国運の進展を激励するかの如く」[13]であったと『横浜市史稿』は書くが、いまやランドマーク・タワーや高層マンションがその前に壁となって立ちはだかっている。

　ペリー来航中の嘉永七（一八五四）年二月二十日に、開港場が下田に決まりそうになったことに反対し、「横浜を以てこれに仮《か》すの愈《まさ》れり」[14]と自分が主張した旨を佐久間象山が『省諐録《せいけんろく》』に書いている。当時はまだ小さな漁村であった横浜で、軍議役として仮設の応接所の警備についた松代藩士ならではの意見だ。のちに神奈川宿の代わりに、対岸の横浜を開発して開港する打開案をだしたのは、勝海舟の元塾頭で、軍艦操練所蘭書翻訳掛の佐藤政養《まさやす》だったという。[15] 佐久間象山は、開港一〇〇周年に野毛山公園に控えめな顕彰碑を建ててもらったが、佐藤政養は故郷の山形県遊佐町《ゆざまち》に「日本鉄道の父」として招魂碑があるだけだ。

　開港直後の一八五九年から六二年ごろまで、アメリカ領事館が置かれた本覚寺の山門前には、日米修好通商条約など、安政の五カ国条約すべての交渉・調印に立ち会いながら、安政の大獄で蟄居を命じられ、失意のうちに一八六一年に病死した岩瀬忠震《ただなり》が、「横浜開港主唱者」として一九八二年に横浜市長から顕彰された碑がある。岩瀬は目付《めつけ》時代の安政四（一八五七）年十一月六日に、「亜墨利加《アメリカ》使節言上《ごんじょう》仕候儀に付申上候書付」と題した上書に、「下田港を閉じ、新に武州横浜え御開港」と書いたことで知られる。だが、岩瀬は同日付の江戸の同役へ宛てた手紙に、開港場は下田のような「僻地にて一村落と申す迄の場所」ではなく、「港も可也《かなり》人民も多き繁華の地」を選ぶべきだとしている。同月二十日ごろに書かれた老中宛の上書でも再び、「貿易場所辺鄙《へんぴ》の地にては不都合につき」としたうえで横浜開港を主張しているので、実際の位置関係や状況を把握していたのだろうかという疑問が残る。[16] 同年十二月一日に九段下の蕃書調所《ばんしょしらべしょ》で行なわれた第一次日米条約談判では、「下田を閉ざし、右代りに江戸近海において、都合宜《よろ》しき場所相開き候」と告げ、その場所は「神奈川港にこれ有り候」と、談判委員に任じられた岩瀬と井上清直《きよなお》が提案すると、逆にハリスから「左候《さそうろう》わば、横浜村も右一湾中の儀に付、同様御開きに相成るべき事と存じ候」と言われた。条約談判の経緯を逐一追って分析した徳富蘇峰《そほう》は、この箇所で「而《しこう》してこれがまた佐久間象山が、安政元年甲寅の歳《とし》において唱道したる意見であった」[17] ときちんと指摘しており、この点に関しては第

3章でもう一度触れたい。ハリスはもちろん当時はまだ自分で横浜を訪れたことはなく、ただペリー来航時の上陸場として知っていたにすぎない。その後、ハリスとのあいだで翌五年正月十二日までの一カ月間に、一三回にわたって交渉が行なわれたなかでも、蘇峰の書を読む限りでは、なぜか一貫して金川（神奈川）の開港が主張され、横浜に関しては外国商人の居留地に含める旨だけが述べられている。「外国奉行のなかでも最も先端的な開明派として知られた岩瀬肥後守［忠震］は、条約の文言を重視して最後まで神奈川開港を主張した」と『オールコックの江戸』で文化交流史等を専門とする佐野真由子は書いている。[18]

幕府がようやく横浜を開港場にする決意を固めたのは安政六年二月（一八五九年三月）のことだった。開港期限まで「最早百日内外の処《ところ》」に迫り、堀織部正利熙《ほりおりべのしょうとしひろ》などが二月二十二日付で「これが失敗に終わったときは切腹して責任を取る覚悟での意見具申」をした結果だったとも、佐野氏は同書で述べる。二月二十八日には外国奉行一同が神奈川に出張、三月三日には勘定奉行や目付も合流して、「横浜畑地、海岸の分は、弁天社から本郷村へかけ、一円に割り渡し、中央に道路を付け、両側を町屋とする」ことや、「波止場一箇所は、横浜海岸へ築出し」、「外人へ貸渡す地所は、波止場から東の方を明けおく」ことなど、要するに寒村を港湾都市に改造する計画がこの時点で立てられた。本郷村は本牧《ほんもく》の村なので、これは実際には砂州からいまの元町にかけてあった、「本村《ほんむら》」と呼ばれた集落を意味したと思われる。「夫《そ》れから開港地設備の為め、外国奉行は八十日交替で、一人づつ横浜詰切りと為り、村垣淡路守［範正《のりまさ》］が先づ居残り、戸部村成願寺に宿泊すること」となった。「成願寺」は戸部の願成寺《がんじょうじ》の間違いである。この寺は戸部の監獄が置かれたくらやみ坂よりさらに内陸側だ。開港場建設の現場監督が宿泊するにはかなり遠い場所に思われるが、工事の最大の難関は開港場そのものよりも、東海道からそこへ至る道筋の整備だったのかもしれない。「吉田橋の渡り初めが行われたのは、一八五九年六月二九日。おそらくは村垣淡路守自身が、関係者に見守られながら先頭を歩いて渡り、三カ月来、初めて安堵の笑顔を見せたことであろう」と、佐野氏はこの「火事場騒《さわぎ》」の状況を描く。[19]

横浜沖にはその翌日、早くもハード商会の傭船《ようせん》である一七六トンのスクーナー、ワンダラー号が、日本の漂流民のジョゼフ・ヒコ（浜田彦蔵）と、彼から日本語を学んでいた同商会代理人のE・M・ヴァン・リードを乗せて一番乗りでやってきている。開港当初に来浜した商人については、斎藤多喜夫が長年詳しく研究してきた。[20] ハード商会は上海を拠点とするアメリカの商社で、アメリカの初代神奈川領事となったドールはその代理人だった。拙訳書『幕末横浜オランダ商人見聞録』（河出書房新社）では、このワンダラー号のT・H・キングという荒くれ者船長が、開港当初の横浜を象徴する人物の一人として描かれている。[21] 斎藤氏によれば、開港日である七月一日にやってきたオランダ船シラー号には、当時まだ条約国ではなかったドイツのハンブルクの商人であるクニフラーが乗船しており、七月十六日に外国人商人の開業第一号となった。福沢諭吉が開港当初のまだ「掘立小屋みたような家が諸方にチョイチョイ出来て、外国人が其処《そこ》に住まって店を出している」だけの横浜で出会った商人が、このクニフラーだった。[22] 中国を拠点とする最大手のイギリスの商社ジャーディン・マセソン商会がノラ号を入港させたのは七月十三日だったが、商会員のケズィックとバーバーは一足先にオランダ船アタランテに乗って七月五日に来日していた。英一番館と呼ばれた同社の跡地は、横浜の代表的な貿易商品だった絹を記念してシルクセンターとなっているが、この商社が扱った品はもちろん絹だけではない。同商会の最大のライバルであるデント商会は、カーセージ号で代理人のジョゼ・ロウレイロを七月二日に来浜させた。亜米一と呼ばれたウォルシュ商会（のちにウォルシュ・ホール商会）のジョージ・ホール医師は、開港前から何度か下田や長崎に来日して市場を探っていた人で、正確な時期は不明だが九月以前に来日していたことは間違いない。というのも、九月四日に咸臨丸の太平洋横断航海を成功に導いたジョン・ブルック船長が銃の暴発事故で船員一人を死なせた事件があり、ホール医師が手当に呼ばれているからだ。[23]前述の拙訳書の著者であるデ・コーニングが来日したのは、ちょうどこの日だった。ジョージ・ホール医師は、横浜に最初に移住した外国商人としても知られている。「みずからの責任で横浜側に土地を確保し、この地で開業することにした。これは領事の見解にはかなり逆らうものだったが、ホール医師は実際的な人で、彼は横浜のほうが神奈川よりも海運上はるかに有利だと見てとった。彼が占有した土地がいまでは海岸通り二番として知られる」[24]と、ジョゼフ・ヒコは書いた。

もう一度、レニー軍医の書に戻ろう。彼が騎馬護衛隊の一行と進んだ道が、突貫工事で開通させたこの「横浜道」だった。この道は野毛山を切り通しにし、さらに帷子《かたびら》川とその延長上の水路の河口に平沼橋や新田《あらた》間《ま》橋を架けることによって建設された。五雲亭（歌川）貞秀の『神奈川横浜二十八景』を見ると、江戸後期に干拓された平沼新田と岡野新田のあいだを流れる三本の水路の河口に橋が数珠つなぎに架かっていたのがわかる。野毛の切り通しを抜けると、現在は寂れ気味の平沼商店街が見えてくるが、その先はＪＲと相鉄の線路が横切るため行き止まりとなってしまう。昔の横浜道をたどろうと思えば、無粋にもエレベーターを使って跨線橋《こせんきょう》まで上がらなければならない。関内からつづくこの道を、オールコックは「ラグーンと湿地を渡る三キロほどの土手道」と呼んでいた。当時はそこが海岸線で、今日の横浜駅西口に相当するこの一帯は奥深くまで入江があり、袖ヶ浦という景勝地だったからだ。内海橋という名称と、ときおり漂う海のにおいだけがその名残だろうか。

　騎馬護衛隊の一行は、「丘を越えて下ると、小さな湾を渡る形で建設された海岸通りにでた。［……］海岸通りを進みつづけると東海道にでて、まもなく神奈川の町に入った」[25]。この「海岸通り」がいまの新横浜通りで、浅間下《せんげんした》で旧東海道にぶつかり、環状1号ともしばし合流する。旧東海道はその先で環状1号と再び分かれ、カーブして台町《だいまち》付近の高台を通る。その辺りから広重の東海道五十三次に描かれた神奈川宿が始まる。横浜駅のある場所が海であったことは、これらの絵からもわかる。文久三年創業の料亭が現在もこの坂で営業しているが、当時は見渡せたはずの袖ヶ浦の代わりに、いまは建物と建物のわずかな隙間から、そごうの看板とビルの海が見えるばかりだ。明治初期に、鉄道を敷設するために野毛浦と神奈川宿のある青木海岸のあいだの一・四キロの区間に堤防が築かれ、この入江はまずは幅六〇メートルの帯状に埋め立てられた。一八七二年に開通した日本最初の鉄道は、いまの桜木町駅の場所に建設された初代横浜駅からこの細い帯状の土地を通って入江を渡り、新橋まで走っていた。この鉄道工事を請け負った高島嘉右衛門は、高島町や高島台にその名を残している。横浜と新橋双方の駅舎を設計したのは、横浜の初期の洋館の多くを手がけたアメリカ人リチャード・P・ブリジェンスだった。

　神奈川宿のこの付近に、横浜開港直後に慌《あわ》ただしく幕府に接収され、アメリカ領事館が置かれた本覚寺《ほんがくじ》、甚行寺《じんぎょうじ》（仏公使館）、普門寺（英、ハルス）[26]、浄瀧寺《じょうりゅうじ》（英領事館）、慶運寺（仏領事館）、成仏寺（「ヘボン式ローマ字」の創設者ら宣教師の宿舎）、宗興寺《そうこうじ》（シモンズ医師らの宿舎）などの寺が京浜急行沿線につづく。古地図上には長延寺（蘭領事館）もあるが、戦後、緑区に移転している。神奈川宿に一時的に置かれたこれらの「領事館」は、実際には条約の正当性を証明するための神奈川の住所にすぎず、領事公邸として使われたようだ。当時の東海道は海岸沿いにあり、これらの寺はおおむね街道沿いにあった。イギリスの初代神奈川領事ハワード・ヴァイスは、開港に合わせてオールコックとともに領事代理として来日したが、開港場が横浜であることに難色を示して村垣との会談が物別れに終わり、いったん七月三日に江戸に戻っている。翌日、現地での連絡の行き違いがあったとして、神奈川宿の青木町にある浄瀧寺にイギリス領事館を置くことが決まったとの連絡を受け、ヴァイスは七月下旬に浄瀧寺の領事館に赴任した。[27] 現地の混乱が目に浮かぶような慌ただしさだ。

レニーら一行は翌日に高台を視察したものの、いくつかの寺にそれなりの数の警備兵がいたただけで、砲台らしきものは見当たらなかった。この日、一行はそのまま東海道を進み、道中、その前年に発生した生麦事件の現場を通った。「リチャードソン氏の殺害事件は、道端の一軒の茶屋の少し先で起こった。殺害事件があった夕方、遺体を引き取りに護衛隊とでかけたアプリン氏は、最初の一撃を喰らった現場はここだと指差した。遺体が発見された場所から、街道沿いに残された血痕をたどって、彼はその地点を突き止めたのだ。東海道のこの部分は、通常よりも道幅が狭く、街道と湾のあいだには小さな野菜畑があり、道の反対側には、低い丘陵からなる小さな円形劇場に囲まれた耕作地が広がっている」[28]

この日、レニーら偵察隊は帰路、神奈川台場の近くへ立ち寄っている。勝海舟が設計を担当し、幕府が伊予松山藩に建設させ、一八六〇年に完成したものだ。「これは海に突きだした星形のもので、明らかにヨーロッパ人の指導を受けて、要塞をつくる際の通常の基本に則って建設されていた」[29]。幕末の絵師が描いた横浜の地図はたいがい大胆にデフォルメされ、横浜の下方に「対岸」の神奈川が描かれているので、場所の見当がつきにくいが、本覚寺など外国領事館があった付近をよく見ると、海に突きだした多角形の

「蝙蝠《コウモリ》台場」が見つかる。幕末の横浜湾には、射程距離も威力も勝る大砲を何門も装備した外国船が沖合にほぼつねに錨泊《びょうはく》していたので、こんな砲台が一カ所だけあってもどうにもならなかったと思うが、品川だけでなく、神奈川のこんな場所にも一応、台場は存在していた。この台場は一八九九年まで礼砲用に使われたが、一九二一年ごろから埋め立てが始まり、その後、台場の上に国鉄の貨物支線用の東高島駅が築かれた（現在は信号場としてのみ機能）。いまでは周囲もすっかり埋め立てられ、付近に石垣の一部がわずかに残るほかは、殺風景な神奈川台場公園と星野町公園に発掘調査などに関する説明板があるばかりだ。

　神奈川台場を遠くから眺めたあと、レニーらは横浜の居留地に戻った。この日、横浜の気温は日陰でも三三度あり、無風だった。レニーが日本人町の骨董品屋で買い物を始めたとき、「ミリタリー・トレイン」の護衛兵の一人が日射病で倒れたので、至急、公使館に戻るようにという知らせがきた。「公使館付の医師であるウィリス医師から、速やかに手当を受けたにもかかわらず、私が兵舎にたどり着いたときには、彼は死んでいた」。東海道への視察から戻ったあと、衛兵は再び徒歩で護衛の任務にでており、午後一時にはとくに異常は見られず、昼食もしっかり食べたあと、兵舎で昼寝をしたのだが、三時過ぎに具合が悪くなって、四時には死亡していた。横浜の駐屯軍では、彼が最初の死者だと、レニーは甚[30]

　アーネスト・サトウは後年、「その当時、われわれが神奈川へ行くには、イチブ［一分の櫓舟《ろぶね》で湾を横断するか、馬に乗って土手道を回って行かなければならなかった。いまる土地も、当時はまだ埋め立てられていなかったのである」と、横浜と神奈川のあいだ回想している。「現地民は、テンポー［天保銭］（一六枚半が一分に相当）一枚を払って乗合ていたが、外国人は決してこの安い手段を利用することは許されなかった」[31]。かつての北仲通り地区の先にあり、青木町の洲崎大神《すさきおおかみ》下にあった宮之河岸《みやのがし》とのあいだを往復していた。開港ロシエがこの神社裏手の権現山から撮影したと思われる写真[32]からすると、宮之河岸は小舟が並ぶ船着場しかない。神奈川を開港場にしていたらどうなっただろうか。今日ではこの湾はほぼ消滅しており、野良猫とカラスに占領された権現山公園から見下ろしても、生い茂った神社の森と横浜駅北側のビル群しか見えない。関内から万国橋を渡って赤レンガパークのある人工島に入り、一九八九年の横浜博覧会の名残で、いまやすっかり横浜の顔となった大観覧車を横目に見ながら、国際橋を渡ってみなとみらいを横切り、その先の横浜市中央卸売市場のある山内町へ渡れば、そこが神奈川台場跡であり、洲崎大神までは数百メートルの距離だ。この「対岸」はいまでは、埋立地だけを通って陸路で渡れるようになったのだ。

サトウは来日早々から、当時、成仏寺に滞在していたアメリカ・オランダ改革派教会所属の宣教師、S・R・ブラウン師と長老派宣教師で医師のヘボン（ヘップバーン）博士を紹介され、ブラウン師に日本語を教わるために神奈川に通っていたので、そのたびに悔しい思いをしていたのだろう。ブラウンは一八五九年十一月にシモンズ医師と貿易商のフランシス・ホールとともに来浜し、教育活動を通じてのちに横浜バンドと呼ばれる布教集団をつくった。ブラウンとシモンズは、同時期に長崎にやってきたフルベッキ夫妻とともにアメリカ・オランダ改革派教会に派遣された宣教師で、少なくともブラウンとシモンズはフリーメイソンでもあったようだ[33]。一八五八年に日米修好通商条約が締結され、信仰の自由がおおむね認められた知らせは、その年の秋には各地のキリスト教教会に伝わり、商人たちにつづいて宣教師が次々に来日することになった。開港当初の詳細な日記を後世に残してくれたフランシス・ホールはしばらくヘボン夫妻のいた成仏寺に滞在していたが、のちにシモンズとともに近くの宗興寺に移っている。

アプリン中尉

『中国北部と日本におけるイギリス軍――北京一八六〇年、鹿児島一八六二年』（未邦訳）と題されたD・F・レニー軍医の著書は、献辞がジョン・ニール中佐[34]に捧げられている。ニール中佐は、レニー軍医が在北京イギリス公使館付の医師だった時代に北京の公使館で秘書官を務めた人で、のちにオールコックの代理として日本に赴任した。この本には先に引用した、一八六三年夏に生麦事件現場を訪ねた場面のほか、もう一カ所だけ「アプリン」という名前が登場する。年代は一八六二年二月、場所は天津だ。二月十九日の彼の日記に、天津の孔子廟を接収した「ミリタリー・トレイン」の士官用宿舎でその冬、謎の窃盗事件が連続していたことが綴られている。「ある朝、ベッドに寝ていたアプリン中尉がたまたま、暖炉の火にかけていた真鍮製の中国式やかんに目をやると、突如として重力の法則が逆転し、彼のやかんが霊能家ホーム氏のように宙に浮いたあと、煙突のなかに消えてゆくのが

ヴィンセント・J・アプリン。イアン・アプリン氏提供

見えた」[35]。犯人は壁に穴を開けて煙突内に忍び込んでいたのだ。

天津と横浜で会ったこの若い将校が同じ人物だと、著者のレニー軍医が認識していたかどうかは定かでないが、あらゆる状況から判断して、これはどちらも私の祖先の伝次郎が西洋馬術を習ったアプリン大尉のことに違いない。彼は当時、英国陸軍軍需品補給部隊の前身である「ミリタリー・トレイン」という名称の部隊に所属しており、アロー戦争（第二次アヘン戦争、一八五六－六〇年）に出兵したその部隊に将校は二一人しかいなかったからだ[36]。騎馬護衛隊という名称から、当然のように騎兵将校だと思い込んでいた私は、イアン・アプリン氏の指摘で彼が兵站《へいたん》部門にいたことを知った。近代戦の始まりとも言われるクリミア戦争（一八五三－五六年）のさなかに、ロジスティクスの整備が急務となって創設されたランド・トランスポート・コーが一八五六年に改名されたのが、このミリタリー・トレインだった[37]。オランダの総領事ポルスブルックは、「この部隊はアプリン司令官の指揮下にあったが、彼は下士官としてロシアのバラクラバで立派な功績を上げたので戦場で司令官に昇級していた[38]」と書いた。バラクラヴァの戦いはクリミア戦争のなかでも三度の騎兵の戦闘ゆえに後世に語り継がれている。アプリンがこの戦いにおける功績で中尉になったのかどうかは不明だが、ポルスブルックとは競馬の世話役を一緒に務めているので、その折にでも本人からそう聞いたのだろう。

一八六一年十一月に横浜でハンサードによって創刊されたばかりの英字新聞『ジャパン・ヘラルド』紙の十二月二十一日付の記事には、こう書かれていた。「これまで紙面がより重要な事項に割かれていたために通知が遅れたが、先月一日にセントー号で、イギリス公使の護衛隊が到着した。近年、組織された「ミリタリー・トレイン」と呼ばれる騎馬組織からの選抜隊で構成されている。聞くところによると、隊員はインドで軍務についており、軍人らしい立派な容姿の一団だ。彼らは第一七槍騎兵と似た制服を着て、アラブ馬やスタッド・ブレッドに騎乗している。[39]ごく少人数の部隊ではあるが、堂々たる一団である。指揮官はアプリン中尉」。これでアプリン中尉（のちに大尉に昇格）の来日時期はわかった。

アプリン中尉のこの護衛隊がインドにいたかどうかは不明だ。一八五七年にインド大反乱が勃発した際に軽騎兵として戦闘に加わり、名を馳せたのはミリタリー・トレインの第二大隊で、当初はこの部隊が中国に送られるはずだった。一八五九年に第一大隊が改めてイギリスから中国へ派遣されているので、アプリン中尉はこちらに所属していたと考えるほうが自然だ。「第一大隊は香港に到着すると三つの師団に分けられた。第一師団は牛馬の買い付けのために日本に送られ、残りの師団は輸送の準備をしたが、言葉が通じず困難をきわめた」[40]。この輸送部隊は、現地の中国人苦力《クーリー》やインド兵、フィリピン兵と、日本ほか各地から集めた駄獣を使っていた[41]。アロー戦争を指揮した将軍の一人、ジェームズ・ホープ・グラント宛に、ハーバート英陸軍大臣が「ミリタリー・トレインは組織としてあまりにも軍事的で、あまりにも戦闘部隊のようになり過ぎていると思う」[42]と書いているので、公使館付の騎馬護衛隊に選ばれた彼らは、多目的の任務をこなす集団だったのだろう。一八六三年七月十三日付、横浜発の『イラストレイテッド・ロンドン・ニュース』（以下ＩＬＮと略す）の記事にはすでに「日本の歩兵の一部は、アプリンズ・ホースの衣装を真似て、脇に白い一本線が入った青いズボンを穿《は》いている。驚くべき革新ぶりだ」[43]と書かれた。

幕末の馬輸送

レニー軍医によると、「馬輸送部隊の一つの大隊で、ミリタリー・トレインのグレイ大尉の指揮下にある部隊は日本に送られ、牛馬の購入と世話を補助していた」[44]。このグレイ大尉とともに、アプリン中尉が一八六〇年に最初に来日した可能性はあるだろうか。伝次郎はこの年に上田藩で献上馬御用に任ぜられていたので、何か関係があるかと思ったが、これは藩主が代替わりして殿様用の献上馬の係りになったことを意味していた。それでも、開港直後のこの早い時期になんらかの接点があった可能性は排除できない。私が調査すべき時期としては、一八六〇年がとりあえずの上限となりそうだ。

　レニーは馬輸送について、一八六〇年八月八日ごろの出来事としてこうも書いている。「ある日、大連《だいれん》湾を小型砲艦で渡っていたとき、同乗のミリタリー・トレインの士官がこんな話をした。彼は日本からケイトフーパー号で、同船の積荷であった二五〇頭ほどの馬のうち生き残ったものとともに戻ってきたばかりだった。馬の死亡率はきわめて高く、日によっては七〇頭も船外に投げ捨てなければならなかった。この大量死は、牛の輸送船で同様の結果を引き起こしたのと原因は同じだった」[45]

　横浜開港直後に、日本の牛馬が清朝の中国に大量に送られた事実はあまり知られていない。E・B・ド・フォンブランクは、このとき派遣された兵站部の将校で、一八五九年十二月に香港へ派遣され、翌年一月十一日にアメリカ海軍のポーハタン（パウアタン）号に乗せてもらって来日した[46]。ポーハタン号は、ペリー艦隊の旗艦となり、吉田松陰が密航を試みたあの船だ。香港からの航海のあと、この船は二月には、新見《しんみ》正興《まさおき》[47]や小栗忠順《ただまさ》など日本使節団七七人を乗せて、咸臨《かんりん》丸とともにアメリカへ向かった。フォンブランクは当時、江戸の東禅寺に置かれていたイギリス公使館に滞在している。開港当初、イギリスの神奈川の領事館は浄瀧寺に置かれていたが、外交使節のための公使館は品川の東禅寺にあった。イギリスでは二十世紀なかばまで外交に携わる公使や大使は貴族に限られていた一方で、海外にいる自国民の保護と通商の促進に当たる領事は、商人が代行することもあった。こうした在外公館がすべて寺にあったのは、開港当初、外国人を受け入れられる場所が寺しかなかったからだ。朝鮮通信使などの宿泊に各地の寺が使われることもあったので、それに倣《なら》ったのだろう。一九五九年に公使館員が東禅寺を下見した際の写真と思われるものをロシエが数枚残しているほか、明治になってからだが、総門のすぐ向こうの、現在は品川駅などがある一帯に海が広がる光景を、一八六九年に十六歳で来日したオーストリア人ミヒャエル・モーザーが写真に収めている。[48]江戸の中心部に近い麻布の善福寺を公使館に選んだアメリカのハリスとは異なり、オールコックが東禅寺に決めたのは、「船に近い」ことがその理由で、いざとなれば海上に逃げるのが中国通の人びとの常套《じょうとう》手段だったという。[49]当時とは本堂も変わり、境内に三重の塔が建ち、周囲には高層ビルが立ち並ぶが、この寺のある一角だけはいまも都心にしては緑に囲まれ、いくらか幕末を偲《しの》ばせるものがある。

フォンブランクは一月十三日(安政六年十二月二十一日)、特命全権公使に昇格したばかりのオールコックとともに老中脇坂安宅《やすおり》に馬を三〇〇〇頭、牛三〇〇〇頭を購入したいという前代未聞の要請をした。イギリス側の蘭英通訳のユースデンと日本側の通訳を介した社交辞令が延々とつづいてから、ようやく本題に入ると、オランダ通詞の森山多吉郎(栄之助)は「ことの本質に面食らったらしく、熱心に耳を傾けるようになった」と、フォンブランクは書いた。「「パルデ」というオランダ語を聞きとると、彼は話し手を遮《さえぎ》って問い返した。「馬とおっしゃいましたか?」[……]何頭の馬が必要なのかと聞かれたので、三、四〇〇〇頭と答えると、驚きからざわめきが起こった。老中だけは完全に平静を保っていたが、ほかの人びとはみなえらく楽しげな顔になり、愉快な冗談と受け取ったようだった」[50]

開港と同時に日本が世界の戦争に巻き込まれていった経緯は、歴史学者の熊澤徹の「アロー戦争と日本」

に非常に詳しく分析されている。[51] イギリス側は、あくまで中国との戦争用の軍馬ではなく、中国の居留地や軍営内の業務に用いる荷馬であると主張したが、アメリカの弁理公使のハリスが、馬は対中国戦争用だと示唆したこともあり、幕府は何かと理由をつけては輸出を阻止しようとした。外国奉行の堀利熙らはユースデンとの会談において、「馬は武器第一にいたし、夫故《それゆえ》馬具も武器にこれ有り、［……］支那と日本とは何の隔意《かくい》もこれ無く、戦争に用い候馬を、日本より出し候ては、支那の恨《うらみ》を醸し候也」、つまり武器は輸出できないし、中国との戦争用には供与できない旨を主張した。とはいえ、フランスからも同様の要請を受けて、最終的に一八六〇年七月までに箱館、横浜、長崎の三港合わせて、二五〇〇頭前後の牛馬が確保され、飼料や荷鞍、頭絡《とうらく》などの馬具とともにアロー戦争で出兵した英・仏軍のために輸出された。

熊澤氏の詳しい資料によれば、ミリタリー・トレインの部隊を乗せて馬輸送の関係で日本にきた船としては、フォレストイーグル号が六月に来浜した可能性があるほかは、ハリケーン号が八月末から二週間ほど寄港して香港に向かっており、パトリシャンなど残りの船はいずれも九月初旬に到着して同二十七日に香港に向けて出港している。[52] 前述のケイトフーパー号のように、長崎から大連湾や香港にミリタリー・トレイン用の馬を運んだ船もあるし、箱館にきた船もあるはずだ。たとえアプリンが一八六〇年に横浜にきていたとしても、滞在期間は短く、連日、馬輸送の作業に追われていたはずであり、伝次郎に馬術を教えた可能性はまずないだろう。

しかし、フォンブランクはこうも書いている。「馬に蹄鉄《ていてつ》を履かせることは、日本では大いに尊敬を集める技術であり、したがって馬医には人望があった。私のイギリスの蹄鉄工はときおり現地のこうした同業者を呼んで、思わしくない症状について相談していたが、これらの人びとの知恵と専門知識に驚かされていた。彼らもまた細心の注意と多大な関心をもって、蹄鉄工の処置の仕方を見守っていたのだが。［……］日本では蹄鉄や去勢の技術はまだ知られていなかったが、私の蹄鉄工たちがどちらも教えたため、離日するころには一般に使われていた馬用わらじが鉄製の靴に取って代わられているのを、かなり頻繁に見かけるようになった」[53]。開港直後のこの時期、イギリス人とじかに接触していた馬喰《ばくろう》や馬役はかなりいたと思われるので、そのなかに伝次郎がいた可能性はあるかもしれない。

フランス領事従僕殺害事件

横浜では開港直後から外国人の殺傷事件がたびたび起こった。寄り道にはなるが、重要であるにもかかわらず、ほとんど顧みられないある事件について簡単に触れておきたい。十一月五日（安政六年十月十一日）の夕方、横浜の居留地でフランス領事代理のジョゼ・ロウレイロの中国人従僕が武士に斬られて重症を負い、数日後に死亡するという事件が起きた。領事代理のロウレイロはデント商会の代理人も務めていたポルトガル人で、イギリスの旅券を所持していた。そのため、ヴァイスとオールコックの双方がこの事件に強く抗議することになった。ロウレイロは当時、滝の川を挟んで浄瀧寺のはす向かいにある慶運寺をフランス領事館として当てがわれていた[54]。「プラント・ハンター」のロバート・フォーチュンは一八六〇年十月に来日し、神奈川に滞在中、「古い友人で、中国のデント商会の支配人であり、ポルトガルとフランスの領事を兼任するジョゼ・ロウレイラ［ママ］がそこに住んでおり、私の滞在中、彼の寺の部屋を親切にも使わせてくれた」[55]と書いている。フォーチュンが各地から集めた苗木や虫を置いていたのは、慶運寺だったようだ。その時分には、ロウレイロ自身は横浜側に住んでいたと思われる。

ブルック船長は事件翌日の日記に、「昨夕」、ロウレイロが雇っている中国人が日本の役人《オフィシャル》に斬られたが、まだ生きているとしたうえで、犯人の「一人がランタンで彼の顔を照らし、もう一方が刀を抜いたので、逃げようとしたのだが、バーバー氏宅の門に達したところで斬られた」と書いた。[56] オールコックは、「外国人居留地の主人の家近くで、白昼、抜き身の刀を下げた男に襲われ、しばらく追いかけられたのち、恐ろしいほど斬りつけられ、商館の一つに逃げ込んだ」と書き、「従僕は中国人だったが、外国人とそっくりの恰好をしていたので、間違われたのかもしれない」と推測している。[57]

この事件については不思議なほど記録が乏しく、被害者の名前も定かではなく、事件現場も、日本人町側の弁天通りであったり、[58] バーバーの家の前であったり、港崎《みよざき》町脇であったりする。勝海舟が編纂した『開国起源』（一八九三年）に収録されている外国奉行の赤松左衛門尉と酒井隠岐守（忠行）、および目付の小栗又一（忠順）による書付では、「今十一日夕刻、仏蘭西《フランス》コンシユル、ロレロ召遣の支那人壱人《いちにん》、用事これ有り市中え罷出《まかりいで》候途中、港崎町脇外国人貸長屋前通りおいて相手知らず、不意に切掛けられ深手負い候」[59] となっており、『横浜開港五十年史』もほぼそれを踏襲《とうしゅう》している。

港崎町は遊郭一帯の地区で周囲はまだ沼地であったはずなので、その脇というのは腑《ふ》に落ちない。調べてみると、遊郭の建設工事は開港に間に合わず、「幕府で建設した応急施設の外国人貸長屋二十四棟中の一部、両側（現在の中区本町通り、山下町五十番及び七十番の両側付近）にわたる表通り筋の三棟を借受ける事となって」いた。この駒形町の仮宅を引き払い、新しい遊郭内に移転開業したのは、安政六年十一月十一日、つまり事件後だった。同年六月十日に「港崎廓の仮宅」が開業、「廓は港崎町と称呼すべき旨の示達《じたつ》があった」と、『横浜市史稿』風俗編にも書かれているので、事件現場はこの仮宅付近だったと考えられそうだ。

港崎遊郭の設置は、「都市建設に伴う必須条件であり〔……〕其設置が条約面にあった訳では無いが、幕府の当事者と某領事との間の非公式折衝に成ったものと伝えられている」と書くこの風俗編は、二七〇ページ近くを遊郭の歴史に割いている。[60]「ヤンキロー〔岩亀楼〕はヨーロッパ側の発案なのだ。ある外国領事の正式な依頼によって設けられたもので、横浜の路上でたびたび繰り返される日本人とヨーロッパの船乗りのあいだの血なまぐさい喧嘩を、それによって解消しようと願ったものだ」[61]と、スイス領事のルドルフ・リンダウも書く。オランダ商人デ・コーニングはこの遊郭を疎《うと》ましく思い、「彼らは歓迎のつもりで、遠路やってきた外国人がついに極楽に到着したことを知らせようとしていた。きわめて慇懃《いんぎん》な日本の政府ですら、この幻想のもとに骨折りしているらしく、外国人が到着したときには、運上所と四軒の小さな平屋が用意されているばかりだったのに、いわゆる茶屋はすでに設けられて」[62]いたと皮肉った。

だが、どうやら幕府に遊郭設置を勧めたのはオランダの同胞らしく、「某領事」はポルスブルックの可能性が高い。「日本を能《よ》く了解したなかなかの粋人」と言われた彼は、「本町通り二丁目の商人文吉の娘おてふを見染め」、一八六一年六月には息子ピートが誕生している。[63]神奈川宿のはずれの長延寺を住居として用意されたポルスブルックは、「横浜に二部屋の倉庫をひとつ借りて、そこを領事館にした」。彼は毎日、五人の漕ぎ手による小舟で長延寺からうまく行けば半時間で通勤していたのだが、波をかぶってずぶ濡れになる日もよくあり、そうなると夕方帰宅するまでその濡れた上着を着ていなければならなかった。[64]貸長屋の一角に設けられた遊郭が港崎町へ移転し、その跡地の賃借権をフフナーゲルが獲得して、日本最初のホテルであるヨコハマ・ホテルが誕生した経緯についてもデ・コーニングは触れていた。[65]

ポルスブルックは事件当日付の書簡に、犠牲者の中国人は「ヘルラッハ氏とクニフラー氏の家の間で二人の日本人に止められ」、逃げようとしたところ、クニフラー氏の隣人のバーバー氏の家を囲む塀の門の前で背後から斬りつけられ、殺害されたと書いた。[66] J・S・バーバーはジャーディン・マセソンの代理人で、その後ロス・バーバー商会を創設した人だ。これらの商人は当時まだ幕府が建てた「二十四棟の貸長屋」に住んでいたのだろう。「一人は二本差し、もう一人は一本の刀で武装していました。後者の男は提燈も手にしていました」と、ポルスブルックの書簡はつづく。襲ってきたのは前者の武士で、左肩に浴びせた一太刀は、「雨合羽や厚手の着物五枚を通って、肩とあばら骨三本を切り裂いて」いた。検視の結果、「傷は左肩下より右腰へ掛け、長九寸五分深三寸に達せり」と、『横浜市史稿』は書いた。「領事ロレロ」と外国奉行らのやりとりの記録も『開国起源』に残っており、「いまだ支那人死に及ばずも、同人より申し聞き候には、士〔武士〕壱人跡〔後〕より罷越《まかりこ》し、壱人は挑灯《ちょうちん》を持ち、眼前え差出し候に付、何御用のこれ有り候やと相尋ね候処《ところ》、壱人の士跡より切り掛かり候様子に付、バルベル方へ逃去らんとせしに其間なく切られ、全く刀疵《きず》にこれ有り候。〔……〕右の疵人は亜米利加医并《ならび》日本医両人え療養致させ候[67]」と説明されている。亜米利加医はジョージ・ホールだろうか。

　歌川貞秀（玉蘭斎）の「御開港横浜大絵図二編、外国人住宅図」には、フフナーゲルのヨコハマ・ホテルと背中合わせに「イギリス三番　バルベル」の屋敷が描かれている。ヨコハマ・ホテルが実際に貸長屋を改装したものだとすれば、被害者が逃げ込んだバーバーの家も事件当時からここにあったかもしれない。この大絵図は一八六〇（万延元）年に制作された御開港横浜之全図に手を加え、翌年ごろ完成したもので、開港当初の居留地の様子を覗くことができる。[68]

　デ・コーニングもこの事件について書いており、ロウレイロが従僕をイギリス船に遣いにやったが、「雨が降っていたため、従僕が古い外套を羽織っていた」とする。従僕の名前は「チン・チャン・ラ」になっていたが、彼の書では登場人物の大半は仮名になっていた。日本側の役人は、清国とは条約を結んでいないので、従僕の死に責任はなく、彼が着用して切り裂かれてしまったロウレイロの外套も、ロウレイロがポルトガル人であることを理由に、賠償対象にはならないと詭弁《きべん》を弄《ろう》した。[69] このように、従僕が洋装していたため、西洋人と間違われて殺されたのだと、当時の大半の記録は書くが、歌川芳虎の「横浜商家異人之図」の南京人などは弁髪に洋装姿で、まさにこの被害者ではないかと思うような恰好をしている。髪型を考えれば、たとえ夕暮れでも見間違えようはなかったのではないか。この貸長屋の一帯は一八六〇年一月三日の火事で焼け落ち、その後にようやく「仮居留地」がつくられた。

一方、ロウレイロの中国人手代の波松《はしょう》については、輝かしい証言記録が複数残っている。それも「横浜における生糸輸出商の濫觴《らんしょう》、つまり明治の日本最大の輸出品となった絹糸を最初に取引した出来事においてだ。上田藩も開港に先駆けて生糸の輸出に動いていた藩の一つだった。諸説入り乱れているなかでも数多くの証言があるのは、日本側の売込商では、開港後まもない安政六年六月に本町四丁目に銅《あかがね》御殿と呼ばれた銅葺き屋根の大店舗を構えた中居屋重兵衛であり、買入商は「ロレル（仏国人）仏国二番館」、あるいは「ハショウ（支那人）仏商二番館ロレルの手代」で、取引日は安政六年六月末から八月中旬となっていた。たとえば、横浜市住吉町の古老、高橋文左衛門の次のような談話が残る。問屋の役割をはたしていた中居（屋）重兵衛が信州上田の武蔵屋勇（祐）助と、足利仲町の石川勘右衛門を前橋に遣《つか》わして、生糸を買い集めていると聞きつけ、自分も「安政六年七月十八日、今の元浜町のところに当たる麦畑の中にて取引を為したり。是《こ》れは自分直接に売りたるにあらず、前記中居の手を経たるものにして、中居は支那人ハショウなるものに対し、自分より引取たる買値の三倍位にも売りし由《よし》なり。ハショウは斯《か》かる高値を払いながら、其製糸の美麗なのを悦び、両手にこれを掲げて畑の真中で妙な手付をして踊り出したには、一同は腹をかかえたり」[70]。生糸取引の始まりとしてほかに候補に上がるのは、「バルベル」と芝屋清五郎、エスクリッゲのこととされる「イソリキ」、「通弁阿忠」などだが、阿忠はハショウとも考えられている。信州の生糸貿易について書かれた論考にも、北信地方の須坂町を中心とする生糸商のうち、「最初の輸出者は牧茂助で、安政六（一八五九）年八月アセンという外人に生糸六〇八キログラムを千二百二十両余で売り、万延元（一八六〇）年には仏国二十番館ロレルに、中居屋を通し一七八四キログラムを三千七百五十七両余で売却した」と書かれている。[71]「手代」というのは使用人だが、筆談などによる通訳や、外国人と現地民の慣れない取引の実務を担ったのは、「買弁」、コンプラドール (comprador) と呼ばれた人びとで、大多数は広東人だった。ただし、『横浜もののはじめ考』は慶応三年ごろの文書に「南京人波松」と書かれていたとし、波松はロウレイロの買弁だとする。[72]

元浜町にまだ麦畑があったころ、多額の生糸取引を始めた「波松」は、日本人町では目立つ存在だったはずだ。死に際に事件の詳細をバーバーかロウレイロ、もしくは呼ばれたアメリカ人医師か日本人医師に語ったことからしても、語学は堪能だったと思われる。多くの人が「波松」という名前を記憶しているのに、それ以降の歴史から忽然《こつぜん》と姿を消していることからしても、十一月の事件の犠牲者は「波松」だったと考えるのが自然ではなかろうか。犯人は提灯で顔を確認しているのだ。

一九〇九年七月に『ジャパン・ガゼット』が企画した開港五〇周年特集号は、開港当時を知る古い住民が語った貴重な記録であり、その全訳が『市民グラフヨコハマ』41号で読める。そのなかでジェームズ・ファブル＝ブラントが「夕暮れ時、イギリス人貿易商の家の前で刺されたフランス領事の使用人を追悼して建てた墓石」[73]が外国人墓地にあると回想している。文久二年に書かれた『珍事五ケ国　横浜はなし』も「其外アメリカ人、フランス人、エキリス人、南京人、都《すべ》て是迄都合拾一人の石塔あり。いずれも石にて三角形にして、先をとがらし、槍の穂先の形ちなり」[74]と描写する。玉蘭斎の大絵図の左端の谷戸坂付近には、三角形の墓石が並ぶ増徳院が描かれ、「南京墓」の文字が見える。玉蘭斎が五雲亭貞秀の名で一八六〇年に描いた「横浜土産」にも、日本の墓石に似た「南京墓」が描かれているが、この墓は現存していない。

外国人墓地が手狭になり、一八七三年に清国人の墓地を根岸の中華義荘《ぎそう》（中国人墓地）に移したと『市民グラフヨコハマ』33号に書かれていたので、一八九二年に建てられた華南特有の形式の美しい地蔵王廟《おうびょう》がある墓地を訪ねてみたが消息はつかめなかった。余談ながら、この墓地からは根岸の競馬場一等席の廃墟が絶妙なアングルで見られる。気の毒な中国人犠牲者の行方は、墓地で教えられた山下町の中華会館でも、南区に移転した増徳院でも、外国人墓地でもわからず仕舞いだった。増徳院も横浜外国人墓地も関東大震災で大被害を受け、書類などはすべて焼けてしまったため、倒れた墓石を一基ずつ起こし、墓碑に刻まれた文字を読み取って、現在あるような埋葬者のリストが作成されたのだという。つまり、一九二三年以前の埋葬者の記録は不確かなのだ。

この事件の下手人は逮捕されなかったが、水戸藩の天狗党の乱に関連して「慶応元年、武田耕雲斎《こううんさい》が越前で刑せられた時に、其余党の一人である水戸藩士小林忠雄が下手人であったことが知れたので、これを横浜に護送して、戸部牢屋敷に於て斬《ざん》に処せられた。又水戸の人高倉猛三郎も連累者《れんるいしゃ》であると云うので同時に遠島に処せられた」[75]。牢屋敷と刑場は戸部のくらやみ坂にあり、現在は小さな祠が残る。高倉猛三郎は、提灯をかざした従者だろうか。

　この事件はうやむやにされた感があるが、安政六年十月にはオールコックからの依頼を受け、横浜、神奈川に関門と見張番所が設置され、「木戸門は夜四ツ時（午後十時）から閉鎖」し、「関門内へは、帯刀者を入れぬ。夜分は無提燈で町内を通行出来ぬ」ことになり、明治四年九月までその状態がつづいた[76]。幕末に起きたその他の外国人殺傷事件にくらべてこの事件が忘れ去られたのは、一つには中国が条約国でなかったからだろうが、現代の私たちが想像しがちな、犠牲者が東洋人であったからという理由以上に、むしろ従僕という身分であったことが大きな原因かもしれない。

　翌万延元年閏《うるう》三月（一八六〇年四月または五月）には、神奈川奉行の堀利熙らから、「横浜町の方は、外国人多人数住居罷在《まかりあ》り、殊《こと》に追っては各国コンシュル館をも引移りなし候積《つもり》」で、かつ外国商人は倉庫を必要とするためそれぞれ四〇〇坪以上必要なのに、横浜で残っている土地は「悉《ことごと》く低場に付、地上《じあげ》致さず候ては住居相成り難く候間」という状況のなかで、「右地上場土取を兼ね」、堀割を開削する提案がなされた。「万延元年四月中着手、晴天三十日を以て竣工せしめたりと古老の言う所なり」[77]。中村川が大きく蛇行する地点であった、現在の石川町駅付近から海までを開削して、その土で横浜新田の嵩上《かさあ》げと太田屋新田の沼沢地の埋め立てをし、居留地の警備と新しい土地の確保という一石二鳥の案だった。これが堀川であり、現在は首都高の狩場線が高架になっていてわかりづらいが、それによって「居留地をぐるりと囲む運河」という出島のような状況が生まれた。この付近に住んでいた横浜村もしくは本村の住民は移転させられた。

幕末の浄瀧寺。中央に立っている人物がヴァイス領事。The Ricardo Album から許可を得て転載。*Myrna Goldware collection.*

イギリスの公使館と領事館

浄瀧寺のイギリス領事館は、開港後から一八六一年十月ごろまでヴァイス領事がほぼ常駐していたようで、彼が故郷の友人宛に送った古い写真がある。ガラス戸まで入れて、領事館もしくは領事公邸として設備を整えた寺で、関係者数人とともにくつろいだ様子で写っている写真と、袴をつけない羽織姿で一本差しの日本人と二人で撮影したものが、友人のアルバムに残されていた。[78]

ヴァイス領事が写る幕末の浄瀧寺は、一九二八年に刊行された『横浜の史蹟と名勝』に掲載されている写真と外観はほとんど変わらない。「開港当時外国領事館に宛てられた寺院の中で、建築物の残存して居るのは只《ただ》此の浄瀧寺あるのみである」と書く同書には、「浜の十名木」の一つとして、見事な枝ぶりの「領事手植え」の多行松の写真も掲載されている。[79] 多行松というのは、根元から箒《ほうき》状に枝分かれしたアカマツのことを言う。十名木にはほかに、ペリー上陸の図に描かれ、度々の災難を経て現在も横浜開港資料館の中庭に茂る玉楠（タブノキ）や、ロバート・フォーチュンが三沢の豊顕寺《ぶげんじ》まで見にでかけたコウヤマキ、グラント将軍が植えた横浜公園内の松などが含まれた。浄瀧寺も豊顕寺も一九四五年五月二十九日の横浜大空襲で焼かれ、多行松とコウヤマキも失われたようだ。[80]

一方、品川の東禅寺のイギリス公使館では、オールコックの通訳を務めていた土佐出身の漂流民、小林伝吉が公使館の門前で暗殺されるという事件が起きた。フォンブランクが牛馬購入の交渉を終えて神奈川の領事館に戻った直後のことだった。この伝吉の墓は麻布の光林寺にあり、そのはす向かいにはハリスの通訳で、やはり暗殺されたヒュースケンが葬られている。一八六一年七月には第一次東禅寺事件も発生して公使館員らが重傷を負った。「前回の襲撃に際して、公使と随行員のために政府［幕府］が任命した日本の衛兵が任務の遂行をいちじるしく怠ったため、それ以降は、政府がなおも派遣しつづけた衛兵に加えて、イギリスの衛兵も利用できるようになった。この当時、その警備隊は八〇人で構成されていた。すなわち、アプリン中尉指揮下のミリタリー・トレイン一二名と、レナード号からのビンガム大尉とエドワーズ、ウォレン両中尉指揮下の海兵隊六八名である」。[81] こう書いたのは、一八六四年六月に来日して『ジャパン・ヘラルド』の主筆となり、それ以来、一八八〇年に『ヤング・ジャパン』の校正中に永眠するまで、幕末から明治にかけての日本の詳細にわたる記録を残したジョン・レディ・ブラックだった。アプリンが天津から日本へ派遣されたのは、第一次東禅寺事件がきっかけだったのだ。陰暦のちょうど翌年に再び襲撃された第二次東禅寺事件では早速、イギリスの「海兵隊伍長の姿が見えず、アプリンが部下数名とともに捜しにでかけた。最初に危険が察知されたとき、伍長は見回りにでていたようだった」[82]と書かれ、以後、事件が発生するたびに、アプリンと騎馬護衛隊が現場に駆けつけるパターンが繰り返されることになった。

　私の祖先に上田で会ったことを報告書に書き留めてくれたウィリアム・ウィリス医師は一八六二年五月に上海経由で長崎に来日し、しばらくグラヴァー邸に滞在したのち六月に横浜にやってきた。その後、アプリンらとともに品川の東禅寺に移ったため、やはりこの事件に遭遇した。この事件で殺された見回り中のクリンプ伍長と最後に言葉を交わしたのは、ウィリスだった[83]。

　第二次東禅寺事件のあとは、横浜の居留地二〇番が臨時の公使館となった。アーネスト・サトウは「当時公使館として使われていた四方八方に広がった二階建ての家」について、「その建物は、海岸通り《バンド》と海へ注ぐ水路《クリーク》［堀川］が交差する地点にあった。現在グランド・ホテルのある場所で、所有者はホウイという人物だった」[84]と書いている。ザ・バンドと呼ばれた海岸通りは、玉蘭斎の大絵図にはまだ存在しない。生麦事件後に開かれた借地人会議で「現在、建設中の海岸通りの幅を五〇フィート以上にできないのか」[85]といった議論がなされているので、一八六二年後半から大規模な建て替えが行なわれたのだろう。横浜に長年住んだアレック・クラークが描いた一八六二年末ごろの地図[86]では、居留地は碁盤目上に区画整理されてすべてに連番が振られ、海岸通りも描かれている。サトウはのちに「ウィリスと私は、そのころには海岸通り二〇番地にある公使館の一翼で一緒に暮らしていた」[87]とも述べている。一八六四年十月二十九日号のＩＬＮには、フェリーチェ・ベアトが山手から撮影したこの二〇番地を含むパノラマ写真[88]をもとに制作された木口彫り版画があり、沖合には四国艦隊下関砲撃事件を前に各国の艦隊が集結している様子が見える。ベアトは一八六三年春ごろに来日し[89]、幕末から明治初期にかけて多くの日本の写真を残した写真家だ。

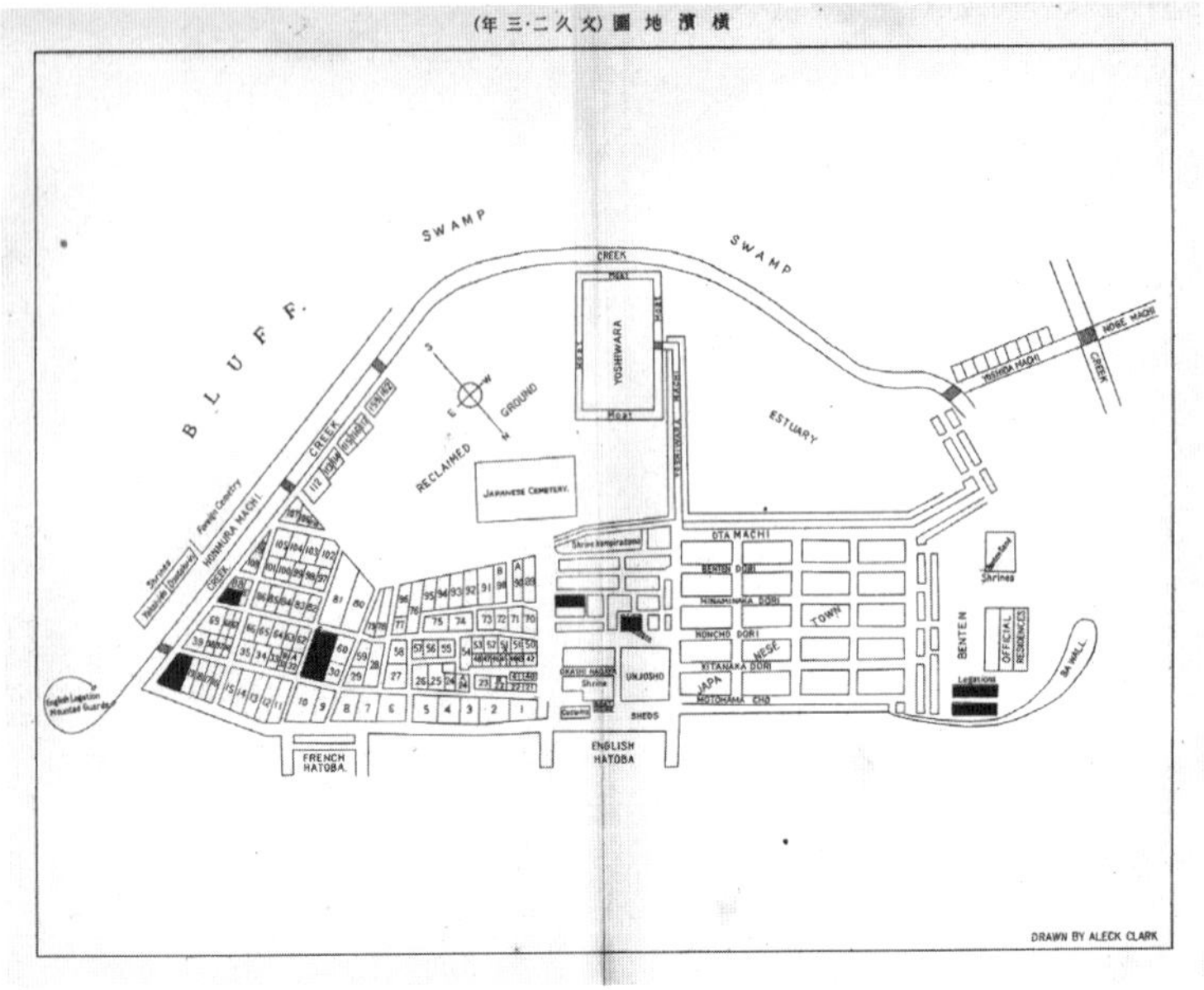

アレック・クラーク作成の横浜地図。『横浜市史稿』政治編二より転載

高い旗竿にユニオン・ジャックと思われる旗が翻《ひるがえ》る二〇番地の左手、谷戸橋付近の三九番地には、一八六二年十二月に成仏寺から移ってきたヘボンの家が見える。ここは現在、横浜地方合同庁舎になっており、ヘボン博士邸跡の記念碑がある。二〇番地は現在、横浜人形の家が立つ場所である。

　前述のA・クラークは『ジャパン・ガゼット』開港五〇周年特集号で開港当時の居留地の様子を詳しく述べており、一八六二年末にはイギリス公使館は二〇番地にあり、イギリス領事館は「現在、消防隊の詰所がある二三八番地あたり」だったとする。[90] 彼の地図では、ちょうど消防救急発祥之地として、旧居留地消防隊の地下貯水槽遺構が残る辺りにBritish Consulateと書き込まれている。文久二（一八六二）年に書かれた『珍事五ヶ国横浜はなし』の「外国人士官商人館番附并《ならび》名前」にある「同［駒形町］南仲通英コンシュル役所」がそれに相当しそうだ。[91]

　ヴァイスの住まいは、このリストの「六十八番　英　コンシュル」だったと思われる。一八七〇年に初代ゲーテ (Gaiety) 座が建てられた場所だ。一八六三年五月十日にブライン大尉によって作成された居留地防衛図では、その隣の、堀川沿いの六九番地付近にイギリス領事と書かれているが、[92]山手からベアトが撮影した前述の写真では、ヘボン邸の横の六九番地の庭には積まれた材木などが見える。玉蘭斎の大絵図も堀川沿いのこの区画は「オランダ舟大工師」や、その上（南側）の「オランダ九番　フライ商館」として描いており、A・クラークもこの番地をやはり「フライ氏（船大工）」と記憶していた。船大工のフライは、一八五九年十二月にイギリス人船大工とフライ&クック社を設立して、三〇人ほどの日本人を雇って居留地の住居や倉庫を建てるなどして活躍した人物だ。[93]ここは完成した船を堀川に進水させるための簡易ドックになっていたと思われ、水門は見えないものの、小さな跳ね橋らしきものが架かっていたのがわかる。

　横浜居留地の古い地図としては、一八六四年二月十五日の日付入りで横浜のT・S・ロバーツが作成したものも存在する。[94]制作者のT・S・ロバーツ大尉は、在香港英国陸軍第九九連隊の大尉であったと思われ、「対日戦争計画」を念頭に、陸軍工兵隊のW・ロバーツ大尉（おそらく別人）が立てた横浜の居留地防衛構想のために、地勢の観察にもとづいた精巧な地図を描いていた。居留地そのものの防衛体制については、ブライン大尉の地図で大砲の設置場所や、破壊すべき橋などが検討されていたが、ロバーツ大尉の地図はさらに地域を拡大し、居留地を見下ろせる尾根伝いに三カ所の戦略的地点を定めていたことなどが、当時の英仏両国の史料を研究した影山好一郎の論文に詳しく書かれている。二カ所はブラフ、つまり山手にあったが、もう一カ所の最も重要な場所は掃部山のある高台とされた。[95]レニー軍医の一行が視察にでかけた場所だ。尾根上の拠点を結ぶ道路の建設も検討された。戦う相手が特定の大名なのか、御門《みかど》と一部の大名なのか、それとも幕府なのか判断しかねたこの段階において、イギリス軍は日本人がそれまで一度も試みたことのない周到な測量をして、いざという事態に備えると同時に、その実行可能性と犠牲を最小限に抑える方法を冷静に検討していたのである。

　品川の御殿山に建設中だった公使館が、一八六三年一月に焼き討ちに遭ったため、イギリスはしばらくこの横浜居留地の二〇番地を公使館として使いつづけた。当初、南仲通りにあったイギリス領事館は、一八六三年に居留地一五五番地に「尖った切妻屋根のある大きな四角い建物」[96]が建てられたため、そこへ移転した。現在、加賀町警察署がある付近で、中華街の端、つまり横浜新田の端に相当する。六三年には少しずつこの区画も埋まり始めたようだ。一八六五年五月にフランスの建築家クリペによって制作され、「横浜絵図面」として知られる居留地の地図には「British Consul. / Consulat Anglais 英ギリスコンシュル」と書き込まれている。[97]現在、関帝廟のある一角が空き地となっているだけで、このころには横浜新田は区割りがなされていることがわかる。一五五番地の領事館は一八六六年十一月二十六日に起きた大火災（豚屋火事）後、延焼は免れたはずだが、一七二－一七三番地に移転し、一五五番のほうは刑務所になったようだ。[98]

　当時、横浜の領事館勤務だったサトウは、この火事のあと十二月九日ごろまで横浜の友人宅に避難し、その後、「江戸の泉岳寺前に完成しており、高い黒板塀に囲まれてどこか監獄のように見える建物」である新しい公使館に移った。職員は二等書記官のミットフォード、会計補佐と医務官のウィリス、通訳官のシーボルトとサトウ、通訳生のヴァイダルなどで、護衛はブラッドショー中尉指揮下の歩兵となっていた。[99] 萩原延壽の『遠い崖』によると、「浪人の焼き討ちにあわないように」と幕府によって建てられ、高輪接遇所と呼ばれたこの公使館の建設中は、三田の大中寺が仮の宿舎となった。[100] 一八六七年一月三日の夜、ヴァイダルがこの江戸の公使館の自室でピストル自殺を遂げ、そのとき公使館内にアプリンもいたとされるので、日本滞在の最後の年、彼は江戸にいたようだ。ヴァイダルの死亡診断書はウィリスが書いた。[101]

一方、一等書記官のシドニー・ロコックなどは妻子がいたためか横浜に留まっており、一八六七（慶応三）年には横浜山手一二〇番地に、ブリジェンスが設計した公使館が建てられた。高島嘉右衛門の協力を得てナマコ壁を取り入れたこの公使館の写真は、『ファー・イースト』紙でも掲載された。この新聞はＪ・Ｒ・ブラックが一八七〇年に横浜で刊行した写真入り英字新聞で、ガラス湿板から鶏卵紙に焼きつけた写真をそのまま紙面に添付する方式で隔週発行された。初期の写真の大半はミヒャエル・モーザーの手による。この公使館は二代広重と呼ばれる喜斎立祥《きさいりっしょう》の「横浜高台英役館之全図」に、行進する軍楽隊とともに描かれた建物と同じようだが、横浜絵の「英役館」は煉瓦造りに見える。山手のこの公使館は一八七五年までは存在したと思われるが、英仏駐屯軍の撤退とともに一二〇番地はいくつかに分割されたため、その後は不明だ。跡地には現在、山手ロイストン教会などがある。その裏手の山手二四五番地に、一八八二年から一〇年ほどヘボンが移り住んでいた。

イギリス領事館のほうは一八七〇年に中区日本大通りの「ペリーの上陸場」に再移転した。この領事館もブリジェンス設計だが、不恰好だとして不評だったようだ。私が最初に伝次郎に関する記述を見つけたコータッツィの訳書の表紙には、この建物を描いた歌川国政作とされる横浜絵が使われていた。三代広重の「横浜海岸異人館之図」などにもこの領事館は描かれているし、『ファー・イースト』の表紙を飾ったこともあった。この建物は関東大震災で被災し、その跡地に一九三〇年代に建てられた総領事館が一九七二年まで使用され、現在は横浜開港資料館の旧館として使用されている。新館とのあいだの中庭に生い茂る玉楠は、開港以前から水神祠にあったタブノキを当初の場所から多少移動したもので、ヴィルヘルム・ハイネのペリー上陸の図にも描かれた。この木は豚屋火事と震災で二度焼けたが、ひこばえが再び生えていまは立派な大木となり、かつての「横浜十名木」の唯一の生き残りとなっている。[102] この大火のあと、防火帯を兼ねてブラントン設計で広い日本大通りが設けられた。現在の横浜公園のところにあった遊郭はその後、いったん高島町に移ったあと吉田新田の南三ツ目に再移転し、一九五八年までそこが赤線地帯となった。

横浜の居留地

横浜に長く住んだA・クラークは、「イギリス公使の騎馬護衛隊はアプラン［ママ］中尉の指揮下にあり、現在イギリス海軍物置所のある場所に兵舎があった」とも語っていた。彼の地図には、いまのフランス山の崖下に English Legation Mounted Guards という書き込みがある。[103] 一八七一年に出版された『山手外人居留地図』[104] では、ここは「百十七番　英国海軍物置所」となっていた。騎馬護衛隊は当初一二人で、馬が十数頭いたので、居留地二〇番地には収まらなかっただろう。公使館と堀川を挟んで対岸にいたとすれば、第2章で触れる生麦事件の発生時に代理公使のジョン・ニール中佐が、横浜の住民であるコーンズとエリス・イーリアスのもたらした知らせを聞いている隙に、日曜日で堀川近くの領事公邸にいたであろうヴァイス領事が残っていた護衛隊員を勝手に連れだすのは容易だったかもしれない。もっとも、この事件後の不穏な時期には、「街を見下ろせるブラフに砲台を建設中で、夜間は強固な柵を設けている。アプリンの騎馬隊はイギリス公使館の庭に駐屯しており、艦上に搭載されたアームストロング砲はいつでも発射できるように構えている」と、ＩＬＮ紙で報道されていた。[105]

前述の「外国人士官商人館番附并名前」のリストは、「一番　英国　ガハール、娘　つる、小使、半兵衛、別当　平蔵……二番　亜国　ホール」から始まり、「廿《にじゅう》番　英　ミニストル……廿一番　英士官ガーハル」[106]などとつづき、「八十一番　英　クラヲ」には、「同館士官英　アブヒレン、モンゴメリン、娘　はま、とし、小使　林蔵、同喜三郎、別当　長吉」と書かれている。アブヒレンはアプリンだろうか？　八一番はいまの横浜大世界の向かい付近で、クリペの地図ではフランス人が住んでいた区画であり、この当時も「仏　アマニヤク」と「異人パン焼フランキヨ」が同居している。一八六四年のT・S・ロバーツの地図には、ちょうどこの付近にCanon St. Godown（カノン通り倉庫）およびOfficer's Quarters（士官棟）という書き込みがある。娘というのは、このリストの前に収録されている「異国重役人之部」の注から察するに、ラシャメンを指すようだ。サトウは日記に「ニール中佐はわれわれを公使館に住まわせ、われわれが『ムスメ（娘）』を囲う機会をあたえまいとしているのである」と書き、ウィリスも兄に当てた手紙で「ここではほとんど例外なしに、独身の男は日本の女性をひとり、ときにはふたり囲っています」と書いた。[107]どちらも後年、日本女性と所帯をもって子供をもうけている。彼らより少し年長で、多少早く来日していたアプリンは、長屋住まいとはいえ、すでに彼らの羨む待遇を受けていたようだ。

サトウとウィリスは、一八六三年十月ごろ臨時通訳官のレジナルド・ラッセルが帰国したため、その家に住むようになったと萩原延壽は推測する。のちにロンドンで長州からの密航留学生と会談し、「ラッセル覚書」を書いて、イギリスと長州藩を接近させた人である。このときも「ニール中佐は、はじめ、非常にかたくなであり、その家は、他の外国人には貸さないという約束だけをとりつけて、もとの日本人にかえすべきであると主張した」[108]が、結局、二人はそこに住むようになった。「日本人町と外国人居留地のあいだの裏通りの木造屋」[109]と、サトウがのちに書いた家とは違うと萩原氏は考えているが、どちらも本来は日本人用の特殊な物件に思われ、同一の家ではないだろうか。同様のことは一八六五年に赴任したミットフォードも、回想録（抄訳『英国外交官の見た幕末維新』）に書いている。「横浜に到着して一週間もたたぬうちに、私はこの世で最も繊細な造りと思われた小さな小屋を当てがわれることになった。きれいな白木と紙でつくられた建物で、大きさは人形の家とさほど変わらず、同じくらい見掛け倒しのものだった。小さなベランダが五、六鉢の盆栽で飾られて、アラブ人のお祈り用絨毯ほどの広さの坪庭に面していた。この住居は同様の造りの三軒のうちの一軒であり、別の棟にはそれぞれサトウ氏とウィリス医師が住んでいた。したがって、われわれ三人は現地民の町の外れに小さな公使館村を形成していたのである。何もかもミニチュア・サイズの家だったので、そこでうまく暮らすために身体が縮んで干からびたに違いないと思われた。ウィリスときたら、気の毒にも大男だったので、彼がどのようにして家に入り、いったんなかに入ったらどうやって再びでてくるのかは、焼き団子《ダンプリング》のなかのリンゴと同じくらい大きな謎だった」[110]

この三軒がどこにあったかは不明とされているが、一八六六年十一月の豚屋火事で被害を受けた地区であることはサトウの書などから確認できる。この大火は、港崎遊郭の西の、現在の末広町にあった精肉業者から出火して遊郭に燃え移った。遊郭は周囲を泥沼で囲まれ、木造の橋が一つ架かっているだけであったため、多くの遊女が逃げ遅れて犠牲になった。「そのころには、火の手は日本人町の大通りにも広がり、私たちの家を含め、A・B・ミットフォード、A・フォン・シーボルト、ウォルシュ、ヴァイダルなどの住んでいた家々も、とっくに焼失していた。［……］アメリカ領事館に火をつけ、ジャーディン・マセソン商会の屋根に燃え移り、居留地の二つの通りに沿って広がった」[111]と、サトウは書く。

アレクサンダー・シーボルト（ジーボルト）は、「シーボルト事件」で知られる有名な医師フィリップ・フランツ・フォン・シーボルトの長男である。オランダ商館医の名目で一八二三年に来日したシーボルトは、鳴滝《なるたき》塾を開いて高野長英《ちょうえい》、伊東玄朴《げんぼく》など多くの蘭医を育てたのち、伊能忠敬《いのうただたか》の「大日本沿海輿地全図」の縮図を禁制を犯して国外へもちだしたために、国外追放となった。伊東玄朴は、このときその縮図を預かっていた当人だったが、佐賀藩の計らいで幕府の追及を逃れたという。その後、日蘭通商条約が結ばれ、父シーボルトへの追放令も解除されたため、一八五九年四月に十二歳の長男アレクサンダーを連れて再来日した。イギリス公使館に通訳として採用されたとき、アレクサンダーはまだ十五歳だった。[112]若い通訳官で火事の翌年一月に自害したヴァイダルも近くに住んでいたようだ。ウォルシュは、一八六三年五月に浪人に危うく殺されかけた補佐官だろう。[113]

日本人町との境で、火事の被害にあった場所となると、運上所の裏手（南西側）である可能性が高い。日本大通りを隔てて日本人町側とされる、現在、「消防救急発祥之地」があるこの一帯は、一時期イギリスやフランスの領事館がまとめて置かれていた場所なので、その跡地またはさらに太田屋新田側の一角かもしれない。ただし、「以前に、ウィリスとわたしが住んでいたガウアー（A. A. J. Gower）の家の一隅」を引き払ってそこへ新たに移ったと、先に引用したサトウの日記の続きに記されているので、二〇番地の公使館をでたあと何度か引っ越した可能性はある。「外国人士官商人館番附并名前」によれば、エイベル・

ガワーはジャーディン・マセソン商会と水町通りを挟んで向かいの二一番地に住んでいた。萩原氏は、公使館の補佐官で、のちに長崎や箱館の領事館に移ったエイベルと、ジャーディン・マセソンの横浜代理人のサミュエルとが、「頭文字がしめすように、別人であるが、このふたりの混同が、日本の諸書に散見することを、この機会に書きそえておく」とするが、公使館・領事館と商館にいたこの二人が兄弟であることに気づいておられただろうか？　二人のあいだには、イラズマスという鉱山技師もいて、ガワー三兄弟はさまざまな場面で情報を共有し、暗躍したようだ。[114]

ヨコハマ・ホテル

サトウらが住んでいたと思われる一角から、日本大通りを挟んで向かい側の居留地七〇番地に、「蘭カブタイメン　異人旅籠《はたご》屋[115]」、すなわち先述のヨコハマ・ホテルがあった。オランダ船ナッサウ号の元船長フフナーゲルが遊郭になっていた貸長屋を改造し、上海から料理人などを連れ帰り、備品、飲料を大量に仕入れてきて開業した経緯をデ・コーニングが伝えており、玉蘭斎の大絵図には「オランダ五番ナッショウ住家《ホイス》」と書かれている。デ・コーニングの書には、一八六〇年一月三日の火災の翌日、このホテルを会場にして開かれた居留民の集会のことも、面白おかしく描かれていた。この集会は実際には、「『開港場としての横浜の地位』が確立されるにあたって、決定的な重要性をもったもの」だったと、斎藤多喜夫が「横浜居留地の成立」という論考で述べ、デ・コーニングが描写した集会の議事録も付録に掲載している。この集会に参加した居留民は二八人だった。すでにジョージ・ホール医師などは横浜に移り住み、フフナーゲルもホテルを開業したのちの「既成事実の事後承認」だったが、こうして「外国商人達は、晴れて横浜に居住することができるようになった」のだ。[116] 神奈川か横浜かという問題は、開港後半年以上を経たこの時点で、ようやく条約国の政府側からも承認されて、決着を見たことになる。

ここは一八六〇年二月に殺されたオランダ人船長らがその直前までいた場所でもあり、彼らの遺体が安置された場所にもなった。デ・コーニングの共同経営者で、乗ってきた船の船長でもあったイェッペ・カルストは、二人の船長に会うためにホテルに一足違いでやってきて、辛くも難を逃れていた。[117] フォンブランクもこのホテルを訪れて無残に斬り殺された二人の遺体を見ている。[118] 玉蘭斎の大絵図の左隅にある増徳院の墓地には、四角柱の上に尖ったピラミッドを戴いた大きな記念碑と、四本柱の上にドームを載せた大きな碑が描かれている。後者は、横浜で最初に暗殺されたロシア海軍軍人たちのために建てられた「霊安堂」で、歌川芳虎の『武州横浜八景』の「本村及夕照」などにも描かれたが、一九〇八年に大幅に改修されたのち関東大震災で崩れ、いまは墓石だけが少し場所を移動して残る。[119] 一方、前者はいまもそびえており、風化した表面から、オランダ人両船長の名前がまだ読み取れる。ピラミッドはフリーメイソンのシンボルで、彼らの埋葬時には「兄弟」たちがこの結社特有の別れの挨拶で見送ったという。[120] 横浜外国人墓地で最も古いこの二二区は、現在は公開されていないが、明治二〇年創業と言われるウチキ・パンの裏手から柵越しに見ることができる。ここは次章で詳述する生麦事件の被害者が眠ることで知られるが、ほかにも横浜の初期の住人たちが埋葬されている。オランダ人船長らの墓碑のすぐ近くには、横浜に六〇年近く住んだカルスト船長の息子の一人や、この息子と日本人妻とのあいだに生まれた娘アナの墓もある。

ヨコハマ・ホテルは、一八六一年一月には江戸のイギリス公使館員の一時的な住まいにもなったようだ。[121] このホテルにはほかにもシーボルト父子や、再来日した画家のヴィルヘルム・ハイネ、シベリアの流刑地から逃亡した無政府主義者バクーニンまでもが投宿した。ハイネとバクーニンは一八四九年のドレスデン蜂起でともにプロイセン軍と戦った仲で、この横浜の地で偶然に再会したあと、ともにサンフランシスコへ向かった。[122]ILNの特派員として一八六一年五月に来日した画家のチャールズ・ワーグマンは日本からの第一報に、「われわれはヨクハマ・ホテルに行った。ほとんどの宿泊客は一階に泊まっており、部屋はヨーロッパ式で、なかには完全にイギリス風の家具で揃えた部屋もあった」[123]と書いた。

アーネスト・サトウは、一八六二年九月八日に、ジャーディン・マセソン商会の蒸気船ランスフィールド号で同僚の通訳生ロバートソンとともに上海からやってきたあと、しばらくこのホテルに滞在していたと、萩原氏は推測する。当時十九歳のサトウが日記に、「このホテルはおそろしく騒々しい場所である。朝の二時とか三時ごろまで、口論やなぐり合いのたぐいがおこなわれ、さらに始末がわるいのは、弾の行く先などおかまいなしにやたらに拳銃が発射されることである」と書いているからだ。[124]生麦事件の当日はその外にいて、居留地が騒然とする様子を見ていた。[125]「ちょうどそのころ公使館騎馬護衛隊の指揮官アプリン中尉の家があいたので、サトウはロバートソンとともにそこに移れるのかと思ってよろこんでいたが、それもニール［代理公使］の反対でとりやめになった」[126]。このホテルは、一八六二年ごろからしばらくイギリスの海兵隊の宿舎にもなり、日本最初のビリヤード台があったことでも知られる。生麦事件で負傷したマーシャルとクラークは、ここの遊び仲間であったかもしれない。このホテルも一八六六年の大火で焼失した。跡地には現在、住友海上・上野共同ビルがある。

ワーグマンは一八六二年後半から翌年初めまでイギリス（およびおそらくフランスにも）一時帰国してお

り[127]、その後、フェリーチェ・ベアトと居留地二四番地の家で垣根を隔てて住むようになった[128]。ワーグマンとベアトはクリミア戦争時代からの知り合いで、アロー戦争ではともに従軍画家、カメラマンとして活躍した。連合軍攻撃後に清兵の遺体が累々《るいるい》と横たわる大沽《ターク―》砲台や破壊される前の円明園《えんめいえん》など、ベアト撮影と言われる写真がアロー戦争関連の書にも掲載されていた[129]。彼が天津で撮影した可能性がある一連の記念写真もネット上で見つかった。従軍者が所有していた古いアルバムがオークションにかけられていたのだ。そこには天津にいた第六七歩兵連隊や特殊騎馬隊フェインズ・ホースの将校の写真などとともに、「ミリタリー・トレインの将校たち、天津、一八六一年」とメモ書きされ、一三人の人物が接収した孔子廟らしき建物の前に並ぶ写真があった。上下白い制服の人もいるが、ワーグマンの挿絵に描かれたような、胸に紐飾りがある濃色の「肋骨服」の上着と、脇に白い一本線が入ったズボン姿の人もいる。ほぼ全員が、日本でも彼らが着用していたツバなしの平たい帽子をかぶり、肩から斜帯をかけている。当時、二十六歳だったアプリン中尉が、そのなかの一人かどうか確かめるすべはないが、ヴィクトリア朝時代の流行で顎鬚《あごひげ》が豊かな人が多いなかで、髭の少なめの若そうな人が数名いる。イアン・アプリン氏からいただいたアプリン大尉の肖像画写真や、ワーグマンが描いたＩＬＮの挿絵、アプリン大尉の息子たちの写真などと見くらべてみた結果、特定できそうな人はいる。

アプリンの風貌についていちばんの手がかりを与えてくれたのは、じつはワーグマンの日本初の漫画雑誌『ジャパン・パンチ』の戯画だった。一八六六年の「詩人のコーナー」と題された「ポンチ絵」の一枚にはフレッディという名の馬にまたがるミスター・スパーズ、つまり「拍車氏」が侍を含む数人の乗り手の先頭に立って進む様子が描かれている。一八六七年七月の『萬國新聞紙[130]』に「横浜五番　スメッス」

Spurs and Freddy were all there but where was the beautiful Saddle

『ジャパン・パンチ』1866年10月号より。横浜開港資料館所蔵

が、「「アラビヤ」馬の「フレッデリー」」と申す「カピテンアップレン」の乗馬」を売却する広告をだしているので、フレッデリーはフレッディ、もしくはそれに似た名の馬だったに違いない。この詩は、創作のアイデアが浮かばないと嘆くワーグマンによる、エドガー・アラン・ポーの「大鴉《おおがらす》」の詩をもじったような鬱々《うつうつ》とした内容で、絵の上には「スパーズもフレッディもみなそこにいたが、美しい鞍はどこへ行った」と何かを暗示するような言葉がある。[131]このスパーズ氏が、天津で撮影された士官の一人とよく似ているのだ。スパーズ氏として描かれたアプリンは、ワーグマンのお気に入りの登場人物の一人で、たいがいは真面目くさって馬に乗った姿で描かれている。「騎馬護衛隊は、ミリタリー・トレインという、「豚追い」の尊号で知られた部隊からの一二名で構成されており、その指揮官の中尉は、人のいい無害な人物だったが、上等な軍服と見栄えのする馬に弱いのが玉に瑕だった」[132]と、サトウはアプリンを評している。風刺画に描きたくなるタイプだったのかもしれない。

ワーグマンとベアトも一八六六年の豚屋火事で焼けだされたが、ワーグマンは記者魂を発揮して火事の状況を二枚のスケッチに残し、記事を書いて送っている。「中国とマニラと日本で一〇年間苦労した結果である私のスケッチは、耐火性であったはずの土蔵に保管していたのに、蔵が完全に焼け落ちていたため、もう焼失したものとあきらめたところ、三日後に無事に手元に戻ってきた。多くの人びとが全財産を失った」。彼の使用人か日本人弟子が、火のなかから救いだしたのだろうか。「日本人も中国人も、使用人たちはすばらしい行動をした。自分のことはなんら顧みず、わが身を大いに危険にさらしながら、彼らは主人たちの財産を救うために懸命に働いたのだ[133]」と、彼は記事に綴った。ベアトはこの火事で写真館とネガを失ったあと、居留地一七番地に新しいスタジオを一八七七年まで構えていた。一八八四年に日本を離れたのち各地に移り住み、一九〇九年にフィレンツェで没している。[134]ワーグマンは一八九一年に横浜で亡くなり、横浜外国人墓地に葬られた。数年前まで、命日の二月八日には横浜文芸懇話会によって「ポンチ・花まつり」が開かれていたようだが、一昨年は確認できなかった。

　開港と同時に帝国主義の時代の世界の渦に巻き込まれ、めまぐるしく変化していった幕末の横浜の居留地と神奈川の状況や、開港当初に来日して日本の歴史に大きくかかわった大勢の外国人たちの顔が、いくらかは見えてきただろうか。こんな激動の時代に、私の祖先の伝次郎はいったいなぜ、どういう経緯で、いつ、どこでイギリス公使館付騎馬護衛隊の隊長から西洋馬術などを学んだのか。少しでも手がかりを探そうと、文献を読みあさるうちに、私の関心は祖先の足跡を追うこと以上に、この時代を動かした底流や思いがけない展開へと移っていった。次章ではまず、この時代を理解するうえで非常に大きな意味をもつ生麦事件について、詳しく見ていきたい。

第2章　生麦事件

一八六二年九月十四日（文久二年八月二十一日）、日曜日に起こった生麦事件は、薩摩藩主の実父、島津久光《ひさみつ》の行列とすれ違おうとしたイギリス人一行が、数名の薩摩藩士に斬りつけられた事件だった。上海からイギリスに帰国する途中、横浜に立ち寄った茶商人チャールズ・レノックス・リチャードソンが死亡し、横浜在住の貿易商ウィリアム・マーシャルとウッドソープ・C・クラークは負傷して、アメリカ領事館があった本覚寺まで逃げ込み、近くの成仏寺に滞在していたヘボンなどの治療を受けた。ただ一人、かすり傷程度で済んだ香港在住のイギリス商人の妻マーガレット・ボラデール夫人は、横浜の居留地まで一一キロもの距離を馬で逃げ帰って事件を報告している。

生麦事件は、アプリン中尉とウィリス医師の双方が事件の事後処理に奔走した一件でもあったため、概略だけでも知っておこうと調べ始めた。ところが、白昼、大勢の目撃者の前で起きた事件であるにもかかわらず、まるで『藪の中』のごとく、あるいは英語で言う「ラショーモン」効果のごとく、誰もが少しずつ違う証言をし、推理していることがわかった。当時の幕府と薩摩藩のあいだだけでなく、明治維新以降の内外の力関係の激変も反映してか、事件の全容は解明されないまま現在にいたっている。この事件は実際にはいろいろな意味で歴史の転換点をなした重大な出来事であり、その余波が明治維新の原動力となったこともその過程でよくわかったので、当時の文献を読み直し、現場を歩いてみることで、事件そのものの謎解きに挑戦してみた。

事件直後の九月十六日号外と二十日付の『ジャパン・ヘラルド』紙に、検視陪審《ばいしん》のときの証言と検視報告を含む詳しい記事が掲載された。この記事と同日の付録記事、事件当日と直後のフランシス・ホールの日記、および事件当時はまだ来日していなかったが、報道に携わりつづけたブラックが後年、『ヤング・ジャパン』[1]にまとめたさまざまな証言などを参照すると、事件のあらましは次のようなものだった。

外国人側の記録

リチャードソンら一行はその日の午後二時ごろ、いまの北仲通り地区付近にあった渡舟場から、櫓舟で入江を越えて対岸の神奈川の洲崎大神下にあった宮之河岸に渡り、そこであらかじめ「別当《べっとう》」に連れてゆかせていた自分たちの馬に乗り換えた。当時、外国人が馬で遠乗りするときはたいがい、その先を走る日本人の馬丁が同行していた。生麦事件では、別当たちは陸路を先回りして神奈川で待機しており、その先へは同行せず、神奈川宿入口付近で待っていた。四人の行先は「川崎にある立派な寺」で、川崎大師だったと考えられている。神奈川から五、六キロほど（実際には四キロ程度）のあいだ、彼らはときおり通過する徒士や駕籠とすれ違いつづけた。「本格的な行列の前に、一〇〇人ほどの一団が道の両側を一列縦隊」でゆっくりとやってきた。イギリス人一行は、「道の左側を並足で進みつづけたが、やがて道幅いっぱいに広がった行列の本隊に行き合った。そこには、やや広い日本の橋があった」。「ボラデール夫人とリチャードソン氏が九メートルほど前を進んでおり、リチャードソン氏がボラデール夫人の右側にいた」と、クラークは証言した。「そのまま四〇〇メートルほど進み、道を曲がったところで、大きな行列がこちらに向かってくるのが見えた。それでも止まらずに道の左側を行き、とくに咎《とが》められる気配はなく、行列の一二人目ほどまで進んだ」と、マーシャルは述べた。「従者たちが険しい顔をし始め、馬を押しのけたため、ボラデール夫人はリチャードソン氏に、これでは生垣に押しやられてしまうとこぼした」と、『ジャパン・ヘラルド』は書いた。ボラデール夫人は証言していないので、これは誰かが彼女から聞き取ったものと思われる。彼らが馬を止めたところ、「行列本隊から大柄な男がでてきて、そこで両手をあげて何やら身振りで示した」と、クラークは語った。険悪な雰囲気に気づいて一行が馬を止め、馬首を返しているとき、「最初に本隊からでてきたのと同じ人物と思われる大きな男が、刀でリチャードソンに斬りつけるのが見えた」。「行列の中央にいた男が諸肌《もろはだ》を脱いで腰まで裸になって抜刀し、両手で刀を振りあげるのが見えた。彼はリチャードソン氏に襲いかかった」と、マーシャルも証言する。「『逃げろ』と叫んだが、馬が走りだす前に、リチャードソン氏は左腕下の脇腹をやられていた。同じ男が私にも襲い掛かり、左腕下の同じ場所を斬りつけた。この時分には馬も走り始めていた。大半の人はその場を動かなかったが、六、七人が抜刀して」おり、マーシャルはクラークとともに近寄ってきた侍を何人か踏み倒して逃げた。ボラデール夫人も斬りつけられたが、身を屈めたために帽子を切られただけで済んだ。クラークはこのとき、「前衛隊の一部、つまり一列縦隊で進んでいたと先に述べた一団のうち、数にして三〇人ほどが詰め寄ってくるのが見えた」ため、すぐさま馬を走りださせてその鉄砲組と思われる一団のあいだを走り抜けたが、その際に左肩を斬られ、馬も負傷した。「「大通り」への入口のすぐ手前の茶屋付近に達したとき、リチャードソン氏の馬が遅れ始めた」ことにマーシャルが気づき、声をかけたが返答はなかった。「顔を見ると、すっかり息絶えていなかったとしても、ほとんど死にかけていた。馬が足を止めると、彼は地面に落ちた。そのときには完全に死んでいて、内臓が飛びだしているのが見え、もう私には手の施しようがなかった」。こうして、三人は逃げ切ったが、致命傷を負ったリチャードソンは現場に残された。『ジャパン・ヘラルド』の記事は、「遺体は事件が発生した現場から二〇〇ヤード（約一八〇メートル）ほどの地点に横たわっていた」とする。

マーシャルは「神奈川の橋」の手前で先に行った二人に追いついた。これは後述するように、滝の川橋だろう。生麦から滝の川橋までは自転車で一五分ほどしかかからず、ほぼ平坦な道のりだ。マーシャルはここまでリチャードソンの栗毛馬を一緒に連れてきており、神奈川で待たせていた自分の別当と、横浜の貿易商アスピナルの別当に再会すると、前者をリチャードソンの元へ、後者を横浜への連絡係として向かわせた。負傷したマーシャルとクラークは宮之河岸あたりでなかば気を失い、どうにかアメリカ領事館のある本覚寺までたどり着いた。当時、イギリス領事館はすでに横浜に移っていたためだろう。ボラデール夫人は、「血に飢えた悪漢たちの手に陥るよりは溺れる危険を冒そうと海に向かって馬を進め」、馬は二度ほどつまずきながらも勝手に東海道に戻り、居留地までどうにか走り通した。そして、イギリス波止場の真ん前にある外国人地区の最初の家、つまり英一番館であるジャーディン・マセソン商会のサミュエル・ガワー邸に駆け込んだ。たまたまそこへやってきたガワーの弟で、イギリス公使館の第一補佐官エイベル・ガワーがイギリス領事のヴァイス大尉のもとへ走って知らせ、エイベルと一緒にいた公使館付医師のジェンキンズはボラデール夫人を介抱したあと、同僚の医官ウィリアム・ウィリスを呼びに行った。

この知らせを聞いて居留地の人びとは陸路と海路で神奈川に向かった。「最初に現場に向かったなかでも、おそらくいちばん乗りだったのは、ウィリス医師だろう。強い職責から彼はなんら恐怖を感じていなかった」[2]と、アーネスト・サトウは後年、書いた。『ジャパン・ヘラルド』は、真っ先に本覚寺にたどり着いた一人はジェンキンズ医師だとしており、負傷者二名の治療にはジェンキンズとヘボンが当たったようなので、ウィリスは東海道をまっすぐ進んだものと思われる。当時、イギリス公使のオールコックは賜暇でイギリスに帰国していて、ニール中佐が代理を務めていた。中佐は即座に騎馬護衛隊に出動準備をさせたが、リチャードソンはすでに死亡し、ほかの二人は本覚寺に避難した知らせが神奈川から引き返してきた居留民からもたらされた。たまたま司令官のアプリン中尉が不在であり、そのとき七人しかいなかった騎馬護衛隊を東海道に派遣するのはむしろ危険だと、中佐は判断した。そして、代わりに武装した小型帆船を生麦に送ってリチャードソンの遺体を引き取り、神奈川の湊から負傷者を乗せるように指示した。江戸時代の生麦村は海に面しており、東海道は海沿いを通っていたからだ。ところが、騎馬隊がいるはずの場所へ中佐が行ってみると、ヴァイス大尉がすでに連れだしてしまっていた。そこへアプリン中尉が戻ったため、中佐は事情を説明して、すぐに一行のあとを追うように指示した。「アプリン中尉は東海道を三キロほど走った先で、ヴァイス大尉と騎馬隊と、何人かの居留民に追いついた」[3]。「川崎と神奈川の中間地点の家でフランスの騎馬護衛隊が追いつき」、一行はそこで沿道の人びとに事件について尋ねるが、誰もが知らぬふりをした。「しかし、一人の少年が前に進みでて、遺体の場所までの案内を買ってでた。少年の案内で一行は八〇〇メートルほど引き返し、そこで小屋の傍《かたわら》の、街道から九メートルほど離れた農地《フィールド》のなかに横たわっている遺体を発見した。二枚の古い筵《むしろ》で覆われており、めくると見るも無残な恐ろしい光景が現われた。全身が血の塊だった」[4]。遺体は担架をこしらえて神奈川まで運び、「宮之河岸より小艇でイギリス軍艦セントア号に乗せられると海路横浜に向かい、居留地内のW・G・アスピノール宅に移された」[5]と、幕末の外国人殺傷事件を幅広く研究した法政大学の宮永孝教授は書く。

日本側の記録

事件当時、国内でも対外的にも、数多くの書類が行き交ったようで、『横浜市史　資料編五』にその多くが収録されている。「今、比編纂に臨み、書類脱漏《だつろう》多く且其《かつその》事状順序を詳《つまびらか》にするを得ざるを以《もっ》て」、元神奈川奉行の阿部葆真（正外）に質問して得た談話[6]という文書がかなりまとまっている。「薩摩の国父」、島津三郎（久光）の一行は、このとき幕府に文久の改革を迫るために、朝廷からの勅使、大原重徳《しげとみ》を警護するという名目で江戸へ出向いた帰りで、五〇〇人ほどの軍勢を率いていた。島津久光の一行は文久二年八月二十一日、あたかも復路は護衛が要らないとばかりに、勅使より一足先に出発し、その日は川崎宿に泊まり、翌早朝に神奈川宿を通ることが直前に決まった。「然《しか》るに如何《いかが》の訳柄《わけがら》に候や川崎宿を転し俄《にわか》に程《ほど》ケ谷《や》駅止宿と相成り候間、外国人への通達齟齬《そご》致し」と、この文書は始まり、薩摩の一行が二転三転と行程を変更したため混乱をきたしたとする。足軽の岡野新介という架空の人物が外国人の馬の手綱を抑えたところ、鞭を振るってきたため、止むを得ず斬ったという薩摩側の作り話もここに書かれている。

「壬戌八月二十一日　七ッ時頃江戸出立、生麦村縁者へ罷越《まかりこし》承合候趣《おもむき》の書取　松平修理大夫実父　嶋津三郎」[7]にある文書は、実際の書き手が誰なのか不明だが、薩摩藩の内部事情や、横浜居留地内の様子までかなり詳しく書いている。「異人四人内壱人婦人中に立ち、三行に相並び［……］鉄砲の間より右三行並び、壱人少々跡《あと》［後］より倶《とも》に御行列へ乗込み候に付」とあり、イギリス人一行は当人たちの証言とは異なり、途中までボラデール夫人をなかに、左右をおそらくは彼女の義兄に当たるマーシャルとリチャードソンとで固めて進んでいたのかもしれない。「三郎殿、何か御指図御座《ござ》候《そうろう》様子に相見え候処《ところ》、御駕籠《かご》脇四、五人抜連《ぬきつら》ね、異人へ相向い候」現場が目撃されている。「壱人は左脇腹を突れ、壱人は左胴中を突れ、壱人は左腕を余程切込み候様子」で、四人とも逃げたものの、「右宿［生麦村］端《はず》れより松並木御座候処より弐町半程逃去り候て落馬致し候を御供方の内、跡より追欠《か》け、左り肩先より背中へ懸《かけ》て切込み候由、右は其場にて相果て申し候、跡両人腕を切れ候は、壱人は左り肩より同横腹を突れ候は、右これ馬乗の儘《まま》神奈川宿滝の橋際、乗連寺と申す法華寺へ逃込み、同所にて横腹突れ候は相果て候由」とつづく。「町」（丁とも）は約一〇九メートルである。当初、日本側では二人死亡と考えられていたようなので、この文章は事件当時に書かれた可能性が高い。マーシャルの言う「神奈川の橋」が滝の橋であることは、ここから推測できる。「乗連寺」がどこかは不明だが、しばらくイギリス領事館が置かれていた浄瀧寺は滝の橋の近くで日蓮宗なので、最初、そこへ駆け込んだ可能性もある。「婦人は馬上にて左の方へ両足を垂れ、髪をちらし、飛か如くに注進《ちゅうしん》にてか横浜まで逃去り［……］三度落馬候事に御座候」と、婦人鞍に乗っていたことの目撃情報に加えて、馬がつまずいて三度落とされたことなど、事件翌々日に居留地で発行されたはずの『ジャパン・ヘラルド』[8]の号外を読んだかのような書きぶりだ。犠牲者の名前こそ書かれていないが、「壱人は二十五六才位　松並木にて死候は」と、享年二十八歳のリチャードソンの年齢をほぼ正確に伝えているほか、マーシャルを三十七、八歳（実際は三十五歳）、クラークを三十五、六歳、ボラデール夫人を二十二歳（実際は二人とも二十六歳）と、しっかり現場を目撃したか、居留地で情報を収集したのだと思われる。

ただし、『横浜市史』のこの巻に収録されている大多数の文書は典型的な役所の文書で、同じ情報が繰り返された挙句に、不正確でもある。ちなみに、同巻には一八七五年になってから事件被害者の証言や当時の新聞報道の内容に反論を加えた、E・H・ハウスの『鹿児島償金事件』の訳文も収録されている。

　事件について書かれた書物は多数あり、そのなかで言及された参考資料もできる限り探し、目を通してみた。事件が起きた現場については、生麦村名主東右衛門らの書上《かきあげ》によると、「生麦村内、字本宮《あざもとみや》、村田屋勘左衛門前にて英吉利人《イギリス》慮外《りょがい》〔無礼〕これ有る趣きにて三人切捨て遊ばされ候趣」とあった。[9] 現在はこの番地にある民家の塀に「生麦事件発生現場」と記した案内板がある。当時、ここで豆腐屋を営んでいた村田屋勘左衛門は、事件当日に神奈川奉行所の定廻《じょうまわ》り役に目撃した事件の顚末《てんまつ》を村役人とともに届けでて、「何れも乗馬にて右嶋津様へ行逢い候に付〔……〕御駕籠先近く相成ると心得居候内、最早《もはや》抜連ね、異人腰の当りへ切付られ候様子」と証言している。[10]

　神奈川奉行支配定役並の鶴十太郎の覚書は次のように始まる。「勅使大原左衛門督〔重徳〕帰京に付、今日島津三郎警衛として帰京、然《しか》る処《ところ》、英国商人弐人、亜国商人壱人、女異人都合四人、馬上にて川崎の方へ参り候処」。[11] 当初、リチャードソンはアメリカ人と勘違いされていたらしい。「三郎は薩摩の大名の実父だったが、前の大名である彼の兄が、この若者〔甥〕を養子としていた」と詳しく説明するブラックは、文久の改革は「この国の歴史において初めて、勅使の護衛が旗本ではなく、薩摩侯の手勢に委ねられた」[12] 前代未聞の出来事で、幕府の権威を貶《おとし》めることになったと指摘する。

　鶴十太郎の覚書はこうつづく。「先供《さきども》のもの下乗《げじょう》致し候様申し候えども、言語不通の事故《ことゆえ》、既に三郎駕籠脇の処へ乗掛け候故、四、五人抜連ね、切掛け候えば、異人早々乗戻し候えども、女異人の外は残らず手負《ておい》、弐人は逃退《にげの》き、壱人は一、二町逃退き、肩より腹へ切口より、臓腑の様成るもの出、桐屋と申す料理茶屋の前にて落、夫《それ》より弐町程逃退き、落馬いたし候処を、追掛参り候もの討果し候」

先供のものは「下乗」つまり下馬しろと命じていたのだ。江戸時代には騎乗はきわめて制限されており、貴人を上から見下ろすことは厳禁であったからだ。ところが、「言語不通」で意図が伝わらず、イギリス人側は戻れという指示と勘違いして、狭い街道で馬をUターンさせた。まさしく「言語不通の事故」だったわけだ。たとえ二頭でも、並んで進んでいたとすれば、馬首を返すには道幅いっぱい必要になっただろう。それが薩摩側にしてみれば「三郎駕籠脇の処へ乗掛候」というありえない事態と映り、頭に血が上ったに違いない。事件当日、「男性三人はアラブ種かスタッド・ブレッドの馬に騎乗し、ボラデール夫人は日本の在来馬《ポニー》に乗っていた」[13]。スタッド・ブレッドは、サラブレッドとほぼ同義と思われる。薩摩馬を見慣れていたはずの薩摩藩士にとっても、体高の違う馬はいっそう脅威に感じられただろう。

明治維新から二〇年が経ち、明治憲法も発布されて新しい権力層が定まると、動乱の時代を振り返ることが可能になったのか、一八八九年から、島津（薩摩）、毛利（長州）、山内（土佐）、徳川（水戸）の四家と、三条実美、岩倉具視の伝記取調員の六家が宮内省の命を受けて集まり、「史談会」が開かれるようになった。その後、広く諸家に呼びかけて各家に伝わる文書を収集して、「その家に就き事実をきき、これを速記せしめ」る試みが昭和初めまでつづき、四〇〇冊余りの『史談会速記録』となった。[14] そうした動きに刺激されたのか、動乱の時代の実体験を記録に残そうとしたのか、元薩摩藩士の海軍中将、子爵海江田信義《かいえだのぶよし》（武次）も西河称に談話をまとめさせ、『維新前後実歴史伝』として一八九一年から翌年にかけて出版した。「三百の徒士整整として儀仗を正しうし、悠悠として品川、川崎等の数駅を送迎し、喝道《かつどう》して生麦村を過ぎんとす、時に海江田、轎《かご》に駕して儀仗の先導を為しつつありしが」[15]と、当日は非番の供頭《ともがしら》だった海江田[16]が、行列のはるか前方で籠に乗っていたことがそこには記されている。海江田は途中で外国人四人とすれ違ったが、その一行はしばらくして三人になって戻ってきた。「先きに過ぎたる外人三騎（二人は男子一人は女子）にして、中にも男子二人はどうして創傷を負いたるにや」とする同書は、そのあとリチャードソンについてこう書く。「其一人は既に馬上より斫《き》り墜され、路傍の土畔に横臥《おうが》して、手自《てず》から腰間の出血を拭いつつあり」。一九二八年から二九年にかけて刊行された『薩藩海軍史』によれば、この海江田がリチャードソンに「今楽《らく》にして遣る」とて脇指を以て止《とど》めを刺した」[17]当人なのだが、自身の回顧録ではその行為について語っていない。その記述からわかるのは、リチャードソンが落馬後も意識があったことくらいだ。

前述の『史談会速記録』に、事件現場には居合わせなかったものの、明治以降、島津久光の側近となった市来《いちき》四郎が、久光から聞いたこととして語った談話がある。[18]「生麦の立場《たてば》近く行列を立ててやって行く処に、供頭の奈良原喜左衛門と云う者が、駕籠側に居りましたが、異人かと云う一と声掛けて先供の方に駆け出して行た」。駕籠のなかにいた久光には事情がわからず、「左右の者に何事かと尋ねたれとも一向分からぬ」。このとき近習番で輿の右側前方にいた松方助左衛門（正義）は、「衆皆前方に走らんとするに依《よ》り、大声叱咤《しった》して曰く、輿側《こしわき》は離るべからず」と制したと、『薩藩海軍史』は書いた。一時騒然たりしが、久光公は輿中に瞑目《めいもく》して神色自若《しんしょくじじゃく》たり」[19]とつづくが、久光の心中は穏やかではなかったようだ。市来は久光の談としてこう語る。「駕籠の中から路傍《ろぼう》に気を付けたところが死骸は見えぬ、唯《ただ》路傍に血を流して居るまでであつた。死骸はないから、定めて傷けられてどこへか行ったであらうと思って、程なく生麦の立場に着て、茶一盃飲んで居るところに」事件の報告を受け、久光は「偖《さて》も困った事を致したと、［……］天下の大変を惹き出し困難も惹き出したと思ったけれども、そこでさういう事を言えば、人心にも関するから黙して答えなかった」という。意外なようだが、久光のような人物でも臣下の統率には苦労していたのだ。「時勢奈何《いかん》せん攘夷説流行の時でござりますから、開港と云う説など云出しては人心を損《そこな》います。或《あるい》は国中も攘夷家が沢山居りますから［……］攘夷不可なりとも言われぬ、言葉にも出されぬ程のことであったと申しました。此話が生麦の挙動、心ならぬことであったと申す序言でござります」と、前置きしたあと、「小松［帯刀《たてわき》］、大久保［利通］等が言にも兎角《とかく》攘夷をせねばならぬ、人気も纏《まと》まらないということを毎度言った」とも市来は語っている。

そんな久光のもとへ中山忠左衛門がきて、「誠に愉快なこと致しました［……］異国人が御行列に踏込みましたから、奈良原喜左衛門等三、四名の者が斬棄てました」と報告したので、「拙者［久光］には返事もしなかった」。市来はさらに、外国人が「向うから乗込みて来たものでない、生麦は道幅も狭い所であるから、外国人も猶予して道脇を通らうとしたそうです、然るに攘夷主張の輩、即ち奈良原などがむやみに切り付けたそうです、これに加え一名はずたずたにやったそうです」と、質問に答えて語った。奈良原とは弟の繁のことかという質問者の問いには、「否、繁の兄でござります、今の繁は先供方でござります、兄なるものが切り付けたから助太刀した位なことに聞いて居ります」と答えている。となると、弟の奈良原繁は中小姓として先供にいて、下馬しろと最初に命じた可能性もありそうだ。初めに接触したのは、「道幅いっぱいに広がった行列の本隊」にいた中小姓列であり、「遂に列中に入り、従士は麾《さしまね》きてこれを避けしめんとするも言語通ぜず」という状況を見て、兄の「奈良原は輿側の右方後部にありしが、これを見るや韋駄天《いだてん》の如く疾駆《しっく》し、近習役の側を通り抜け、中小姓の列前に至りし」と、なったのだろう。[20]

生麦村騒擾《そうじょう》記

『生麦村騒擾記』は一八九五年に書かれた文献らしいが、原文は所在がわからず、一九六二年発行の『よこはま教育時報』に収録された抄録のみが見つかった。そこには「海江田子爵の所蔵本に拠《よ》れる者を鶴見町黒川荘三氏より借入れ謄写《とうしゃ》せしめ一校を加え了《おわん》ぬ。大正十五年五月、市史編纂掛」とある。[21] ここに書かれた内容は、戸塚の宿役人だった戸部町の川島弁之助の名でかなり手が加えられたのちに、「生麦事件の始末」と題した連載記事となって、一九〇九年に『横浜貿易新報』に再掲載された。[22] 川島は執筆の動機を、「当時役人が出張して土地の百姓町人等を尋問せしも、後日の関係に及ばんことを恐れて、たれ一人実況事実を告白するものがいない。〔……〕維新後は、その弊習を除去されて、そのころ口を禁じたりした人もその実を語るに及んで、わたくしは自分の記録を補遺《ほい》訂正して生麦事件の実況を詳細に知ることが出来ました」と説明する。『生麦村騒擾記』とは表現が微妙に異なるので、明記しない限り『生麦村騒擾記』(抄録)から引用した。事件の経過はドラマ仕立てで次のように書かれた。

島津候の「ソレと御声の下より御駕籠前の人々は大刀《たち》引き抜き中にも壮年の壱名は前に進んで駆け来たる夷人目懸け一声叫んで斬り付けしが、かれは馬上、此方は小兵の歩行立、殊《こと》に雑沓の中にして自由ならず、僅《わず》かに浅痍《きず》を負はせしが仕損じたりと飛び上り、二の大刀鋭く脇腹より腰部へかけて五六寸斬り下げたり。かれ尋常の者なりせば一歩も進み得難きに、痛手を馬上に耐えつつ十町ばかり逃げ行きしが、ついに落馬して殺害せられしは此英人(カルレスレリキスチャドソン)なり」。

これを読むと、久光が号令をかけたようだが、「久光が下知《げじ》致したことでは素《もと》よりございません。〔……〕

実に行きかかりの小事より卒然に起こった事でござります」と、市来はその二年ほど前に語っている。[23]
川島弁之助の「生麦事件の始末」ではこの引用部分に「壮年（二十歳ばかり）の一人」と注釈が入っている。戦前、維新史を研究した法学者の尾佐竹猛《おさたけたけき》は『生麦村騒擾記』の同じ部分を引用して、「二十歳位の壮年（奈良原ならん）[24]」としているが、奈良原喜左衛門は一八三一年生まれで当時、すでに子持ちの三十一歳だったはずで、やや無理がある。生麦事件を研究した長岡由秀が『新釈 生麦事件物語』で、喜左衛門の弟の繁（喜八郎、幸五郎ともいう）の孫という奈良原貢《みつぐ》氏が、一九八四年になって「生麦事件の犯人は、定説上の奈良原喜左衛門ではなく、自分の祖父で、喜左衛門の弟である繁だと発表した[25]」と書いている。繁は当時、二十八歳で、奈良原兄弟はどちらも薬丸自顕流《やくまるじげんりゅう》の達人だった。
「是に相並んで駆け来たりし壱人は」と、別のイギリス人について語りながら『生麦村騒擾記』はこうつづく。「近侍《きんじ》の人々背後より斬り付しが腰部へ浅痍を負わせしのみ、かれは痛手を耐えつつ一丁斗《ばか》り逃げ行きしが、此所に前駆の壱人御駕籠前の騒動を返り見て、これ必ず近侍の人々等、夷人等が無礼に堪へ兼ね刑戮《けいりく》せんとして撃漏《うちも》らせしならん、豈《あに》此所をば遁《のが》すまじと、大刀引き抜きたたずみたり。英人疾《と》くもこれを見て驚懼《きょうく》の余り狼狽《ろうばい》せしが、但しは虚威を示さんと謀《はか》りしにや、洋酒の入りたる小壜《こびん》を逆しまに持ち、恰《あたか》も小銃（ピストル）を以て砲撃するが如くなしけるを、猛勇血気の薩摩武士、なんぞ銃丸に怖るべき、倍怒りて飛びかかり肩頭四五寸斬り付しが、深手なれども急所に非らず此場を逃げ去り、神奈川駅本覚寺へ逃げ入りしは此英人（ホルラディル）なり」。ここでは事件に遭った四人が一緒くたにされている。二十日付の『ジャパン・ヘラルド』は、殺傷事件が「この有力者［島津久光］の武装した鬼のような手下《ミュルミドン》によって、非武装で非力な一行にたいして実行された」と書いているので、イギリス人は実際には誰も拳銃を携行していなかった。神奈川奉行所の役人は遺体脇に「徳利　壱個[26]」があったことを書き留めているが、後述するように、ヴァイス領事からニール中佐への報告では「シャンパンを一瓶、腕〔肩か〕に掛けていたことが判明している[27]」ので、これを見間違えたのだろうか。

「続て壱名の婦人（ウイルレムマルセル）は十歩斗《ばか》りも駆け出だせしを、一個の壮士白刃頭上に閃《ひら》めかし二つになれと斬り付しが、かれが帽子の金具を斫《はつ》り割り、勢い余りて馬の尻部を五六寸程斬り込みたり」。『生麦村騒擾記』のこの箇所はボラデール夫人への襲撃を描いた数少ない一節と思われるが、襲撃者は不明で、馬については負傷したクラークの馬と混同したふしがある。尾佐竹氏は、「当時の思想としては百姓町人の乗馬は禁じられてあったのに、異人共は素町人の分際《ぶんざい》で乗馬してあるく、甚だ怪しからぬとは度々聞く不平であつた〔……〕見れば馬乗のままなるに冠物（帽子）さえ取らぬ、特に女の癖に馬上で冠物のまま威張って居るのは癪に触るという感情もあったらう[28]」と分析している。

海江田は薩摩の行列を「三百の徒士」と表現していたが、「生麦事件の始末」は「総勢四百有余人」とし、その内訳を「御徒士数十名を先として、つぎに鉄砲百挺、うち五十挺は猩々緋《しょうじょうひ》の袋を掛け、五十挺は青色羅紗《らしゃ》の袋を掛けて二行に並び、つぎに、侍衆数十名みな壮年血気の者、つづいて御籠わき前後にはこれまた強壮の近臣数名、厳重に警固せり。つぎに鞍置乗替馬その他武器弾薬等、つづいて御供頭小松帯刀の一行」としている[29]。

鉄砲組についてはクラークの証言が「in single file on either side of the road」と、道の両側とも片側とも取れる表現だったため、両側を一列縦隊と解釈されてきたが、狭い道を二組の縦隊が進み、左側を二、三頭並んで進むイギリス人一行とすれ違ったとすれば、なぜ鉄砲組を二列縦隊と表現しなかったか、疑問が残る。また一〇〇人の二列縦隊であれば、その長さはせいぜい一〇〇メートルにもならないので、現場の距離を考えると鉄砲組は道の反対側寄りに一列縦隊でやってきたのではないか。「行列の一二人目ほどまで進んだ」というマーシャルの証言も、鉄砲組を指すのか、中小姓列を指すのか不明だ。覆いがなされていたせいか、そもそもイギリス側の証言では鉄砲に言及していない。九月二十日付の『ジャパン・ヘラルド』の「道が急に曲がり、道幅が一二メートルほどの場所で、彼らは突然、全員が絹の着物に二本差しの大集団に遭遇した。この一団はまばらではなく、たがいに四・五メートルほどの間隔を空けた二列の縦隊で、お馴染みのゆっくりとした重い足取りで進んでいた」という説明は、その前段の「彼らは一時間ほど馬を進めており、その間に一〇人から二〇人の綿の着物を着た二本差しの男たちがまばらに通り過ぎ、たまに乗物《ノリモン》も通った」という描写とともに、場所も状況も特定しにくい。

「鉄砲百挺」の一人であったと思われる鉄砲組の久木《くき》村治休《むらはるやす》は、のちに陸軍少佐となり、一九一二年になって『鹿児島新聞』に、「其時分は異国人となると誰も切って見たい見たいと焦って居る時で、俺も切って見度くて腕が鳴って仕様がなかった」と、当時の心境を吐露しながらこう語った。「後列の方でがやがやと騒々しい物音がする。ハッと思った咄嗟《とっさ》に、やったなと、刀の鞘《さや》に手を掛けて振り向くと、一人の英人が片腹を押えて懸命に駆けて来る［……］馬上の英人は右の手で手綱を掻操り、左の手で左の片腹の疵口を押えて居る」ので、近寄るのを待ち構えて斬ったとし、自分の刀を自慢しつつ彼はこうつづける。「俺のような小男にはちと長すぎるほどじゃったが、たしかに手応えはあった。見るとやはり左の片腹をやったので、真紅な疵口から血の塊がコロコロと草の上に落ちた。何でも奴の心臓らしかった」[30]。この記事よりあとに編纂された『薩藩海軍史』は、リチャードソンは「鉄砲組の久木村利休［ママ］の為め、又再び左腹の同所を、左手の甲に掛けて切附けられ」たとする。[31] 久木村は馬を追いかけたが追いつかず、「振り返ってみるとまた一人駆けてくる。雑作はない。例の抜討ちの手じゃ。［……］死んだ英人チャールス、レノックス、リッチャルトソンというのはわしが先に切ったので、後に切ったのはウィリアム、マーシャルでこれは重傷」と、得意げに語った。事件当時、久木村は十九歳だった。

黒い目のスーザン

日本側の当時の記録としてはほかに、リチャードソンが落馬した松原付近の「農間字並木にて水茶屋」を営んでいた「武州橘樹《たちばな》郡生麦村東作地借甚五郎女房ふじ」による、文久二年八月二十五日付の書上も残っていることが、尾佐竹氏の書からわかる。「去る廿《にじゅう》一日八ツ時頃、外国人四人の内女一人交り、何れも馬乗にて、下りの方へ罷越《まかりこ》し、程なく引返し、右四人の内男女二人は上りの方へ走り二人馬を止め、尚一人は走り残り、一人落馬致し並木縁に倒れ候」。原文の状態はわからないが、これは「男女二人は上りの方へ走り、二人馬を止め、尚一人は走り、残り一人落馬致し」と読むべきではないのだろうか。つまりマーシャルが馬を止めてリチャードソンを助けようとしたことが目撃されたのだと。「右馬の義は外異人もろとも走り行き候故、驚き入り、茶屋裏の方に隠れ居候処、大工徳太郎女房よし参り、徳太郎義、七、八丁程東方へ渡世《とせい》に罷越し居候間、早々呼び来てくれ候様、相頼み候に付、其《その》意に任せ早速罷越し候間、その後の始末一切弁《わきま》え申さず候間、恐れながら此段申上げ奉り候　以上。文久二戌年八月廿五日」。[32] この証言では肝心なことは何もわからないが、もう一人の目撃者、大工徳太郎の女房よしが一緒にいたことは確かだ。

このよしという女性は定廻《じょうまわ》り三橋敬助らに届書をだしている。「落馬致し候異人義は、並木縁りへ倒れ候を見受け候処［……］士分の者五、六人程にて、右異人の手を取り、畑中へ曳込《ひきこ》み候、内一人の士、剣を抜き候に付、驚入り陰へ居候に付、其余の始末一切相弁《わきま》え申さず候」。このよしの証言から、五、六人の侍がリチャードソンの腕を掴んで畑のなかに引きずり、そこで刀を抜いたことがわかる。「然る処、追々島津三郎様御先手《おさきて》御通行に相成り、程無く御駕籠、右異人落馬場所に相成り候わば、御駕籠差揚げ、御通行に相成り候内、往来静《しずま》り候に付、尚又立出《たちいで》見候処、最早異人相果て候様子にて、右死骸へ古蘆簀《よしず》打掛けこれ有り候」。よしは、行列が島津三郎のものであったことを知っており、殺害されたのちに駕籠が現場を通っているとも証言している。久光が茶を飲んで休憩したのは松並木に近い神明社の横の藤屋と言われ、[33] そこで殺害の報告を受けたあと、久光は遺体遺棄現場を通過して行ったようだ。

　事件当時、横浜に在住していたスイス領事ルドルフ・リンダウはその著書のなかで生麦事件について触れ、こう書いている。「神奈川と川崎のなかほどに、英語で middle-way tea house として知られる茶屋があった。この茶屋は、善良なおばあさんとその娘が経営していた。若くて美人なこの娘に、横浜に住むフランス人は「美しいスペイン娘」とあだ名をつけていた。気の毒なレノックス・リチャードソンが殺されたのは、この場所の近くだった。瀕死の彼は、自分がよく知っているこの家の戸口まで這っていき、水を求めたのだ。気立てがよく勇気のある娘は、刺客がいるのも気にしなかった。おそらく少し前にそこを通ったリチャードソンが、活力と若さにあふれ親しく挨拶していったのを思いだしたのだろう。娘が水を一杯もって近寄ると、致命傷を負った者ならではの熱い喉の乾きで、彼はそれを飲み干した。それからまもなく、彼は事切れた。娘は筵《むしろ》を探しに行き、亡骸を覆ってやった。まさにそのとき、薩摩侯の護衛隊をなす一団の兵が通りかかった。彼らは動かない遺体に飛びかかり、切り刻み、それから不潔なものであるかのように近くの畑に投げ捨てた。茶屋の娘は一行のあとを追い、もう一度、遺体を恭しく覆ったのである[34]」

『ヤング・ジャパン』にも、リチャードソンの最期に関する同様の逸話が紹介され、道端の茶屋の若い女性が水を与え、「それ以来、外国人は東海道のこの場所を通るときはほぼかならず、「黒い目のスーザンの店」に立ち寄るようになった。彼女は今日でもこの名で親しまれている」とするが、次のようにつづける。「しかし英国領事が聞き取った彼女自身の証言は、この逸話が正しくないことを示している」。ヴァイス領事がこの女性から得た証言は、前述のニール中佐への報告として同書に引用されている。「女性は九月十四日の午後、外国人が馬から落ちるところを見たのを覚えていた。彼は腹にひどい傷を負っていた。近寄ると、すぐさま水を求めてきたが、あまりにも恐ろしくて、水は運んでこられなかった。しばらくのち、彼が瓶から飲んでいるのが見えた（リチャードソン氏はシャンパンを一瓶、腕に掛けていたことがわかっている）。女性は東海道上から離れるようにと彼に言った。街道を見通すと、大名の一行が近づいてくるのがわかったからだ。行列の前衛の一人が刀を抜いて、負傷した外国人の喉に斬りつけようとするのが見えたが、彼は両手を上げてそれを防いだ。そのとき片手が斬り落とされた。さらに何人かが近づいてきて抜刀し、斬りつけ、最終的にそのうちの一人がリチャードソンの顎鬚をつかんで喉を掻き切った。彼らはそれから遺体を筵で覆って立ち去った」という内容だ。報告書はこうつづく。「いくつかの質問に答えて女性は、乗物《ノリモン》にいた人物から命令が下された記憶はないと言った。行列が薩摩の一行であることはわかったが、行列の中心となる人物の名前は知らない、と述べた。さらに、外国人が落馬してから、男たちがやってきてリチャードソン氏の喉を掻き切るまでには、一〇分か一五分の時間が経過していたとも述べた」[35]

『ジャパン・ガゼット』開港五〇周年特集号に寄稿した「証人は太陽《エスト・ソル・テスティス》」が当時を懐かしむ話のなかで、「「黒い目のスーザン」の店に立ち寄り、休憩と軽食をとった。この店では旅人はいつでも歓迎され、よくもてなされた。彼女の「ハマグリ」は有名だった」と語っているので、[36]この女性は実在したようだ。黒い目のスーザン《ブラック・アイド・スーザン》は、ルドベキア・ヒルタというヒマワリのような花の名で、外国人のあいだでは彼女がスペイン人との混血だと噂されていたようだ。[37]これはまた十九世紀前半に創作され、人気を博した船乗りを題材にした劇の演目でもあった。ヴァイスが報告した内容は日本側の証言と細かい点で異なる。また、江戸時代の既婚女性はお歯黒をして眉を抜いており、それが外国人の目からすると醜く思われていたことを考えると、甚五郎女房ふじや大工徳太郎の女房よしを、ヴァイスらが若い娘だと考えた可能性は少ないだろう。長年、生麦事件を研究した英文学者の宮澤眞一は、「街道脇の小さな茶屋「桐屋」の茶屋女」が「横浜の外国人から「黒い瞳のスーザン」と愛称され、親しまれた日本女性である」[38]とする。桐屋は藤屋の隣にあった茶屋で、関口家文書に残る図面から広い店構えであったことがわかる。[39]事件当日も「御役人様方桐屋へ御出、当村役員一同桐屋へ詰める」[40]場所だった。大正期に書かれた『生見尾村誌』には、「桐屋　蒲焼穴子の名物にて十七歳より二十歳ぐらいの美人二十人ほどあり」[41]と書かれており、だいぶ時代が下るとはいえ、リンダウの説明とやや食い違う。一方、同書は蛇の目鮨という茶屋についてこう書く。「道念稲荷の前あたりにあり、土曜、日曜には外人の来る者多く、海岸の風景またよく、洋酒等も置き、明治二十年ごろまで繁盛せり。姉は夫ありしも、妹は英語をよくし、姉妹共に窈窕《ようちょう》たる美人にて、妹は山中くにと呼び、相応財を作りしも、今はその家を存せずという」。やはり地元で制作された『なまむぎ今は昔』

には、「街道向かい海側の出店「蛇の目鮨」は、長屋門を入ると築山の有る立派な庭が有り、大変繁盛しました。外国人のひいき客が多かったのは生麦事件の時、負傷者に親切にしてやったからとか、英語の話せる美人の姉妹がいたからといわれています」とある。[42] 地元の人の話では、蛇の目鮨は確かに道念稲荷の向かいあたりにあったという。『横浜市史稿』にも「生麦の蛇の目茶屋」は東海道の部の名物として特記され、「鶴見区生麦町五百九十一番地山中つね」と明記されている。つねが姉だろうか。「就中散歩の外国人は、明治五年、汽車開通の頃まで、よく此店を訪づれた。〔……〕殊に此家の姉妹は、英語を解し、妹の方は一入《ひとしお》堪能であつたと云はれ」[43]という点も『生見尾村誌』の内容と一致する。

検視報告

ここで事件後の九月二十日付の『ジャパン・ヘラルド』に掲載された、ウィリアム・ウィリスによる検視報告を見てみよう。神奈川奉行所の役人が現場で検分したものも生麦村名主の書上の異人疵所にあるが、ウィリスの報告と比較すると当時の法医学にたいする基準や考え方の違いが見えてくる。事件の経緯を明らかにするうえでも重要なので、医学用語には自信がないが訳してみた。

チャールズ・レノックス・リチャードソンの遺体の検視、一八六二年九月十四日午後十一時。死後硬直が見られる。頭部は無傷。

(1) 下顎の一方の隅から、反対側の同じ箇所まで首を切断する傷。組織を脊椎まで切り裂き、脊椎も部分的に断ち切られている。傷は甲状軟骨の上部を抜けて、披裂《ひれつ》軟骨の上部まで達している。左側の血管は深く切られている。右側は負傷なし。

⑵ 左側の鎖骨から五センチほど下に、長さ一三センチほど横方向に鋭利なもので切られた傷があり、中線より前方、下方、外側、および後方へとつづき、第二、第三肋骨を切断して、胸腔に達している。

⑶ 左側の烏口《うこう》突起から始まり、腕を斜めに通過し、後部の反対側までつづく大きな創傷。関節の五センチ下で上腕骨を切断している。

⑷ 左上腕のなかほどに斜めに切られた傷があり、下方および外側へ伸びていて、二頭筋を切断しているが、骨には達していない。

⑸ 左手の指の付け根近くが、ほぼ完全に切断されている。

⑹ 右手首の二・五センチほど上に、上方へと斜めに伸びる傷があり、前腕の骨を二本とも切断している。手は外皮一枚でつながっている。

⑺ 剣状突起の八センチほど下に長さ八センチほどにおよぶ傷があり、腹腔にまで達しているため、そこから大腸の一部が飛びだしている。

⑻ この傷より二・五センチ上に、長さ二・五センチの刺し傷があり、腹腔まで刺し貫いている。

⑼ ⑺の傷より一〇センチ下右寄りに前述のものと同じサイズの刺し傷があり、腹腔まで達している。

⑽ 正中線から後方へ伸びて、ほぼ反対側の肩甲骨の下の角に達し、さらに下方、および外側へ向かい、腸骨の上前棘《きょく》突起の五センチ上の場所まで達するきわめて大きな創傷。肋骨を断ち切り、そこから肺、胃、大腸および小腸の一部が飛びだしている。傷の長さは四〇センチ。

《所見》

＊首の切断傷はその位置と方向から、身体が地面に横たわった状態で加えられたと見られる。
＊腹部の前方にある傷は、日本の小さい刀［脇差《わきざし》］のような性質の武器によるものか、槍の刺し傷と思われる。
＊肩の大きな傷は、防御の姿勢で腕をあげたときに負った。胸から腹部の大きな傷は鞍上で受けた。
＊これら二つの傷は、リチャードソン氏の同行者たちが、攻撃を受けるところを目撃したものだ。

犯罪学の知識などからきしないが、⑴の首の傷は、ウィリスの所見に従って、最後に海江田が倒れているリチャードソンを脇差で斬ったものに違いない。ウィリスは腹部の二カ所は槍傷だろうとも、この日証言している。⑻と⑼は刺し傷であり、この殺傷事件に関与したと言われる奈良原繁は、槍の使い手として知られていたようなので、彼が中小姓列の先頭近くにいたとすれば、馬上にいたリチャードソンを刺した槍傷とも考えうる。ただ、倒れたあとに槍か脇差で突いた可能性は捨てきれない。『薩藩海軍史』は、海江田が刺した止めについて、「英人の検屍に心臓部に槍創一個とあるは是れなり」[44]としているが、ウィリスの検視報告からは心臓に止めを刺した傷は見当たらない。⑹の右手の傷は、落馬するまで馬を制御していたことを考えると落馬後に受けた可能性が高い。まだ意識のあったリチャードソンが、止めを刺すために襲いかかってきた人びとをかわそうとした防御創《ぼうぎょそう》だろう。⑸の左手の傷は、以下に引用する日本側の検視報告からすると、甲側から斬られているので、『薩藩海軍史』のとおり久木村によるものかもしれない。

ウィリスの言う「肩の大傷」がどの傷を指すのかは、いま一つはっきりしない。烏口突起は肩の付け根なので⑶かとも思うが、「防御の姿勢で腕を上げているとき」であれば、腕の傷はなさそうに思われるので、やはり⑵だろうか。『薩藩海軍史』には、「左肩の下より斜めに、腹部に切り付けたるは松方正義の実見談なり」として、⑵と思われる傷を奈良原喜左衛門が振り下ろした刀傷と対比させている。[45] 四〇センチも斬られたあとで、馬を走りださせるのは不可能に思われるので、⑽の「きわめて大きな創傷」は尾佐竹氏が推理したように、久木村が猛スピードで走ってくるリチャードソンに向けて刀を構えたことによって、「正面から左の脇腹へ十分に斬り込んだもの」と考え、『薩藩海軍史』もそう書いている。先に引用した『横浜市史』に収録されていた書き手不明の文書の「落馬致し候を御供方の内、跡より追かけ、左り肩先より背中へ懸て切込み候由」は気になるが、地面に座るか横たわっている人をすっぱり斬るのは難しそうに思えるので、⑽が、同行者たちが現場で目撃した二つ目の「胸から腹部の大きな傷」だろう。ウィリスの所見や、マーシャルらの証言は暗に、その他の傷は落馬後に瀕死の状態で受けたと示唆していたと思われる。

因みに、生麦村名主の書上にはこう記録されていたようだ。[46]

一　右　腕首大方切落し候様　／　一　左　腕甲二寸程　／　一　同　肩先腕へかけ四寸程

一　同　顎より胸へかけ八寸程　／　一　同　腹　大疵　／　一　咽　差通し候様子

現場の地理

今度は生麦村の地図を検討してみよう。少し年代は古いが、天保七（一八三六）年の「橘樹郡生麦村絵図」[47]などの古地図を見てまず気づくことは、生麦でも当時の東海道は海岸沿いを走っていて、松並木がある西側以外は街道の両側に家が立ち並んでいたことだ。ところどころ浜辺はあるが、街道のすぐそばまで海が迫っていた。神明社近くのやや川崎寄りの場所に橋があり、蛇行しながら流れてきた小さな川がその先で海に注いでいる。クラークの証言にある「やや広い日本の橋」は、ここにあった長さ三・六メートル、幅五・四メートルの、当時にしては珍しい「原の石橋」[48]だったと思われる。現在は川ではなく、鶴見産業道路がここを横切る。

『薩藩海軍史』に掲載された現場地図[49]には、いくつか不思議な点がある。現在、生麦事件発生現場の看板がある村田屋勘左衛門の家の前が、「久木村利休ノ切リ付ケタル場所」になっているのだ。事件発生現場は、奈良原喜左衛門が最初に斬りつけた場所ではないのか。「発生現場」の目撃者の勘左衛門は、先に見たように、「御駕籠先近く相成ると心得居候内、最早抜連ね、異人腰の当りへ切付られ候様子」と証言しており、松方正義の言う「左肩の下より斜めに、腹部に切り付けたる」ではない。『生麦村騒擾記』に「是に相並んで駆け来たりし壱人」に関する説明として、「かれは痛手を耐えつつ一丁斗り逃げ行きしが、此所に前駆の壱人御駕籠前の騒動を返り見て」、「近侍の人々背後より斬り付しが腰部へ浅痍を負わせしのみ」と書かれた状況が、じつは勘左衛門が目撃した現場だったのではないか。つまり、「前駆の壱人」であった久木村による襲撃だ。そうなると、最初の事件発生現場は、ここより一〇〇メートルばかり川崎寄りということになる。『薩藩海軍史』の現場地図には確かに、「内海六蔵（現生麦村五七八番地）」と記された場所に「奈良原ノ切リタル場所」と書き込まれており、久光の駕籠があった位置にも「内海松次郎（現生麦村五七九番地）」と、同書が編纂された一九二八年ごろの番地が書き込まれている。この現場地図には、ボラデール夫人が生垣に押しやられたことを考慮してか、「英人ノ砂防垣ニ押し附ケラレシト言フハ此畑ノ垣根ナルヘシ」として家のない一角が描かれ、「内海幸次郎（現生麦村五七六番地）」とし、その脇に「此畑地遷都ノ際明治天皇御駐輦《ちゅうれん》ノ場所ナリ」と書かれている。『横浜市史稿』では、その場所は「生麦村御小休所の址

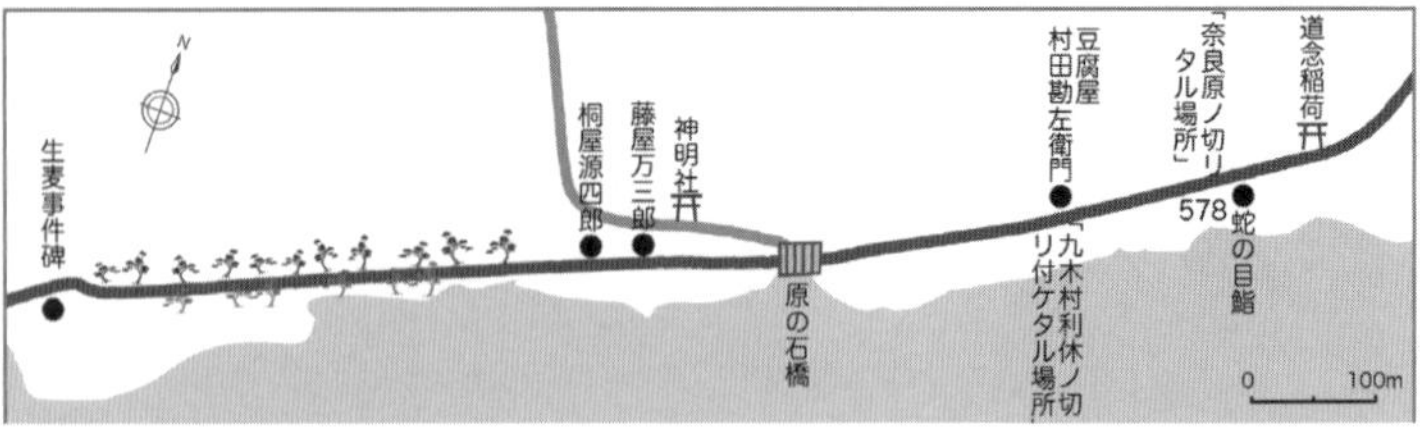

生麦事件現場地図。古地図の海岸線、現代の旧東海道、1953 年の地図から筆者が合成

は生麦町字本宮六七八番地八木下平三郎が屋敷として居る処[50]」と特定されている。

鶴見区の一九五三年の地図[51]は、『薩藩海軍史』が書かれた一九三〇年ごろと番地は変わらないそうなので、照らし合わせてみると、五七八番地は確かに「生麦事件発生現場」の看板から一〇〇メートルほど先になり、「二丁斗り逃げ行きし」とも合う。江戸中期の地図でも、生麦村ではすでに東海道の両側に家がびっしり並んで見え、ここに砂防垣があったかどうかはわからない。だが、いずれにせよ、事件の目撃記録の大半は、勘左衛門宅前の久木村の襲撃を見たもので、奈良原が斬りつけた瞬間は、おそらく片側が砂防垣だったこともあって、目撃者が駕籠脇の近習や中小姓にほぼ限られていたのではないだろうか。鉄砲組も前方を見ていれば、この瞬間は見ていないはずだ。だからこそ、三十数年後には『生麦村騒擾記』で「神奈川駅の方より馬を疾《はや》めて馳せ来る異人四名（男三人女一人）均《ひと》しく馬の頭を並らべ、島津公の行列先へ会釈もなく駆け入りければ[52]」と、この豆腐屋の前での騒動が事件発生時のこととして誇張して語られ、半世紀ほど経た『横浜開港側面史』になると「川崎大師へ遠乗りをした帰りに[53]」となり、あたかも彼らが後方から薩摩の行列に突っ込んだような筋書きとなって、彼らの行動を一方的に非難する言説につながったのだろう。

久木村の最晩年の証言

『生麦村騒擾記』の描写は、勘左衛門をはじめとする隣近所の目撃者の話をもとにしているはずだ。先に触れたように、尾佐竹氏は「二十歳位の壮年の壱名」を「奈良原ならん」と推測しているが、数年後に「生麦事件の始末」として『横浜貿易新報』に掲載された際には、川島弁之助が「中にも壮年（二十歳ばかり）の一人」と訂正している。当時、十九歳の久木村を「壮年」と呼ぶのは違和感があるが、「駆け来たる夷人目懸け一声叫んで斬り付けし」という描写は、馬首を返しているさなかのリチャードソンを攻撃した奈良原の状況とは異なるし、「此方は小兵の歩行立」はイギリス人から見ても大柄であったはずの奈良原喜左衛門というより、「俺のような小男」と自嘲していた久木村を思わせる。

じつは、久木村が死の直前の九十四歳で雑誌『話』に語った談話が残されている。[54] 事件からあまりの歳月を経ており、記憶がどれだけ確かであったかもわからないが、いくつか興味深い点がある。「鉄砲組は二人づつ並んで、赤い毛布で包んだ鉄砲を交替に担ぐのであった」と、鉄砲隊だった当人は語っている。「うち五十挺は猩々緋の袋を掛け、五十挺は青色羅紗の袋を掛けて二行に並び」と描写されたものだ。最初に一行とすれ違ったときについては、「お互に左行過ぎになったのである、夷人一行はおとなしく通って行った、夷人が馬乗のまゝ行列先へ踏み込んで来た何のと云うが、それは想像にすぎない、腫物に触るやうな気で通ったのだ」と、後世に巷《ちまた》で流布《るふ》した説を否定している。襲撃については、「あわや行過ぎようとした、その時遅く彼の時速く、私は愛刀を腰の捻りと共に抜き放ち、その力を利用してその侭《まま》大きく輪を描いて右後方へ払った、右片年打の横一文字だ。〔……〕愛刀は彼夷人の左脇腹を刀は前腹部から喰い込って背後へ後上りにバラリズンと斬られたのだった」。薬丸自顕流は抜刀しながら振り上げるように斬る技を特徴とするらしいので、久木村もその遣い手であったかもしれない。一〇〇メートルの距離を馬が疾走すればわずか数秒で彼のいた場所に迫っただろう。恐ろしく俊敏であったことは間違いない。

最初の攻撃につづいて久木村はさらに、「と後から又しても聞ゆる蹄の音。はっと振りかえると今一人の夷人が駆けて来るではないか。［……］私は前を駆け抜ける彼に向って矢張彼の左身から一刀を浴びせた。無念刀はしっかと彼に及ばなかった。彼の左手首か左太股の辺に浅手を負わせたのみで彼は逃げ去った。その筈、私の愛刀は前に斬った時曲がっていた」とも語った。前述したように、クラークは前衛隊の一団を突破した際に左肩を負傷しているので、久木村が斬った二人目は彼だろう。村田屋勘左衛門が目撃したのは、久木村のこの二度目の攻撃かもしれない。

奈良原の攻撃については、藩内で知れ渡っていたのだろうか。久木村はまるで現場を見たかのようにこう語る。「焦った奈良原は夷人無礼と一声叫んで夷人左方からおどり上って一刀を浴びせた。刀は彼の肩後の辺に斬りつけた。然し足許不確だった奈良原は「仕損したかッ」と叫びつつ更に刀を振り冠《かぶ》って第二刀を振り下した。今度は左脇腹を斜下に斬下げた。これは確かに手応があった。即ち刀は夷人の脇腹上を背後から食い入って前腹の方へ斬払われた」。ということは、『生麦村騒擾記』で「壮年の壱人」が「浅痍を負はせしが仕損じたりと飛び上り、二の大刀鋭く脇腹より腰部へかけて五六寸斬り下げたり」というのは、奈良原の攻撃の説明だったのだ。『薩藩海軍史』が編纂されたのは、久木村の『話』の談話よりも数年前のことだが、前者には奈良原の発した言葉も、一刀目を仕損じたことも触れられていない。

『生麦村騒擾記』に見られるこうした混同は、供頭であった奈良原喜左衛門の関与を明治になって隠そうとしたとも考えうる。手元に抄録のコピーしかないので、判断はつきかねるが、そもそも「生麦事件の始末」に描かれたリチャードソンの最期の場面が、抄録には見当たらない。「はやこのときはその場へ瓦破《ガバ》と打倒れ、わずかに息の通えるのみ。追いかけ来れる人々は、かれが手を捕り足を捕り、畑の中へ引込みて、みな一太刀ずつ寸断々々に斬倒し、茶屋のそばに捨たりし古葦簀《よしず》を持来り、死骸の上に打被せ、悠々として立出たり」[55]という場面だ。久木村は最晩年に「道傍に海江田、奈良原等五、六人の諸士が待って居た」と証言しているので、数名が瀕死のリチャードソンを「斬倒した」のだろうが、止めを刺したと言われる海江田信義は一九〇六年に七十四歳の生涯を閉じている。川島弁之助が「海江田子爵の所蔵本」の『生麦村騒擾記』そのものを土台にして「生麦事件の始末」を書いた可能性もある。「そのころ口を禁じたりした人もその実を語るに及」ぶ時代になったのかもしれない。もちろん、さまざまな証言を集めた結果、奈良原と久木村を一緒くたにした可能性も大いにあるだろう。

ついでながら、奈良原の太刀は二尺五寸（約七六センチ）の近江大掾藤原忠廣の刀だったが、小柄な久木村は二尺六寸五分（約八〇センチ）の波の平安国の名刀でリチャードソンに致命傷を負わせたようだ。[56]事件後、リチャードソンに止めが刺され、遺棄されたのち、「私共行列が着いたのは此の総てが終わった後であった。行列は是処に着いたが、只御駕籠を垂を上げただけで直ちに進発になった。私も其死骸を見なかった。勿論久光公も揺かに死骸のある場所をみられただけであった」という久木村の談話は、大工徳太郎の女房よしの証言と一致する。

リチャードソン絶命の地はどこか

現場の地理の解明に話を戻そう。「道を曲がったところで」と、マーシャルが言った地点が生麦村の松並木に入る地点、つまりいまの第一京浜から旧東海道へ逸れる地点を指すのか、道念稲荷のある一行がまだ進んでいない先のことなのか、いま一つはっきりしない。東海道は道念稲荷で大きく曲がっているので、イギリス人一行にしてみれば行列の本隊が突然、現われたように見えたのかもしれない。松並木の入口を意味していたとしても、一行が道の左側を進んでいれば、松の巨木や両側に並ぶ家や小屋に遮《さえぎ》られて、弓なりに曲がる狭い道の先は見通せなかっただろう。もう一つの可能性は、クラークが「道幅いっぱいに広がった行列の本隊に行き合った」とする「やや広い日本の橋」がある場所、原の石橋の付近だ。カーブと言えるほどではないが、現在でもわずかに道が曲がっている。この場所で「行き合った」というのは、実際にはマーシャルが言うように「こちらに向かってくるのが見えた」だけかもしれない。しかも、その時点で道念稲荷のカーブを曲がってきた本隊が急に姿を現わした、という可能性が高そうだ。

『薩藩海軍史』の現場地図には、奈良原喜左衛門の輿右側後方の位置とともに、その右側前方に松方正義、左側前方には山口金之進（鉄之助）の位置もそれぞれ書き込まれている。山口と奈良原繁はともに、この年の五月二十一日（文久二年四月）に薩摩藩の過激派粛清事件である寺田屋騒動で、鎮撫使《ちんぶし》として選ばれて軽傷を負っている。四カ月も経てば傷は癒えていただろうか。中小姓列には、同年六月に江戸入りしたときには六〇人余りがいたものの[57]、帰路の人数は不明だ。『薩藩海軍史』などから、少なくともそこにはほかに黒田了助（清隆）、本田源吾、伊東祐亨《すけゆき》、奈良原繁がいたと思われ、駕籠脇にはほかに中山忠左衛門、谷川次郎兵衛がいた可能性がある。「足軽岡野新助」をでっちあげて隠蔽工作に奔走した小松帯刀と大久保利通は駕籠より後方にいたようだ。

　リチャードソンが落馬したのは、マーシャルの証言では茶屋のあたりだが、彼が「黒い目のスーザン」の茶屋を意味していたのか、桐屋だったのか、あるいは目撃者のよしの茶屋だったのかは不明だ。鶴十太郎の覚書は桐屋の前で臓腑を落としてから二町ほど先、つまり二〇〇メートルほど先で落馬したとするが、奉行所の役人の彼自身の目撃証言ではない。いずれにしても、二度目に斬られてからリチャードソンが走れた距離はわずかで、時間にして数十秒だったに違いない。落馬した地点から、リチャードソンは自力で道の端まで動いたようだが、そこで海江田らに見つかり、よしの証言を信じるとすれば、あるいは川島弁之助の説明が正しければ、「かれが手を捕り足を捕り、畑の中へ引込みて」となったのだろう。前述したように、このくだりで『生麦村騒擾記』と「生麦事件の始末」は大きく異なる。前者では「路傍に一個の古井戸在り、此傍に少しの樹木在りて里人二三名伐木《ばつぼく》なし居たりし」と、その地点に古井戸があったことが、追加情報としてわかる。いずれにせよ、どちらも落馬地点を「字松原（里俗明神前）」だとする点は一致しており、そこから何十メートルも移動させた様子はない。「明神前」は、「神明社」だろうか。だとすれば、この神社はかつて石橋があった場所からさほど離れていないところに現存する。

　古地図からすると、生麦村はさながら海の家のような集落だった。「生麦松原には東海道きわまで海がせまった所があり、そこには波除《なみよけ》柵が百五十間（二百七十ｍ）作られて」おり、桐屋の向かいには坂口屋という料理屋があって、その裏は一四メートルほどで海に面していた。[58] 古地図では桐屋までは、東海道の両側に家がびっしり建ち並び、その先の松並木の掛茶屋はすべて海岸側に、農地はすべて陸側にある。落馬地点や遺体発見現場について言及した証言は、「並木縁」（ふじとよし）、「路傍の土畔《あぜ》」（海江田）、「畑」（よし）、「a little garden close to a tea-house」（エリス・イーリアス）、「on the road-side」（ウィリス）、「ten yards off the road in a field, at the side of a small cottage」（『ジャパン・ヘラルド』）など、いずれもとくに海側に言及するものはなく、むしろ遺棄場所が農地であったような表現をしている。『薩藩海軍史』だけは「海岸の方なる並木側の土手下に身を寄せ、傍人に水を請うものの如し」[59]とあるためか、宮永孝教授は「落馬したリチャードソンは、海岸側の松並木の掛茶屋（百姓甚五郎の妻ふじが出していた店）の土手下に身を寄せ、水を求めたようである」と推理している。[60]しかし、街並み復元図では、原の石橋近くに「春米・荒物、甚五郎」という名前が見つかるだけだ。[61]

事件の翌年春ごろ来日したとされるフェリーチェ・ベアトが事件現場を撮影したと考えられている写真は、東海道に立つ数人の人物と街道沿いの家屋が画面の左側に、中央に大きな松の木があって、右半分は街道より少し低い、水の抜かれた田んぼらしき田園風景が広がるやや奇妙な構図になっている。初めて見る写真機と西洋人に好奇心のほうが勝ったのか、ポーズを取るように棒立ちになった侍と日傘を差す足軽や、物陰から覗く村人がおかしい。そのためか、『写真集　甦る幕末』（朝日新聞社）の表紙などは左側を中心にトリミングしているが、写真家の意図を察するに、ベアトが本当に撮りたかったものは小屋の裏側にある農地だったのだろう。そこがリチャードソンの遺体の遺棄現場だったはずだからだ。田んぼは水が抜かれ、収穫直前の稲が生い茂っていたのかもしれない。侍の刀の位置からも小屋の壁に書かれた「松」の文字からも逆版でないことはわかる。侍たちの足元の影や松の大木の影は農地側に延びている。撮影時間がわからないので、影がどの方向を指しているかは定かでないが、南でないことだけは確かだ。よって、この写真は川崎側を背にして撮影されたのだろう。写ってはいないが、左手に海が広がっていたはずだ。ふじの店は、この右手の掘っ立て小屋で、地図には描かれていなかった可能性が高い。

「リチャードソン絶命の地」[62]は、一八七四（明治七）年にこの地へやってきた黒川荘三が、殺害現場だと教えられた地点をその九年後に入手し、記念碑を建てた場所だという。一時期、その現場付近を含め、旧東海道松並木の海側一帯が首都高速環状北線高架部の工事中で、記念碑は旧東海道を二〇〇メートルほど川崎方面に進んだ場所に仮移設されていたが、二〇一七年八月にキリン・ビアガーデンの前の、ほぼ元の位置に戻された。記念碑が建てられた場所は生麦村の入口の「道を曲がったところ」とも考えうる特徴的な場所で、「奈良原ノ切リタル場所」から九〇〇メートル近く離れており、しかも海側にある。明治二〇年ごろに神奈川を背にして撮影されたこの場所の写真が『神奈川の写真誌』（有隣堂）にあり、右隅に生麦事件の記念碑が見える[63]ほか、記念碑の横で畑を耕す人の姿が写り込んでいる。「街道と湾のあいだに小さな野菜畑があり」と、レニー軍医が書いていたが、この付近は海岸までやや距離があったためか、海側にも畑があったのかもしれない。

だが、リチャードソンは、鶴十太郎の言うように桐屋前で内臓を落としてから、四二〇メートルも離れた記念碑の地点まで走れただろうか。「見るとやはり左の片腹をやったので、真紅な疵口から血の塊がコロコロと草の上に落ちた。何でも奴の心臓らしかった」と久木村は語ったが、彼のいた場所から桐屋は三八〇メートルほど離れており、緩くカーブもしているので、その現場が見えたはずはない。最晩年には、「私共は進発してしばらく行くと道路の上に握飯大の肉塊が落ちているのを発見した。「やあ夷人の肉が落ちよったど」誰かが叫んだ。私はそれをポンと蹴ってみたが、ブク軟らかい足触だった」と訂正している。

明治二〇年撮影の生麦の写真では、街道の陸側には水田があり、それなりの樹高のある松の並木があるものの、碑がある海側には曲がりくねった広葉樹が数本並ぶだけだ。ベアト撮影の「現場」写真には、もう一カット街道が見通せる構図のものがある。この付近は松並木の手前なのか、陸側の小屋の手前に松と広葉樹の大木が一カ所にあるだけだが、画面奥の神奈川寄りには道の両側に並木が見える。ベアトが本当に

「事件現場」を撮影したとすれば、記念碑のある場所とは異なると私には思われる。村はずれの辻などによく庚申塔が建てられていたことを考えれば、リチャードソンの碑は青面金剛の代わりにそこに建立され、明治三年以降、遠浅の生麦浦で埋め立てが進んだために、混乱が生じたのではないのか。

ヴァイス領事ら横浜の居留民が真っ先に向かった「中間地点の家《ハーフウェイハウス》」は、リンダウの言う「美しいスペイン娘」の middle-way tea house のことと思われる。蛇の目鮨は本宅である今出屋の向かい付近、海側にあったはずで、[64]当時の街並復元図を見ると、「雑穀・酒荒物、今出屋久蔵」が道念稲荷の入口の隣（神奈川寄り）にあり、それより数軒神奈川寄りの海側、見張所の先に「久蔵茶見世」があった。[65]これが蛇の目鮨で、「中間地点の家」だろう。「奈良原ノ切リタル場所」の内海六蔵の二軒先だ。街並復元図には道念稲荷と正泉寺の入口のみが記されていると見え、この付近の道の両側の位置関係を正確に知るのは難しく、砂防垣の位置も有無も確認できない。前述の『横浜市史稿』にあった蛇の目の五九一番地は、一九五三年の鶴見区の地図では道念稲荷のはす向かいにある。「奈良原ノ切リタル場所」より四〇メートルくらい川崎寄りだ。福井藩に招聘されて一八七一年に来日し、『明治日本体験記』を著わしたウィリアム・エリオット・グリフィスも、リチャードソン殺害現場の近くの「黒い目のスーザン」の茶店に立ち寄っており、店の近くに木立があったと書いているほか、「彼女は店のなかで畳に座っているか、店の前の木陰のベンチに「黒い目のスーザン」らしく座っていた」と描写している。[66]グリフィスの見た木立は砂防垣だろうか。

山中くにが実際に「黒い目のスーザン」だったとすれば、奈良原喜左衛門が斬りつける現場を後方から見たのだろう。ヴァイス領事一行はこの店から「八〇〇メートルほど引き返した」ところで遺体を発見したはずであり、彼女がそれだけの距離を追いかけて薩摩藩士よりも先に落馬現場にたどり着くのは不可能と思われる。ところがなぜか、蛇の目の姉妹は「生麦事件の時、負傷者に親切にしてやった」と伝えられている。となると、「里人二三名伐木なし居たりし」とある一人として、たまたま事件当時、松並木に居合わせたか、事件後、目撃者のふじやよしから状況を聞いて、それを得意の英語でヴァイスに通訳したのを彼女自身の目撃と勘違いされたか、人びとが誤解したのだろう。そもそも『生麦村騒擾記』では、「彼の落馬せし夷人は里人の方に向い、さも苦るし気に手真似をなし何かを乞うの体なりしが、更に言語の通ぜずして如何なる事を云せしにや、後にてこれを推察為るに、所詮《しょせん》存命なし難きと思い水を乞いしものならんや」と書かれている。水の一件は憶測だったようだ。

いずれにせよ、工事中の仮設場所のほうが、実際には遺体発見現場に近かったと思われる。この記念碑は、事件を風化させないために一世紀以上にわたって大きな役目をはたしてきたものだが、当初選んだ設置場所のせいで、重傷を負ったリチャードソンが超人的な距離を移動したか、薩摩藩士が意味もなく瀕死の彼を遠くまで運んだと、後世の人間がみな推理するようになったかもしれない。

生麦事件の背景と余波

フランシス・ホールは事件当日の日記に、「翌日から二日間に関しては、勅使が江戸をでて東海道を占領する旨の通達が流れていたが、この日については警告がなかったので、四人の一行は進みつづけた」と書き、数日後の十七日には「少し前に購入されたイングランド号とファイアリークロス号」に言及している。[67] じつは、事件の前日、『ジャパン・ヘラルド』にこんな小さな記事がでていた。「数日以内にシマズ・サブローは親戚に当たる島津藩主のために彼が購入した蒸気船ファイアリークロス号で江戸を発つ」。この記事はさらに「本日、松平大膳大夫《だいぜんだゆう》が東海道を通過して、江戸の藩邸入りするとことがわかっている」[68]とつづく。事件前日には長州藩主も街道を通っていたらしい。大名行列が通過する場合には、このような告知がだされていた。事件後の二十日発行の同紙には、当時の横浜の居留民たちの困惑ぶりがよく表われている。「彼が大名ではないという点については、厳密に言える。というのも、この人物は島津三郎というご家老、つまり家来の頭であり、同時に、薩摩藩主の父だからだ。彼が江戸にいたのは一つには、息子を退位させてみずから大名の地位に就こうとしたからだが、ご老中とリージェント［当時、大老はいなかったので誰を指したか不明］がこれを認めなかったため、怒って帰途に着いたのだ。二週間ほど前に蒸気船ファイアリークロス号を購入したとき、彼は横浜を訪問し、何人かの住民に手厚くもてなされていた」[69]。『薩藩海軍史』は文久二（一八六二）年のこととして、「同二年八月、横浜に於て英国商船「フリーコロス」号を購入し、永平丸と命名す」と書いている。一八六二年八月二十九日、薩摩藩の江戸在勤家老の島津登、側詰の小松帯刀など数名がファイアリークロス号試乗のため横浜にやってきたと萩原氏は推測する[70]。ブラックも島津久光（三郎）がきたとしていたが[71]、本人が横浜までやってきたというのは、横浜の一般の居留民のあいだの誤解だろうか。ともかく、島津久光（三郎）が居留民のあいだで名の知れた人物であったことは確かだ。ボラデール夫人が逃げ込んだジャーディン・マセソン商会は、生麦事件のわずか二週間前に、当の薩摩藩にこの鉄製スクリュー蒸気船（四四三トン、三〇〇馬力）[72]を売っていたのだ。もっとも、苦労して手に入れたこの蒸気船は、翌年「一月、夜の明石海峡を航行中、暗礁に乗上げ、沈没してしまった。乗船中の大久保一蔵（利通）が九死に一生を得たというのは、このときのことである」[73]。

サトウは当時、居留地にあった商社についてこう書いている。「中国で活動する二大商社のジャーディン・

マセソンとデント商会は、もちろん代理店を置いていた。デント商会のほうは、私が来日した一、二年後には倒産して撤退した。上海を拠点とするもう一つの有力会社のフレッチャー商会も支店をもっていたし、バーネット商会も同様だったが、両社とも忘れられて久しい。残りの大半は日本を拠点とする会社で、そのなかではアスピナル・コーンズ商会、マクファーソン・マーシャル商会がイギリス系では最有力で、ウォルシュ・ホール商会がアメリカの主要会社だった」[74]。宮澤氏によると、アスピナルは木材、茶、生糸などを扱う商人で、生糸専門商だったリチャードソンはこの商会の代理店をしていたという[75]。

事件の第一報を神奈川からもたらした居留民はコーンズとエリス・イーリアスで、彼らは神奈川の手前で血まみれの栗毛馬を引いて戻ってくるアスピナルの別当に出会って、事件を知ったのだった。彼らは検視陪審でこのときの状況を説明し、別当が「百番旦さん」と答えたために、被害者がマーシャルかマクファーソンだろうと考えたと証言した[76]。「文久公政録」[77]の「生麦疵人名前」のマーシャルの箇所には、「同〔英国〕百番船」と書かれているので、別当はこれを伝えようとしたようだ。斎藤多喜夫がまとめた国籍別商館番号の一覧では、イギリスの一〇〇番は「マクワシン」または「マクッシン」となっており、マクファーソンのことと思われる。横浜居留地の地番は開港当初、各国領事館ごとの番号で管理されており、その後、国籍にはかかわらない通し番号に変更された[78]。

リチャードソンは不慮の死を遂げる直前に、イギリスの父宛に、「上海から馬を連れてきましたので、人に頼らずに比較的自由に動けますし、実際、多くの場所を訪れました。幸運にも、江戸に行くこともできました」と、書いている。一八五三年に二十歳で上海に渡ってから日本で殺害されるまでの九年間に彼が家族に送った八〇通近い手紙が残されている[79]。

一八六一年十一月二十三日付の『ジャパン・ヘラルド』創刊号の「誕生」欄には「横浜で今月十日、日曜日に、ウィリアム・マーシャル殿の妻、女児」とあり、マーシャルが開港後まもない時期からの住民であったことがわかる。同じ紙面にイギリス公使館のユースデンが、イギリス人向けに日本滞在中の行動への注意を喚起しており、無謀な乗馬をしないこと、村や町中を通過するときは並足で進むこと、すれ違うときは左側通行することなどを細かく指示している。マーシャルがこれを心得ていなかったはずはない。マーシャルは聖公会教会の理事にもなり、居留地社交界の中心人物だった。リチャードソンは横浜に二カ月ほど滞在していた期間、居留地一五番のアスピナルの家に滞在していたと思われ[80]、事件の翌日、ウィリスがここで遺体を検視した。マーシャルはアスピナルの隣の一六番に住み[81]、クラークとはビリヤード仲間だった。クラークとリチャードソンは上海時代からの友人だった。ボラデール夫人は義兄のマーシャルの家に滞在していただろう。そして、彼らはみな海岸通りで隣近所に暮らす親しい間柄だったのだ。

事件当日の夜十時ごろから、居留民集会が開かれたのは、居留地五番のデント商会のE・クラークの自宅で、ほぼすべての居留民が出席して委員会がつくられた。翌朝八時からベルクール・フランス公使の家で開かれた委員会では、これほどの事件にもかかわらず冷静な対応を求めるニール代理公使に多くの人が憤慨し、事件当日のヴァイス領事と、騎馬護衛隊を出動させ、リチャードソンの遺体を無事に回収させたアプリン中尉の活躍をたたえることになった。それにたいし、護衛隊出動を命じたのはヴァイス領事だとサミュエル・ガワーが指摘したところ、「アプリン氏は、それはまったくその通りで、護衛隊を出動させたのはヴァイス大尉だったと述べたが、ニール中佐は不快感を自分に示しているのであって、一行をすぐさま追いかけ、［そのまま追討する形で］再び指揮をとったため、責任はやはり自分にあると述べた[82]」。真っ向から意見の食い違うニール代理公使とヴァイス領事の下で、事件が発生した日曜の午後、おそらく何人かの隊員とともに狩猟にでもでかけていてばつの悪い思いをしただろう若い士官は、苦しい立場に追い込まれたようだ。当初は英雄扱いされたヴァイス領事は、ことを荒立てず、戦争に発展させなかったニール代理公使の慧眼《けいがん》が評価されだすにつれて、無謀な行動を取ったとしてむしろ批判され、横浜の競馬で問題を起こしたこともあって、事件の三カ月後には箱館の領事に配置換えになった。箱館でさらにアイヌの遺骨の盗掘事件にかかわったほか、留守中に代理の館員が火災を起こしたため、ヴァイスは更迭されて、失意のうちに帰英した。治外法権・領事裁判権の問題でよく取りあげられる「モス事件」でも武装した居留民の代表となって活躍したヴァイス領事は、ワーグマンの『ジャパン・パンチ』に顎鬚を蓄えたギョロ目で鷲鼻の人物として何度か登場する。毎号の表紙を飾る架空の人物「パンチの守」は、鼻の大きなワーグマン自身と一般には解釈されているようだが、彼は画家の姿で別に登場するので、じつはヴァイス領事から着想を得たキャラクターではないかと思う。開港当初の居留地のドタバタ騒ぎは、風刺の目で眺めれば本家『パンチ・アンド・ジュディ』のショーを彷彿《ほうふつ》とさせる悲喜劇であり、そこで采配《さいはい》を振っていた領事のヴァイスはパンチというあだ名で呼ばれていたのだ。一八六五年まで箱館領事を務めた彼は、帰国前に横浜に立ち寄ったようだ。一八六六年四月号には「箱館からの最新ニュース」とだけ書かれたページに、心なしか寂しげな彼の立ち姿をワーグマンが描いている。[83] その後、ヴァイスがパリで困窮生活を送ったことは知っていただろうか。ワーグマン自身の死からまもない一八九一年五月にヴァイスは病死した。[84]

「日本はイングランド以外の場所で私が訪れた最高の国です。山や海の景色は抜群です[85]」と、父親に書いた二十九歳の青年は、祖国に帰ることはなく、いまも横浜の外国人墓地に眠っている。水道業を営んでいた父は裕福とは言えないがジェントルマン階級に属し、リチャードソンには姉妹四人がいた。父親はヴァイス領事に「あなたの勇敢で真に人道的な粘り強さがなければ、私どもの愛する息子はどこかの堀か川に屈辱的な姿で投げ入れられ、愛しい亡骸の永眠場所はわかるという寂しい満足感すら私たちは得られなかったでしょう」と手紙を書き、アプリン中尉をはじめとする居留民の行動にも感謝している。[86] 遺体を検視したウィリスはこう書いた。「私たちは彼の遺体を横浜に運び、その翌日、埋葬したのですが、遺体が墓に入れられる時は非常に厳粛な気分になり、多くの参列者の目に涙があふれました。それ以来、ここ横浜には重苦しい空気がたちこめています」[87]（中須賀哲朗訳）。生麦事件で負傷したクラークは不自由な身体になり、数年後に三十三歳で生涯を終えた。マーシャルは一八七二年の鉄道開通式に横浜の外国人を代表して明治天皇の前で祝辞を読んだ翌年、四十四歳で突然死した。彼らもこの墓地の二〇区と二一区にそれぞれ埋葬されたが、近年、二二区のリチャードソンの近くにも二人の墓碑ができた。

　宮澤眞一によると、ボラデール夫人は事件後、イギリスに帰国したが、一八七〇年に難産のため三十六歳で死去した。死因の一つに、トラウマからの顔面神経の麻痺を伴う神経症が挙げられていたという。[88] 開港当時の横浜を知り、オランダ人船長事件の第一発見者であるＧ・Ｗ・ロジャーズが一九〇三年にこんなことを書いている。[89]「昨夜初めて、今年の十月に十七日にボラデール夫人が七十二歳でイングランドのサービトンで亡くなったと読んだ。いまとなってみれば行列が進んでくる道を横切ろうと主張した彼女の無分別な行動が、一行への攻撃につながったのは明らかだが、当時のわれわれはそんなことは知る由もなかった」。無理に馬首を返そうとしたという意味だろうか。おそらく彼女は、諸肌脱いで抜刀した奈良原に、「血に飢えた悪漢たちの手に陥る」と本能的に危険を感じ、パニック状態になったのだろう。ボラデール氏はマーガレットの死後、一度以上、再婚しているので、ロジャーズ氏が目にしたのは何人目かの「ボラデール夫人」の死亡記事だったと思われるが、これは事件から四〇年以上を経て、もはや当事者が全員死亡したことを確認しての真相の暴露と解釈できるだろうか。

　ロジャーズのこの回顧談にはヴァイスの思い出も好意的に綴られているが、一八六二年六月号の『ジャパン・パンチ』に掲載されたイギリス公使館《リゲーション》前に軟石鹸《ソフトソープ》／お世辞を運び込んだ居留民がひれ伏す相手をヴァイスだとする点には疑問がある。ヴァイスなら領事館と書くはずだし、彼はその他の戯画では長身の人物として描かれているからだ。ずんぐりして顎鬚のあるこの人物は同年五月の創刊号の戯画にヴァイスと一緒に登場しており、その風貌から第5章で触れるジョン・マクドナルドではないかと思う。また、ひれ伏している人物はケンプトナーだとも書いているが、『ジャパン・ヘラルド』のハンサードに見える。

　リチャードソンの生涯について詳しく調査した宮澤氏は、「リチャードソンは一攫千金《いっかくせんきん》を狙って渡来した冒険商人の一人に相違ないものの、その性格は比較的おだやかな方であった」[90]としている。凄まじい恐怖の体験はもちろんだが、自責の念に駆られたことが、事件被害者のボラデール夫人が神経を病んだ原因であったかもしれない。

　一八五七年に長崎の海軍伝習所で医学を教えるために来日し、一八六二年まで滞在したオランダの医師ポンペはリチャードソンに総じて批判的で、「上海での評判では、彼は、気違いじみた猛将ルーランド」と呼ばれていたとか、「リチャードソンの不幸は自分自身の頑迷と狂気沙汰のためであった」と書き、リチャードソンの伯父に会ったというエピソードまで一八六七年刊行の著書で披露している。第5章で簡単に触れるように、下手人引き渡しを求めるイギリス側の要求を誤解したことから、翌年に起きた薩英戦争後の賠償金の一部が遺族に渡ったことに言及して、「リチャードソンは独り者でその父はすでに故人となっていた」とも書くが、[91] リチャードソンの父親は一八六八年に没している。[92] この事件に関するポンペの記述は、当時の状況を反映して多分にイギリスへのライバル意識に満ち、かつ薩摩寄りでもあり、遠く離れた長崎からの憶測であったと思われる。

ブラックが『ヤング・ジャパン』で指摘しているように、一八七五年になってアメリカ人、E・H・ハウスが『鹿児島償金事件』[93] と題したパンフレットを出版し、この事件に関する薩摩側の言い分を伝えた。そこではリチャードソンは「中国に住んでいたころ、中国人にたいする横暴な振る舞いで悪評が立っていた」とされていた。事件当日、駕籠を先導する中小姓列を率いており、その後、明治政府のなかで高官になった人物は、「外国人が同じように道の端に寄り、一列になって通れば、危害を受けることはなかっただろう」と言明し、「事件が起きてしまったいま、ただ一つ残念に思うのは、私自身がそれをやらなかったこと」で、抜刀しなかったのはひとえに「慎《つつし》め」と命令されたからだと語ったと、ハウスは書いた。明治の初代連合艦隊司令となった伊東祐亨は「中小姓にて此列中にあり、後年語りて曰く、松方が輿側を離るべからすと、大声制止したる為め、前に行くこと能はず、実に残念なりし」と『薩藩海軍史』[94] にあるので、ハウスの言う高官は伊東祐亨かもしれない。

W・E・グリフィスはいかにも明治のお雇い外国人らしく、明治政府の重鎮と接するなかで聞いたのか、前述書の巻末の註に、事件当日は東海道にでないよう事前通告を受けていたにもかかわらず、イギリス人一行が無謀にもでかけたとしたうえで、なぜか「二人のアメリカ人、E・ヴァン・リードとF［ママ］・ショイヤーが同日の午後（一八六二年九月十四日）に乗馬にでかけた際に島津の行列に出会い、傍に避けたことで、問題もなく通り過ぎた」[95]と書いた。林董《はやしただす》も一九一〇年に刊行した『後は昔の記』に「生麦事件の教訓」としてこう書いた。「予が知れるヴァンリードと云う米人は、日本語を解し、頗《すこぶ》る日本通を以って自任したるが、リチャルドソン等よりも前に島津の行列に逢い、直に下馬して馬の口を執り、道の傍に佇《たたず》み籠の通る時脱帽して敬礼し、何事なく江戸に到着したる後、リチャルドソンの生麦事件を聞き、「日本の風を知らずして倨傲《きょごう》無礼の為めに、殃《わざわい》を被りたるは、是れ自業自得なり」と予に語れり」[96]。林は一八五〇年生まれで、事件当時は横浜に移住したての十二歳の少年だった。この逸話は一九二八年から二九年に編纂された『薩藩海軍史』にも収録され、世に知られた。[97]サトウは一九二一年に刊行された『一外交官の見た明治維新』で、大名行列だけでなく神奈川奉行のような役人が通る場合ですら、「下にいろ」と言われ、住民が路傍に土下座する風習があったと書き、伝聞として「これまでこの侮辱に外国人が屈したとして報告された唯一の事例は、ユージーン・ヴァン・リードの例で、気の毒なリチャードソンが命を落とした日に島津三郎の行列に入り込み、そのときその場で土着の慣習に従ったものだ」と付け加え、皮肉った。[98]

　事件が起きた一八六二年の記録には、ヴァン・リードとラファエル・ショイヤーが事件当日、東海道にいたという報告は見当たらない。両名ともフランシス・ホールの日記に何度も名前がでてくる人物だが、この二人の当日の行動について触れるものはなかった。どちらも居留地の重要人物なので、事件後の居留民集会に当然ながら出席したと思われるが、東海道で別当たちと遭遇したエリス・イーリアスの証言はあっても彼ら二人の証言はない。二十日の『ジャパン・ヘラルド』に、ある外国人が事件当時の午前に川崎まででかけ、そのとき薩摩一行はちょうど川崎宿にいたことや、帰りがけに蛇の目寿司と思われる場所で事件のことを聞き、船で横浜に戻ったことが書かれているので、これがヴァン・リードだった可能性はある。前述したように、ヴァン・リードは一八五九年六月に漂流民だったジョゼフ・ヒコとともに来日し、生麦事件の被害者の一人のクラークと同じ、オーガスティン・ハード商会で働いていた。薩摩藩と深いつながりがあったことも確かだが、一八七三年に帰国途中の船で病死している。ショイヤーは一八六五年に急死した。つまり、E・H・ハウスやグリフィスが異論を唱えたころには、すでに二人は他界していたのだ。だからこそ、彼らは一人だったり二人だったり、「傍に避けた」り、「脱帽して敬礼し」たり、土下座までしたりと変わり、薩摩側の正当性が主張された当時の風潮を反映するようになったのではないのか。

最後に、薩摩藩の当事者のその後について簡単に触れておく。奈良原喜左衛門は、事件から三年後に京都の薩摩藩邸で病死したと考えられているが、イギリスの新しい公使パークスが赴任する直前に、切腹を命じられて、弟の繁が介錯した可能性を、長岡氏が『新釈生麦事件物語』で示唆している。繁のほうは男爵となり、一六年間も沖縄県知事を務めたが、最晩年は生活に窮していたとも同書には書かれている。弟二人が桜田門外の変の襲撃に関与した海江田信義は、病気がちの人だったらしく、西南戦争にも巻き込まれることなく、その後も欧米各国を視察するなど、明治政府の重鎮として活躍し、『実歴史伝』の刊行後も一五年ほど余生を送ったようだ。彼の長女は東郷平八郎に嫁ぎ、妹は平八郎の兄の妻となった。

第3章　佐久間象山

幕末から明治にかけて活躍し、歴史に名を馳せた多く人のなかで、佐久間象山《しょうざん》（一八一一―一八六四年、通称は修理《しゅり》、諱は啓《ひらき》）はいま一つ知られていない。象山に関する本はそれなりに存在し、彼自身が書いたものは上書《じょうしょ》から日記、漢詩や和歌、そして膨大な量の書簡までが『象山全集』としてまとめられている。その割に知名度が低いのは、彼の先見性を高く評価する人がいる一方で、象山を嫌う人が多いからだろうか。

たとえば坂本龍馬や勝海舟、吉田松陰などは、小説や大河ドラマのなかで英雄として描かれてきたが、象山はもっぱら風変わりな人物として端役で登場する程度だ。ところが、この三人はいずれも象山の門下生として名を連ねていた。横浜市の中央図書館で『象山全集』巻5を閲覧させてもらい、附録にある「及門録」[1]の嘉永四（一八五一）年入門の門人名のなかに、「松平伊賀守様御家来八月十五日　門倉傳次郎」の名前を見つけたときの感動は忘れられない。なにしろ、その数日前に熊本藩の宮部鼎蔵《ていぞう》が、前月には長州藩の吉田大次郎、つまり松陰が、同年初めには長岡藩の小林虎三郎が入門した年だったのだ。

佐久間象山は信州の松代藩士だった。江戸初期に上田にいた真田信之が転封した先が松代で、それ以

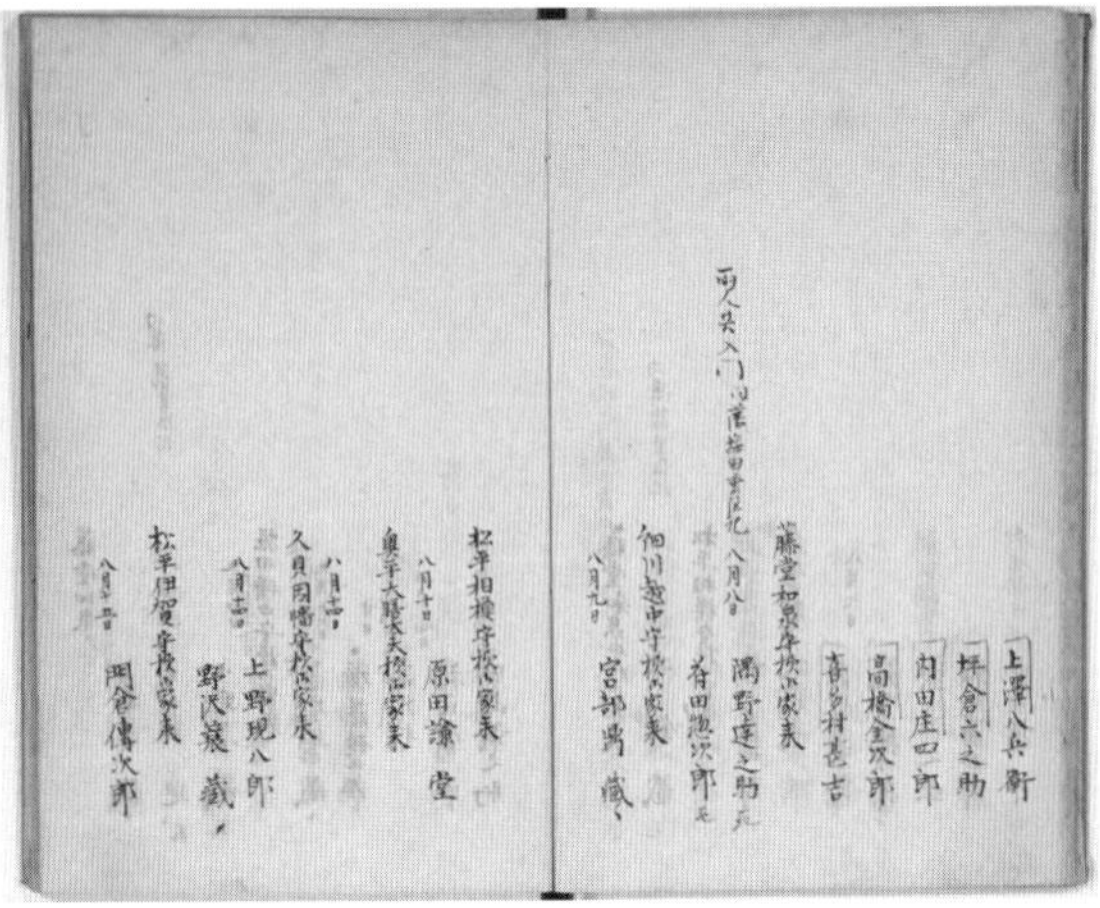

佐久間象山「及門録」。京都大学付属図書館所蔵

降ここは幕末まで真田家の所領となった。豊臣の西軍についた父の昌幸と弟の幸村とは異なり、信之は徳川の東軍に属していた。この信之が江戸城外堀の天下普請《ぶしん》で担当した場所が真田堀であり、戦後に埋め立てられ、上智大学がグラウンドとして借りている。私も学生時代、クラブ活動で使っていたが、当時はそんな場所だとは思いもしなかった。松代藩はペリー来航時には小倉藩とともに横浜応接場の警護にも当たった。当時は谷戸坂付近にあった増徳院に松代藩の本陣は置かれ、真田家の六文銭の幔幕が張りめぐらされて、象山も軍議役として赴いていた。ペリーがそこまで散歩がてらやってきたという。[2]この寺の境内の片隅にペリー艦隊で事故死した船員を埋葬したことが、横浜の外国人墓地の始まりとなった。松代藩は開港後も横浜とのかかわりが深く、京浜急行の日の出町駅近くにあった太田陣屋に横浜辺警備で多くの藩士が詰めていた。

象山は十代のころ藩の家老である儒学者、鎌原桐山《かんばらとうざん》に学び、その一方で武士にしては珍しく算盤《そろばん》を習い、著名な和算家の町田源左衛門、宮本市兵衛から和算を学んだ。父親の一学が千曲川の堤防工事に携わっていたため、治水に不可欠な数学に関心をもつようになったのだろうと、象山の評伝を書いた作家の松本健一は推測する。象山はまた松代から上田に移った釈活文《かつもん》という禅僧のもとに中国語と唐琴を学びに、馬で七里の道を三年間通いつづけた。上海に密航経験があるという活文から象山は外国事情を知ったという。

二十二歳で江戸にでた象山は、昌平坂学問所（昌平黌《こう》）の儒官であった佐藤一斎《いっさい》の門に入った。江戸時代は儒学のなかでも朱子学が正学とされ、学問所ではそれ以外の学問は禁じられていたが、一斎はひそかに陽明学に傾倒していた。宇宙の原理である「理」を窮めることを究極の目的とした朱子学と、心こそが理だ（「心即理」）とした陽明学の違いは簡単には理解できない。儒教の理そのものが易に由来し、方程式や化学式で解明されたわけでもなく、現代の感覚では非科学的に思えるからだ。しかし、数学を学び、合理主義的な思想を身につけ、貪欲に知識を追い求めた象山にしてみれば、心に重きを置き、「知行合一」として行動を促した陽明学の思想は治政を乱す怪しい学問に思えたのだろう。朱子学者として身を立てることにこだわった象山は師に向かって、経学は習いたくないから詩文だけ教えて欲しいと頼んだという。[3]

象山は一八三九年に神田阿玉ヶ池に最初の私塾「象山書院《ぞうやま》」を開いた。岩本町付近にあったこの池は、当時すでにほとんど埋め立てられており、その一帯には旗本の川路聖謨《かわじとしあきら》の邸内に蘭医の伊東玄朴《げんぼく》らが創設したお玉ヶ池種痘所があったほか、詩聖と仰がれた漢詩人の梁川星巌《やながわせいがん》の玉池吟社《ぎょくちぎんしゃ》などもあり、江戸の学問の中心地となっていた。象山は星巌の勧めでここに象山書院を設け、その妻の紅蘭女史とも琴曲弾吟《きんきょくだんぎん》するほどの親しい仲だった。[4] 私はここから歩いて数分の神田松永町に一〇年ほど勤務したが、ビルの谷間にある、池を模した子供の砂場のような記念物と説明板はずっとのちに見に行った。

翌年にアヘン戦争が始まり、藩主真田幸貫《ゆきつら》が水戸の徳川斉昭《なりあき》の推薦で外様大名ながら老中および海防掛になると、象山は海防掛顧問の役に任ぜられた。幸貫は徳川吉宗の曾孫で、養嗣子《ようしし》として松代藩に入った人であり、天保の改革時に外様席から譜代席に移っている。[5]中国の古代王朝を文明の理想としてきた象山にとって、清朝がヨーロッパ文明の前に脆《もろ》くも屈したこの戦争は衝撃的だった。天保十三（一八四二）年九月には藩命によって伊豆の韮山《にらやま》代官、江川太郎左衛門（英龍《ひでたつ》、坦庵《たんあん》）のもとに入門して、数カ月間学んだ。こうして朱子学者がにわかに砲術を学ぶことになった。[6]江川英龍は、長崎でオランダ人から砲術を学んだ町年寄の高島秋帆《しゅうはん》が、脇荷《わきに》貿易で私財を蓄えたという理由で南町奉行の「妖怪」鳥居耀蔵《ようぞう》に幽閉される前に、公式に教えた二人の弟子の一人だったが、砲術を「秘伝」にしたがる英龍に疑問を感じた象山は、もう一人の秋帆弟子である下曾根信敦《のぶあつ》から文献を借りてさらに学んだという。『佐久間象山と科学技術』のなかで研究者の東徹は、江川と象山が疎遠になったきっかけは、「江川塾での伝習内容や高島流伝書の閲覧の可否という問題ではなく、江川塾での伝習内容をはじめ、西洋砲術に関するありとあらゆることを公開し、それを積極的に広めていく役割を江川に求めた」が、拒否されたためと指摘する。ベウセルの砲術書を苦労して読んだ際に必要なデータがまとめられた表が大いに役立ったことがその背景にあった。[7]

江川英龍に入門した直後に、象山は「海防八策」を藩主に建議した。同年十月九日付の加藤永谷宛の手紙に、「この度、海防八策を練り上げて藩公に」と書いていることから、その存在が確認されるのみで「海防八策」の現物は失われている。[8]江川英龍に砲術を学ぶことにしたのは、「彼〔西洋〕を知り己を知り候を兵の本と致し候」ゆえだと、この手紙で象山は説明している。「のちの象山の戦略思想となる「夷の術を以て夷を制す」の原初形態がはやくもあらわれている」ため、きわめて重要な書簡であると松本氏は書いた。[9]この書簡の宛先は実際には、「永谷仁友　梧右《ごゆう》」としか書かれておらず、『象山全集』の注には「前版〔大正二年版下巻〔五五〕〕に永谷を赤松氏とせしは誤りなり。恐らくは加藤氏なるべし」と書かれている。天保八（一八三七）年に上田藩の加藤彦五郎が松代にやってきて、象山に弟の教育を依頼しているほか、[10]同十年に象山が上田を訪ねた際には彦五郎宅に泊まっており、[11]同十二年の彦五郎宛の書簡も残っているので、[12]永谷は加藤彦五郎のことだろうと、日本の近代政治史を専門とした歴史学者の松浦玲も推測する。[13]

同年十一月に象山が書いた恐ろしく長文の「海防に関する藩主宛上書」は現存しており、そこに「海防八策」の原文が再録されている。[14]象山のこの建言は、老中で海防掛の藩主を通じて幕府に伝えられたものの、当時は斬新すぎて、おそらくは長過ぎて、誰にも理解されなかった。天保十四年には幸貫が勝手掛に代わり、翌年には老中も辞したため、これはなんら実行されないままに終わった。

しかし、「アヘン戦争において圧倒的な力を発揮した西洋文明の本質を見抜」くために、象山は「西洋文明を西洋文明たらしめている技術（アート）を実地につくってみれば、その原理がわかる」と考え、その後、蘭学に励むようになる。「夷の術を以て夷を制す、という佐久間象山に独自の発想である」と、松本健一は書いた。[15]「東洋道徳西洋芸術」と象山自身は『省諐録《せいけんろく》』のなかで書いている。この芸術とは、飯島忠夫の訳註によると、「科学を応用したる技術」とあるので、まさにテクノロジーの意味だろう。[16]日本からの初期の留学生や移民について書いたジョン・E・ヴァン・サントは『太平洋のパイオニア』（未邦訳）と題した書のなかで、佐久間象山が留学生たちに与えた大きな影響に言及してこれを、「東洋の道徳《エシックス》、西洋の科学《サイエンス》」と訳している。この考えが攘夷思想から西洋に学ぶ方向へと人びとの考えを変えさせたが、同時にそれがキリスト教や西洋の哲学や思想など、「東洋の道徳」と相容れない根幹部分は拒絶させたというヴァン・サントの指摘は興味深い。[17]

象山は坪井信道《しんどう》、伊東玄朴などの蘭医や、杉田成卿《せいけい》などの蘭学者とは知り合いだったが、オランダ語を本格的に学んだのは六歳年下の黒川良庵からだった。この坪井信道の弟子に弘化元（一八四四）年六月から阿玉ヶ池の塾に同居してもらい、蘭学と漢学の交換教授をした。三十三歳からの蘭学だ。しかも良庵が江戸にいられる期間が限られていたため、とりあえず文法だけを八カ月で習得した。[18] 十月になると象山は郡中横目付という、奉行に次ぐ重職を命じられた。通常は国元で領内の巡視、施政の監査などを行なう職務だが、象山は新しく得た洋学の知識を応用した殖産興業の機会と捉えていた。蘭書が手に入り、歩いて行ける距離に質問のできる蘭学者がいる江戸を離れるつもりもなく、二年半ほど江戸と往復しつづけた。[19]

二年後にようやく帰藩した象山は、生家が住める状態でなくなっていたため、他所からの使者を泊める施設だった伊勢町の御使者屋を借りることにした。この御使者屋と鐘楼のあいだの六〇メートルの区間で、一八四九年に象山は日本初の電信実験を行なった、というのが通説だった。[20] 御使者屋の建物はすでに取り壊されているが、鐘楼のほうは一八〇一年に再建され、二〇一二年に修復されたものが現存する。私の母がこのすぐ前に住んでいた戦後まもない時代には、戦時中の金属類回収令で供出されてしまったため鐘もなく、古びた建物しかなかったという。一八四四年に藩で買ってもらった『ショメル家庭百科事典』などの蘭書から象山が試したものは電信機だけではない。廃汁塩（カリ）、テレメンテイナ（テレピン油）、硝石、硫酸など基本となる化学薬品の抽出を試み、ガラスを製造し、鉱脈を探した。一カ月かけて鞜野《くつの》村を視察し、試掘のための人夫を徴発したところ佐久間騒動と呼ばれる一揆が起きた。鉱脈も芳《かんば》しくなく、象山の関心はその後殖産興業から兵学に移った。[21]

木挽町《こびきちょう》の象山塾

かねがね書物から学んだことはすべて公開すべきだと考えていた象山は、嘉永二（一八四九）年十月に再び江戸にでると、深川の藩邸で兵学および砲術の塾を非公式に開いたようだ。[22] 初年度には松代藩士に交じって上田藩の八木剛助の名前が象山の門人帳である「及門録」に見られる。公式には翌三年七月に再出府したときにこの塾は開かれたことになっている。この年、本島藤大夫《もとじまとうだゆう》（佐賀藩）、高畠《たかばたけ》五郎（徳島藩）、武田斐三郎《あやさぶろう》（伊予大州藩）、山本覚馬《かくま》（会津藩）、岡見彦三（中津藩、清熙）、勝麟太郎《りんたろう》（旗本、海舟）らが入門している。門下生が増えて藩邸では手狭になり、高祖父の伝次郎が入門した同四年には木挽町に移転していた。翌五年には加藤土代士《とよし》（出石藩、弘之）、河井継之助《つぎのすけ》（長岡藩）、翌々年には坂本龍馬（土佐藩）、安政元年正月には橋本左内《さない》（福井藩）、真木和泉（久留米藩）など、幕末から明治にかけて時代を動かした多くの人びとがこのリストには含まれる。元寇以来の国の存亡の危機に、日本全国から向学心に燃える若者が、藩の垣根を越えてこうした江戸の塾に集まっていたわけであり、象山門人のあいだのこの人脈が、のちに敵味方に分かれたとはいえ、時代を動かす一因になったと言っても過言ではない。もっとも、橋本左内などは入塾した数日後にはペリーが再来航し、象山はそれ以降、軍議役として多忙になったうえに、吉田松陰の下田踏海《とうかい》事件に連座して伝馬町送りとなるので、象山塾では何も学ばなかっただろう。

　木挽町の塾はいまの銀座六丁目、みゆき通り沿いにあった。七軒寄せ集まった長屋の一つと思われ、わずか二〇坪ほどの土地にどうやって塾生が常時、三〇ないし四〇人がいたのか不思議なほどだ。ただし、「庭は、砲術訓練ができるほどの広さがある。地主の浦上四九三郎というのが奇特な人で、狭ければもう二十坪ほど貸してやろうといい、じぶんでも洋学に興味をもって塾に通ってくる始末」だったそうだので、[23] 古地図からだけでは判断できない。「及門録」には重出者も含め、延四六六人が記載されている。門下生の大半は二十代前半だが、伝次郎は一八二〇年生まれだとすれば、入門時すでに三十一歳になるところだった。その年の九月十八日付の「拝啓　次第に劇忙に罷成り」で始まる松代藩家老、恩田頼母《たのも》宛の象山の手紙には、津藩から九人、佐倉藩からは九月に四人増えて一三人になって混雑してきた様子が書かれている。「外よりも中津藩、因州藩、長岡藩、上田藩等よりは早朝より朝昼の弁当など持参候者もこれ有り」[24]とあるので、伝次郎は小名木川沿いの扇橋の抱え屋敷から永代橋で隅田川を渡り、もしくは浅草瓦町の中屋敷から、弁当を二食分持参で通っていたのかもしれない。のちに象山塾の「両虎」と呼ばれる吉田寅次郎（松陰）と小林虎三郎とは間違いなく顔を合わせていただろう。

　吉田松陰の『辛亥日記』には「五月二十七日［……］佐久間修理・宮部鼎蔵を訪《とぶら》う」とあってしばらくのちに、「七月二十日　佐久間入門」とだけ、素っ気なく記入されている。松陰はこのとき、長州藩の田上宇平太《たがみうへいた》という、高杉晋作の大叔父に当たる蘭学者から象山を紹介されていた。[25]一八四七年に伊東玄朴の象先堂《しょうせんどう》に入門し、塾監になっていた人物である。佐賀藩の大砲製造の中心となった本島藤大夫も、砲台建設に関してこの田上に蘭書の翻訳を頼み、その後、象山塾で試射を含む詰め込み授業を受けている。松陰は入塾後もしばらく遊んでいたのか、八月二十七日には「向島七草・隅田川木母寺《もくぼじ》・上野篠筈《しのばず》等散歩」、九月十五日には神田祭、九月十七日には宮部らと「永代橋下舟遊び」、「九月中旬より佐久間へ勤怠」となっている。[26]十二月十四日からは宮部鼎蔵と東北旅行にでかけてしまった。この時期に松陰が兄に宛てた手紙から松本健一は、「松陰がまだ象山のことをあまりよく知らず［……］洋書購読にはほとんど興味を示さず、洋式兵学つまり戦略論がかれの関心の的だったのだろう」と書いた。[27]それまで馬に乗ってばかりいたはずの伝次郎が、後年、曲がりなりにも蘭書の翻訳にかかわったことを考えれば、松陰が遊んでいるあいだ、彼は小林虎三郎のような若い塾生に頭を下げながら、慣れない蘭語と格闘していたのかもしれない。
　木挽町の塾の隣には、旗本の松平周防守《すおうのかみ》の屋敷がある。松平康直というこの旗本は、横浜の開港とともに外国奉行、神奈川奉行となり、一八六二年には副使として文久遣欧使節に加わった人だ。木挽町には実際、驚くような人びとが入れ替わり立ち替わり住んでいた。嘉永六（一八五三）年の「京橋南芝口橋築地鉄砲洲辺絵図」には、堀田備中守正睦《まさよし》や板倉周防守勝静《すおうのかみかつきよ》など、幕末期に活躍した老中の中屋敷と並んで、上田藩主松平忠固の実弟である西尾隠岐守忠受《ただざか》の中屋敷がある。のちに初代外国奉行となる岩瀬忠震（部屋住みだったので、養父の岩瀬一兵衛名義）と水野筑後守忠徳《ただのり》の自宅もあるし、岩瀬の後任で外国奉行となった村垣範正《のりまさ》の実家も、稲葉長門守《ながとのかみ》の中屋敷の隣にあった。文久元年の地図には、忠固の老中仲間であった松平和泉守乗全《のりやす》の中屋敷、若年寄として活躍した酒井右京亮忠毗《うきょうのすけただます》の上屋敷があるほか、堀利煕《としひろ》（父の堀伊豆守名義）も住んでいたことがわかる。薩摩の松木弘安が蘭学を学んだ川本幸民《こうみん》も一時期、木挽町に住み、場所からすると象山塾が閉鎖されたあとの場所であったかもしれない。

「佐久間象山は、物識りだったヨ。学問も博《ひろ》し、見聞も多少持って居たよ。しかし、どうも法螺《ほら》吹きで困るよ」という勝海舟の後年の象山評がよく引用される。「顔付きからして既に一種奇妙なのに、平生緞子《どんす》の羽織に、古代袴の様なものをはいて、いかにもおれは天下の師だというやうに、厳然と構へこんで［……］どうも始末にいけなかったよ」[28]。こうした一面があったのは間違いないと思われるが、同じ海舟が元治元（一八六四）年七月十二日の日記にはこう記している。「昨夕、三条木屋町にて、浪士、佐久間修理を暗殺す。ああ、先生は蓋世《がいせい》の英雄、その説正大、高明、能《よ》く世人の及ぶ所にあらず。この後、吾、また誰にか談ぜむ。国家の為、痛憤胸間《つうふんきょうかん》に満ち、策略皆画餅《がへい》」。三年後、頻繁にやりとりがあった坂本龍馬が殺されたときは、「近日雑聞」として暗殺の詳細だけを記したのとは対照的だ。[29]海舟の妹の順子は一八五二年に十七歳で、二十五歳年上の象山に嫁いだ。「其母上と申す人、私方へ遣わしたくと申出られ候が始りにて」[30]と象山が書いたように、勝の母親が象山を見込んだようだ。九年にわたって松代で蟄居中、勝兄妹とは頻繁な手紙のやりとりと、多数の洋書などの差し入れがつづいたが、この義母も象山のリクエストに応えるべく奔走していた。象山の『省諐録』の序文に海舟はこう書いている。「花の、春に先だつ者は、残霜の傷《そこな》う所となり、説の、時に先だつ者は、旧弊《きゅうへい》の厄《やく》する所となる。然りと雖《いえど》も、先だつ者あらずんば、後《おく》るる者何を以てか警起せんや」[31]。『省諐録』は象山が、筆記用具を与えられずに伝馬町牢屋敷に投獄されていた半年余りに腹案をつくり、翌年、松代で息子の恪《かく》二郎のために書いたものだが、暗殺直後に、松代藩で佐久間家がお家取り潰しになり、生活に困った恪二郎を救済する目的もあって、明治になってから海舟が出版にこぎつけたものだった。妹の順子の子でもないこの恪二郎を、海舟は新撰組に入れて何かと面倒を見つづけ、恪二郎が明治十年に食中毒で頓死《とんし》するまで、定期的に一〇両、二〇両といった仕送りをつづけたことが日記からわかる。恪二郎は象山暗殺の直後の禁門の変および長州征討にも参戦したが、その後、新撰組を脱退して、西郷隆盛に従って薩摩へ赴き、戊辰戦争にも加わったという。明治三年に佐久間家が再興し、翌四年に勝海舟の援助で慶応義塾に入った。[32]順子は象山の死後、清川八郎の虎尾《こび》の会のメンバーで浪士組にも加わった村上俊五郎と再婚した。あらゆる価値観が根底から崩れた時代だったのだろう。

身内とはいえ、勝海舟が佐久間象山をこれほど特別扱いしたのは、ひとえに象山がアヘン戦争のころからすでに「海防八策」という形で、日本の進むべき道を見通していたからだと思われる。「右八策の内、もっとも御急務と申すは洋製に倣い数多《あまた》の火器を御造立て候と、同じく船艦を御仕立て水軍を習わせられ候との二事と存じ奉り候」と、天保十三（一八四二）年十一月の上書[33]で述べたように、象山は西洋流の大砲や銃を大量に製造することと、軍艦を用意して、海軍を育成することをとくに重視した。「この海軍論は少し遅れて横井小楠も強調しはじめ、実践的には勝海舟に受けつがれるのだが、四面が海でありその海のどこからでも自在に攻めてくる敵を陸軍だけで迎え撃つのは不可能だという、あとでは日本の常識のようになった議論が、象山が最初に書いた当時には少しも理解されなかった」と、松浦玲は指摘する。松浦氏によれば、小楠が海軍論を主張し始めたのは万延元（一八六〇）年の『国是三論』からだ[34]。勝海舟が認められるきっかけとなった海防意見書は、ペリーが初めて来航した直後に阿部正弘が水戸の斉昭の意見を取り入れ、「幕府創設以来、上が下の意見を聴くのは初めて」[35]という機会に提出された嘉永六（一八五三）年の上書だ。松代藩の一藩士にすぎない象山がいかに早くから世界情勢と日本の置かれた状況を認識していたかは、この年代差を考えるだけでもよくわかるのではないか。

しかも、象山は具体的な数値まで示して何をすべきか提案していた。「数艦を火急に御造立て候には余程の御物入も有るべく御座、且《かつ》又其様、早急の義に参り兼ね申すべく候えば、まず蘭人に仰せ付られ戦艦を弐拾艘程も御買上げに遊ばされ然るべしと存じ奉り候。和蘭陀《オランダ》領ジャガタラ辺に多く海船を仕立て候場所御座候由に承り候えば、日ならずして御用に相成るべく申し候」[36]、つまり、わざわざオランダ本国から回航してこなくても、ジャワ島にあったバタフィアの植民地政庁（現ジャカルタ）で造船できるだろうとまで述べている。以下、松浦氏の現代語訳を引用させてもらうと、象山は具体的にこうも述べていた。「軍艦の大小によって違いましょうが、翻訳洋書で見当をつけてみますと、まず五千両出せばものの役に立つ大きさの軍艦が買えるのではないかと思われます」[37]

幕府はこの上書から数年後の弘化三（一八四六）年には大船建造についての諮問《しもん》を始めていたが、財政上の理由から同意が得られず、第4章でも触れるように、十数年後、ペリーが最初に来航したのちの一八五三年にようやく大船建造の禁が解除された。一八五四年以降、昇平丸（薩摩藩）、鳳凰丸（浦賀奉行所）、旭日丸《あさひまる》（水戸藩）など西洋式の大型帆船の軍艦が建造され始めたが、蒸気機関を備えた船は一八五五年に薩摩藩が簡単な図面だけを頼りに雲行丸を建造し進水させたものの、「市来［四郎］、中原［猶介］別《わか》て心配にて精勤仕り候えども、兎角《とかく》廻り兼ね候儀」[38]となった。水戸藩の菊地庄五郎が、ペリー艦隊の黒船に刺激されて発案した人力式外車船「車翼船」は、「従来の櫓にくらべれば一〇倍も速い」という触れ込みだったが、結局、実現しないままに終わったらしいので、薩摩藩のほうが格段に進んでいたに違いない。[39]洋式帆船の建造自体は、家康の時代にすでにウィリアム・アダムス（三浦按針）が伊東で小型ガレオン船を二隻、地元の船大工を使って完成させている。しかも、その一隻のサンブエナ・ベントゥーラ号は、房総沖で遭難したスペイン人の一行を乗せて太平洋を渡ってアカプルコまで航海した。慶長遣欧使節を乗せたサンファン・バウティスタ号はより大型で、石巻付近の船大工を大勢使って建造された。

象山は木挽町に塾を移転させる前年の嘉永三（一八五〇）年七月末に、江戸湾を守るために相房二州に築かれた浦賀、観音崎、猿島などの砲台を見学している。ちょうどその数日前、「先年、中野御代官つとめられ候小谷彦四郎殿の孫麟太郎と申す人なども入門致し候」[40]と、母親宛に書き送ったころだ。男谷《おたに》彦太郎（思孝）は勝海舟の伯父に当たるので、漢字も続柄も間違っているのだが、旗本である勝麟太郎の入門が、象山にとって嬉しい出来事であったのが感じられる。視察後、象山はこれらの場所に配備された旧式の大砲では、たとえ浦賀水道のような狭い水域でも動くターゲットである外国船を狙うのは不可能であり、砲台の造りも実戦では役に立たないことを指摘した。ところが、この視察後に書いた「沿岸防御の不完全を指摘し、幕府に上らんとせし意見書」は幕府の怒りを恐れた藩当局に差し止められてしまった。[41]象山はそのため、このころ奈良奉行に左遷されていた川路聖謨に、九月十一日付で浦賀視察に関するかなり詳細な報告を書いている。[42]ペリー来航前年の嘉永五年九月に川路が江戸に戻ると、象山は二年前に書いた意見書の草稿を彼に見せたが、川路が本当にその意味を理解したのは、翌年ペリーが来航し、自分が海防掛となってからのことで、その後は象山に心服し、彼の建白書はすべて幕閣に取りつぐようになった。同六年六月三日の夜に老中首座の阿部正弘のもとにペリー来航の第一報が届くと、勘定奉行の川路のもとにも情報が伝わり、川路はほぼ真夜中に友人の象山にそれを知らせたのだという。[43]

　こうして嘉永六年のペリー来航時に再び浦賀を視察した象山は、「急務十条」を幕府に提出した。この全文は見つかっておらず、箇条書き部分のみ『象山全集』に収録されており、[44]後年、彼自身が「その十箇条第一は、差向き御人選を以てバタビヤ辺迄洋船御買上げ御用仰せ付けられ差遣されたく」[45]という趣旨だったと述べている。第4章でも述べるように、幕府はおそらくその提言に従って同年七月に、のちの咸臨丸と朝陽丸を発注したが、バタフィアで買いつけたのではなく、オランダのキンデルダイクで建造されることになった。翌年には着工したものの、回航されてきたのは安政四（一八五七）年のことだった。幕府はほかにも後年、鵬翔丸《ほうしょうまる》をオランダから購入したほか、観光丸、蟠竜丸を、それぞれオランダ政府、イギリス政府から贈呈されている。ただし、咸臨丸は『福翁自伝』によれば「小判で二万五千両[46]」であり、その後、幕府や諸藩が購入した蒸気船などは後述するように一〇万ドル前後で、六万両以上が支払われている。象山も実際の相場を知らなかったか、わずか数十年のあいだに物価も洋銀の相場も、経済の規模も技術も様変わりしたに違いない。

天保十三年の上書には「またオランダから、海戦戦術に長じたもの、航海測量の専門家などを二十人、船大工を十人、大小の鉄砲を造る職人および陸戦の戦術家をそれぞれ五人ずつやとい入れたいと存じます［……］さきごろオランダの船長が申し出たところによると、年に二百両もらえればどの分野からでも一流の技術者を連れてくるとのことでした[47]」ともある。こちらの案は、一八五五年に長崎海軍伝習所として実現した。実際には、アメリカに先んじて修好通商条約を結ぼうと画策していたオランダ商館長のクルティウスが、オランダ政府を説得して安政二（一八五五）年八月にスンビン号（観光丸と改名）を贈呈させ、その操船を教えることで外交における主導権を握ろうとしたことから始まったらしい。復元された新・観光丸が一九八七年から長崎のハウステンボスで就航しているのはよく知られる。「日本人もこれでオランダに大変恩義を受けたことになった。日本人はこうして「トロイ」の木馬を持ち込んだのである」と、この伝習所設立に深くかかわったオランダの軍医ポンペが書いている[48]。それでも、幕閣が渡りに船とばかりにその申し出に飛びついたのは、「お雇い外国人」の原型とも言える象山のアイデアがすでに脳裡にあったからであり、また勝海舟が海防意見書で教練学校建造を提言していたからだろう。この伝習所は一八五九年にその短い使命を終えるまでに、勝本人を含め、その後の日本の海軍のもとをつくる多くの優秀な伝習生を輩出した。「開国の立役者」岩瀬忠震の評伝を書いた九州大学の工学名誉教授で歴史家の小野寺龍太によると、岩瀬は翌安政三年に「オランダ船将ファビウスから強いインパクトを受け、開国貿易の信念を固めることができた」[49]のだという。

「海防八策」を最初に書いた段階では、象山はオランダとの貿易で銅を輸出するのをやめて、その銅で西洋流の大砲を数千門鋳造して各藩に配備することを勧めていた。この時代には、日本からの輸出品は棹銅《さおどう》と呼ばれた棒状の銅地金が中心となっていた。だが、十一月の上書では考えを改め、海防は緊急であり、唯一の頼みのオランダ人の機嫌を損ねるのは得策ではないので、不足分の銅は「天下の寺院辻堂等より扣《たた》き鐘、サウバン等の無用の銅器を取集め候わば又多少の大銃出来るべく仕り候」、つまり、各地の寺の鐘や双盤などの無用の銅器を集めてくればよいと提言している。幕府はこの年の九月十日に海防用の大砲の準備を諸大名に命じ、水戸藩では同年十二月二十六日に、「濡仏（露天に安置されている仏像）や撞鐘を徴収して大砲の材料とする毀鐘鋳砲令《きしょうちゅうほう》」をだしている。[50]徳川斉昭による水戸藩内のこうした動きは、同時に敢行された寺社改革や廃仏政策と相まって寺社側からの反発を招き、斉昭は弘化元（一八四四）年にしばらく隠居・謹慎を命じられることになった。青銅器を溶かして大砲を製造するアイデアがどちらから生まれたかはわからないが、佐久間象山は斉昭のブレーンである藤田東湖《とうこ》とは少なくとも天保五年から交流があったので、[51]両者の動きには何かしらの関連があったはずだ。

ペリー来航後の嘉永六（一八五三）年七月になると、幕府の海防参与となった徳川斉昭は「十条五事建議書、海防愚存《ぐそん》」を奏上し、「たとい仏寺の鐘を潰し候迄には至り申さずとも、せめて火鉢・燭台等無用の銅器は潰し」[52]と、またもや同趣旨の提言をなした。今回は縁戚の関白鷹司政通《たかつかさまさみち》を通じて朝廷に圧力をかけ、天皇から勅命をださせるという根回しをしたらしく、翌安政二年三月には幕府が毀鐘鋳砲の勅諚を発令している。ただし、寺院側はその後も反対運動をつづけ、結局、安政六（一八五九）年二月には幕府側から朝廷に中止を申し入れ、この政令は立ち消えとなった。幕府側の理由は、「製造方、格別精密にこれ無く候ては破裂の憂いこれ有り候に付、銅材相選び、さし物等の分量も殊に細密に相成り候処、梵鐘の儀は、純銅にこれ無く、種々の鋳材も入交じり居候間」、および「既に反射炉、溶鉱炉も御取建てこれ有り、程なく鋳造も出来仕り候筈《はず》」というものだった。[53] 青銅は銅と錫、亜鉛などの合金であり、後述するように、その比率と砲身の破裂問題は嘉永年間に象山も大いに悩まされたことだった。その青銅砲も、産業革命を経た国々では十九世紀には徐々に鋳鉄砲に取って代わられ、時代遅れになりつつあった。となると、太平洋戦争中、松代の鐘楼だけでなく、掃部山の井伊直弼像や上野公園の大仏、万世橋の軍神広瀬武夫像など、各地の銅像を供出させて集めた青銅を、軍部は何に使用したのだろうか。

　徳川斉昭がこのとき書いた最初の「海防愚存」は、天保十三年の象山の上書とは対照的なものだ。「此度渡来のアメリカ夷」が「其驕慢《きょうまん》無礼の始末、言語道断にて、実に開闢《かいびゃく》以来の国恥《こくち》とも申すべく候」と、いかにもペリーの来航に動揺した様子で、提案する海防策も、「たとえば彼が船に乗入れ、対談いたし候様に款待《かんたい》なし、船将を突殺し、又上板［甲板］の上に居て、打寄せ出る処を、長刀・太刀等にて切殺し、帆縄を切払う等せんに、左右前後に何程の大銃を仕掛け置き候とも、内え向けて打つ事は叶わず、上板の上に居る人は、内より見えざれば、砲にて打つ事も相成らず、僅かの人数にて大艦中の人は退治すべし」[54]と、何やら酒呑童子《しゅてんどうじ》やヤマタオロチの退治話のようだ。こうした反応が当時は一般的だったのか、ペリー来航時にはまさに鬼のような人相でペリーの絵が数多く描かれていた。

一方、象山は、ペリー来航の一〇年前の上書のなかで、諸外国のなかでもとくにイギリスを警戒してこう書いた。「彼国は唯利にのみ走り候習俗にこれ有り候えば、たとい本邦に深き讐怨《しゅうえん》これ有り候とも、本邦を乱暴仕り候為のみにわざわざ兵艦をしつらい、数多の入費を掛け候て差向い候等の事は決して仕るまじく候」。利害得失を重視するイギリスは、ただ恨みを晴らすためだけに莫大な費用をかけて軍艦をさしむけることはありえないと指摘していたのだ。また、イギリスの軍事制度は他国と異なり、職業軍人が「他国を略奪仕り候事等を掌《つかさど》り候よし［……］何ぞ事の起り候を常に望み罷在り候よし」とも分析する。[55]

こうした情報の出処として、象山は「当二月、阿蘭陀人より書付け申し上げ候始末、近日伝聞仕り候えば」あるいは「又、阿蘭陀下輩《げはい》の者、申洩し候義を承り伝へ候へば」などとし、バタフィアで作成され、幕府へ定期的に伝えられたオランダ風説書《ふうせつがき》や長崎からの情報であることを示唆する。オランダ、正確にはネーデルラント連邦共和国が十八世紀末にはナポレオン戦争でフランスに敗北して、独立国としては存在していなかったことを知る日本人が当時どれだけいただろうか。一七九九年にはＶＯＣの略称で親しまれたオランダ東インド会社も解散し、一八一〇年には本国はフランスに完全に併合され、翌年には「蘭印」と呼ばれたオランダ領東インド諸島もイギリスに制圧された。この前後一〇年間は長崎に送りだせる船もなかったため、オランダ人はアメリカ、デンマーク、ノルウェーの船を交易目的で借り入れてオランダ国旗を掲げさせて、いわゆる「日米貿易」をつづけた。第一五六代商館長のヘンドリック・ドゥーフが赴任した一八〇三年から一八一七年はちょうどこうしたオランダの祖国存亡の危機の時代だった。そのさなかの一八〇八年に、イギリス軍艦フェートン号がオランダ国旗を掲げて長崎に入港してオランダ商館員を人質にとり、食糧と薪・水を要求するフェートン号事件が起きた。ナポレオン戦争が終わると、オランダは一八一五年に再独立をはたしたが、この間、出島は地球上でオランダ国旗を掲げつづけた唯一の場所だったと、出島の公式ホームページにはある。[56] ただし、象山ともなんらかの交流があった田原藩の渡辺崋山《かざん》がこの間の事情を天保十（一八三九）年の「初稿西洋事情」に、「已《すで》に和蘭《オランダ》をホナハル奪取《うばいとり》候時、世界中の和蘭交易を留《と》め、和蘭の船旗を奪い申候。其時ドウフと申す甲比丹《カピタン》、長崎に勤番中の事にて、シヤカタラコンバ〔ク〕ニーの旗は出島へ隠置き候由」[57] と書いており、国旗は掲揚していなかったかもしれない。「コンバクニー」はVOCの「会社《コンパニー》」のことだ。一八二四年に英蘭協約が結ばれ、マレー半島とインドネシアをそれぞれに支配することで一応、決着はついたものの、いち早く産業革命を成し遂げて世界に市場を広げ、強大な海軍力で七つの海を支配し、アヘン戦争に突き進むイギリスを、オランダ人は警戒心をもって見ていたはずだ。イギリスにたいする象山の懸念は、崋山本人から、もしくは崋山がこれらの西洋事情を伝えていた江川英龍を通して知ったこの時代のオランダ人の心情を反映していたのだろう。もっとも、天保十三年の上書では、象山もまだ「イギリス夷」、「夷狄」、「蘭人下輩」などの差別用語を使っている。

象山が提出した多数の上書の一つは、西洋文明を知るための手段として、蘭和辞典『ドゥーフ・ハルマ』の出版計画を藩にもちかけたものである。この辞典はもともと、オランダ商館長ヘンドリック・ドゥーフがハルマの蘭仏辞典の項目を利用して私用に作成した語彙集だったが、祖国の危機で苦境に立たされたことから、オランダ語通詞たちとの信頼関係を築く努力の一環として本格的な辞書としての編纂事業が始まった。一八一七年に彼が離日したのちも蘭通詞たちがその事業をつづけて一八三三年にようやく完成を見た。筆記体と筆文字で書かれた紙面は四〇〇〇ページ近くにもなり、蘭学者がそれを写本し、数巻から数十巻に分けて和綴《わとじ》にして使用していた。何巻にも分冊された手書きの辞書が、藩に一揃えしかない状態であれば、とうていオランダ語を読めるようにはならない。「松代藩の家老が、百両くらいで辞書を五、六部つくって蘭学者が研究すればそれでいいじゃないか、何も刊行する必要はないではないか、と言ったのに対して、象山は、冗談じゃない、辞書というものは、ちょうど漢字典と同じように、洋学を勉強する者がいつも座右に置いておくもの」[58]だと辞書の出版の重要性を説くが、藩に拒否され、自費出版は幕府が許可しなかった。ちなみにこれは祖先が松代藩士と言われる丸山眞男の松代での講演録からの引用だ。当時はまだ活版印刷が導入されていなかったので、象山は木版による出版、「板行」を考えたのだ。「世に善き翻訳書を多くし、実用を助け候にも、原書を読み候もの盛んにこれ無く候ては、叶い難き義と存じ奉り候。さて、其原書を世に広く読ませ候には、邦訳の字書印行本これ無くては、もっとも叶い難き義と存じ奉り候」[59]と、象山は嘉永三年には主席老中の阿部正弘にも上書を提出したが、徒労に終わった。

出島のホームページによると、一八一〇年から三年間、オランダ船は一隻も入船せず、その間、商館員の必需品を幕府が無償で提供し、長崎会所が立て替えていた費用が総額で八万二〇〇〇両を超え、ドゥーフは自分が所有していた『ショメル家庭百科事典』を幕府に六〇〇〇両で売らざるをえなくなった。一八一一年に将軍家斉《いえなり》の命により蕃書和解《ばんしょわげ》御用掛が設けられ、三〇年近くかけてこの百科事典が翻訳され、約一〇〇巻におよぶ『厚生新編』となったが、江戸時代には上梓されず、明治になって刊行されるも、未完に終わった。[60]この訳書の底本が、食いつなぐためにドゥーフが手放したものだろう。松代藩が『ショメル家庭百科事典』の原書を購入したのはドゥーフの商館長時代から四半世紀以上のちのことだが、当時まだ邦訳版は手に入らなかったわけであり、原書を真剣に読んで活用したのは象山が最初だったのではないか。

象山を研究した松浦氏は、幕政改革批判をした文久二年九月のやはり長文の上書について、次のように指摘する。「大朝の御大政を執りなされ候は即ち諸侯様」と、いとも簡単に「大名一般をさすかのごとく、譜代大名だけをさすかのごとく、きわめてあいまいに使われている」のが問題である、と。象山の場合、教育の重要性を論じても、その対象となるのは「諸侯」の世子《せいし》と旗本の世嗣ぎの子供だけであり、それには松代藩が準譜代であり、幕政に参与できたことが大きいだろうと、松浦氏は推測する。[61] 松浦氏の象山評が総じて辛口なのはこのあたりに起因しそうだ。もっとも、文久二年九月と言えば、生麦事件の直後であり、朝廷から迫られて一橋慶喜が攘夷期限の空約束をしたのがその翌年五月十日という時期だ。この上書で象山はすでに、「有力の大国を戎狄《じゅうてき》夷狄《いてき》と御称呼為され候は甚だ如何の御義」かと問題提起しているが、当時、薩摩や長州、水戸などは競うように攘夷を実行していたし、「開明派」と称される福井藩の松平慶永も、その顧問の横井小楠とともに破約攘夷を主張していた。文久の改革を迫った勅使の大原重徳は、武家伝奏の東坊城聡長《ひがしぼうじょうときなが》が幕府寄りだというだけで、その四年前にみずから人違いのテロ未遂事件を起こしたような過激派の公家だ。[62] この激動の時代を松代で蟄居させられ、限られた情報しか手に入れられずに過ごしていた象山が、当時のほとんどの人に先駆けてヘイト発言を改めるようになっただけでも画期的ではないのだろうか。一足飛びで民主主義の世の中にはならない。

ペリー来航

アメリカ東インド艦隊司令官ペリー代将が一八五三年七月八日（嘉永六年六月三日）に浦賀沖に現われた

知らせを川路聖謨からもらうと、象山は住み込みの門弟らとともにすぐさま浦賀までその様子を視察に行った。彼らが浦賀で宿泊した徳田屋旅館はすでに存在しないが、渡し舟の船着場近くの跡地に説明板がある。浦賀湊は非常に狭く、周囲に山が迫って船から砲撃しにくい立地のため、ペリー艦隊は結局、山を越えた先の久里浜に上陸した。警護に当たった彦根藩の絵師が描いた「久里浜警固之絵図」[63]などを見ると、国書の受け渡しのために三五〇余名の護衛とともにペリーが上陸する状況を、彦根、川越、大垣の各藩や浦賀奉行所の二〇〇〇人を超える兵が陸上で、会津藩と忍藩の一五〇艘が海上で迎えた様子がわかる。

意外に知られていないことだが、ペリー艦隊はこのとき、その前年十一月にヴァージニア州ノーフォークを出発して大西洋を越え、喜望峰を回り、インド洋にでるという、ポルトガル人が開拓したルートでやってきた。その後、セイロン(スリランカ)経由でマラッカ海峡を抜け、シンガポールにいたり、香港、上海に寄って準備を整えたうえで沖縄、小笠原諸島に立ち寄ったあと、日本本土に翌年七月に来航した。ペリー「艦隊」と言っても、十一月に出航した際は、米墨戦争以来ペリーのお気に入りだったミシシッピ号一隻だけで、そもそも彼は一八五一年に六月にサスケハナ号で出発していたアメリカの東インド艦隊司令官、ジョン・オーリックの交代要員だった。[64]もともと一二隻からなる堂々たる艦隊で日本に開国を迫るつもりだったらしいが、いろいろ不都合が生じたようだ。ミシシッピ号は、翌年四月に香港でようやくプリマス号、サラトガ号、サプライ号などの僚船と合流し、もう一隻の蒸気船であるサスケハナ号にはその先の上海でようやく一緒になり、以後、この船が初回来日の折の旗艦となった。[65]

スペイン人はすでに何世紀にもわたって太平洋を横断していたが、アメリカ人にとって太平洋はまだ未知の海だったのだろう。西海岸のカリフォルニアがアメリカ領になったのは、ペリーも参戦した米墨戦争中の一八四七年のことなので、無理もない。ペリーの来航を具体的に予告した「別段風説書」は、「相応なる港を以て、石炭の置場と為すの許を得て、「カリホルニア」と支那との間に往来する蒸気船の用に備えんと欲し候」と、その目的の一つを説明していた。[66] サスケハナ号やポーハタン号のような外輪フリゲート艦は、機走する際は外輪に水掻き板を装着し、風や海流が利用できるときは邪魔になるその板を取り外して帆走するのだが、効率よく機走するには一日当り二六トンの石炭が必要だったことがペリーの遠征記からわかる。ペリーは往路でほかにもマデイラ諸島、セントヘレナ島、モーリシャスに寄港し、五〇〇トンほどの石炭を補給している。ペリーはこの遠征で日本を開国させることだけでなく、サンフランシスコから上海まで、ホノルルと小笠原を経由して三〇日間で渡る太平洋航路の開拓を目論んでいたのだ。来日前にケンペルの書を研究してきたペリーは、一六七五年に日本の漂流民が発見して「人のいない島という意味のブナ・シマ」、すなわち無人島《ぶにんとう》と日本で呼ばれていたボニン諸島（小笠原諸島）で、そこに住み着いていたナサニエル・セイヴォリーから石炭置場の土地を買い取り、琉球に再び戻って土地借用の交渉を成立させていた。[67] しかし当時、日本では石炭はまだ九州などごく一部でしか使われておらず、薪水《しんすい》給与令からもわかるように、外国船に提供するつもりだったのは、捕鯨帆船上で皮下脂肪から鯨油を採取するための釜炊き用の薪か木炭だったので、これらの石炭補給基地は活用されないままに終わったのではないだろうか。日本側が小笠原を訪れて正式に領有宣言したのは、アメリカから戻ってきた咸臨丸に水野忠徳らが乗り込んで渡った文久元（一八六一）年になってからだった。[68]

ついでながら、ペリーはブラウエル航路も利用してはいない。平戸時代の二代目オランダ商館長のヘンドリック・ブラウエルが一六一一年に発見した高速ルートで、喜望峰を回ったあと、「吠える四〇度」を強い偏西風に乗って一気に抜け、スマトラ島とジャワ島のあいだのスンダ海峡から北上する航路だが、オランダの統治下に戻っていたバタフィアは寄港しにくかったのだろう。幕府がオランダに発注したヤーパン号（咸臨丸）などは、リスボンから喜望峰、バタフィア、マニラを経由して、つまりブラウエル航路を通って九七日間で長崎に到着した。[69] 単純な比較はできないが、ペリーがマデイラ諸島を出発してから香港到着まで四カ月弱かかっていることを考えれば、やはり高速ルートだったと言える。七月に久里浜を去ってから翌年二月に再来日するまでペリー艦隊は香港で冬を過ごしていたが、ロシアとフランスの動きを警戒し、予定を早めて二度目の来航に踏み切った。日米和親条約を無事に調印したのち、艦隊は再び香港に戻ったものの、ペリーは疲労し体調も悪く、商船などを利用してスエズまで行き、運河はまだ建設されていなかったので、エジプトを陸路で抜けて地中海へでてヨーロッパを経由する最短ルートで翌年一月にニューヨークへ帰着している。[70]

ペリーの初来航時に松代藩の軍議役に任命された象山は、翌一八五四年二月十三日（嘉永七年一月十六日）の再来時には、横浜警備を命じられた松代藩の陣頭指揮に立った。「此所は海岸が平衡にして南西に低き山があり、山の北、海に傍《そ》うて村落あり戸数大凡《おおよそ》百許《こ》なるべし。耕作に魚猟を以て業となす其村の北に三、四軒の離れ屋あり、中島と云ふ。其又北に離屋あり駒形といふ」と象山は「横浜陣中日記に」に記した。[71] つまり、現在の元町一帯に一〇〇戸ほど、横浜の砂州には二カ所に数軒あるのみ、という寒村ぶりだ。ペリー艦隊が本牧沖に投錨してから、三月八日（陰暦二月十日）に上陸するまでのあいだ、江戸に近い場所で、艦隊が揃って錨泊でき、大砲の射程内にあり、土産の鉄道模型などを展示できる広い場所があることなど、アメリカ側からさまざまな条件をだされ、応接場所を決めるのに二週間もかかった挙句のことだった。横浜から象山は妻の順子に得意げにこう書き送った。「一昨日ペルリ上陸候せつも通りがけ我等の前を過ぎ候時、一寸会釈して通り申し候、ペルリは一通りの人にはえしゃくは致さぬよしに候所、右様の事故、人々かれこれ申し候」[72]。ペリーに敬礼された日本人として喧伝されたエピソードだ。

松代藩の絵師、高川文筌《ぶんせん》が描いた「横浜応接場秘図」などを見ると、赤い毛氈《もうせん》を掛けた野点の茶席の大型版のようなものが何列か置かれ、並んで腰掛けるアメリカ使節団それぞれの前に小さなお膳が用意されていた。その他は障子と畳、金屏風と幔幕《まんまく》でごまかした感はあるが、壁も天井も木材で建造されているようだ。これだけの資材を、寒村の横浜にどうやって短期間に運び込み、応接所の体裁を整えたのだろうか。

鉄道模型は「小さなもので六歳児がようやく乗れるほどだった。それでも日本人たちは、乗車はできないなどと言いくるめられることなく、かと言って客車内に入れるほど身体は縮められなかったので、屋根へと向かった。もったいぶった役人が丸い軌道上を時速三二キロで、緩く羽織った衣服を風になびかせながらぐるぐると回る様子は、少なからず滑稽な見世物だった」[73]らしい。『ペリー提督日本遠征記』に掲載された同行画家ピーターズによる「横浜蒸気車の図」には、残念ながら試乗する侍の姿は描かれていない。しかし、その後方には、やはりペリーが披露して見せた電信実験のための電信柱が並んでいるのが見える。当時を知る古老がのちにこう語っている。「これがテレガラフという物だということを聞いて、それでは手紙がこの針金を伝わって行くのだらう。それを見たいというので、人が見に行きました。なかには物方寄《ものず》きな人は、昨日一日見ていたが、昼飯に家へ帰った留守に手紙が通ったか知らないが、私はついに一度も見なかった。今日は昼飯の弁当をもって来たなんという人がありました」[74]

松代で実験済みの象山はさぞかし得意だっただろうと思いきや、実際にはペリー一行による実験が、日本初の電信実験であったようだ。伴月楼記念館の関章館長によれば、象山自身が安政六（一八五九）年十一月三日付の勝海舟宛の手紙に、「癸丑［嘉永六（一八五三）年］の夏、薩摩藩の本と申す事にて杉田の宅にて瞥覧《べつらん》テレガラフ・フチアマクネートの事など始て承知」と、つまり杉田成卿の家で薩摩藩の蔵書から電信や磁石のことを初めて知ったと書いているからだ。同書簡で象山は、このファン・デア・ブルクの第三版をついに入手して、「大慶比上無く候」と喜んでいる。[75]

旧松代藩鐘楼。御使者屋はこの裏手にあった。2016 年撮影

東徹は、「彼がどの程度、電信機の製作に成功したかについては判断できないが、少なくとも、電機治療機の製作からもわかるように、電信機に不可欠なコイルを作りあげていたことは確かである」[76]とする。私の祖父が松代の御使者屋の前で開業していたので、その地が日本初の電信実験の場ではなかったのは残念だが、象山はペリー来航後、藩家老の望月主水《もんど》の下屋敷、聚遠楼《しゅうえんろう》で文久二年末まで蟄居を命じられていたので、数百メートルの距離とはいえ、その間も御使者屋まで実験のために外出できた可能性は薄そうだ。結局、日本人の手による実験としては安政三（一八五六）年に薩摩藩が鹿児島城内において実施したものが嚆矢《こうし》となった。

象山の「横浜陣中日記」は嘉永七年二月六日から十九日までのわずかな期間しか書かれていないが、興味深い点がいくつかある。「異人タゲウロライペンを出し某《それがし》が乗り来りし馬を写す［……］其器を指しイオヂウムかフロビウムかといいしに、異人驚きたるさましてフロミウムと答え、且《かつ》其器を撫でながらタゲウロライペンという、即又頷《うなずき》てタゲウロライペンといいしかば、ますます某かよく其名を識りたりしを喜びしおもちにて、手を挙げ某を招き、親しく其器を覧せしむ」[77]。銀板写真とも呼ばれるダゲレオタイプが発明されたのは一八三九年のことで、これは銀めっきして磨きあげた銅板をヨウ素《イオディウム》蒸気にさらしてから露光させる写真だった。臭素《ブロミウム》を加える改良方式はその二年後以降に広まったので、極東で二五〇年間、鎖国していたはずの国の人間が、そんな世界の最先端技術を知っていたことにアメリカ人が驚いたのは無理もない。もっとも、象山の発音は怪しそうで、「タゲウロライペン」でよく通じたものだとは思う。

大砲鋳造

ペリーの再訪時、松代藩の一行は嘉永七年二月六日に横浜へ向かった。ところが象山は、「某は軍議の役にて是日同じく出立べかりしに別に公の事ありて其翌七日暁に打立つ」[78]と書いた。象山の日記は二月十九日で唐突に終わっているが、警備が終了して象山が軍議役を解かれたのは三月二十七日で、途中二月二十五日に「象山、大砲新調御用のため江戸に戻る」と、横浜市歴史博物館の「佐久間象山と横浜」展図録にある[79]。じつは、同年一月「二十一日小川市右衛門に砂村鋳砲掛を命し、佐久間象山に就て洋式火砲製造の法を諮《はか》り鞴場《ふいごば》を築造せしむ。二月五日を以て成る［……］是より毛利氏また盛に加農砲を鋳造す」[80]と長州藩の幕末・維新史、『防長回天史』に書かれているのである。砂村というのは、長州藩の下屋敷があった深川の砂村新田を指し、加農砲はカノン砲のことだ。嘉永五年製の切絵図には、松代藩邸からそう遠くない場所に松平大膳太夫の屋敷、つまり長州藩邸があり、さらに砂村新田の近くに鋳造現場と思われる長州藩邸が描かれている。[81] 象山が最初に砲術塾を開いた深川の松代藩邸から徒歩圏内の場所だ。現在ここはショッピングセンターになっているが、裏の遊歩道に青銅砲の小さい模型がぽつんと展示されている。

象山は蘭書を頼りに、自藩内だけでなく中津藩や薩摩藩の青銅砲鋳造に手を貸し、試射に失敗したことで揶揄されたが、ペリー来航時で横浜警備に就いていたさなかにも、江戸と横浜を往復しながら長州藩のために鋳造を手伝っていたことになる。このとき象山が手を貸した大砲が、驚くべきことにパリの廃兵院《アンヴァリッド》に現存している。元治元（一八六四）年八月五日から七日の下関戦争で四カ国艦隊に押収された六二門の大砲の一つで、最初にこの長州砲の存在を発見した作家の古川薫は、「砲身に一に三ツ星の毛利の紋と「十八封度砲嘉永七歳次甲寅季春於江都葛飾別墅《べっしょ》鋳之」の文字」が彫り込まれていると書いた。[82] 山口県発行の「維新史回廊だより」第17号によると、アンヴァリッドにはこのほかもう一門、二四ポンドカノンがあり、やはり同じ文字が刻まれている。[83] 一八六四年十二月二十四日号のＩＬＮの記事は、前田御茶屋低台場の占拠の版画についてこう報じた。「翌日〔西暦九月六日〕に占拠した砲台の一つを描いたもので、この砲台はセミラミス号のフランス軍が占領した。日本の大砲は極端な仰角に向けられている。これらは江戸で鋳造されており、架台もやはり日本で製造されていた」。旗艦ユーライアラス号で現地に赴いたアーネスト・サトウも、「青銅製で非常に長く、二四ポンドと記されているのに、三二ポンドの弾丸を発射していた」大砲を見ており、そこには「一八五四年に相当する日本の年号が記されており、江戸で鋳造されたものであることは明らかだった」[84]と書いた。ただし、サトウはこれを七号砲台としており、「維新史回廊だより」によると、七号は籠建場砲台なので場所が異なる。アンヴァリッドの大砲はフランス軍の戦利品に違いないので、ＩＬＮの表紙を飾った版画の元となったベアト撮影の有名な写真のなかの二門がそれに相当するかもしれない。要するに、象山が製造を手伝ったカノン砲は何門も配備されていたのだろう。

長州藩から嘉永六年九月に象山に入門した白井小助は、西洋の連合艦隊の圧倒的な力の前に何を思いながら戦っていたのだろうか。青銅製とはいえ、三二ポンドカノンのような大砲が輸入品ではなく、江戸で製造された日本製であるとサトウやワーグマンが注目したことなどは、この戦争のわずか三週間ほど前に京都で暗殺されてしまった象山は、知る由もなかった。

大砲は砲身に強度の衝撃がかかるため、鋳造時に巣、つまり空洞が生じると発射時に破裂してしまう。同じ青銅でも、梵鐘に使われるベル・メタルと武器に使われるガン・メタル（砲金）では銅に加える錫の比率が異なるという。象山は前述の天保十三年の「海防に関する藩主宛上書」に、嘉永三（一八五〇）年になってこんな追記をしている。「大砲鋳造の料に銅十分一の錫を加うるは古法也。当時荷蘭《ネーデルラント》にて良法とする所は銅百分に錫十一分半を加うる也」[85]。これはベウセルの砲術書を根拠にしたものだが、脱酸剤としての亜鉛は添加しておらず、「結果的に錫の割合が少しあがり、かえって巣が入りやすくなったかもしれない」[86]と、東氏は書いた。東氏は別の箇所で、嘉永五（一八五二）年に六ポンドカノン砲と一二ドイム・ホーイッスル（榴弾砲、忽砲）を鋳造し、試射にも成功したのは、幕府が購入した「スチールルチース」という蘭書にその一八四二年製モデルが詳しく紹介されていたからだとも指摘する[87]。象山は頼れるものが蘭書しかないなかで、試行錯誤を繰り返したのだ。

じつは、国立国会図書館デジタルコレクションに、「杉田玄端尺牘《げんたんせきとく》」と名づけられた「門倉傳二郎」宛の書簡がある[88]。そのなかに「スチールルチー」と読める文字が書かれていることに、調査当初から気づいていたが、「乱筆御免」とあるとおりの筆文字で長らく読めずにいた。その一部を、赤松小三郎研究会の関係の方に読んでいただいたあと、全文を矢野太氏が解読してくださったおかげで、これがスティルティエスの書で、安政元（一八五四）年に『火技範《かぎはん》』として、下曾根信敦の門下生の平帰一の訳で刊行されたことなど、多くの事実がわかった。差出人の杉田玄端は元尾張藩医の子で、杉田玄白の養嗣子の息子の、またもや養嗣子として杉田家を継いだ人であり、安政五年から蕃書調所《ばんしょしらべしょ》に入り、万延元年に教授となり、勝海舟の主治医でもあった人だ。[89] 手紙の文面は、杉田家分家の小浜藩医の子である杉田成卿が嘉永六（一八五三）年九月に翻訳出版した『遠西武器図略』を、門倉傳二郎が金百疋半をもって三部、玄端のもとへ買いに行ったという内容だった。その際に、「スチールチーも追々　出来上がるとの趣、蔭ながら喜びたし」と書き添えられていたのだ。以上のことから、この手紙は嘉永六年九月以降、翌年に『火技範』が刊行されるまでの期間に書かれたと推測される。ちょうどペリーの二度目の来航時から、象山が伝馬町の牢獄に収監されていた時期だ。杉田玄端あるいは下曾根信敦と、私の高祖父が知り合いだった証拠はないが、間接的な接点は驚くほど見つかるので、この書簡の宛先はまず間違いなく上田藩の門倉伝次郎だろう。象山は下曾根を高く評価しており、東氏によれば、ベウセルの砲術書だけでなく、嘉永四年に田原藩の上田亮章が著わし、下曾根が校閲した『鈴林《れいりん》必携』という砲術書も参考にしていた可能性があるという。田原藩と上田藩は後述するように藩主同士が兄弟であるため交流がある。また、上田藩からは桜井純造や赤松小三郎などが下曾根塾に入っている。赤松は安政二（一八五五）年に勝の内弟子となって長崎海軍伝習所へ赴く前に、「蘭人から馬術のことを聞くように、門倉伝次郎を通じて、清次郎［赤松］勝様に頼むつもり」と国元へ書き送っているので、伝次郎は勝とも知り合いであったようだ。[90]

象山の「横浜陣中日記」の十三日の条には、「午《ひる》に近き頃事済みて各《おのおの》引く。某は例の謀る事の為に馬にて江戸に赴く。横浜を発したるは午の下刻なるべし。江戸に著《つ》きしは申の中刻少し過ぐる頃にて、乗りし馬に汗なし」ともある。松浦玲は、「例の謀る事」とは象山が『省諐録』で書いた下田開港阻止の運動のことだと思われる」とする。[91] 象山は藩主に説いたほか、門人の小林虎三郎を通して海防掛月番の長岡藩主の牧野忠雄《ただまさ》や、水戸学を代表する儒学者として徳川斉昭に大きな影響力をもっていた旧知の藤田東湖などへの根回し工作に奔走していたのだ。[92]

下田踏海《とうかい》

日記には書かれていないが、象山はこの横浜滞在中にもう一つ、一生を左右する出来事に遭遇している。嘉永七（一八五四）年三月五日、象山が江戸での大砲新調御用を終えて、再び横浜に戻った直後の六日に、門人の吉田寅次郎（松陰）が訪ねてきたのだ。翌安政二（一八五五）年に野山獄で書かれた『回顧録』によると、松陰は保土ヶ谷から横浜村へ行った先で運よく象山の下僕に会い、その夜、象山が漁師に扮して外国船の近くまで見物に行くつもりであることを知った。「吾輩欣喜《きんき》に堪えず、象山の営に至る。象山云う、事甚《はなは》だ幸いなり。今夜人定る後を以てすべし」。ところが、漁師たちが夜間に舟をだして咎《とが》められることを恐れ、約束を違えてしまったため、その夜は象山の宿舎に泊まった。翌日、ペリーに渡すつもりの「投夷書」の漢文を象山に見てもらったが、深夜には波が荒くなり、その翌日も荒天で機を逃し、そうこうするあいだにペリー艦隊は十二日には横浜を離れてしまった。松陰と金子重輔《しげのすけ》は仕方なく十四日には保土ヶ谷を発ち、松陰の伯父がいた鎌倉の瑞泉寺《ずいせんじ》を経由して、十八日に下田に到着し、二十七日（西暦四月二十四日）

に密航を企てた。[93] 松陰らは旗艦のポーハタン号まで苦労して漕ぎ着けたが、条約を結んだばかりの日本政府の許可なく渡航に手を貸すことはできないと断られているうちに、乗ってきた小舟が荷物ごと流されてしまう。そこには「投夷書」の原稿のほか、前年、長崎に来航したロシアのプチャーチンの船で密航を企てた際に、象山から贈られた「吉田義卿《ぎけい》を送る」の詩などが入っていた。明治初期に書かれた『近世史略』に「象山其の意を察し、旅費を与え詩を作り行を送る」[94] とあるように、このとき象山は「環海何茫々《なんぞぼうぼうたる》／五州自為隣《おのずからりんをなす》／周流究形勢《けいせいをきわめなば》／一見超百聞《ひゃくぶんをこえん》」として、世界の形勢を見究めてくるがよいと応援し、「不立非常功／身後誰能賓」、非常の功を立てなければ、死後に誰が敬ってくれるか、とする激励の詩と、四両の旅費を与えて愛弟子を送りだした。伝次郎が二十五歳でもらっていた俸録が五両三人扶持だったことを考えれば、破格の餞別だ。アーネスト・サトウが英訳したことで知られるこの歴史書は、下田踏海事件における象山逮捕の理由を「松陰の捕わる所持の行李に象山送別の詩あり。故に事、象山に牽連《けんれん》するなり」[95] と説明している。松陰と金子の二人は覚悟を決めて自首し、象山とのかかわりは否定しつづけたが、結局、象山も連座して、ともに伝馬町の牢獄送りとなる。[96] 象山は伝馬町の牢で半年あまりを過ごしたのち、松代で蟄居を命じられ、一八五四年から一八六二年（文久二年十二月）まで八年間、不自由な生活を強いられることになった。

聚遠楼《しゅうえんろう》時代

象山は蟄居中も激動期の日本の行く末を案じつづけた。「佐久間象山は「勤皇か、佐幕か」という意識をこえて、「日本」というネーションの意識に目ざめた、第一のひとであった」[97] と、松本健一は書いた。「天皇（＝天朝）を統一国家「日本」を形成するための手段として使おうと」象山は考えたのであり、「幕末における天皇機関説の発想は、この佐久間象山より先にはない」。列強への対抗手段として公武合体を画策した象山は、「京都で尊攘派志士たちに影響力をもつ旧知の［梁川］星巌に接近した」[98]。

先に引用した講演録のなかで、丸山眞男は思想史について語るうえでの注意を喚起している。「今日われわれが過去の思想をみるという場合に、われわれはきわめて安全な地帯から、気やすく過去の思想を判断したり裁いたりすることができます。今日常識化した価値の基準、今日ではだれも当然と思っているものの考え方に安心して、よりかかった姿勢で過去の思想というものを扱う、そして思想家の時代的な限界を指摘することができます。［……］一見これと反対に［……］象山は先覚者であったにもかかわらず、当時の狂信的な攘夷論者はその偉さがわからず彼を殺してしまった［……］これもやはり今日われわれが到達した歴史的時点に寄りかかって、わからず屋に殺されて惜しい先覚者を失った、さあ没後百年のお祭りをしましょう、と言っているだけであります。これも、安易なことだと思います」。つまり、現代主義《プレゼンティズム》にたいする牽制だ。象山の交友範囲は非常に広く、開国派か攘夷派か、尊皇派か佐幕派かといった単純な二項対立では、彼の立ち位置は理解できない。「世界と日本についての認識を国民化すること、これが象山のナショナリズムの大きな特質であり、そこに彼の一生をかけたパトスがあった」と、丸山氏も指摘している[99]。要するに、外国人という他者が初めて身近な存在になった当時、日本人としての自己認識、ナショナル・アイデンティティの醸成を画策した人だったということではないだろうか。

一八五八年、日米修好通商条約の調印を前にして、条約拒否を主張する朝廷と、延期されていた条約の調印を迫るアメリカの弁理公使タウンゼンド・ハリスのあいだで板挟みになる幕府のために、象山は知恵を絞り、「米使応接の折衝案を陳べ幕府に上らんとせし稿」を書いた。この期におよんで条約を取り消せばアメリカと戦争になるのは目に見えているので、むしろ開国を迫る相手の本音を問い詰めるという作戦だった。松浦氏の現代語訳を引用させてもらうと、「西洋諸国が世界中を統一したいと希望しているのは、天地公共の道理に基づいて自国他国の区別なく民衆を愛育し物資の有無を融通しあうとの願いから出ているのか、それとも各国それぞれ自国の利益を追求し世界中の利を一手に集めてしまおうという邪欲によるものか」と、貿易の利点ばかりを並べるアメリカに問いかける。相手は当然、公共の道理からでていると答えるだろうから、そこですかさず、「英国は自国の利益になるとの観点から、国交を開き和親を結んでいる相手国の厳禁を犯し、民衆の害をかえりみずに阿片を売りつけ」ていることなどを指摘し、中国のような大国ですらそれを防げないのに、「日本のような小国が条約でこれを食い止めるのは不可能であるように思われる。それなのにアメリカは、アメリカとの条約に阿片厳禁のことを明確に書いておけば英国もその条項を削りたくても削れまいと主張する。なんというごまかしか」といった調子で、要は想定問答集を作成したのだ。そうしていったん、すべての交渉を振りだしに戻すという戦略だった。[100] なにやら現代の国際政治にも通ずる問題で、一五〇年前に象山がこれをアメリカに主張していたらどうなっただろうかと興味深い。象山の理解者であった松代藩の家老の望月主水はこれに賛同して、江戸藩邸まで届けさせたが、そこで反対されて象山の名で上書として幕府に届くことはなかった。しかし、この草案は旧知の川路聖謨と、条約交渉の担当者である岩瀬忠震には藩主の真田幸教《ゆきのり》の口上書を添えて伝えられていた。[101]「松代藩佐久間修理存念書、川路左衛門尉より内々差出」と書かれ、朱書で安政五年「四月二十九日写」と記されたものが残っている。[102] もっとも、孝明天皇から条約勅許を得られないまま、「堀田が江戸に帰ったのが四月二十日で、ハリスに会うのが二十四日」で、それには間に合わなかったと松浦氏は書いている。[103]

また、その内容はお玉ヶ池時代からの知人である梁川星巌には、安政五年一月二十六日付の書簡で、堀田正睦の一行が上洛したころには京都に届けられており、「殿下、太閤、三条、中山に出入り、青蓮院宮《しょうれんいんのみや》へは月に六回進講仕り候」ところの池内大学を通じて、九条関白、鷹司太閤、三条実万《さねつむ》、中山忠能《ただやす》、青蓮院宮といった京都の有力者に伝える旨が、星巌からの返書に書かれていた。[104]象山がこうした一連のハリス対策を最初に論じた相手は、「象山より長ずること三歳竹馬の友なりしが安政五年秋、故ありて象山に絶交せらる」[105]松代藩士の山寺源大夫（常山）だった。安政四年十二月三日付の山寺常山宛の書簡に始まり翌年の七月まで、象山は一カ月に何通もの手紙を常山に書き送り、この問題を盛んに論じた。ところが、「二十日」としか記されていない山田兵衛宛の書簡に「山寺絶交の節」とあり、[106]この上書が関係するという。松本健一によれば、「山寺常山はこの上書案をみて、蟄居中のものが幕府に上書をだすことは不穏当と考えた。そのため、藩が幕府からその不穏当を咎められないように、これを「常山」の名で提出することにした」。そのことをあとで知った象山は、常山が自分の名を奪ったのではないかと疑い、絶交状を送りつけたが、のちに後悔して彼の長男の信炳は門弟に加えたという。[107]山寺信炳は、司法大臣として辣腕を振るい、戦後は公職追放となった塩野季彦《しおのすえひこ》の父である。常山は画家の故堀文子の曾祖父にも当たる。

幕府が朝廷の勅許なしに安政五年六月に条約に調印したことに立腹した孝明天皇は、同年八月八日、幕府だけでなく水戸家にも勅諚を下し、列藩に知らしめるよう命じた。「戊午《ぼご》の密勅」と呼ばれるものだ。朝廷の最有力者であり、そのすべてを仕切るはずの九条関白が欠席した朝議で、左大臣近衛忠熙《ただひろ》、右大臣鷹司輔熙《すけひろ》、内大臣一条忠香《ただか》、前内大臣三条実万の四公と、議奏・伝奏の両役が参内したなかで勅書の草案はつくられた。九条関白にはその結果だけが伝えられ、正規の手続きを踏まなかったために「密勅」と呼ばれ、これは幕府の権威を貶める前代未聞の事件となった。しかも、幕府に届けられる一日前に勅諚が水戸藩の京都留守居役鵜飼《うがい》吉左衛門親子や、元薩摩藩士で水戸との連絡役となった日下部伊三次《いそうじ》らの手を介して水戸家にひそかに届けられたために、密勅は水戸藩の陰謀と井伊直弼らが考え、そこから事態は急変して安政の大獄が始まった。この日下部という人物は薩摩の海江田信義の岳父であり、リチャードソンに止めを刺した脇差は、この岳父が「水戸斉昭公から拝領せし名刀」だった。ところが、「洋夷の血を以て汚すに至れり［……］後年［……］家人屡々《しばしば》病魔に冒さるるあり、此の如き物あればこそ家に禍《わざわい》するなれと、之を東京浅草の某寺に納め、惨死者の冥福を祈りしと云う」[108]。海江田の弟たちが桜田門外の変に加担し、壮絶な死を遂げたことは先にも触れたとおりだ。

　安政五年九月三日には小浜《おばま》藩主酒井忠義《ただあき》が京都所司代として再赴任し、十七日には老中間部詮勝《まなべあきかつ》も上京して、開国和親を進める幕府を糾弾する尊皇攘夷派や、一橋派、つまり病弱で跡継ぎのいなかった第十三代将軍家定の継嗣問題で一橋慶喜《よしのぶ》を推す工作活動をした人びとを一網打尽にし始めた。家定はこの七月六日に急逝し、南紀派が推した徳川慶福《よしとみ》が家茂《いえもち》と名前を改め、第十四代将軍となっていた。

　この密勅を画策した小浜藩の浪人の梅田雲浜《うんぴん》や、儒学者の頼三樹三郎《らいみきさぶろう》は逮捕され、それぞれ獄死と刑死となり、彼らと交流のあった梁川星巌は捕縛される直前にコレラで死去した。星巌の死後、妻の紅蘭がすかさず証拠物件を焼却してくれたおかげで、象山にまで累はおよばなかったが、星巌からの返書には、池内大学や青蓮院宮、三条実万など、安政の大獄で処罰された人びとの名が連ねられていた。橋本左内は一橋派として将軍継嗣問題に介入したとして一八五九年十一月に斬首された。吉田松陰も同月に処刑された。

萩で国許蟄居となり、野山獄に出入りを繰り返していた松陰の思想は、「海防僧」と言われた月性《げっしょう》と交流するなかで「しだいに過激となり、そして倒幕が大義であるという考えに変わってゆく。［……］入牢していた松陰は薩摩や越前藩が井伊大老を討ち取り改革決起するという風聞を耳にすると、おくれてはならじと襲撃のため血盟団を組織し、間部詮勝暗殺の計画を立てる」。この月性のもとで長州藩の赤禰《あかね》武人《たけと》や白井小助も学んだ。赤禰はのちに梅田雲浜にも師事した。「月性は初めから尊皇攘夷、王政復古、倒幕を目指す革命思想の持ち主であったといってよい」[109]と、医学者で歴史家の豊田泰は『開国と攘夷』に書いている。間部詮勝は、開港直前に後述する通貨問題で各国公使と議論を重ねていた際に、「拙者は、日本では大名と申すもので、金銀のことなどは生来知るところではない。幕府の理財事務は勘定奉行がこれを司どり、わが藩、すなわち領内の経済は家老がこれを処理している。だから、御質問の点は、勘定奉行が幸いにここに列座しているから、それに交渉されたい」と言って、オールコック英公使を呆れさせた人物だ。[110]「獄中の吉田松陰は、藩主東上の駕籠を伏見で待ちうけ、大原重徳卿と会わせて尊王攘夷の挙兵をするという「伏見要駕策」を計画して門下の野村和作を上京させた」と、豊田氏はつづける。大原重徳は、同年三月に堀田正睦が日米修好通商条約の勅許を求めた折に起きた廷臣八十八卿列参事件で、抗議の座り込みをした堂上《とうしょう》公家の一人であり、当時、五十八歳と最年長に近かった。堂上家は、京都御所の清涼殿に昇殿できる公家を指す。松陰は梅田雲浜との共謀を疑われて江戸に送られたが、「それを否定、もし死罪に値するなら、大原重徳卿に長州への西下を乞わんとしたこと、閣老間部詮勝を邀撃《ようげき》難詰しようとしたことだと、みずからあくまで強弁した」[111]。老中暗殺を計画したとなれば、死罪は免れない。大原重徳は、このとき実際に長州藩から担ぎだされることはなかったが、その三年後、文久の改革で薩摩藩に担ぎだされ、生麦事件がその帰路に起こったことは前述したとおりだ。

　朝廷でいちばん重い処分となったのは尊融《そんゆう》入道親王、すなわち青蓮院宮で、隠居・永蟄居となった。この青蓮院宮がのちの中川宮であり、久邇宮《くにのみや》朝彦親王だ。戊午の密勅に署名した前述の四公および二条斉敬《なりゆき》は、いずれも失脚し落飾（出家）謹慎など処分を受けたが、実際には孝明天皇が最も信頼を置いていた青蓮院宮が、この時期の朝廷の代表的存在だった。日米修好通商条約に反対し、一橋慶喜の擁立を唱えていた青蓮院宮は、清水寺成就院の住職だった月照と早くから親交があり、この月照を通じて雲浜などの尊王攘夷派とも接触していた。月照は幕府に追われて西郷隆盛と薩摩に逃げたが、逃げ切れず、錦江湾《きんこう》に投身自殺を遂げ、西郷だけが息を吹き返した。[112] 安政の大獄は恐怖政治の代名詞となった。だが、世の中から何世紀も隔絶された京の都にいた公家の勢力を利用すべく、同じくらい世界情勢には疎い儒者や僧侶、浪士が、この時期数多く暗躍していたのは事実だ。それが将軍継嗣問題をめぐる双方の陰謀を生み、その後、過激な攘夷派から倒幕勢力へと発展する土壌となったのだろう。

　象山は蟄居中、人に会うことも侭《まま》ならなかったが、万延元（一八六〇）年九月に生前の松陰から預かっていた手紙をもって松代を訪ねた高杉晋作とは会っている。高杉の『試撃行日譜』には、九月「廿日《はつか》、晴、諸君子来行酒宴、桜井、恒川有密議」とあり、上田に立ち寄っている。桜井純造、恒川才八郎はともに象山門人の上田藩士で、後述するように一八五七年に萩へ赴いている。そして、「廿一日、［……］夜五ッ時前松代に宿す、店甚拙《はなはだつたなし》、長谷川、吉村、転寓《てんぐう》送る」とあり、松本健一はこの二人を「松陰の木挽町時代における同門の吉村左織や長谷川直太郎」だとし、「廿二日、［……］試合入夜帰、長谷川来、行酒宴、夜九ッ前窃《ひそか》に象山翁に謁《えつ》す、暁六ッ時迄談す」とあるのは、「高杉は武者修行で全国を廻っているという名目だったから、まず、松代藩の文武学校をおとずれて、試合をしたのである。そうして、夜になって長谷川と酒をのんだ」と解説する。そして仮病を使って名医の象山先生に診てもらうという口実で、夜九ッ前（午後十時過ぎ）から暁六ッ（朝六時）まで語り明かしたという。会見場は聚遠楼の傍に建てられた高義亭《こうぎてい》だった。松代藩の吉村左織は松陰の前年に入門している。塾にいた期間はそれぞれ短いと思われるが、入門年を超えて人脈はつくられていたようだ。長谷川直太郎は『及門録』に名前がないが、象山の死亡届をだしたほか、息子の恪二郎を一時預かっていた。「先生若未捨僕、願以語僕者語此生」（先生もしいまだ僕を見捨てざるは、願わくは僕に語るものを以て此の生［高杉］に語らんことを）と頼んだ松陰は、「僕今生無益、死無所、進退維谷、幸邁之道焉」（僕、今生に益なく、死するに所なし。進退維《こ》れ谷《きわ》まる。幸いにしてこの道を進まん）と、その書を結んだ。高杉から松陰の最期の様子を聞いた象山は、「「寅次郎はあまりにも事業をあせりすぎたために、この厄を招いた」と語って、哀悼の涙を流した」という。[113]

同じく長州藩の久坂玄瑞《げんずい》も文久元（一八六一）年五月と翌二年十二月に訪ねている。[114]最初の面会を手配したのは、象山門人の松代藩士菅鉞太郎《すがえつたろう》だった。二度目は、藩命を受けて象山を長州藩に顧問として招聘しにきた。土佐藩も象山の招致に動き、松代藩内でも象山を厄介払いしたい一派が後押ししたが、「松代藩で政治改革と兵制一新にのりだす意思をいだいていた」象山は承諾しなかった。「幕末のパトリオット」である象山は、「幕末政治における、幕府＝開国に対する朝廷＝攘夷という対立構図を、天皇に「開国」を号令させるという荒技で乗り切ろう」と企てていたからだと、松本健一は言う。[115]

久坂のこの二度目の訪問は、文久二年十二月十二日（一八六三年一月三十一日）に品川の御殿山に建設中だった英国公使館焼き討ち事件に自身も加わった直後のことだった。「ずっとのちになって考えうる限り最も確かな情報源から、放火犯はおもに攘夷派の長州人であったことを知った。そのうちの三人は少なくとも、のちに政府高官となって出世した。総理大臣の伊藤伯（一八八六年）と井上馨《かおる》伯で、三人目は誰か思いだせない」[116]と、アーネスト・サトウはこの事件について書いた。三人目は内務大臣になった品川弥二郎だろうか。高杉晋作は同年五月に、幕府が購入した蒸気船千歳《せんざい》丸に乗り込んで上海に渡り、欧米の植民地と化した清国を見て愕然とし、富国強兵による「大攘夷」が必要と考えるようになったにもかかわらず、薩摩藩の後塵を拝することなく攘夷を実行するためには、「狂挙」とみずから呼ぶ「小攘夷」も必要だと決意を固めたらしい。その高杉を筆頭に、久坂玄瑞、白井小助、松島剛蔵、寺島忠三郎、赤禰武人、山尾庸三、有吉熊次郎らが、前述の三人とともに「御楯組《みたてぐみ》」を結成し、血盟書までつくって暴挙にでたのである。[117]「百折屈せず夷狄を掃除し、上は叡慮を貫き、下は君位を徹する外、他念これなく、国家の御楯となるべき覚悟肝要たり」[118]と、井上馨は書いた。有吉熊次郎は作家の有吉佐和子の曾祖父に当たる。

ランスフィールド号と長州ファイブ

幕末や明治初期に海外へ留学した人びとを研究した歴史学者の犬塚孝明によると、象山招致に失敗した久坂らが松代から京都に戻ったのは、文久三（一八六三）年一月十三日だった。「一両日を経て、井上［馨］は三条の旅宿池田屋に二人を訪ね、その首尾を訊いた。二人が井上に語って聞かせた象山の武備充実論、海軍興隆論、人材の海外派遣論は井上をいたく感激させた。象山の論理の中核をなす「攘夷不可」論については、久坂、山県［半蔵］と同様、井上は聞く耳をもたなかった。宿志とも言うべき「外国行」を決意したのは、この象山の海軍興隆論を聞いた時だった、と井上は後年自ら語っている」[119]。「「わずか三日で」

洋行することに考えを変えた」[120]という。このとき井上馨とともにイギリスに密航留学したのは、山尾庸三、野村弥吉（井上勝）、遠藤謹助、伊藤俊輔（博文）の五人で、長州ファイブとして知られる。山尾と野村は、五稜郭をつくった象山門人、武田斐三郎に箱館の諸術調所《しょじゅつしらべしょ》で学んでいた。

密航に当たって彼らが頼ったのは、犬塚氏によれば、「旧知の間柄であるジャーディン・マセソン商会横浜支店の責任者S・J・ガワー」だった。長州藩は同商会から一八六一年一月に木造ブリッグ型帆船ランリック（二八三トン）、一八六二年十一月に鉄製スクリュー蒸気船ランスフィールド号（四四九トン、三〇〇馬力）を購入した経緯があった。ランスフィールド号は当初、薩摩藩が購入する予定だったが、生麦事件が発生して契約が成立せず、その情報を聞きつけた長州藩が代わりに名乗りでたのだった。代価一二万ドルで文久二年閏八月二十七日（一八六二年十月二十日）に購入に成功し、その支払いのための洋銀の買い入れは横浜本町二丁目伊豆倉商店の番頭佐藤貞次郎に任され、その衝に当たったのは町人姿で店先に現われた志道聞多《しじもんた》、のちの井上馨であったという。伊豆倉商店は、江戸の豪商で長州藩の御用達、大黒屋榎本六兵衛が営む貿易商会で、横浜伊豆倉の二階はこののち長州藩士の密議の場としてしばしば使われるようになった。幕府は文久元年六月十九日には、庶民の大船建造と外国船購入の禁も解いているので、長州藩によるランスフィールド号購入になんら支障はなかったと思われるが、現実にはまだおおっぴらに購入できる状況ではなかったのだろうか。あるいは居留地内に武士が入れなかったために町人に扮したのか、それとも攘夷を主張する手前、秘密裏にしたかったのか。いずれにせよ、ランスフィールド号は長州藩の手に渡り、壬戌丸《じんじゅつ》と改名された。[121]野村弥吉はランリック号（癸亥丸《きがい》と改名）の船将を務め、山尾が測量方として乗り込んでいた。[122]ランリック号のほうは、前年以降七〇〇〇ドルに減価償却されていたため、「本店から一万二〇〇〇ドル以上ならば直ちに売却せよと指令してきたのに対し、横浜店のガワーは二万ドル（諸経費差引で一万八〇〇〇ドルの手取）で売却することに成功している」[123]。

ちなみに、この洋銀と呼ばれたものが当時の世界通貨で、スペインの新大陸植民地であるヌエバ・エスパーニャのポトシ銀山（現在のボリビアにある）の銀を使って大量に発行された、レアル・デ・ア・オチョ、通称ピース・オヴ・エイトという大型銀貨だった。日本ではこれをメキシコ・ドルとか洋銀、ドルラルなどと呼んでいた。アメリカ合衆国ではすでに独自にドルが発行されていたが、貿易に使われ、世界で広く「ドル」と呼ばれていたのは、このピース・オヴ・エイトのほうだった。

アーネスト・サトウは上海からこのランスフィールド号に乗って一八六二年に九月二日に来日した。翌年六月二十五日、横浜から瀬戸内海を通って上海へ向かう途上、馬関（関門）海峡の田ノ浦沖に錨泊したアメリカ商船ペンブルーク号にたいし、長州藩が砲台とこれら二隻から前触れなく砲撃し、十数日後には仏・蘭の船も攻撃して死傷者をだした。旧暦で文久三年五月十日に当たるこの日が攘夷期限だった。この攻撃への報復として数週間後に現場へ向かったアメリカ軍艦の「ワイオミング号が全砲台から攻撃を受けながらも、町のすぐ前にいたランスフィールド号と一隻のブリッグ型帆船を撃沈した」[124]。ランスフィールド号とランリック号はどちらも、茶とアヘンを交互に積んで中国とインドのあいだを往復していた船であり、高杉晋作に衝撃を与えた上海の荒廃を引き起こした原因そのものだった。長州藩が大枚をはたいて購入したこれらの外国船は、わずか数カ月後には失われたことになる。長州藩はその後もめげることなく攘夷をつづけ、フランスの通報艦キアンシャン号と、オランダ軍艦メデューサ号にも攻撃を仕掛けた。もっとも、ランスフィールド号は実際には撃沈されたのではなく、損傷しただけで、アメリカ船モニター号に付き添われながら、長州からの米、木綿などの積荷を載せ、村田蔵六ほか二名とともにひそかに上海へ行き、武器購入の資金づくりに売却されたが、一万四〇〇〇ドルでしか売れなかったという。[125]

密航留学するに当たっては、文久三年五月三日（一八六三年六月十八日）に山尾が、このサミュエル・J・ガワーに相談をもちかけたが、藩主から稽古料としてもらえたのは、もともと渡航予定の三人分、合計六〇〇両だけだった。ところが、ガワーの計算では、学費や滞在費を含めると最低一人一〇〇〇両は必要だという。「ガワーの言葉を聞いて、井上はしばし茫然自失の体に陥」ったが、麻布藩邸で大村益次郎に相談したところ、周布政之助《すふまさのすけ》と協議のうえで、藩の御用金を担保に大黒屋六兵衛がその横浜支店である伊豆倉商店番頭から出資したという形で、五〇〇〇両を融通してもらえることになった。五月十一日の夜、英一番館にやってきた五人は、ジャーディン・マセソンの横浜支店の前支配人で、来日中だったウィリアム・ケズィックが手配してくれた洋服に着替え、断髪した。「胡冠を蒙《かぶ》り胡服を着候事ゆえ」と陳情書に署名した五人は、中国の故事、胡服騎射に倣って、軽蔑する異国人の風習を取り入れてでも、実利を得ようと考えたのだろう。十二日の朝、上海に向けて出帆する同商会所有のチェルスウィック号に、前夜十一時ごろ船長とともにすぐ裏手のイギリス波止場から小蒸気船で向かい、乗り込んだ。一八六三年六月二十七日に日本を発った彼ら五人のうち、井上と伊藤の二人は『タイムズ』紙上で長州藩による外国船砲撃と薩英戦争の報道を見て驚き、翌年七月に帰国することになった。[126]

佐久間象山と西洋馬術

佐久間象山の木挽町の塾に、私の祖先、伝次郎が入門した嘉永四（一八五一）年から象山が逮捕されるまではわずか三年間しかない。しかも、その間にペリーの二度の来航とプチャーチンの長崎来航があり、象山の最大の関心事は全国の砲台の整備と横浜を開港場にすることだった。そのため彼は各地を飛び回り、多忙を極めていた。「佐久間象山に就きて、西洋馬術を学び、馬上砲打方、並に西洋馬療を修む」という『上田市史』の記述からは、何をどう学んだのか想像しにくい。先に引用した「横浜陣中日記」の十三日の条は、「乗りし馬に汗なし」のあとに、松代藩の馬奉行の「竹村熊三郎これを検して頗《すこぶ》る賞挙する」とつづく。当時、象山はまだ和式の馬具を使っていたが、いくらか西洋馬術を取り入れていたようだ。[127]

　嘉永六年四月十五日に佐久間象山が中津藩士の島津文三郎に宛てた書簡からは、多少、象山塾で教えた内容がわかる。「西洋三兵砲術真伝免許状」と題され、「一、歩兵法、目録これ有り、二、騎兵法、目録これ有り、但、隊伍進退の法馬術に属す、三、砲兵法、目録これ有り、但、騎砲の法、是又馬術に属す、以上」[128]とあるので、伝次郎が学んだものもこれに類することだろう。馬術を狭い塾内で学ぶというのは想像しにくいが、塾のすぐ近くに木挽町が管理していた采女《うねめ》ヶ原馬場という八九〇坪の馬場があったので、ここが使えたのかもしれない。「西洋馬療」というのは、馬の蹄鉄や去勢に関する知識と思われる。

『上田縞絲之筋書』という、明治初期に上田藩士の河内誠一が残した稿本を、大正二年に飯島花月が編集し、訂正を加えつつ抄写したものが上田図書館の花月文庫に残っており、門倉伝次郎に関する次のような記述が見つかった。「佐久間象山の称せる騎隊軌範の説を繙《ひもと》き、且《かつ》象山の指図によりて製造せる川崎鑰藏が（モトノマー）砲を得て河内貞衛製作せしめし馬上銃にて大森なる台場に於て試発をなせり。素より馬術に達者なり。三発放ちし其手練、皇国未曾有と称せられ門人数多に及びければ、象山これを賞して砲学図篇を賜られし」[129]。佐久間象山の塾は砲術が中心であったはずなので、伝次郎も馬上筒などと呼ばれた銃砲の製造にもかかわっていたのかもしれない。それならば、前述のスティルティエスの書の翻訳に関与していたとしても、とくに不思議ではない。

象山は一八六二年十二月に蟄居が解けると、翌年七月ごろから西洋馬術に強い関心を示すようになった。勝海舟宛の文久三（一八六三）年八月の書簡には、「近日四歳の馬を得候て荷蘭ファンデポルの説に餌立て乗立て仕り候［……］西洋馬具不揃にて甚《はなはだ》不都合に御座候。一具ほしく御座候て藩邸懇意の者へ申遣し候えども、法外の高価にて差仕え申し候。横浜にては七八圓［両を円とも称した］にて手に入り申すべく様、従商人も承り、又久しく彼地へ参り居候門人よりも承知候義に御座候」[130]とある。この門人が上田に帰省したついでに立ち寄った伝次郎であったかもしれないと、つい想像してみたくなる文面だ。

十一月五日には、勝の妹である自分の妻への手紙に「江月《えづき》へも御立後、鉄ぐつ打せ申し候。細かに世話やき打せ候ゆえか、至て其打方もよろしくすぐに駈《かけ》をもおい試み、その翌日湯田中村迄乗り切に参り一宿いたし帰り候所、あせもろくろく見候わぬ程にて、疲れ候ていなど少しも見え申さず候。其の節の鞍は御母様より拝借のに御座候」[131]とある。須坂の丸山という人物から預かった江月という名の馬に蹄鉄をつけ、西洋鞍を参考につくられたと思われる鞍を海舟の母が調達した様子が窺える文面だ。娘を象山にぜひ嫁がせたかった人だけのことはある。同じ書簡に言及されている「おらんだ鞍おおい」はやはりこの義母が餞別に送ってくれたもので、象山が暗殺された折に使用していた真田宝物館所蔵の「西洋馬具ゼッケ」がそれかもしれない。馬具に関するやりとりの多くは象山と妻の順子のあいだで交わされており、「熊倉家伝来　佐久間象山関係資料」を研究した小林紀子の論文を大いに参考にさせていただいた。[132]

十一月十三日付の妻宛の手紙でも再び、「おらんだ馬具の事何かと御手数に候［……］先頃御母上様よりはいしゃくの御品しかじかの思《おぼ》しめしと仰せ下され有難く候。江戸出来の上の品より何となく乗ごころよろしく、常に用い申し候。［……］横はまの方、山寺丙太郎申す候に、八両の馬具これ有り候と申す事[133]」とある。山寺丙太郎は、常山の息子の信炳だという。横浜で西洋鞍が手に入ったら拝借している鞍はすぐに返却すると書くと、鞍は差し上げると勝海舟が言った旨が伝えられ、喜んだ象山は馬上で詠んだ詩を書いた屏風を贈りたいと返信した。[134]

このあとも西洋鞭に関するやりとりが夫婦間でつづき、翌元治元年正月の夫人宛の書簡には、「馬具の事此節むづかしく候所、色々御せんさく下され、イギリス人の士官出陣に用い候品ふるにて御調《ととの》えつくろい迄も仰せ付られ、其内御送り下され候わんとの事、何より大慶有り難く候[135]」、同二月には「御兄様御ほねをられ、おととのえ下され候馬具、今日は今日はと待居候所、十七日に相とどき」とあり、二月中旬には勝海舟が「ホンガールセと申す鞍」が腹帯は欠けていたが手に入れたこと[136]がわかる。このように、かなりの執着心と思われる頻度で馬関連のことが書かれているのだ。

上田の『明細』の伝次郎の箇所には、元治元（一八六四）年九月に「西洋馬具御買入れ并《なら》びに馬療取調べの為、折々横浜表え罷越し、蘭人え問合せ候様仰せ付らる」と書かれており、「折々」が前年から始まっていたと想像をたくましくすれば、多忙な勝海舟に代わって伝次郎は横浜まで、「イギリス人の士官出陣に用い候品ふるにて御調えつくろい」していた可能性も皆無ではない。「後、仙台産の青毛馬を購い、飛雲と名づけ、アプリンに託し、一年彼国の乗馬法を以て訓育せしめ、以て藩に引き取る」と『上田市史』には書かれているので、横浜通いは一年以上の期間にわたったはずだからだ。『象山全集』には大量の書簡がまとめられているので、どこかに手がかりはないかと一応目は通してはみたものの、一九一三（大正二）年に尚文館から最初の全集がでたあと、一九三四（昭和九）年に信濃毎日新聞から刊行された全集にも、当然ながら、象山が送った相手によって保管されていた書簡しか含まれていない。もちろん、これだけの文書が残され、翻刻され、編纂された意義は非常に大きいのだが、この激動の時代に活躍し、歴史に名を残した数多くの同門生のあいだで、伝次郎はひたすら馬に乗っていたのか、ここでも足跡はあまり見つからなかった。

象山は元治元（一八六四）年春に一橋慶喜に招かれ、「西洋仕立」の栗毛馬「みやこ路」に乗って京都入りした。公務日記にも「都路栗毛」とあるので[137]、象山の馬は俗に言われるような白馬ではない。山階宮邸を訪ねた際には、通常は馬の乗り入れが禁じられていた御所の九門内に特別に馬で乗り入れさせてもらい、その後は馬の名を「王庭《ワウテイ》」に変えるというこだわりようだった[138]。山階宮の弟で、朝廷の影の有力者であった中川宮（青蓮院宮）にも、象山は拝謁している。中川宮は安政の大獄で永蟄居を命ぜられていたが、文久二（一八六二）六月に赦免されていた。このころも相変わらず攘夷論者だったが、過激な攘夷派とは一線を画し、公武合体に動いていた。象山が率直に自説を論じたところ、「そちの如く利害をあきらかに筋目をただして事を尽くし候ものはこれなし。一昨年そちが出てくれ候わば、当今の天下此姿には成るまじと仰せ下され、誠に身に余り候御詞《みことば》」と、象山は妻に得意げに書き送っている。さらに「此次参殿の節は必ず馬を引かせ候様にとの御沙汰」とある。やはり象山と言えば、西洋馬術なのだ。この手紙にはつづけて「此地にて大丸店にて袴羽織肩衣用意致し候」ところ、三〇両もかかって肝をつぶしたとも書かれている[139]。私の亡叔父は長年、大丸に勤めたので、この手紙を読んでいたらさぞかし喜んだだろう。

同年七月十一日（陽暦八月十二日）に象山は山階宮邸から馬で戻ってきたところを刺客に襲われて落命し

た。刺客の一人の河上彦斎《げんさい》は一カ月前に池田屋事件で新選組に襲われて自刃した宮部鼎蔵の後輩だった。暗殺団の背後にいたとされる品川弥二郎は暗殺事件について後年こう述べたという。「象山が髯を生して、西洋馬具を置いた馬に乗って来た。其頃そんな風をして京都の市中を横行するものは象山の外にはいない。故に世人はこれを異人異人と言って居った。其時刺客として行ったものは肥後の人で河上彦斎外二人であったと覚えて居るが、三条上る木屋町に於いて象山が西洋馬具を置いた馬に乗って来る所をば、突然足を斬った。斬られて馬から落ちた処を殺した。象山を殺したという報知が吾々の居る天王山へ達したときは、一堂斬奸《ざんかん》々々愉快々々と絶叫したが、実に今から追懐すると、つまらぬことをやったものです」[140]

なお、象山の首が三条河原に晒されたという説明も見かけるが、刺客たちは暗殺現場から逃走し、象山の付き人や息子の恪二郎、門人の山本覚馬らが現場に駆けつけており、一三カ所におよぶ傷の詳細も検視記録として残っているので[141]、ありえないだろう。傷の多くが背中にあったため、松代藩当局は、「武士たるものが後ろ疵を負うのは不覚であるという理由から、七月十四日、佐久間家に改易処分を申し渡した。知行ならびに屋敷地を没収したのである」[142]。暗殺された夜、三条大橋に掲げられた立札に「但、斬首・梟木《きょうぼく》に懸けべきの処、白昼其儀能《あたわ》ざるもの也」[143]という一文を読み違えたのではないか。象山の服装も錦絵に描かれたような洋装ではなく、大丸で誂えたものかは不明だが、「黒もじ「無地の意か」肩衣、萌黄五泉平《ごせんひら》馬乗袴、騎射笠、めりやす、黒塗鞭、黒塗沓、西洋馬具」[144]で、西洋馬具以外に目立つものはなかった。

象山が暗殺された真の理由は、彦根遷都を象山が画策したためで、「禁門の変をまえに、公武合体派の孝明天皇が幕府側によって彦根に遷され、ひいては江戸への遷都がおこなわれてしまえば、「玉《ぎょく》」は幕府によって握られることになるからである」と、松本健一は推測する[145]。前述の三条大橋の傍の立札には「此者元来西洋学を唱ひ、交易開港の説を主張し、枢機の方え立入、御国是《こくぜ》を誤らせ候罪、捨置き難く候処、剰《あまつさえ》奸賊会津・彦根二藩に与同《よどう》し、中川宮と事を謀り、恐多くも九重御動座彦根城え移し奉り候儀を企て、昨今頻《しきり》に其機会を窺候」と書かれていた。象山についてかなり辛辣な小論を書いた坂本令太郎も、「象山が暗殺されるのは、開国論のPRそのことではなく、大胆にも独り相撲的に、孝明天皇の彦根遷都を企てたことに直接の原因があった」[146]とする。もっとも、ペリー来航時にも鷹司政通関白と議奏・伝奏両役のあいだで、京都に外国人がきた場合の措置として天皇を彦根に動座させることを話し合っているので[147]、中川宮とのあいだで自然にでてきた話だったかもしれない。それでも、この事件のあらましからは、一八六四年まで西洋馬具がいかに珍しいものであったかもわかる。蟄居が解けて自由に外出できるようになったからこそ、象山は勝海舟やその母親まで煩わせて西洋馬具を入手してもらい、洋式馬術の練習に励んだのだろう。象山にとってそれは、都の狭い世界だけで生きてきた公家たちの目を、世界の現実に向かせるための絶好の手段だったのかもしれない。

第4章　上田藩主　松平忠固

「当時闔国《こうこく》［国中］の志士が口を極めて鎖港を唱え、眦《まなじり》を裂きて攘夷の実を挙げんと狂するの際、生糸貿易の国家百年の長計たるを達観して、早く先づこれが策を講ぜしめたる松平伊賀守の、遠く従者を横浜に派し、其《その》身を信州上田城に置きて、私《ひそ》かにその動静を伺いつつありし事を」。これは一八九九年に『横浜貿易新報』に連載された「原善三郎伝」第二一回の一節だ。[1]

上田藩主松平伊賀守忠固《ただかた》（一八一二－五九年）と聞いて、すぐにピンとくる人は多くないだろう。一八五四年のペリーとの日米和親条約と一八五八年のハリスとの日米修好通商条約のいずれの調印時にも老中を務め、諸外国との交易の可能性に早くから注目し、積極的な開国派として知られ、開国か攘夷かで揺れ動いた幕末に、登用されては更迭されることを繰り返した人なのだが、不自然なほど顧みられることがない。老中に再任した際に忠固と名前を改め、それまでは忠優《ただます》の名で知られていた。ややこしいので、本稿では引用以外は忠固で統一する。原善三郎は、横浜の三溪園をつくった原富太郎の養祖父に当たる豪商で、連載記事はこうつづく。「史乗《しじょう》［歴史書］のこれを伝うるものなきを以て、里老の口碑に卜《ぼく》する外《ほか》詳しく知る由もなし」。生糸貿易が活況を呈していた明治なかば過ぎにはすでに、その功労者であったはずの松平伊賀守は忘れ去られていたのだ。

　実際には、翌一九〇〇年に書かれ、幕末史の参考文献として読み継がれている福地源一郎の『幕末政治家』では、忠固は次のように酷評されていた。「此人素《もと》よりさせる政治家にもあらず。往年曾《かつ》て一たび閣老となりたりしも、令名の聞ゆる事なくして罷《やめ》られ、久しく閑地にありしが、如何なる攀援《はんえん》ありてか、阿部伊勢守［正弘］が卒後に再び挙《あげ》られて閣老となれり」。福地は自説を裏づけるために、幕末の外国奉行として定評のある水野忠徳《ただのり》からじかに聞いたという次のような忠固評も紹介する。「是ぞ正しく水野土佐守［忠央］が紀州殿［のちの第十四代将軍家茂］を儲君《ちょくん》に立てんが為に、陰かに後宮の応援を仮りて、以て比人［忠固］を閣老に任じ［……］伊賀守は紀州党第一の人なりき」[2]。紀州党とは、将軍継嗣問題で一橋慶喜を推す一橋派と争った南紀派のことで、福地にしてみれば忠固を歴史から切り捨てるにはそれで充分なのだった。

　上田市立博物館がまとめた『松平氏史料集』は、忠固についてこう書く。「忠優（忠固）は朝廷に対する幕府の主体性を確保することに力を入れ、日米修好通商条約の調印にあたっても、幕府専断でよしとし、勅許不要論を主張したことで知られる。［……］しかし、忠優は同年六月十九日の通商条約調印の翌々日の二十一日、堀田正睦《まさよし》とともに江戸城への登城を停止され、二十三日には両人とも老中職を罷免された。これは勅許を待たずに調印したことについての、責任を負わされたものであるが、忠優は井伊大老と権勢を争うに至ったためともいう」[3]

　私の高祖父の伝次郎が四半世紀にわたって仕えた藩主、松平忠固はいったいどういう人だったのか。忠固のご子孫にお会いしてみたいと思い、お手紙を差しあげたところ、ちょうど上田の願行寺《がんぎょうじ》で明倫会という旧上田藩関係者の会主催の忠固に関するシンポジウムがあるので、そちらにこないかとお誘いをいただいた。誰でも参加可能の講演会ではあったが、会場となった藤井松平家の菩提寺の願行寺へ向かいながら、藩主を片隅から仰ぎ眺めていただろう祖先のことを考えて、私も同じくらい緊張した。なにしろ、その前年にトリストラム・ハントの『エンゲルス――マルクスに将軍と呼ばれた男』（筑摩書房）を訳した際に、「それは人間を「生まれつきの上位者」と結びつけていた雑多な封建的絆を容赦なく断ち切り、そのあとに残された人と人の結びつきと言えば、むきだしの私利追求、すなわち無情な「現金支払い」しかない」という『共産主義者宣言』の一節に悩まされたからだ。藩主が「生まれつきの上位者」であるかはさておき、それまで数百年にわたって築かれていた主従関係が崩れ、明治維新を境に多額の資本をもつ人が事実上の支配者となり、人と人の関係がただの「現金支払いの結びつき」、つまり義理も人情もなく、ひたすら経済関係になったことが、この政変の本質だったのではないのか、とこの本を訳しながらよく思っていた。

　その帰りに、このシンポジウムの講演者の一人で『赤松小三郎ともう一つの明治維新』の著者である拓殖大学の関良基教授から、『あらしの江戸城』という忠固の生涯をテーマにした古い小説があることを教えていただいた。小説なので、どこまで史実にもとづいているか不明な点がもどかしいが、これは確かに忠固の人物像をよく描いた本だった。著者の猪坂直一《いさかなおかず》が「私は酒井の人間です。［……］忠優は殺されたんですよ。昔の重臣だった人に言ったら、誰から聞いたと顔色を変えて、その時の様子を話してくれました」[4]と語るのを直接に聞いたと、上田の郷土史家である小林利通が書いている。興味をそそられ、忠固に関する史料がないか検索してみたところ、北海学園大学の菊地久教授が近年、「井伊直弼試論――幕末政争の一断面」[5]という壮大な論文のなかで、多数の一次史料をもとに、忠固について非常に公平な視点から詳細に論じていることがわかった。史料の多くは忠固を敵視していた一橋派による買収や罷免工作に関連したものだが、彼は南紀派からも目の敵にされていたため、両陣営からの陰口が読めるのだ。「答は一つしかない。忠固は中立だった」[6]と、小林利通も書いていた。以下は、そこから芋づる式にわかってきた忠固に関する驚くべき事実の一端である。

酒井雅楽頭《うたのかみ》家

松平忠固（忠優）は、第四代姫路藩主の酒井雅楽頭忠実《ただみつ》の十男として江戸の日本橋蠣殻町《かきがらちょう》の姫路藩中屋敷に生まれた。ここは姫路藩でも浜町の中屋敷と呼ばれることが多かったようだが、古地図その他から判断すると、稲荷堀《とうかんぼり》という堀割沿いにあった一万六〇〇〇坪以上の広大な屋敷が、忠固生誕の地だろう。[7]現在は首都高速の向島線が上を通る薄暗い通りになっているが、かつてはここに箱崎川が流れており、稲荷堀が箱崎川に注ぐ場所は行徳河岸《がし》と呼ばれていた。嘉永三年の地図を安政六年に再板した尾張屋版「日本橋北内神田両国浜町明細絵図」を見ると、箱崎川と日本橋川の合流地点に「行徳川岸」と書かれている。小名木川を経由してくる重要な水運の終点がこの行徳河岸だった。絵図に「安藤」とあるのは、安政の大獄後に幕府を率いた安藤信正の屋敷で、その横に小さく「イナリ」とある安藤家の氏神がいまも銀杏八幡宮に合祀された銀杏稲荷として残っている。[8]忠固同様、開国に舵を切った時代に老中を務め、安藤信正とともに混乱期も歩んだ関宿《せきやど》藩主久世広周《くぜひろちか》の中屋敷も箱崎川の対岸にあった。関宿は千葉県の北西の角部分の江戸川と利根川の分岐点にある。やはり老中仲間の佐倉藩主堀田正睦の上屋敷も浜町にあった。佐倉も印旛沼を経由して利根川にでられる。水運の要衝に屋敷を構えていた彼らが、無謀な戦を避け、開国して貿易をする道を選択したのは、無縁ではないだろう。「行徳河岸」から五〇〇メートル以上離れた日本橋小学校の入口に、中央区教育委員会が立てた西郷隆盛屋敷跡の説明板がある。それによると、明治維新後、酒井雅楽頭家の中屋敷の北側部分、二六三三坪が金一五八六円で西郷隆盛に払い下げられ、下野するまでの一時期ここに暮らしていたという。

忠固は写真も肖像画も残されていないので、容貌についてわかるのは『あらしの江戸城』に書かれた「肝癖《かんぺき》［癇癖か］の強そうな稍々《やや》蒼白な顔、右眼は故障があって少し鈍いが、そのぶんまで左眼は鋭く光り、体躯は頑丈とは云えぬが精悍の気あふれている」という一文くらいしかない。松野喜太郎の『上田藩松平家物語』には、「隻眼《せきがん》である。「目かち」の殿様と言われて居る」と書かれている。[9]

実父、酒井忠実《ただみつ》は一四男一六女[10]と子沢山で、忠固は一般には次男と言われていたが、正しくは十男であり、正室の隆《たか》姫とのあいだに生まれた最初の男児だった。実母は遠江《とおとうみ》国（静岡県西部）横須賀藩西尾忠移《ただゆき》の娘である。十二歳で嫁いだ隆姫は、忠実の叔父に当たる江戸琳派の祖、酒井抱一《ほういつ》から俳諧や絵画を習ったと言われ、現存する「月に葛図」という作品には、抱一の影響が見てとれる。酒井家は教養としての絵の手習いにとくに熱心で、代々古画をコレクションし、尾形光琳なども姫路藩の十一代藩主から扶持を得ていたという。[11] 上田に残る忠固の自画賛、つまり自分の絵に自作の詩「時わかぬみどりの松にいろはえてゆかりに寄する春の藤浪」を書き入れた作品は、画面を斜めに使った空白の多い構図が抱一を思わせる。松の古木に絡まって咲く藤の花が、十七歳で養子入りした上田の藤井松平氏を表わしているという。

酒井忠実と隆姫とのあいだには、忠固のほかに、丹波亀山藩松平信豪《のぶひで》に嫁いだ采姫と、実家の西尾家に入り、横須賀藩主となった忠受《ただざか》がいた。二歳上の姉である采姫の次女昌子は、井伊直弼の正室となった。

そう、じつは忠固と直弼は近い縁戚なのだ。私の読んだ限りでは、この事実に当時の人びとも後世の歴史家も気づいていた形跡がない。井伊家と酒井雅楽頭家はともに大老に就任できる特別な家で、何代かにわたって婚姻関係を結んでいる。ただし、井伊美術館のホームページの説明によると、直弼の結婚は将軍家からの縁談を断るための口実としてまとめられた話で、「藩世子《せいし》である直弼もこの結婚話には一切介入できず、内心不満が大いにありました。その為かどうかこの二人に子供は生まれず」[12]であったようなので、直弼と忠固も互いにあまり嬉しくない面倒な縁戚であった可能性もある。近年、明治になってから撮影された若々しい昌子（貞鏡院）の写真が見つかった。墓所は直弼と同様、招き猫の寺として海外の人にも人気がある世田谷の豪徳寺の広大な井伊家の墓地の一角にある。

忠固の父、酒井忠実の墓はもともと浅草の崇福寺にあったようだが、関東大震災後に同寺が移転した際に前橋の龍海院にまとめられたものと思われる。酒井雅楽頭家は姫路に転封する以前、長らく前橋藩にいた関係で、群馬県立文書館に酒井家文書の写しが大量に保管されており、忠固の実家についてはそこから多くのことが判明した。支藩である伊勢崎藩の関係者が歴代藩主の墓を守りつづけたようで、龍海院に井伊家の墓所と似た広大な墓地がある。母の隆姫は麻布の曹渓寺《そうけいじ》に葬られたはずだが、現在そこには寛文期の酒井家の墓と、忠固の異母妹である喝姫の小さな墓しか見つからなかった。

酒井雅楽頭家の意外な人脈は、采姫だけに止まらない。忠実の兄で、第三代藩主忠道の隠居後の子である忠学《ただのり》、つまり忠固の従兄は、第十一代将軍家斉《いえなり》の二五女である喜代姫を正室に迎えた。家斉には二六男二七女がいて、そのうち半数ほどが成人している。井伊家が将軍家との縁組を避けたように、このような縁談は膨大な費用がかかるため、藩にとってはありがたくない話であったのかもしれない。藩の財政が厳しかった酒井家では、辣腕の家老河合道臣《ひろおみ》（寸翁）がこれを逆手に取り、喜代姫の輿入れに際して姫路木綿を江戸で専売する許可を得て、むしろ財政の立て直しに成功した。だが、将軍家から正室を迎えた甥を世子にしないわけにはいかず、忠実は実子の男児はすべて養子にださざるをえなくなった。そこまでして藩主の地位を譲った甥であったが、隠居した忠実よりも先に一八四四年に後継のいないまま三十七歳で死去し、その後に藩主の座に着いた忠実の孫二人が相次いで二十五歳で他界したため、忠固は老中在職中も実家を当てにはできなかっただろう。

酒井雅楽頭家と将軍家のつながりはもう一組ある。忠固の異母妹である桃姫が、やはり家斉の二六男で播磨明石藩に養子入りした松平斉宣《なりこと》の正室となった。一橋派として活動した徳島藩主蜂須賀斉裕《なりひろ》なども家斉の二二男なので、忠固は彼とも縁戚ということになる。

忠固のすぐ上の異母兄康直は、三河の田原藩の三宅家に養子入りした。この兄は、高橋由一《ゆいち》による晩年の肖像画が残されている。前藩主と側室のあいだの息子、友信を廃嫡して、財政立て直しを優先する藩首脳部が姫路藩から持参金付きで迎えたのがこの康直で、その養子縁組に真っ向から反対したのが渡辺崋山だったとされる。しかし、藩主の座に就いた康直は、すぐさま当の崋山を側用人《そばようにん》に任じ、天保三（一八三二）年五月には年寄役末席に起用し、友信の側仕えも兼ねさせて融和を図った。佐久間象山はこの友信からソンメルの窮理書《きゅうりしょ》を借りており、高野長英も友信の蔵書で多くの蘭書を読んだのだろうと、川尻信夫は推測する。[13] 元来、画家を目指していたという崋山が蘭学に関心をもつようになったのは、海岸掛の兼務を命ぜられたこの天保三年以降のことであり、蘭書は読めなかったため、シーボルト弟子で同藩の抱え医者となった高野長英や小関三英《おぜきさんえい》に翻訳を依頼するようになった、と一般には言われる。だが、蛮社の獄を研究した田中弘之は、これは崋山が逮捕時に連累者を最小限に留めるためにつくった口実にすぎず、高野長英とは一八二一年ごろに蘭方医吉田長淑の塾で知り合ったとする。[14] 渡辺崋山と高野長英は、一八三七年のモリソン号事件における幕府の対応を批判して開国を説き、「無人島」つまり小笠原諸島への渡航を企てたとして逮捕され、二年後に蛮社の獄で処罰された。このとき弾圧の先頭に立ったのが鳥居耀蔵《ようぞう》だった。「鳥居耀蔵が目付であったころ、その誣告《ぶこく》〔虚偽の告発〕による蛮社の獄を忠優〔忠固〕は痛憤して止まず、水野〔忠邦〕に聞こえて〔天保〕十四年二月〔奏者番・寺社奉行の〕御役御免となる」[15]と、小林利通は書いた。日米和親条約の交渉に当たった林復斎《ふくさい》は鳥居耀蔵の弟であり、のちに外国奉行として活躍した岩瀬忠震《ただなり》、堀利熙《としひろ》はともに彼らの姉妹を母とし、両者の甥に当たる。幕府から藩主が問責されるという噂が藩首脳部によって故意に流されると、崋山は康直に責任がおよぶことを恐れて遺書に「主人定めて一通りには相済み申すまじくや」と書き、一八四一年に自刃した。幼い息子宛ての遺書には「餓死《うえしぬ》るとも、二君に仕うべからず」と書かれていた。[16] 藩内の二君に翻弄されたこともあり、胸中何を思っていたのか気になるところだ。田原藩には高島秋帆に砲術を学んだ村上範到《のりむね》もいて、上田藩からは一八四五年ごろに八木剛助が田原藩に「御内用」で修行にでかけていた。[17] 崋山が老母と妻子の行く末を託した村上宛の遺書が残っている。三宅康直は結局、一八五〇年には友信の長男の康保《やすよし》を養子とし、家督を譲って三十九歳で隠居した。一橋派がその異母弟の老中の懐柔工作を画策した際には、「伊賀殿の弟にて三宅の老候」とすでに呼ばれていた。[18]

酒井雅楽頭家の華麗な人脈のなかでも注目すべきであり、かつ謎が多いのは、銉《いつ》姫だ。そもそも実父が忠実なのか、その甥の忠学なのかも定かではなく、酒井家史料でも異なる生年が記されているが、この姫は「九条大納言簾中《れんじゅう》」なのだ。姫路藩で一八六〇年から六七年ごろに編纂された『姫陽秘鑑《きょうひかん》』では、忠実の項に記載されているが、実際には謙光君つまり忠学の娘だと、次のように但し書きがある。「御女子　銉姫　九条大納言幸経御簾中。御妾腹　実謙光君御女。文政十二年丑年十二月六日御誕生。［……天保］十三年壬寅年十一月廿五日京都え御発輿、廿八日九条右府より君号進せらる、十二月四日九条公え御着殿、即日御婚礼。安政六己未八月四日幸経卿薨去に付、妙寿院と称し給う」[19]。この婚姻関係が重要なのは、九条尚忠《ひさただ》が安政から文久年間という幕末の動乱期に関白という公家の頂点に立つ要職に就いていたからだ。尚忠に男児が生まれなかったために、養子に迎えたのが九条幸経《ゆきつね》だった。幸経の実父は、三三年にわたって関白を務め、その後も太閤かつ内覧として権力をもちつづけた鷹司政通と言われる。銉姫はこの幸経の正室となったようだが、幸経は実子を残すことなく一八五九年に三十六歳で病死した。一方、父の尚忠は幸経を養子に迎えたのちに、孝明天皇の女御となった夙子《あさこ》、つまりのちの英昭皇太后をはじめ、奥羽鎮撫総督となった九条道孝を含む成人した四人の男児をもうけている。尚忠が更迭される噂が広まった一八五八年には、当時十九歳になったばかりの道孝について「殿下の御実子左衛門督《さえもんのかみ》殿は御若年には候へども、賢明の聞えこれ有り候間」[20]だとして、代わりに関白に推すことまで彦根藩内で画策されていた。そんな九条関白の「女癖」に関する風評が、『昨夢紀事』に若干触れられている。「関白殿かねて好色の癖坐《ざ》せしに、御女なる女御の御方へ御入の折柄《おりから》、其れか女房の内と猥《みだ》りかわしき御事ありしか。近き比発覚して一の人のあるべき筋ならねは、其罪によりて遠からず褫職《ちしょく》［免職］にもなるべきとの沙汰ある由を密語せり」[21]。銉姫がどのような人生を送ったのかは史料が乏しくわからないが、九条家に嫁いで肫子《あつこ》と改名し、幸経の死後は妙寿院と呼ばれたことや、九条関白が過激な攘夷派に狙われた時期に、姫路藩が九条邸の警備についたこと、維新後、佐幕派として辛酸を舐めた姫路藩を救うべく、妙寿院が九条家とのつながりを頼ったことなどが伝わる。[22] 跡見学園の創始者、跡見花蹊《かけい》の門下生でもあったらしい。[23]

酒井家に関してもう一つ見落としてはならない点は、分家がたくさんあることだ。酒井雅楽頭家だけでも、その宗家である姫路藩に匹敵する規模の別家の若狭小浜藩のほか、伊勢崎藩、安房勝山藩、越前敦賀藩がある。若狭小浜藩の酒井忠義《ただあき》は京都所司代を長く務め、九条関白とともに過激派の標的となった。杉田玄白は小浜藩医だったし、安政の大獄で酒井忠義が最初に検挙したのは、自藩の儒学者梅田雲浜《うんぴん》だった。敦賀藩の酒井忠毗《ただます》は長く若年寄として活躍し、オールコックが人柄を高く評価していた。江戸の警備隊である新徴組の中心となった庄内藩は、江戸初期に分かれた酒井左衛門尉家だが、酒田からの米は北前船の寄港地である小浜藩、敦賀藩の湊を経由して、姫路藩内で織られた帆布を掲げながら姫路までも運ばれたのだろう。要するに、酒井家は政治、経済、文化、軍事などあらゆる面で徳川政権を動かす屋台骨だったのだ。

こうした背景を念頭に置いて読めば、政敵たちにはとうてい理解しえない次元で忠固が当時の日本の置かれていた状況を把握し、前代未聞の難局に対処していたことがわかるのではなかろうか。

上田藩主

忠固は一八二九年に十七歳で上田藩主の藤井松平家に婿養子として入り、翌年、家督を継いで第八代藩主となった。[24] 養父である先代の松平忠学《たださと》も、旗本から養嗣子《ようしし》として上田藩に入った人で、二代にわたって外部からの藩主がつづいた。忠固の正室三千子は、実際には忠学の姪に当たり、養子同士を縁組させて家を継がせたことになる。三千子の実父松平忠徳は、十二代将軍家慶《いえよし》の側衆で、世子家定の取次でもあり、そのため忠固は将軍の側用人に若干のコネがあったと言われる。もっとも、松平忠徳は一八五五年には没している。その同僚で将軍家定の寵臣であった本郷丹後守泰固《やすかた》も、忠固との関係を噂されたが、どの程度、相通じていたかは定かではない。

十九世紀前半のこの時代から、水戸や薩摩などで藩内抗争が起きたことはよく知られるが、同様の事態は藩主の後継問題や財政難にあえぐ各藩内で生じており、上田もその例外ではなかった。上田藩内の抗争に詳しい郷土史家の尾崎行也によると、忠固の藩主就任に中心的役割をはたしたと考えられる家老松平図書《ずしょ》は、三千子の実父松平忠徳から密書で告発され、一八三七年に失脚、一八四二年に獄死している。[25]その後、国元で藩政改革に取り組む家老の藤井右膳《うぜん》と、江戸詰家老の岡部九郎兵衛のあいだで抗争がつづき、養子の若い藩主としては苦しい状況にあったが、翌天保元（一八三〇）年七月には「初入部」し、つまり上田の地に赴き、その翌年には早くも養蚕奨励の訓示を発して、同四年二月には絹紬等の品質の維持改善を名目に産物改所を設置し、品質検査をしつつ検査料を徴収したことなどが、一九一五年に小林雄吾編集で『上田郷友会月報』に「松平忠固公」と題して書かれた一〇四頁にわたる論考などからわかる。[26]忠固の没後半世紀を経た時点で書かれたこの論考は、「多年古記旧録を渉猟」してきた小林雄吾が「未だ獲る所多からざるの故を以てこれを伝えずんば、或は恐る遂に伝うる期なからんことを」として月報に掲載したもので、細かい点では間違いがあるものの非常に貴重な記録である。

あまり知られていない事実だと思うが、養蚕はカイコガの卵を和紙に産みつけさせた蚕種紙を、風穴《ふうけつ》などの冷所で保管して孵化の時期を調整する技術が確立して初めて産業となりえた。江戸初期まで中国から輸入した生糸を使用して、ごく一部の上層階級のためだけに織物がつくられていたようだ。長野大学企業情報学部の前川道博教授から頂戴した蚕都上田プロジェクトの発行物等を参照すると、上田地方では十七世紀なかばに上塩尻村でこうした技術革新が始まった。上田縞の名称で知られる織物には、一般には緯糸《よこいと》だけ紬糸《つむぎいと》が使われている。カイコが羽化したあとの繭をカリやソーダ灰で煮て真綿にし、そこから繊維を撚ってつくるのが紬糸であり、太さが不均一で節が多く、一本の長い繊維ではないため、切れやすい。それにたいし、繭をなかの虫ごと煮てそこから糸を引きだす繰糸《そうし》、つまり生糸をつくる技術がこの地方に導入されたのは、ようやく一八〇九年になってからだった。忠固が藩主となった数年後の一八三一年には、信州の蚕種の取扱いは本場と言われた奥州産を上回り、京都や上州へ生糸の形でも出荷されていた。[27]

だが、この年から天保の大飢饉が始まり、五万三〇〇〇石の上田藩の損毛高は五万一五五六石と壊滅的な規模になった。『松平氏史料集』に忠固が幕府宛に書いた自筆の伺書がある。そこには他領の米麦をすでに許可された一〇〇〇石ではなく、三五〇〇石ほど買い入れて直接上田へ送りたい旨が記されているが、「千石を限り買入れ」が許可されている。[28] 飢饉は数年間つづき、「禄米を六分減じ、備荒倉《びこうそう》［穀物倉］を払い尽し」対策を取るが、天保五年は帰藩する路資がなく、同七年八月には「略供軽装《りゃくぐ》して帰国」し、「八年正月の具足祝儀も酒肴ではなく、雑煮慰汁《なぐさみじる》のみで［……］「米作に安んぜず、開墾して桑樹を植えよ」と養蚕業を奨励している」と、小林利通はこのときの様子を描く。[29] 信州での米づくりの難しさを忠固は見抜いていたのだろう。「天保・弘化の忠固は算盤を採って実業界に活動す、殿様としては異例の人物であった。殊《こと》に上田に設置した産物会所の如きは、今日の商業会議所の様なもので、其上銀行の様に商家に資金まで融通した。封建時代斯《かく》の如き機関は全国でも稀なる物であろう」[30]と、『上田藩松平家物語』は書いた。

高祖父の伝次郎が上田藩に召しだされたのは、この飢饉の真っ只中の天保六（一八三五）年正月だったことが『明細』から判明している。当時まだ父の門蔵も馬役として在籍していたので、組外御徒士格の御馬下乗であっても、このような時期に登用してもらえただけありがたいことだ。それなのに、同八年五月には、「猥《みだり》に在町［城下周辺の村］え打越し、酒食を為し候の趣き相聞え、相済ざる事候」として「御叱りの上、追込仰せ付けられ、五日目御免」とあり、勝手な振る舞いをして罰を食らったようだ。

藩主忠固は、こうしたさなかの「天保五年より奏者番を勤め、同九年四月には寺社奉行加役（兼務）を命ぜられ、幕閣への出世コースを歩み始めていた[31]」。凶作のつづく天保八年六月一日に参勤交代で江戸に発ったのが、「是れ実に公［忠固］が封地を踏みたる最後なり[32]」という。つまり、開港時に「其身を信州上田城に置きて」という状況にはなかったのだ。実際、忠固は姫路藩主の正室の子として江戸に生まれ、生涯のほとんどを江戸で過ごしたのであり、実家の姫路城すら訪れたことがあったのか定かではない。現代の官僚のような譜代大名が任地で人気がない理由は、このあたりにもあるのだろう。

忠固はその後、前述したように天保十四年には御役御免となったが、弘化二（一八四五）年三月に今度は大坂城代を命ぜられた。このときの「大坂入城行列図」の克明な絵巻が上田市立博物館に残されている。『明細』の伝次郎の項では、同四（一八四七）年「七月　御在坂中　大坂勝手仰せ付らる」の前の一文が判読できなかったが、のちに見つかった『上田郷友会月報』の記事に「弘化二年六月、藩主松平忠固公大坂城代を命ぜらるるや随従して下坂し、嘉永元年十月、藩主其任了えて帰府するやまた随《したが》って江戸に帰る[33]」と書かれていたので、絵巻のどこかにいるのかもしれない。小説『あらしの江戸城』は江戸からの急使が大坂にやってくる場面から始まる。「大坂城代を無事に勤めた者は、従来の例として京都所司代又は老中に進む場合が多い。［……］これは老中コースを一直線に走っているわけだ[34]」と、猪坂直一は書く。

この冒頭場面に、大坂城の修築に絡んで「幕府は特に作事奉行として石河土佐守、その副に井戸対馬守を任じて工事の指揮監督に当たらしめた」という一文がある。石河《いしこ》政平《まさひら》は、猪坂氏によれば「忠固の腹心で一ツ橋党から紀州党に変った人物」という旗本で、しばらく一橋家の家老にもなっていた。井戸対馬守覚弘はペリーとの日米和親条約の際の応接掛となった。両名とも「忠優が勘定奉行当時の部下」とも書かれているが、譜代大名の忠固が勘定奉行になったはずはなさそうので、これは何かの勘違いと思われる。[35]石河は、将軍の側用人の本郷泰固の親戚とのことで、菊地教授の論文にも何度か登場するのは、中根雪江《せっこう》が『昨夢紀事』で彼についてあれこれ詮索しているからだろう。安政五（一八五八）年四月十八日の条には、「此日、御側衆石河土佐殿御用御取次を命ぜられたり」と目ざとく書き入れ、その横に朱書きで、「石河土州午年冬自殺の処、死骸其儘《そのまま》差置き候様との事」と後年の彼の悲劇の死についても記している。[36]

忠固が嘉永元年十月十八日にめでたく老中に就任した際は、自分より七歳年下で、寺社奉行時代には同僚であった阿部伊勢守正弘が、一足早く出世を遂げて老中首座になっていた。同六（一八五三）年六月にペリーが来航した際の老中の残りのメンバーは、長岡藩主の牧野忠雅、忠固と仲のよかった三河西尾藩主松平乗全《のりやす》と関宿の久世広周、そして病気がちの越後村上藩主内藤信親《のぶちか》で、阿部、牧野に加えて松平乗全と忠固が海防掛となった。このときの忠固の様子は『上田市史』に詳しく書かれていないが、アメリカ使節が来日して開国を迫ってくるというオランダ人からの情報は、枢機にいたため前年に知っていたはずだと推測されている。オランダ商館長ドンケル・クルティウスが提出した「和蘭別段風説書」のことだ。また、家臣には急な出陣を想定し、藩主が老中職にあり、諸家の規範にもなるため慎重に行動するよう申し渡したこと、九月からは江戸屋敷で「家臣等皆野服姿で貝太鼓空砲等を用いて、歩兵足並調練の稽古を為し、且《かつ》時々幟《のぼり》を立て甲冑を着し、演習せん事を出願し［……］十月の末には、家臣八木剛助、其門弟達を引き連れて武州大森に設けられた、幕府の大砲打場に於て、大砲の使用射撃等の練習を為せたいと願い出て許可され」、十二月には大砲製造にも乗りだしたことなどが書かれている。万一のために備えはしたが、外交術で乗り切る決意だったのだろうか。「当時多く攘夷論に傾きたるに際し、開国論を主持したるは、閣老首班阿部伊勢守、及び其末席松平伊賀守のみなりしが、遂に修好條約［ママ］を締結するに至った」とも『上田市史』は記す。[37]ここでは「末席」となっているが、後述するように実際には「四席」だった。

ペリー初来航と白旗問題

一方、上田藩士の記録としては、ペリーの初来日の折に八木剛助と桜井純造が「強《しい》て幕府の与力某の従士となり、米使の応接所に赴き、其状を探りて、忠固に内申せり」と『上田市史』は書く。浦賀には嘉永二年に下曾根信敦が砲術教授として派遣されており、桜井純造はその翌年から下曾根に砲術を学んでいるので、その伝を使ったのかもしれない。与力筆頭で中心になって交渉に当たった香山栄左衛門も下曾根に学んでいるし、小笠原甫《すけ》三郎などは下曾根に師事しただけでなく、佐久間象山とも親交があったという。[38]前述したように、八木と桜井はともに象山弟子でもある。

浦賀沖でサスケハナ号に通詞の堀達之助と立石得十郎らと乗り込んだ香山栄左衛門は、国書を受け取るに当たっては江戸に許可を得に行かねばならず、それには四日かかるとアメリカ側に伝え、その後すぐに押送舟で急行したとされ、在府の浦賀奉行である石見守の屋敷にその夕方に着いた。[39]このとき「イェザイモンは、江戸との連絡のために猶予された四日間は再訪することはないと言った。使者をだして事態に対処するのに必要だと、彼ら自身が決めた期間である。白旗の意味について彼らは明確に教えられ、また［米艦隊への］訪問は朝になって［白］旗が掲揚されてからでなければ不都合であることも伝えられた」と、通訳に当たったウィリアムズが香山栄佐衛門とのやりとりを書き残している。[40] ペリーの砲艦外交を象徴的に語るエピソードとして、日本側に開国と通商を迫り、いざ戦争になって降伏したい場合に掲げる白旗まで二旒《りゅう》渡したとする説があり、それを記した「白旗書簡」[41]が偽書かどうかをめぐって歴史家のあいだで論争がつづいているという。松本健一が著書でたびたび触れていたので、関連の文献を少々読んでみた。

ペリーの白旗について、アメリカ側の史料で白旗に言及しているのは、ウィリアムズによるこの箇所と、ホークスが書いたペリーの『日本遠征記』のなかの次の一文だけだ。七月九日（和暦六月四日）に浦賀沖で数艘のボートが測量を始めた際に、「船尾に立てる通常のボート用の国旗のほかに、平和目的であることを示す白旗が船首に掲げられた」[42]。後者には、ヴィルヘルム・ハイネによる測量ボートの挿絵もあり、まだ雪の残る富士山が顔をだした浦賀湊を背景に、小さな白旗をなびかせたボートの船首から船員が水深を測る測鉛を投げ込む様子が描かれている。七月十二日にビューカナン艦長と香山が打ち合わせをするなかでも、翌々日に高官がきて陸上で親書を受け取る旨を伝えた際に、その時間を問われ、「朝の八時に。旗が上がるのが見えたらすぐにわれわれは船に乗り込みます」と、香山は伝えている。[43]「白旗」とは書かれていないが、文脈からしてこれは、「白旗」と解釈できる。

ペリーが去ったのちに香山栄佐衛門自身が老中へ提出した長文の上申書では、回答期限を三、四日と迫られ、浦賀で国書を受け取らない場合は江戸へ乗り入れると脅されたものの、「其節に至り候とも、用向きこれ有り候は、白旗を建参りくれ候えば、鉄砲を打掛け申すまじく段、存じ切り申聞き候」と書いている。[44] 問題の「白旗書簡」にあるように、「防戦の時に臨み［……］和睦を乞いたくば、此度贈り置き候所の白旗を押立つべし」と理解したとは考えにくい。そもそも、「蘭船より申達し候通り、諸方の通商是非に希《こいねが》うに非ず、不承知に候わば、干戈《かんか》［武力］を以て天理に背くの罪を糾し候」というこの書簡の文面は、まるでペリー側が初来日時に「和蘭別段風説書」の内容を知っていたかのように読める。しかし、和蘭別段風説書のペリー来航に関して言及した箇所には、「近頃風評仕り候には」とか、「風評に拠り候えば」と噂にもとづく情報であることが明記されている。[45] 西洋諸国のうちでただ一国、日本との交易を独占していたオランダが、ペリーの便宜を図るような紹介を日本にたいしてするはずもないので、この「白旗書簡」をペリー側が書いたという解釈は不自然に思われる。

『日本遠征記』の挿絵として描かれたヴィルヘルム・ハイネの「江戸湾、浦賀の光景」。筆者蔵

　水戸の斉昭ですらペリー来航後に書いた「海防愚存」で、「此度渡来のアメリカ夷、重き御禁制を心得ながら、浦賀へ乗入、和睦合図の白旗差出し」[46] と書いているだけで、これは単にアメリカ側が戦意がないことを互いに示す白旗を通信手段として手渡したとも読める。閣老たちが白旗まで用意されてペリーに脅され開国を迫られた、という巷の説と実情は異なるようだ。ちなみに、ペリー来航時のフィルモア大統領の

親書の宛先は、エンペラー・オヴ・ジャパン（日本皇帝）であり、当時これは徳川家の将軍を意味していた。

「正弘を中心に老中以下三奉行、海防掛たちの評議は、三日夜、四日、五日と続いた。始めのうちは鵜殿《うどの》長鋭《ながとし》、堀利熙等目付たちの強硬派が無条件受取に反対したからである」と、阿部正弘の評伝に土居良三が書いている。五日午後になって、水戸の斉昭に相談することに決まり、急遽、打診したところ、「今と成り候ては、打払をよきとばかりは申し兼ね候」であるゆえ、「衆評の上、御決断の外これ有るまじく」と、かつての強硬論が和らいでいたので、国書の受け取りが決まったという。ペリー来航時に、斉昭を幕政参与として担ぎだすことを建議したのは海防掛目付の戸川安鎮であり、反対したのは、理由はそれぞれ異なるが、林復斎と忠固だけであったことも、同書は指摘する。[47]

　阿部正弘が六月十六日の閣議で斉昭を「日々登城せしめ、国家の大計を諮問する案を附議したところ［……］松平伊賀守［……］は独り斉昭の専権たるべきを理由として強硬に反対し議遂に決せず、改めて側用取次本郷丹波守（泰固）・平岡丹波守（道弘）を経て、将軍の旨を仰ぐ事に定められた」[48]と、歴史学者の田保橋潔《たぼはしきよし》は書いた。典拠としたのは『水戸藩史料』にある、水戸藩奥右筆頭取の原田成徳の秘記だ。反対する理由として忠固は、斉昭を参与にすれば、いずれは「我々共の黜陟《ちつちょく》迄も御存分に遊し候様に相成り」、つまり閣老の人事にも口をだし始めるので、海防に関する斉昭の意見を聞くだけならば、従来どおり先方へ「此方より参上仕り候て御相談申上げ候方よろしくこれ有るべし」と主張した。[49]翌十七日に再び閣議を開いたところ、「本郷・平岡両側用取次閣議に出席して、将軍は斉昭任用に同意せられない旨報告」したため、阿部は忠固が大奥と結託しているのではないかと疑い、自分で将軍の病室に出向いたところ、将軍が危篤状態にあったと田保橋氏は書いた。第一二代将軍家慶《いえよし》は、六月二十二日に亡くなっている。

ちょうどこの日から川路聖謨や江川英龍らと一緒に江戸湾巡見に加わった若年寄、本多越中守忠徳の史料を研究した佛教大学の淺井良亮は、七月十六日に江戸に戻ってきた本多が、「その足で月番老中松平忠優邸を訪問」し、翌日には御用部屋に再び赴き、そこで老中から報告書をだし意見を述べるようにと言われたと書く。本多は、三浦半島の旗山崎、十石崎と房総の富津のあいだと、羽田沖に海上台場を建設するとともに、「軍艦御製造」を提案した。その直後の七月二十一日に当時は長崎奉行だった水野忠徳にオランダへの軍船注文が指示されたのだという。[50] このとき発注されたのが、前章でも触れたように、何年ものちの安政四年に回航されてきた咸臨丸と朝陽丸なのである。すぐさまオランダに発注したのは、佐久間象山の天保十三年の上書の内容を忠固や阿部正弘が知っていたか、少なくともこの年に提出された急務十条に注目していたからに違いない。本多の提言に従って八月八日には水戸藩に、九月八日には浦賀奉行に大船の「御製造」も命じられ、九月十五日には大船建造禁止令が解除された。薩摩藩は解除を待たずに、ペリー来航直前の五月にすでに昇平丸の建造に乗りだしている。[51] 本多越中守は、後述するように、ハリスとの調印を忠固がなかば強引に推し進めたときに、ただ一人井伊大老に味方して反対した人物である。

ペリー再来航

ペリーが翌七年一月十六日（一八五四年二月十三日）に七隻の黒船で再びやってきて、武州金沢の小柴沖、つまり現在の八景島シーパラダイスの人工島沖に錨泊し、さらに羽田沖まで測量のために乗り入れると、斉昭は「黒船艦隊を背にしたペリーの挑発に、本来の「攘夷の総本山」にもどって[52]」本性を現わすことになる。忠固はそれ以前から斉昭の幕政参加に反対していたので、行政を担う者としてよほど自信があったか、斉昭の気まぐれな性格を早くから見抜いていたかのいずれかだろう。

　期せずして早めにやってきたこの二度目の来航時も、日本側は当初、応接は浦賀でと主張したが、ペリー側は早くから神奈川に目をつけていた。生麦沖まで艦隊を乗り入れたため、再び折衝に当たった浦賀与力の香山栄左衛門が、正月二十八日（西暦二月二十五日）の午後、これ以上、江戸に近づくのを阻止するためにほとんど思いつきで、「神奈川の南にある横浜という小村」に小舟で乗りつけて視察してはどうかと提案した。「小さな村のそばにある空き地で、現在は収穫が期待できそうな麦畑になっている場所が、応接に適した場所として選ばれた。そこへたどり着く前から、村内の家を三、四軒、取り壊せば、必要な建物のための場所が新たに確保できるだろうと、こともなげに提案された」[53]と、ウィリアムズは書いた。香山からの報告は翌二十九日に江戸にもたらされたのか、そのさらに翌日の二月一日には勘定奉行の松平近直《ちかなお》と江川英龍が朝から神奈川宿へ派遣されて横浜を視察し、「右掛り［海防掛か］一同、徹夜払暁《ふつぎょう》までも談判評決の上、則横浜を応接所と決し」、同日付で海岸警備の諸大名宛に、「浦賀沖は波荒にて、船繫ぎ難く致す旨申立候に付、本牧横浜辺にて応接、これ有り候間」との通達が、当月の月番老中であった忠固から発せられた。同日、応接場の警衛を小倉藩と松代藩に任せる通達もだされており、これも先の通達と同様、「右今夕、伊賀守宅において、家来呼出しこれを達す」と書かれている。[54]これがつまり、無名の寒村であった横浜が突如として外交の場として脚光を浴びるようになった経緯なのだ。忠固自身も聞いたことのない場所であっただろうが、現場の報告を聞いて、応接場を横浜とする決定に彼が関与したのは明らかだ。

　いずれにせよ、ペリーが再訪したころには忠固の心は開国すべしと決まっていたに違いない。水戸藩士の内藤耻叟《ちそう》が後年、当時の日記をもとにこう書いているからだ。「二月朔日《ついたち》、老中松平賀州［忠固］陰に松平河内守に命し急に横浜に赴き内意を林［復斎］、井戸［覚弘］等に伝えて平和の談判をなしさむ。謂《いわ》く応接の事一々旨を老中に請うなかれ。もしこれを老中に請う、老中又之を前納言［斉昭］に乞わざるを得ず［……］後日の咎《とが》は老中、これに任せんと」[55]。そのため忠固は松平近直を呼び、「大概の事は一々老中の旨を受けるまでもなく応接係協議の上で取計ってよいと大学頭［林復斎］等に申し伝えよ、後日お咎めあれば某がその責任を負うであろう」[56]と命じたのだ。斉昭ももちろん黙ってはいなかった。「四日登城、両度老中へ逢い候処、当月は伊賀守海防月番かにて、同人のみ頻《しき》りに談判いたし、伊勢守は黙止いたし居候。伊賀守専ら和議を唱え候。林大学・井戸対馬にも逢い候処、両人共墨夷［アメリカ］を畏《おそ》るる事虎の如く、奮発の様子毫髪《ごうはつ》もこれ無く、夜五ツ時迄営中に居候えども、廟議《びょうぎ》［幕府の評議］少しも振い申さず、いたづらに切歯《せっし》するのみ」[57]と、斉昭は記した。「四日、林大学を城中に召喚して交易の決してゆるすべからざるを面命す。六日、老中等、大学に諭して、前納言の命に従わざらしむ」[58]。二月六日、忠固も負けじと、老公の命令に従う必要はないと応接掛を諭したのだ。

当時、まだ対外強硬論者であった越前福井藩主の松平慶永《よしなが》（号は春嶽）は、幕府がアメリカとの通信・交易を許可しようというのに、「水府前君［斉昭］にも成され方これなく、御病気と称され御引込みに相成り」という事態に危機感を募らせ、斉昭の腹心の藤田東湖から尾張藩の徳川慶勝《よしかつ》（慶恕）が同意見であることを聞くと、閣老を阻止しようと画策を始めた。懇意にしていた阿部正弘のもとには自分からでかけて、通商は許可しないという言質を得たが、「月番の老閣」の忠固のほうはまだ面識もなく、苦手であったようだ。「幕府の御親冑」である尾張藩に説得を頼もうと、それまで「御疎遠」であり、このときは国許にいた慶勝宛に二月十三日付で書状を送った[59]。両者間の書状はこれが初見であると、徳川林政史研究所の藤田英昭がこの時期の徳川慶勝に関する興味深い論文に書いている。尾張藩主の慶勝は、実際には支藩の高須藩からの養子で、母親は徳川斉昭の異母姉であり、「斉昭の精神をその死後も継承していった中心人物だったと位置づけられる」と藤田氏は書く。慶勝はペリー初来航以来、書面で幕閣に建白していたが埒《らち》が明かないと見て、「満を持して江戸に下り、幕閣に激しく異議を唱え、物議を醸していくことになる」。しかし、慶勝が名古屋を発ったのは三月二日であり、日米和親条約は三月三日に調印されてしまった。[60] 徳川慶勝はいわゆる「高須四兄弟」の長男で、異母弟には、尾張藩主をしばらく務めたあと一橋家当主となった徳川茂徳《もちなが》、会津藩主となった松平容保《かたもり》、桑名藩主の松平定敬《さだあき》がいる。後述するように、慶勝とは上田藩は明治にいたるまで皮肉なかかわりがつづいた。

陰謀説は作り話か?

『あらしの江戸城』には、こんなエピソードがある。ペリー来航時に水戸の老公、徳川斉昭に振り回された忠固が、老中仲間の松平乗全と図って、斉昭が幕政に口をだすことを許した阿部正弘と斉昭の双方の失脚を目論み、側用人の本郷泰固経由で将軍家定に書を渡してもらおうとしたところ、本郷がそれを阿部本人に渡したために失敗に終わった、というものだ。井伊直弼が京都守護を命じられた安政元年四月ごろの出来事として、一八八八年になってから内藤耻叟がこの経緯を次のように書いており、それを猪坂氏が小説のなかに取り入れたものと思われる。「此頃、老中松平泉州［乗全］、松平賀州［忠固］等、其党小人と謀りて水戸前納言を忌憚《いみはばか》ること甚しく、納言の出るはもと阿部勢州［正弘］によるを以て、先《まず》勢州を除き併せて水戸を退んと欲す。内藤駿河守奔走周旋して溜詰《たまりづめ》諸侯に結び、井伊等これに応じ［……］藤堂和泉守と共に書を将軍に上りてこれを論す。側衆本郷丹波守に託す。丹後謬《あや》まるまねしてこれを勢州に呈す。勢州これを得て敢《あえ》て発せず、事是に由《よ》て行われず。是、賀州・泉州が井伊に結ぶ所以《ゆえん》にして、本郷が井伊ににくまるる始めなり」[61]。溜詰とは、江戸城の黒書院溜り間に席を与えられ、幕政顧問の立場にあった最高位の譜代・親藩の大名を指し、彦根の井伊家が会津と高松の松平家と並んで常溜《じょうだまり》と称され、つねにこの地位にあった。姫路の酒井雅楽頭家は一代限りで溜詰となることがあった。

ところが、その数年後の一九一〇年に刊行された渡辺修二郎の『阿部正弘事蹟』には、ペリーが再来航した安政元年の初めのこととして、次のように書かれている。「内外多時の時に乗じて幕府の内外に陰謀を企《くわだ》つる者あり、若年寄内藤頼寧《よりやす》等、密に彦根藩主井伊直弼と結託し、溜詰諸藩主を煽動せしめ、津藩主藤堂高猷《とうどうたかゆき》と陰に力を協《あわ》せ、斉昭を排し、併せて正弘をも黜《しりぞ》けんと欲し、側用取次本郷泰固に因りて、斉昭の政務に参与するは国家に不利なることを論するの書を大将軍家定に呈す。本郷誤るまねしてこれを他の公文書と共に正弘に送付す。正弘、これを見て大に驚くと雖《いえど》も、事を激せんことを恐れ、深く秘して人に示さず」。しかも、その根拠としての藤田東湖の談話筆記を示す。「老公の御跡へ松平参河守殿を据《す》ゆる密議あり」、つまり十一代将軍家斉代十四男の松平三河守斉民《なりたみ》を担ぎだす陰謀だとする点は異なるが、本郷泰固に関することまで内容はほぼ同一だ[62]。同書は別の箇所で、阿部正弘がペリー来航中の二月二十六日に辞表を書き、ペリー帰国後の四月十日にそれを提出したきっかけは、忠固と松平乗全らの陰謀だったとも述べてもいるので、忠固らの動きも、縁戚である内藤頼寧や井伊直弼らの陰謀の一環と解釈したようだ[63]。

だが、ペリー来航中で閣老たちが右往左往していた時期に、盛んに情報収集に回っていた藤田東湖は、この陰謀に関してはなぜか忠固と乗全の両松平の名を挙げていない。『阿部正弘事蹟』には、阿部が辞表を提出した四月十日、「此夜、閣僚松平乗全（正弘と親戚の関係あり）急に正弘の老臣を召《よ》びて其主君の辞意を翻さんことを勧めしめ、翌朝、正弘辞意の事を大将軍家定に稟申《りんしん》せしに」[64]とも書かれており、これでは松平乗全が矛盾した行動を取っていたことになる。どうやら内藤恥叟がのちに、忠固と井伊直弼は初めから共謀者だと邪推し、渡辺修二郎も猪坂直一もその記述に引きずられた可能性が高そうだ。そう考えれば、「是、賀州・泉州が井伊に結ぶ所以にして、本郷が井伊ににくまるる始めなり」と、やや唐突に井伊の名前がでてくることも、陰謀が画策された時期が「此頃」としか示されていない理由も見えてくる。

　そもそも、阿部正弘が辞表を書いたのは二月のことであり、忠固らの陰謀がきっかけだとすれば、企てはそれ以前にあったことになる。後述するように、安政二（一八五五）年八月に忠固と松平乗全の罷免を水戸の斉昭が阿部に迫った際に、「四［忠固］は先先御用に立つ候よし過日［阿部が］御内話の節」[65]と表現していることからわかるように、辞表騒動から一年以上を経た時期にも、正弘はまだ忠固を重用していた。寺社奉行時代からの長年の付き合いであり、未曾有の危機をともに乗り越えてきた老中仲間が、自分の排斥を画策していると知ったとすれば、いくら寛容な阿部でも、それほど長く放置するだろうか？

「もし日本の開国史に特筆大書せらるべき個人を求めば、先に阿部正弘を挙げ、後に堀田正睦を挙げねばならぬ。阿部は堀田ほどに外国の文明に、知識も少なく、興味も多くなかった。彼は心からの開国家という程度までには、死に抵《いた》るまでついに進化しなかったかもしれない」[66]と、徳富蘇峰は昭和の初めに書いた。阿部正弘がどの程度、開国の意思を固めていたかは定かではないが、安政元年に目付・海防掛になった大久保一翁はのちに阿部家文書の「諸家説話」のなかで、「当時、阿部勢州と同じく開国論を主持したるは松平伊州にして、其他は大抵攘夷家なるべし」と語っていたという。[67]阿部と忠固はともに、開国のために尽力していたことは疑いなく、ただ阿部が時間をかけて合意形成に重点を置いた民主主義的な方法を取るべく苦慮し、それゆえに「八方美人」と評されたのにたいし、忠固は衆愚政治に走るよりは、外界の事情に通じた少数者の独断で国家の危機を乗り越えるべきと考えた点だけが異なったのだろう。

幕府至上主義者

十九世紀になると、アジアの植民地をめぐる列強間の争いが激しくなったうえに、各国の捕鯨船が太平洋に進出しだしたために、日本近海に外国船が頻繁に現われるようになった。佐賀藩などは一八〇八年のフェートン号事件ですでに手痛い目に遭い、家老らが切腹する事態となっている。それでも、多くの人はペリー艦隊が来航して初めて外圧の脅威を実感した。そのため日本中が浮き足立ち、防衛体制の強化とともに古い幕藩体制の改革が叫ばれるようなった。

徳川幕府の政治は、将軍のもとに四人から六人の老中が月番制で政務を担当して動いていた。老中になれるのは通常は五万石以上の譜代大名だった。老中の上に大老が置かれることもあり、これは井伊、酒井、土井など一〇万石以上の譜代に限られていた。もっとも、外様大名でも幕末の松代藩の真田氏や、播磨国龍野藩の脇坂氏などは譜代大名に昇格して老中に就任している。意外な盲点は、尾張・紀州・水戸の徳川御三家と、田安・一橋・清水の御三卿、福井・会津・越智などの一門（親藩）は、いずれも家格・官位は高いが幕政に参加しない決まりになっていた点だ。御三家・御三卿は将軍家の継嗣が途絶えた場合に将軍を輩出することがその主たる役目だった。さらに、水戸家は副将軍とされ、将軍にはなれないことが暗黙の了解となっていた。だからこそ、水戸の斉昭は、息子の慶喜を一橋家に養子にだしたのだ。また、だからこそ忠固は、幕政顧問となって時代錯誤の攘夷論を振りかざす斉昭に閉口したのだ。実際には、幕末には清水家も一五年以上当主のいない明屋敷《あけやしき》になっており、一橋家も慶喜が将軍位に就いたあとは、尾張藩に養子入りした徳川慶勝の異母弟、茂徳が一橋家の当主になり、慶勝の別の異母弟である松平容保は会津藩の婿養子となった。家格ですべてが決まる社会であったのに、「家」そのものの世襲制は将軍家を含め、養子で辻褄合わせが行なわれ、形骸化していたのだ。

猪坂直一は、忠固を「幕府至上主義者」と呼ぶ。十五万石の譜代名門の酒井家出身で、当時の日本人にしては海外事情に通じており、産業・通商でどう経済を立て直すかを心得ており、上田藩主として順当に出世コースを歩んで閣老である彼にしてみれば、外圧を前にしてなすべきことは、列強に付け込まれる隙を見せずに、統治者、主権者としての幕府の権威を強化することだったのだろう。「伊賀殿など近来は当りかたき勢いて人の申す事をばそれは知れたる事、是は聞くに及ばぬなどと、おもう儘《まま》にふるまわるる故」[68]と、幕末に活躍した旗本の永井尚志《なおゆき》がこぼしたように、権威主義的な煙たい上司という一面はあっただろう。不測の事態に舞いあがり、現状打破を画策する大多数の人びとにしてみれば、忠固のこうした姿勢が「固陋偏頗《ころうへんぱ》」や「旧套《きゅうとう》固執」[69]に思われたに違いない。

安政二（一八五五）年六月三十日に斉昭が隠語を使って、「過日、極密御咄《はなし》これ有り候。二、三は勿論《もちろん》四迄云云表発が何よりの御急務と存じ候」とする書簡を阿部正弘に送ってからまもない八月四日に、忠固は松平乗全とともに老中を解任された。『水戸藩史料』の該当ページの上欄には、「二三四は閣老の席順を以て言えるなり。即ち二は牧野忠雄、三は松平乗全、四松平忠優なり」とあり、さらに（別紙）「第一此節下田三ケ條「ママ」の事御建議にても、四は必ず御同意申すまじく左すれば、四は廟堂《びょうどう》俗論の根元に候間」

と特記されている。[70]「従来閣員任免の定例に由らずして俄《にわ》かに此事あり、殿中慄然《りつぜん》たり」[71]と『阿部正弘事蹟』は書いた。

佐久間象山と忠固

ペリー来航時の水戸藩の記録には、嘉永七年七月に斉昭が「書を閣老に致して佐久間啓の罪を特赦せんことを健論せり」[72]とも書かれている。象山が直前に水戸の藤田東湖に、下田ではなく横浜開港を訴える働きかけをしていたことなどを考えれば、これは驚くに値しない。小林利通は忠固がこのとき象山を「救済しようと努力し、自藩幽閉の軽い処分になった」[73]と書くが、典拠は不明だ。松浦玲は「四月五日、江戸町奉行井戸対馬守から呼び出しがあり、出頭すると、そのまま揚屋に入れられてしまった」[74]とし、松本健一は、「北町奉行の井戸対馬覚弘をはじめとする幕臣には、死罪もしくは終身禁錮を主張するものが多かった。しかし、老中首座の阿部伊勢守正弘は、勘定奉行で海防掛を兼ねるようになった川路聖謨の意見をいれ、情状酌量して在所（松代）での蟄居にするようにと、町奉行に密命を下した」[75]とする。忠固と象山の関係について確実に知られているのは、老中に再任した忠固が象山の赦免を試みていることだ。一八五七年に象山の門人である上田藩士、桜井純造と恒川才八郎が萩に吉田松陰を訪ねた際に、「上田侯再び入って政を執り、佐倉侯と協《あわ》せて事を謀る、二候閔然《びんぜん》として吾が師を憐れむの色あり」と、忠固の動きが伝えられていたことが、松陰の桂小五郎宛書簡[76]から判明している。『吉田松陰全集』の「上田侯」の注が松代藩の真田幸教となっているのは苦笑せざるをえないが、小林氏は皮肉交じりに「多分、と思うのだが忠固を評価したのは吉田松陰だけであろう」と書いた。

忠固と象山はどちらも、世界情勢から考えて開国以外に道はないと誰よりも早くから見抜いていた人であり、ペリー一行の応接地を浦賀より横浜本牧沖に変更して横浜に早くから注目していた点など、互いの接点があったはずだと思うのだが、いまのところほとんど見つからない。しかし、上田藩と松代藩は人的交流の多い隣同士の藩であり、とりわけ天保十三（一八四二）年に象山が「海防八策」について触れた書簡が、実際に上田藩士の加藤彦五郎（勤、天山）宛だとすれば、注目に値する。[77]

加藤彦五郎は「安政年間、藩政の時事を議して譴責《けんせき》を受け、執政藤井右膳等と共に、家に禁錮せらるること、十年にして免ぜらる」[78]と『上田市史』は書く。彦五郎は上田の藩校設立に尽力した加藤維藩《いはん》の子で、没年から計算すると、象山とほぼ同年生まれであり、「弱冠にして幕府の昌平校に入り、学ぶこと三年、経史に通じ、又詩文をよくす」人物だった。父の維藩は、家老の松平図書が失脚した天保八年に「病気を理由に一切の職務を辞退したが〔……〕辞職した同じ月に藩主〔忠固〕進講」していた。[79]この書簡（『象山全集』〔一〇〇〕）には、「他尋常の書生へは見せ難き事に候えども、非常の御才力にも御出候えば、足下《そっか》へは見せ申し候て、天下の為にも致し申したく、御出府を御勧め申し候」などとも書かれているので、この当時から象山の革新的な考えの一端が上田藩に伝わっていた可能性が高い。

安政二（一八五五）年十月の安政の大地震で各地の藩邸が大きな被害を受け、西の丸下の官邸からも転出しなければならず、「上田藩の財政が破綻状態にあった」[80]時代に藩内で生じた事件の一端が、前章で触れた『上田縞絲之筋書』のなかで言及されている。藩の借財が「当時三拾万近にも相成居候」、三〇万両にもおよんでいたと側用人の大野木《おおやぎ》左門は証言していた。[81]「上田のような小藩が、老中になるための運動費を使い、三十万両もの負債になった」という定説の出処はここにありそうだ。[82]藩内抗争が表面化したのは同書の著者河内誠一の父である河内含三が、無記名の願書に石を包み、夜間、大目付の家の庭に投げ込む「捨訴」をして領民の苦境を訴え、藩政を批判した出来事からだった。批判の対象となった江戸詰家老の岡部九郎兵衛一派が、江戸藩邸で密議を行なっていることを知った門倉伝次郎は、含三に用心するようにと書状を送ったらしく、その返書が同四年閏五月に君公、つまり忠固の手に渡り、大事となった。『明細』の伝次郎の項には、「安政四年九月十四日、河内誠一・高瀬任重郎より御政治等批判、又は親、含三身分の儀に付、文通を受、含三よりは同人身分不相応の事柄相頼み候処、容易に相心得文通にも及び」とあり、「不束《ふつつか》の至、不埒に思召し候。これ依り御叱りの上、差控仰せ付られ候。十五日目御免」とある。尾崎行也によれば、含三が謹慎中に息子誠一の名前で門倉と文通した理由は「西洋流書物借受け」だった。『上田縞絲之筋書』には、前述したように、伝次郎が象山から学んだ馬上銃の製造に関連して含三と関係があったことが書かれている。書簡のやりとりもそうした技術的な件と装ってもらったおかげで難を逃れたようだが、加藤彦五郎はこれらの事件に連座して蟄居となり、河内含三はその直後に奈良まで逃亡した挙句に連れ戻され「永牢舎」、息子の誠一は「永々暇」を申し渡されている。[83]

老中再任

忠固に関する記述が俄然増えるのは、安政四（一八五七）年九月十三日に老中に再任し、忠優から忠固と改名してからだ。「堀田の次席にして且つ勝手掛たり」と小林雄吾はこのときの忠固について書き、勝手掛とは大蔵大臣だと説明する。在職中に急死した阿部正弘に代わって老中首座に就いた佐倉藩主の堀田正睦は、忠固が奏者番の見習い時代の「師範」という関係にあった。井伊直弼が大老に就任したのちは、井伊が勝手掛となったため、忠固は御軍艦操練並《ならびに》長崎表蘭人伝習、大船製造大小砲鋳立、蕃書調所などの担当となった。[84]「此侯は前年免職の後は浅草榧《かや》町なる別邸の狭き処に住居給いて」[85]と、中根雪江が『昨夢紀事』のその日の条に書いたように、老中在職中、忠固は西の丸下の官邸（役宅・現在の二重橋前）にいたが、罷免後の数年間は浅草「茅町」（実際には隣の瓦町）にあった上田藩中屋敷（現在の柳橋一丁目から同二丁目東部）に住んでいた。伝次郎も安政六年二月には、総勢九〇名の一人として浅草御蔵近くのこの「狭き処」にいた。江戸の屋敷内には割長屋があり、家老は部屋を三間ほどもらえたが、それ以下は二間程度、または「九尺二間の畳六枚位の割部屋である。親子で一ツ部屋に住んで居た家臣もある」という暮らしぶりで、確かに「狭き処」だ。[86]江戸詰めの武士や足軽・中間は「単身赴任のサラリーマンによく例えられ」[87]るという。伝次郎は明治になるまで独身のまま過ごし、とりあえず養子縁組したのかもしれない。

上田藩の上屋敷は、忠愛《ただざね》が第二代藩主となった享保十三（一七二八）年から嘉永元年に忠固が老中に就任するまで、ほぼ一貫して昌平橋近くの筋違門《すじちがいもん》内にあり、天保十四年の『天保御江戸絵図』にその外観が描かれている。現在は神田淡路町二丁目のかんだやぶそば付近から神田須田町一丁目の一帯で、このあたりは震災や戦災を免れたのか古い料亭などがいまも並ぶ。忠固が二度目に罷免されて以降、息子で最後の藩主となった忠礼《ただなり》の時代には新たな上屋敷もないまま、中屋敷だった瓦町の藩邸を上屋敷としていた。[88]

忠固が枢機から離れていた数年間に、状況は大きく変わっていた。一八五六年八月二十一日にはアメリカの領事としてハリスが下田に赴任した。この安政三年の八月八日（西暦九月六日）、京都でも大きな変化があった。三三年にわたって関白の要職を務めた鷹司政通が退任して、九条尚忠が関白となったのだ。しかも、嘉永元年に入内した尚忠の娘夙子が、孝明天皇の女御としてこの前後に二人の皇女を産んでいた。

どちらも早世したとはいえ、朝廷内の力関係には影響したのではないか。水戸の「斉昭の姉憐姫〔徳川清子〕鷹司政通に嫁す、即ち当時の政所なり。故に政通は親姻を以て歳時通問あり」[89]という状況が変わったことは、たとえ政通がその後も権力を維持したとはいえ、長年の水戸徳川家と鷹司家の強力な体制が転機を迎えたことを意味しただろう。もちろん、斉昭の正室で、水戸藩主の慶篤《よしあつ》と一橋慶喜の母親は有栖川宮家の王女であるし、斉昭のもう一人の姉の従子は二条斉信《なりのぶ》（斉敬の父）に嫁いでいるので、水戸家が朝廷に依然として力をもっていたことに変わりはない。しかし、公家社会は複雑に入り組んでおり、二条斉信と九条尚忠はじつは異母兄弟なのだ。違いは、二条斉信の母親が水戸家の姫であることだろうか。

一方、斉昭自身も、その前年の安政の大地震で藤田東湖を失ってから、求心力を失いつつあったようだ。ペリー来航中の嘉永六年六月に将軍家慶が亡くなり、後を継いだ家定が病弱であったため、その当時は「先づ大元帥を建てられ、兵馬の権柄《けんぺい》を御委任御坐候義、最第一の御急務」[90]とされ、海防大元帥として斉昭に期待がかかっていた。それどころか、徳富蘇峰が指摘するように、「京都では水戸は実力以上に買い被られていた。〔……〕水戸と京都との関係は、光圀《みつくに》以来のことにて、長く久しき歴史的の由縁がある。いやしくも浪士という浪士、志士という志士、いずれも水戸を仰いで、その本尊としないものはなかった。京都から見れば水戸は名義の副将軍ばかりでなく、実力の上にもその通りと認めていた」[91]のだ。萩に松陰を訪ねた上田藩士の桜井純造も、「恒川重遠〔才八郎〕と共に水戸に遊び、内藤〔耻叟〕、會澤〔正志斎〕、藤田〔東湖〕、豊田〔天功〕諸氏と、往来して国事を談ず」[92]と『上田市史』には書かれた。越前福井藩の藩医から藩主松平慶永の側近になった橋本左内は、藤田東湖の「回転詩史」を日課として筆写していたし、やはり福井藩の政治顧問となった横井小楠も斉昭をもって時流を抜く一世の指導者と目していた。[93]だが、その後の数年間に、鳴り物入りで建造された旭日丸が、進水式で横倒しになって厄介丸と揶揄され、歴史学者の山口宗之の言葉を借りれば、「斉昭のいう強硬論をもってしてはこの現実をのり切れるものではない」ことが判明した。こうして、「阿部（正弘）の意見諮問によってにわかに国政への展望をもちはじめた有志諸大名のエネルギーを、徳川政権批判の方向へ発展させることなく、これを将軍家の統率のもとに吸収して対外危機に備えること［……］みずから政務を処理し得る英明の将軍家の出現を期待した、いわゆる将軍継嗣運動への展開[94]」となったのだ。

一八五七年六月十七日（安政四年五月二十六日）には、ハリスの通訳を務めたヒュースケンが「大勝利だ！[95]」と日記に書いた出来事があった。長崎の開港や領事裁判権とともに、ドルと日本の通貨との同種同重量の交換などを盛り込んだ日米追加条約（下田条約）が、阿部正弘に代わって老中首座となった堀田備中守正睦のもとで締結されたのだ。阿部は「進退に窮し、自決して果てたのだろうと想像する者が多かった」と書く猪坂直一は、つづけてこう述べる。「水戸斉昭一派を排して所信を断行する堀田正睦の非常の決意を見る事が出来る。この背後に盟友松平忠優のある事は云うまでもない[96]」。「阿部が重用しようとして果たせなかった忠固を、老中次席の格で迎えて内政を任せ、堀田は外交に専念できる体制をこのとき整えたのであった[97]」と、阿部と堀田双方の評伝を著わした土居良三は解説する。

忠固の再任は中根雪江にとって朗報ではなかったようで、「元来姦詐《かんさ》にして僻見ある人にて、同列の方々を初め諸有司に至るまで腹心を開きて打かたらい給う人とては一人として坐さすとなんさるを［……］其人を得られさりしは備中殿の不明にそ有りける[98]」と、まだ直接の面識もない忠固を評し、彼を任命した堀田を非難する。『昨夢紀事』は、松平慶永の「謀臣」中根雪江が、自分の日記をもとに、安政の大獄で失脚中の一八六〇年から執筆、編纂した、いわば一橋派選挙運動記録のようなものだ。実際には、その膨大かつ詳細な記録のかなりの部分が、忠固対策に奔走した福井藩の内部事情なのだ。「此侯の水府老公と善からざるは元よりにて、己か心として思い入たる事は引返すかたなき本性なれば　西城の御事なと刑部殿《ぎょうぶ》には水老公の公達《きんだち》［子弟］なれば承引《しょういん》す事も難《かた》かるへく」とつづく記述からわかるように、水戸の老公斉昭と不仲であることが、中根や藩主の松平慶永にとっては決定的に忠固の評価を下げていた。「西城の御事」とは、病弱な将軍家定に代わって人心を掌握できるような継嗣を西の丸入りさせる運動を指し、刑部殿は斉昭の息子の一橋慶喜のことである。

同じく一橋派だった宇和島藩主の伊達宗城《むねなり》が、一橋慶喜の擁立を画策するために、「春嶽、容堂［土佐藩主、山内］、余三人各々受け持ちを極めて迫るべしとて［……］箴《しん》を引きしに、堀田備中守には容堂、松平伊賀守には春嶽、井伊掃部頭には予の番に当れり」と、明治なかばに当時を回想している。宗城はまた、「井伊に会せしに同人親しく予に告ぐるに［……］今日、営中は備中、伊賀の党派多し」とも語っている。[99]

忠固が再任すると早々に、各派が彼を取り込もうと賄賂を使って懐柔工作を仕掛けた。一橋派のまとめ役となった福井藩は、上田藩の財政が厳しいことに付け込んで、早くも九月二十四日には上田藩士の八木剛助と家老の岡部九郎兵衛に接触を始めた。「伊賀殿の弟にて三宅の老侯も有志の人にて吾公の事はかねて慕い坐する由」と、中根は書いた。忠固の異母兄で一橋派の三宅康直にも懐柔を頼むつもりだったのだ。しかし、「御厚意は伊賀守も深く歓び入り候えども、金銭貸借の事を願わんには同列へも申さでは心ゆき侍らず、そも何とやら後ろめたくて」と岡部に体良く断られ、慶永が五〇〇両とみずから書いた目録だけをもち帰ったものの、忠固はその目録すら受け取らなかった。[100] 紀州派も負けてはいなかった。『あらしの江戸城』には、再任前に大奥の女中万里小路局《までのこうじのつぼね》が、再任直後には紀州派の謀主の水野忠央《ただなか》が瓦町の屋敷に訪ねてきた旨が書かれているが、典拠は上田藩内の史料だろうか。万里小路局は家斉から家茂まで、四代にわたり大奥の最高位にいた御年寄という。井伊直弼は「去年、伊賀殿御再勤の折なども慇懃《いんぎん》を尽され、黄金三十枚を贈られたれと、伊賀殿是を受けずして返されたる事を、彼藩の小川民蔵なる者に聞けり」[101]と、のちに中根は記す。ちなみに、小川民蔵は上田藩士ではなく、斎藤弥九郎の塾頭で武蔵、任蔵など、名前がころころと変わって登場する人物と思われる。斎藤弥九郎は、長州藩士が多く学んだ江戸三大道場の一つ練兵館を、江川英龍から資金援助を受けて創設した人だ。再任時のこうした経緯を見ると、忠固が「老中になるための運動費を使った」というのは解せない。そもそも江戸家老として浪費したとされる岡部や窓口に立った八木が、老中再任を喜んでいた形跡がない。

　慶永が忠固の屋敷へ初めて「逢対」にでかけたのは安政四年十一月二十七日のことで、「縷々《るる》二千語に及ぶ長文」の「一ツ橋刑部行状書」を手渡し、息子の慶喜が父斉昭とはいかに異なるかを語った。その様子を橋本左内が、福井藩の村田氏壽《うじひさ》に書き送っている。「老公は一寸時世に暗き御人かと存じ奉り候」と慶永が誘いかけると、「上田申され候は、如何にも左様、此方《こなた》も老公には毎々困り切り申し候。全く時勢は御了解なき御方にて御果断は格別なる御方に候。此節も大船御作り成されたく御願いこれ有り候えども、此も只沿海警衛と申す迄にて、為差《さしたる》御見留はこれ無きの塩梅《あんばい》に候」[102]と、忠固が応じたという。「伊賀はかねて気むづかしき男ときき居たれど、きょうのありさまよおもいの外に打解たる事にて」[103]と、慶永が受けた第一印象はまずまずだった。

中根雪江の克明な描写のおかげで、忠固の性格の片鱗が窺える。家臣の八木と岡部が、最初の老中就任期間に斉昭と阿部正弘との関係悪化を案じて主君を諫《いさ》めたところ、「おのれは天下のある事を知りて、老公・勢州〔正弘〕ある事を知らず。天下の為と思える事は何事か憚《はばか》るべき。老公と勢州の否応は我関する所にあらず、と片言を以て拒まれたり」[104]という具合で、こんな片意地ではと家臣が嘆いた矢先にあのときは罷免されたというのだ。忠固が一人称として「此方」や「おのれ」を使っていたことなどがわかるのも興味深い。慶永や直弼は「余」、堀田はもっぱら「僕」となっている。『忠固日記』などの文書にはおおむね「自分」と書いているようだ。この年の暮れに、川路聖謨と永井尚志がハリスとの交渉の経緯を伝えるために水戸の小石川の本邸を訪れた際には、斉昭が「備中〔堀田〕も伊賀〔忠固〕もクズクズと申せし由以の外なる事どもなるぞ。備中・伊賀は腹を切らせハルリスは首を刎《はね》て然るべし、切ってしまえと怒らせ給う」[105]となども、中根のおかげで知ることができる。安政五（一八五八）年一月になって、堀田正睦が川路聖謨と岩瀬忠震を伴って日米の条約締結に関して朝廷の勅許を得るべく京都へ向かった留守中も、慶永はたびたび忠固の動向を探りに訪ねてきた。容易に心中を語らない忠固にしびれを切らしているが、忠固は「近比となりて外藩を初め外、御役人共迄も余りに騒々しく申立る事になりぬれば、備中が居らぬ程は暫《しば》し何事もなき体にて伏せおきて、帰りたるを際に其事に取懸かり侍るべき心構に候なり」[106]と、やんわり釘を刺している。「春岳が島津斉彬《なりあきら》〔薩摩藩主、久光の異母兄〕や伊達宗城と共に後継者を決めようとすることは、却って不利になると言っている」[107]と、小林利通は解説する。将軍継嗣問題を親藩の慶永が論ずるのは仕方ないとしても、外様や旗本の役人があれこれ口をだすべきことではないというのが、彼の持論だったのだろう。

老中主席の堀田の留守中、忠固は次席老中として行政のトップに立っていた。「忠固は当時の幕閣にあっては、幕府擁護の急先鋒であったと共に、堀田が上京した後の幕府の実権を握った者もまた彼であった」と、昭和の初めに編纂された『維新史』は書く。[108] ハリスはこの年の一月に深刻な病気になり、江戸から下田へ戻っていたため、忠固ら留守番老中たちは医師伊東貫斎を派遣したほか、蒔絵提重《さげじゅう》と鶏卵三〇〇個を見舞いの品として送っている。[109] 『忠固日記』を丹念に調べた菊地教授は、「自分、大和殿［久世広周］、御逢い遊ばさるべく旨、丹波守［平岡道弘］申し聞き、両人例の如く御前に出、御用相伺引」と、この二月、三月に将軍家定から忠固と久世がたびたび召し出されていたことや、数カ月後に初代外国奉行の一人となる水野忠徳が「昨日も伊賀殿、大和殿、台前［将軍の前］へ出られたるよし」と伝えていたことを指摘する。[110]

忠固は勝手掛であったため、ハリスとの折衝には直接かかわらなかったが、同年四月十三日（西暦五月二十五日）には、オランダ使節と条約の交渉もしており、「四月十三日西丸下老中松平伊賀守宅対話書　和蘭領事キュルチユスと條約締結の件」と題された詳しい書類が残っている。踏み絵の廃止の件をはじめ、オランダ人と遊女のあいだに生まれた子の扱いなど、突っ込んだ話し合いが行なわれた模様だ。通訳には森山栄之助が当たった。「其初箇条は、日本通用金銀勝手に輸出、外国の金銀も同様輸入の儀に御座候」とあるので、忠固は後年の金や銅の流出は予期しなかったのだろう。[111] オランダ領事になったクルティウスに随行したポルスブルックの日記には、「五月二十五日。第一の老中、松平伊賀守を訪問。通商条約締結と、条約交渉の日取りを決めるために会談」[112] とだけ記されている。

興味深い点は、この四月の段階で、万一、キリスト教の信者となる日本人がいた場合にその処遇はどうなるのかと、クルティウスが確認していることだ。それにたいする忠固の答えは記されていないが、キリスト教にたいする幕府側の姿勢は早くから決まっていたようだ。一月十八日に今後の条約交渉は井上清直《きよなお》と岩瀬忠震の二名を全権とする旨を伝えられたハリスが、第一次談判を終えた二十五日の日記に、自分が提案した条約案は二人にことごとく拒否されたものの、第八条だけは別だったと書いているからだ。「これはアメリカ人に信仰の自由を与え、適切な礼拝場所を建てる権利を保障し、日本側は十字架を踏みつける慣習を廃止するものだった。驚いたことに、そして喜ばしいことに、この条項は受け入れられたのだ！」前年十月十六日にオランダのクルティウスと水野忠徳、岩瀬忠震らのあいだで調印された日蘭追加条約で、出島内でオランダ人の信仰の自由が認められたとする記述が多いが、ハリスは踏み絵の「廃止をオランダ側が提案したが、日本側はそれに署名するのを拒んだ」としている。[113]

ハリスとの交渉は一カ月にわたってつづいたが、その第十次談判になって急に諸侯が騒ぎだし、天皇から勅許を得なければならないことになった。そこで初めて、ハリスは井上と岩瀬の「全権委員」がなんら実権をもたないことを知ったのだ。「予（ハリス）は遂に国務評議会の一員が、京都なる精神上の皇帝（The Spiritual Emperor）に特使として赴き、その認可を得るまで、条約調印を延期するにあるを発見した」と書くハリスの日記を引用した蘇峰は、この経緯について「以上はハリスその人にとりても、全く寝耳に水であったであろう」と述べている。[114]

江戸と京の開国派

堀田正睦の一行が条約勅許を得るために上洛したものの手ぶらで帰り、違勅条約と呼ばれるようになった経緯は、海音寺潮五郎の『敬天愛人　西郷隆盛』のような小説にも書かれているので繰り返さないが、大半は一橋派の視点から書かれていることに留意すべきだ。この間の出来事には腑に落ちないことがある。

歴史学者の森谷秀亮《ひですけ》は『九條尚忠文書』の「解題」に当時の関白九条尚忠の様子をこう書く。「老中堀田正睦が上洛した当時、前関白鷹司政通は幕府が奏請せる日米条約の調印は許可すべきであると主張し、尚忠は条約拒絶派であった。しかし〔……〕正睦等の諒解《りょうかい》運動と、彦根藩主井伊直弼の命により入京した長野主膳〔義言〕の入説により幕府支持に傾いていった」[115]。尊攘派の公卿として当時の京の様子を知る東久世通禧《ひがしくぜみちとみ》の『維新前後』にも、「幕府陰に九條関白に迫りて宮〔青蓮院宮〕を排斥したるものなり。此運動は井伊家の長野主膳《しゅぜん》であらう」とある[116]。徳富蘇峰も同様に、「もしその九條尚忠の態度一変といわんか、はたその本職暴露といわんか〔……〕その彼を動かしたるもの、長野義言《よしとき》の力であることは断じて疑いを容れない。すなわち井伊直弼が、江戸より在京の義言に与えたる二月二十六日附けの密書の一節に、「再三度の密書相達し候。〔……〕いよいよ無事に在京一段に候。さて此の度上京其の詮《せん》ありて、関白殿御大悦、生きた書状と仰せられ、何か御内談、御丁寧の義どもにこれ有り候由[117]」と書き、九条関白が急に幕府寄りに変わったのはこのときだとする。

素性不明のこの謀臣、長野主膳が京都入りしたのは、『井伊家史料』によれば、安政五年一月二十四日のことで、二十六日に九条邸に参殿している。しかも、「十七、八日頃より　殿下も御待ち兼の御様子」だった[118]。井伊直弼が大老に就任するのはずっと先の四月二十三日のことなのだが、堀田一行が京都に到着する二週間前から、九条関白は井伊家と頻繁に接触しており、「長逗留迷惑にはこれあるべく候えども、右一条〔条約勅許の件〕片付迄御滞留成らされ候様[119]」と依頼している。つまり、九条関白は堀田一行を迎えるに当たって、幕府側で頼れる相手を必要としていたのではないか。それには常溜で幕政に口出しできるうえに、九条家とは正室を介して遠縁でもある井伊家ほどふさわしい相手はいない。九条尚忠はもともと関白という職にふさわしく幕府寄りの人だったのではないのだろうか？　井伊直弼はペリーの初来航後に京都守護を命じられており、この二月は京都御警衛として大雲院の陣所にいたので[120]、「余は両度も御使いに参りて堂上の事粗心得たるか」[121]と豪語したのは、まんざらはったりではなかったようだ。だが、九条関白は堀田正睦にも同情しているし、京都所司代に小浜藩主の酒井忠義を復職させようとしていたことなども、長野主膳から彦根藩宛の書状からわかる[122]。

長野主膳と同様に、福井藩から京都の偵察に送り込まれた橋本左内も、「其訳《わけ》は九條関白景況一転、これに依り宮様［青蓮院宮］御相談の処、殊の外御忌《い》み成され、伝奏より内々移《い》［公文書］を以て宮の御参内指し留め申し候。［……］さて一橋西城の義、陽明家［近衛忠熙］・転法輪家［三条実万］・宮などは御決心候えども、関白は南紀のよし」と、藩に報告している。ただし、日付はもっと遅く三月十四日付であり、関白の「景況一転」と左内が判断した理由は、むしろ孝明天皇の信頼が厚かった青蓮院宮の排斥を関白が試みたことにあった[123]。この宮のもとに梅田雲浜、西郷隆盛と入水した僧月照などが出入りして攘夷思想を吹き込んでいた。左内にとっての関心事は、九条関白の条約にたいする姿勢ではなく、南紀派らしいという点にあったことも、文面から見て取れる。つまるところ、福井藩の「松平慶永は、その主とするところ、条約問題よりも、将軍世子問題であった。堀田正睦は、その主とするところ、条約問題にありて、世子問題ではなかった」[124]と、徳富蘇峰が指摘するとおりなのだ。

『岩倉公實記』に、日付は明記されていないが、条約問題をめぐる朝議の様子が書かれている。三条実万《さねつむ》が開国のような重大事を決めるには人心を掌握できる賢明の人を副将軍に選ぶべきだと説いたのにたいし、青蓮院宮は戦うことを恐れるのは一時凌ぎだと主戦論を唱え、太閤《たいこう》としてまだ影響力をもっていた鷹司政通は条約の勅許は下さざるをえないと主張した。一方、九条関白は「実万の議、異常なるを以て躊躇《ちゅうちょ》して同意せず。又、政通の議は朝野の人心に忤《さか》らうを以てまたこれを賛成せす。唯、議伝両職の説に左袒《さたん》「味方」せり」と、どっちつかずの姿勢を示した。武家との窓口である議奏・伝奏の両職はこのとき堀田正睦の陳述に心を動かされることはなかった、とその前段に書かれている。[125] 三条実万は、京都入りした左内が二月九日に最初に口説いた相手であり、「極力西洋の事情等説き尽くし候えども、長袖〔公家〕ゆえか殆ど充分の御融解相成らず」、一方、内政問題には理解があり、「西城へ転し大に御意見一定致し候」[126]と評した人物だ。「左内は戦術をかえ、開国論を説くことをやめて、慶喜世子論一本槍で行くことにした」[127]と、海音寺潮五郎はわかりやすく書く。『孝明天皇紀』には、安政五年二月十六日に鷹司政通の「外交意見、衆と異なる所あり因て密勅を」孝明天皇が近衛忠熙《ただひろ》に送ったとする見出しとその宸翰《しんかん》（天皇自筆の文書）の内容があるので、朝議はそれ以前に開かれたのだろう。「此節では関白は大分きばり居られ候」とあるので、九条関白がこのとき太閤に同調せず「気張った」ことがその文面からはわかるが、「何卒関白の心得違いこれ無き様」と、より気心の知れた左大臣の近衛に関白の牽制を孝明天皇が頼んだものと思われる。[128]

こうした朝議を経たのちの二月二十三日、「人心の居合《おりあい》、国家の重事に候間、三家以下諸大名の赤心《せきしん》聞食《きこせ》られたく思し召し候」[129]とした勅問《ちょくもん》が堀田に渡された。堀田がこれをすぐに江戸へ伝えると、病気の内藤信親を除く留守番の老中三名、脇坂安宅、久世広周、松平忠固が連署した三月一日付の返答が、同五日には京都に届いた。江戸と京都間は歩けば二週間ほどかかったが、「宿継奉書《しゅくつぎほうしょ》」と呼ばれた飛脚リレーならば「三日半の急便」で届いた。そこには「人心居合方の儀は如何様にも関東にて御引請け遊ばされ候間」[130]と、幕府にお任せをという旨の丁重ながらきっぱりとした返答が書かれていた。「堀田正睦《まさ》将に老中の奉答書を上つらんとするの時に方《あた》り九條尚忠心変し、陽に正睦の奏事は勅允《ちょくいん》すべからずと言うも、陰にこれを関東に委任するの工夫を費せり。是時に於て朝野の間に流言あり。曰く関白は東使の賄賂を受けて以て其嘱請に応せんとすと」と、『岩倉公實記』は幕府からの同じ返答を引用してつづける。[131]閣老からのこの返答にたいし、関白は「今度の台命《たいめい》、将軍家へ有躰《ありてい》に通し候や」と、本当に将軍の見解かと念を押したのにたいし、「伊賀殿より直に御聞取り相成り居候、右後老中評議相成り候事」と返答を得ている。[132]

この間の二月二十九日、鷹司政通が病気を理由に内覧を辞退している。内覧とは、天皇に奏上する文書を前もって読めること、およびその役職を指す。三月十二日には、九条関白が「此上は関東において御勘考あるべき様」と修正を加えて勅書を起草しようとしたことに抗議して、岩倉具視や大原重徳、中山忠能《ただやす》ら堂上公家が座り込みをした。廷臣八十八卿列参事件と呼ばれる出来事だ。『岩倉公實記』には、九条関白と武家伝奏の東坊城聡長は「黄白［金銭］を以てし己れか欲する所の勅答案を草せしめたりと、具視、此勅答案を獲て大に愕《おどろ》き［……］関白の心を変せしめたるものは川路・岩瀬の二人なり」と書かれている。[133]

前述したように、九条関白の養嗣子幸経の「簾中」は、松平忠固の異母妹、もしくはいとこの娘である。鷹司政通と水戸の斉昭の関係とさほど変わらないこの強力なコネを、条約勅許を得ようと必死になっていた老中の忠固が使わないはずがあるだろうか。酒井雅楽頭家と縁戚である九条関白は、長野主膳に入説されるまでもなく、幕府と協調して公家をまとめる立場にあることを自覚していたはずだ。だが、これほど近い縁戚で考え方も似ていたとはいえ、九条関白と忠固が互いに面識があった可能性は、大坂城代時代にあったとしても、非常に少ない。京都の閉鎖された社会のなかで、比較的情報を得られる立場にあった九条関白と鷹司太閤の政治姿勢は似ており、どちらも開国派だった。両家は堺町御門の東西で向かい合わせにあり、養嗣子を交換し合う親戚でもある。内覧を辞退したあと態度を変えたのは鷹司太閤のほうであり、それはひとえに自分の妻が水戸の斉昭の姉だったからであり、息子で一橋派として活躍した輔熙《すけひろ》にしてみれば、一橋慶喜はいとこだからだ。「一橋派の中には、開国論者も、攘夷論者もあった」[134]と、徳富蘇峰が書いたように、この時代の人びとを開国か攘夷かで分けようとすると、訳がわからなくなる原因がここにある。「松平慶永のごときは、ペルリ時代には、赤熱《しゃくねつ》の打払い論者であった」と、蘇峰はつづける。本当の対立軸は、将軍・譜代大名・関白という江戸時代を通じての支配者層と、それを覆そうとする諸々の勢力、つまり台頭してきた「儒医浮浪の者」[135]たちと、彼らに入れ知恵され、担ぎだされた天皇・水戸・一部の親藩・外様大名・公家のあいだにあったのではないか。そう考えると、二月二十三日の勅問に「関東にて御引請け遊ばされ候」と答えた忠固らと、それを受けて「此上は関東において御勘考あるべき様」と勅書に加えようとした九条関白のやりとりは、違った意味をもってくる。ペリー来航時以来、開国を推し進めてきた忠固の信念は、京都で九条尚忠という強い見方によって支えられてきたに違いない。しかも、この時期には九条関白の娘の夙子、つまり孝明天皇の女御が、この年六月十二日に生まれる富貴宮を懐妊中だった。彼らが互いの関係に沈黙を貫いたのは、一つには夙子が第一子を亡くしているうえに、尊攘派の先頭に立つ中山忠能の娘慶子《よしこ》の産んだ祐宮《さちのみや》（のちの明治天皇）がすでに宮中に移ってきており、さらに岩倉具視の妹堀河紀子《もとこ》も後宮に入り、二人の皇女を産むという、苦しい状況に夙子が置かれていたからだというのは、考え過ぎだろうか？　多年にわたって公家と縁戚関係を築いて勢力を増してきた水戸家や島津家を問題視する「幕府至上主義者」としては、実家のコネとはいえ、九条家との関係は表沙汰にしたくない最後の頼みの綱であったろうし、九条関白側も「女癖」の噂を広められたくないなんらかの事情があったかもしれない。

井伊大老就任

条約勅許は得られるはずだという堀田正睦らの目論見は見事に外れ、一足先に四月四日に江戸へ戻った岩瀬忠震はそれ以降、条約調印にいたるまでの数カ月間、「条約問題ではなくむしろ世子問題に熱中し、一橋慶喜の西城入りを目指し」[136]たと、小野寺氏は『岩瀬忠震』に書く。この豹変ぶりは、京都滞在の最終日三月二十四日の夜に橋本左内に初めて会い、意気投合したからなのだという。確かに『昨夢紀事』にはこれ以降、左内が岩瀬を介して閣老の動向を探る様子がたびたび描かれる。「此夕、橋本左内を岩瀬肥州の許へ遣わされ近来の景況を御探索ありしに、肥州の言にも此頃にては閣中も漸《ようやく》決議にて備中殿［堀田］、明日の帰府を待て手を下さんとの廟算《びょうさん》［幕府の目論見］なる由、御人体の御事［継嗣問題］も　上には已《すで》に御決着なれども、此に一難事といえるは本寿院の尼公の御事にて」[137]といった具合だ。

岩瀬が言及した「本寿院の尼公」とは、将軍家定の生母のことで、水戸の斉昭を嫌い、一橋慶喜が継嗣となって斉昭が大奥に影響をおよぼすことを悲観していたと噂された。だが、『井伊家史料』に四月三日付の島津斉彬から慶永宛の書とともに掲載されている「つほね文」を読むと、斉昭だけが原因ではなかったかもしれない。家定の継室として嫁いだ篤姫《あつひめ》は、島津家一門に生まれ、五摂家の一つ近衛家の養女となった人で、幾島という御年寄を伴って大奥入りをした。島津家の密偵となった幾島による島津斉彬への報告には、「其内には御子様も御出生もあらせられまじくども」と、世子の望みはなくなったわけではないとして家定が「以ての外の御立服［腹］であり、「なおまた薩摩守までかように申出し」と、島津斉彬までが輿入れして一年数カ月しか経たない篤姫に子ができないのを非難するかのように受け取られていることが暗示される。[138] 篤姫自身がトロイの木馬のように、家定の私的な事情をすべて承知のうえで送り込まれたのだとしても、一橋慶喜を将軍継嗣に立てる試みが失敗した遠因は、親藩や外様が将軍家に反旗を翻すように下々と結託して明君を立てよと執拗に主張し、将軍や大奥の人びとの感情を傷つけたことにあったようだ。慶喜本人にとってもこうした運動はありがた迷惑だったと、徳富蘇峰は示唆する。「そもそも一橋慶喜当人が果たしてかかる野心があったか、否か、そは何とも断言の限りではない。ただ彼は徹頭徹尾これを辞退していた。而《しこう》してそれがむしろ正直なる本音ではあるまいか。何故ならば彼は聡明なる才人肌の貴公子だ。されば幕府の難局は彼がつとに看破したるところにして、かかる渦中に飛び込むは、彼の欲するところではなかったではあるまいか[139]」。慶喜が将軍になった暁にかつての一橋派がことごとく倒幕側に回ったことを思えば、一橋派とはなんだったのか考えざるをえない。

盟主である松平慶永からして、明治三年から一二年に書いた回顧録『逸事史補《いつじしほ》』で、水戸の斉昭が慶喜を将軍継嗣に立てようとしたのは、「決て天下を思うの念にあらず、私利を営するの企なり。［……］我も景山公［斉昭］に欺かれたりと思えり」と、認めている。[140] この回顧録には、幕末の政治にかかわり、慶永がじかに知る人びとについてあれこれ書かれているが、忠固については言及するに値しないと言わんばかりに、一言も触れていない。こうした不作為も、彼の記憶が世代を超えて伝わらなかった一因だろう。

忠固自身は四月十六日の段階では慶永に、大奥に問題があることは言及しつつも、「今日は初めて　台慮［将軍の考え］已《すで》に刑部卿殿に御決定にて備中殿帰府次第、御評議に相成るべくと[141]」、将軍が一橋慶喜を継嗣に決めたと告げて慶永をぬか喜びさせている。四月十九日の左内と岩瀬のあいだの情報交換でも本寿院が「只今自害して果ぬべしと御決心のむねを仰ある」[142]ことは伝わっている。この自殺未遂事件を受けて、忠固は紀州派支持に回らざるをえなくなったようだが、徳富蘇峰などはこの間の忠固について「老獪《ろうかい》の俗吏」と評し、「慶永は、実にこの老奸に、一杯喰わされていたのであった」と書く。[143]

見落とされがちなことだが、岩瀬が江戸に戻った四月四日に井伊直弼が忠固を訪ねている。九条「殿下の思召をも閣老方へ御知せ為したく」として、井伊から将軍継嗣のことをおもむろに切りだされた忠固は「初《はじめ》て御驚きの由」とある。この状況を記した四月十日付の長野主膳から九条家の家臣島田左近宛の書状には、文書案や控えが数通あってわかりづらいが、忠固は「中には一橋をと申す者もこれ有り候へども、多くは其意にてもこれ無く段」などと、どっちつかずの態度しか取っていない。また万一、朝廷が条約勅許をださない場合、「無謀の合戦致すべく事は危中の危にて候えば、此上同席の中より上京候ても所詮無く、只連名にて殿下へ嘆願にてもしたく、其上にても御聞入れこれ無く候わば致し方はこれ無く、一命を捨て勅命に随い候わん」と述べたとする。[144] 忠固のこうした姿勢は、最後まで戦争回避に努めながらも結果的に太平洋戦争の火蓋を切った山本五十六にどことなく通じるものがある。

堀田正睦には三月二十日に、条約に関しては諸大名へ再諮問するようにと訂正された勅答が下賜されていた。じつは『孝明天皇紀』にこんな記載がある。「安政紀事に三月廿二日伝奏・議奏、備中の旅館に至り、西丸の事、英傑・人望・年長の三件を以て選挙早々治定これあるべく様にと天意の旨を演《おこな》う云々とあれども、伝奏等の記中、此事を佚《いっ》す」とし、代わりに「内情は彦根藩士長野義言より在江戸の藩吏に告《つぐ》る書状に於て其概略を窺うに足る」として、この間の彦根側の言い分が転載されているのだ。[145]「安政紀事」は内藤恥叟の書を指し、そこには九条関白が「勅を矯《たわめ》て年長・英傑・人望等の字を除く」とし、堀田が「年長の二字を加んことを請う。張紙にて年長の人を以ての六字を加う」と具体的に書かれていた。[146]徳富蘇峰もこれに疑問を投げかけ、「もし堀田が自ら進んで年長の二字を加えんことを請うたとすれば、彼が一橋推戴派であったことは、もちろんだ。されど彼に果たしてそれほどの決心あったか、否か」[147]と書いた。

真相はわからないが、いずれにせよ、この勅答を携えて堀田が四月二十日に江戸へ帰ったのち、二十三日には井伊直弼が大老に就任するというどんでん返しが起きた。この陰で、家定や大奥から信任の厚い忠固が動いたともっぱら噂された。先に引用した『維新史』の一文前には、「直弼の大老就任に就いて、閣老中最もこれに力を尽くした者は、松平忠固（忠優）である」[148]と書かれていた。このときの「裏面工作は、忠優によってなされたものと考えられている」と、上田の『松平家史料集』も書く。思うに、四月四日に井伊が訪ねてきたとき「初て御驚きの由」とあったのは、一橋派として結集し始めた外部勢力にたいする危機感から、九条関白と井伊が手を結んだ事実を初めて知らされたためではなかろうか。堀田同様、忠固としては条約の勅許さえ得られれば、将軍継嗣は一橋慶喜でも構わないと思っていたところ、一橋派のあまりの攻勢にそれを阻止せざるをえない状況に追い込まれたのだ。

「此度、京師《けいし》［都］の事柄の容易からさる有様を己れ帰り参りて具《つぶさ》に弁論に及びたり［……］始《はじめ》て目の覚られたる心地にて伊賀殿の疳《かん》の虫も稍《やや》納りて人の言う事も能《よく》聞き入れらるれば」[149]と、十三日に岩瀬は左内に告げた。その二週間後、「伊賀なども是迄はおのか方なりしか、大老の出来し後は後ろ鞍に乗りて僕を圧し倒さんとする気色も見えて、いと心外なる事どもにこそ候え」という四月二十七日の堀田の言葉は、このとき忠固が方向転換を迫られていたことをよく表わす。「備中殿深く歎《なげか》われてさん候。西城の御事も僕一人は持論を主張致し候えど、大老は元来の紀州、伊賀なども近比《ちかごろ》となりては是迄のようにも言わず」[150]と、中根は書いた。疑心暗鬼になった堀田は、五月十五日には「元来、伊賀と掃部とは睦じからず候いしか、大老となりし已後《いご》は伊賀より大に諂諛《てんゆ》を尽くし［……津田半三郎が］此間《こないだ》橋公［慶喜］の御事を申出候処、大に伊賀にしかられ候いき［……］何ても僕を倒し南紀を立、それより大老をも倒し己れ一人大権を握る積りに候はんと申さる」[151]と、慶永に打ち明けた。忠固の陰謀説は当時たびたび噂にのぼったようだ。一橋慶喜の家臣である平岡円四郎は左内に、再上洛使者の選任に関して二十五日に、「伊賀殿のいわるるは、京使を命ぜらるる見込にて彦根を出し、彦根も初の程は行くべき気色なりしかと［……］其時に当り酒井雅楽頭（伊賀殿実甥）を今一人大老となし京都へ遣わし」[152]と、憶測した。当時の第七代姫路藩主は三宅康直の長男、忠顕《ただてる》で、二年後に二十五歳で病死するのだが、左内らはそんな事情は知らなかったのだろう。

　この時期、忠固はひどく苛立っていた模様で、井伊家の『公用方秘録』の五月十二日の条などにも、「松平伊賀守事異存申立、種々説得いたし候えども、何分主意強く御為方に相成り申さずに付」[153]と書かれた。この記録は桜田門外の変後に彦根藩の公用人となっていた宇津木景福《かげよし》が中心となって編纂したものだが、文久二（一八六二）年に攘夷論が盛んになると藩に累がおよぶことを恐れて、宇津木は長野主膳とともに彦根藩によって斬罪《ざんざい》に処せられ、未完に終わっている。『公用方秘録』には内容の異なる写本がいくつか存在するうえに、井伊家から明治政府にだした「提出本」が驚くほど改竄されていたことが近年判明し、それらを細かく付き合わせた内容が『史料　公用方秘録』として刊行されている。先の引用部分は、『井伊家史料』では割愛されているが、木俣家に残された写本には「御役御免に相成り然るべく旨、仰せ上げられ候処、夫々《それぞれ》御案外の義、伊賀は精忠の者に付、其方と手を組み、万事取計い候わば」と、忠固の罷免を井伊側が画策しても、家定が「伊賀は精忠の者」だから手を組めと却下したことが記される。

五月二十九日には、「備中殿、愧《は》ちたる面持ちにて最早是非もなき事にて紀州殿と決し、来る朔日《ついたち》には三家三卿、溜詰衆へ御内意仰出でられ、表向きの御弘《ひろ》めは、朔日の御内意京師へ御伺い済にて六月末、七月始にもなるべきか」[154]と『昨夢紀事』は書いた。だが、京都所司代から転送されるはずのその答書は、表向きのお披露目が予定された六月十八日を過ぎても江戸に届かず、当月月番であった忠固の『日記』を調べた菊地教授はこの遅延に彼がなんらか関与していたかもしれないと推測する。[155]

六月二日には、井伊大老と忠固が「台前〔将軍の前で〕大議論となり」[156]、折しも近衛忠熙からの書が篤姫のもとに届いたところだったので、左内は薩摩藩で同様の裏面工作に奔走していた西郷隆盛と形勢逆転かと喜んだが、「二日台前の議論は条約の事にて西城の件にはあらざる由」[157]と、数日後に伊達宗城が直弼から直接聞きだして訂正している。岩瀬は左内へ、「愛牛の逆鱗は定《さだめ》て條傳〔忠固〕と相触り候事に相察し候。昨日は愛牛と錯邏〔堀田〕と　天帝〔家定〕に謁し、其後又、前の二名別世界にて密話あり、其後又、錯と條と別世界に話す。何事を為すか知らず」[158]と報告する。愛牛は、「彦根に於てかつて牛殺しの神事ありしを、同人の世に之を廃止せしことあり、因て牛を愛せしとして「愛牛」[159]と隠語で呼んだと、伊達宗城がのちに語っている。條傳の由来は不明だが、上田の閣老という意味で、「上閣」あるいは家紋から「桐」などと「陰謀方」には呼ばれていた。錯邏や桜閣は、佐倉侯の堀田のことだ。

日米修好通商条約締結

こうした状況下で、英仏艦隊が日本に向かってくるという知らせが六月十四日にハリスからもたらされた。後年、J・R・ブラックが書いたように、ハリスには「後ろ盾となる艦隊がなかった。そこで彼は、中国で英仏両国が勝利した有名な成功話を巧みに利用した。中国で銃剣を突きつけて［天津］条約を勝ちとった外交官たちは、間違いなく同様の目的で日本にもやってくるだろうと指摘したのだ。そしてアメリカと条約を結べば、ヨーロッパの二大国と日本とのあいだで問題が生じた場合、アメリカの大統領は調停役に回るだろうと請け合ったのである」[160]。ハリスがここで言及したのは、アプリン中尉も従軍していたアロー戦争、もしくは第二次アヘン戦争のことだ。一八五六年、イギリス船籍のアロー号の中国人船員を清国官兵が逮捕し、英国旗を引きずりおろした事件に、当時イギリスの広東領事だったハリー・パークスが抗議して始まった戦争で、英仏両軍はその後広州を占領し、天津まで制圧したところでいったん休戦になり、その知らせをハリスが幕府に伝えたのだ。ただし、戦闘はその後もつづき、一八六〇年十月に英仏連合軍が北京を占領してようやく終結した。当時ハリスは、遅々として進まない条約交渉に苛立ち、深刻な病にも冒され、通信手段もないまま下田で立ち往生していた。二日前に二隻の米軍艦がついに下田へ来航すると、この機を逃すまいとその一隻のポーハタン号に飛び乗って、十七日に神奈川の小柴沖までやってきた。「条約只今調判致し候様にハルリス申立て候由。右は幸の事、京地《きょうち》云々構わず、当地限り御英断好機会と海防掛一同評決の趣、伝聞き仕り候」[161]と、水野忠徳は左内へ書き送った。一橋派であれ南紀派であれ、開国すべきだと考えていた幕府の担当者にとって、この出来事は文字どおり渡りに船だったのだ。

　条約はポーハタン号船上で六月十九日に締結されたのだが、その前日、これからハリスとの調印にでかけるという岩瀬が慶永にこんな書簡を送った。「さて又黒船渡来の一条に付、火急に出張を命じられ、只今直に品海より出帆仕り候。［……］梧桐《あおぎり》［忠固］を洗する事方今の緊要、是等は愛・錯の地位にては一挙手一踏足の事に存じ奉り候えども、気焔不足、残念千萬、何卒厚く御配慮成し下され、邦家の一大害を御芟除《さんじょ》仰ぎ奉り候」[162]。「横浜開港主唱者」[163]にとって、ハリスとの調印よりも、忠固を排除することが「今の緊要」であったとも解釈できる文面だ。にわかには信じ難いが、岩瀬は条約締結後の二十三日にも慶永に、「洗桐一事は段々の御丹精を以て先づ雲を披《ひら》き青を観るの想いをなし申し候」[164]と書いている。

考えてみれば、ハリスが来日した当初から交渉をつづけ、個人的にも親交を深めたのは岩瀬ではなく、川路聖謨の弟の下田奉行、井上信濃守清直であり、通詞の森山栄之助だった。ハリスの日記でも通訳のヒュースケンの日記でも、「シナノ」が言及される回数は格段に多く、岩瀬よりは堀田正睦のほうが数倍は多く登場する。井上・森山の両名は横浜開港のために最前線で尽力した人たちだと思うが、膨大な交渉記録が残っているにもかかわらず知名度が低いのは、彼らが一橋派として暗躍せず、中根雪江によって後世に名を残してもらわなかったからに違いない。下田に単身赴任させられていた井上が、茶道具を持参して彼らにお点前を披露した一件などは、たとえヒュースケンが抹茶に閉口したとしても微笑ましい。浪人の脅威についても、武家の次男や三男が、武芸の訓練だけは受けてもなんら役職には就けず、ただ帯刀だけ許されている現状があり、文字どおり「厄介」となって浪人予備軍となっているのだと井上が腹を割って説明している。彼自身が御家人の三男で苦労したのだろう。[165] 一カ月におよぶ談判の期間も、何かとハリスのもとを訪れて、補足説明を試みていた。彼らのような外交官が存在したことは幸いだった。

条約締結の夕方に慶永が訪ねると、井伊大老はその日の出来事をこう罵った。「余はかねて京都の事は厚く心得候て、是こそ第一義なるべけれと言葉を尽くし候えど、備中は敗軍の将にて言句も出さず、伊賀はひと口に長袖の望みに適うやうにと議するとも果《はて》しなき事なれば、此表限りに取計らわずしては覇府の権もなく時機を失い天下の事を誤るよしを主張し、海防掛りは恐怖するのみにて兎も角も差向きたる難を遁《のが》れんとの情態。唯、本多越中〔忠徳、若年寄〕計《ばかり》は余〔井伊〕と同意にて其他は一人の味方もなくて孤立の勢いなれば〔……〕伊賀などは小身者の分際として此頃は権威に誇り、傍若無人の有様」[166]。

『公用方秘録』では、「三奉行始め御役中一同御評議に相成り候処」、若年寄本多越中守だけが大老の意見に賛成だったとするので、忠固の有名なセリフはこのとき吐いたものだろう。『開国起原安政紀事』や『横浜市史稿』をはじめ、随所に引用されている。その後、「御用部屋へ御帰り、尚御評議成され候処、堀田備中守様・松平伊賀守様には素《もと》より御許し成さるべく御底意〔……〕なるたけ引延し為し候方然るべき趣を以て、井上・岩瀬の両人御呼び、如何様にも骨折り、天朝え御伺済に相成り候迄引延し候様にと仰せられ候処、信濃守申され候は、仰せの趣 畏《かしこみ》奉り候えども是非に及ばざる節には、調印仰せ付けらるべくや、と御伺い成され候間、其節は致し方之無く候えども、なるたけ相働き候様仰せられ候えば」とつづく[167]。『あらしの江戸城』では、井上清直が鋭く突っ込んだのにたいし、大老が言い淀んだあと忠固が井上、岩瀬両人に向かって、「大老の仰せは、最後は貴殿等両人に任せるという事じゃ」[168]ともう一押しする。裏づける史料は探せなかったが、御用部屋で彼がそう言って二人を送りだした可能性は高そうだ。

『公用方秘録』の「提出本」では、これにつづく部分に、国体を守るために調印し、「勅許を待ざる重罪は甘じて我等壱人に受け候決意に付」という大老の決意表明が書かれているが、この部分は明治になってからの書き換え部分であって、木俣家本では「事態の深刻さに後悔し、成す術を失っていた様子がうかがえる」と、『史料　公用方秘録』に京都女子大学の母利美和助教授は書く[169]。

『九条尚忠文書』には、六月二十一日付の老中の書簡が二十七日には届いた旨が記載され、「今度条約御取替え為しこれ有り候。右御余儀無く、委細別紙の通りに候」として忠固を含む老中五名が連署した書が転載されている。別紙にはその理由として「英吉利、仏蘭西の軍艦、近日渡来致すべく、尤も清国に十分打ち勝ち、其勢いに乗し押し懸け候事に付」とされ、調印者として井上信濃守、岩瀬肥後守の名が書かれているが、井伊大老の名は見当たらない。[170] 九条関白が忠固から受け取った書面はこれが最後となった。岩瀬から福井藩への前日の密書にはこう書かれた。「京師へ報告の事如何に相成るべくやと存じ奉り候処、条約済の事を奉書にて淡泊に仰せ遣せらるべしやの議論にこれ有り候。是は木同［桐、忠固］の主張する処と存じ奉り候。最初より暴断に候わば、却って辞もこれ有り候えども、一旦上使にて御伺の儀を、勅旨通りの御取扱にもこれ無しで、今更一紙の報にては先般の事に懲り候」[171]と、宿継奉書は忠固のアイデアだろうと暗に非難する内容だ。『維新史』は「此の時幕議は松平忠固の意見に従って、唯、宿継奉書のみを以て奏聞することに決し［……］此の不臣不遜なる幕府の態度に対し、畏《かしこ》くも孝明天皇は宸怒《しんど》あらせ給い」[172]と書く。この二十日、『公用方秘録』の木俣家本で井伊大老は「上野え　御参詣、右に付御登城これ無く」と記されたあと、主君が「陰謀方の術中」に陥らないようにと宇津木が画策する模様が記される。[173]「勅許を待ざる重罪は甘じて我等壱人に受け候決意に付」の言葉は、忠固のセリフにこそふさわしい。取り急ぎ報告という意味では「奉書にて淡泊に」連絡するという、ペリー来航時以来、忠固がたびたび採用していた手段は、現代人の感覚からすれば間違っていない。もっとも、朝廷の勢力が強まっていたこの段階では、岩瀬の懸念どおり、宿継奉書による報告は、尊王攘夷派が幕府を糾弾する大きな理由の一つとなり、その汚名はつねに忠固に着せられるようになった。

『幕末政治家』（一九〇〇年）で忠固を酷評した福地源一郎が、『幕府衰亡論』（一八九二年）では徳川幕府が滅んだ原因として、「（第一）京都へ奏聞の事（第二）水戸前中納言斉昭卿を顧問となしたる事（第三）諸大名に和戦の評議を成さしめたる事」の三点を挙げ、「此三事は当時偶然に出でたるべしと雖《いえど》も、実に徳川幕府の専制政体は是が為に一変して会議政体たるの端緒を開きたり」と書いたのは矛盾している。当時、この三点いずれにも一人強く反対したのは忠固だからだ。「幕閣の評議は原来、己れ和せんと欲してまず言うを憚《はばか》り、他人をして言わしめんと巧みたるが故に、他人にその権謀を看破せられて、かえって主戦説のために苦しめらるる者なりと云うべし[174]」という同書の下りにいたっては、「伊勢守は黙止いたし居候」ときに「専ら和議を唱え候」は誰だったのかと問いたくなる。国家存亡の危機に際して、海外の状況をよく把握した老中として、忠固は外交力で国を守り、条約を締結する主権者としての幕府の地位と権威が揺らがぬよう、あらゆる努力を傾けていたのだろう。

「彼［堀田正睦］はもとより第一流の政治家としては、その大なる資格を欠いている。［……］されど彼は真の開国者であった。［……］ただ彼に欠くるところは、その自信もて、一世を指導するの力に乏しかった点にある。［……］今日では日本帝国開国の大立て者といえば、開国そのものにはむしろすこぶる縁遠く、ただ外にしてはハリス、内にしては岩瀬・井上の徒に余儀なくせられ、やむを得ず、調印に至らしめたる井伊直弼を挙ぐるに至りては、井伊その人においても、定めて有難迷惑に感ずるであろう[175]」。これは徳富蘇峰の弁だ。日米通商修好条約の締結の経緯をつぶさに追うと、「上田の有志が横浜開港の銅像を、直弼ではなく忠固にせよ」と言うのはわからなくもない。こう述べた小林利通は、「尤も、忠固を冷罵嘲笑する上田人もいる」と書き、「忠優と［赤松］小三郎は、古老層には評判が悪い。地元の支持がなければ偉人伝説は生まれない」とも指摘する[176]。

『井伊家史料』には、この二十一日付で堀田と忠固両名に登城差留を命じる書が、二十三日には御役御免の通達がつづき、その同日、長野主膳から九条家家臣の島田左近宛に、「皇女御誕生の御事」を冒頭で祝いつつ、この騒動を報告する書の案がある。「皇女」は、九条家から嫁いだ夙子が六月十二日に産んだ富貴宮のことだ。頭注には「一橋派の陰謀露見し堀田正睦・松平忠固罷免さる」とある。[177] 宇津木らは、忠固が一橋派に寝返り、井伊直弼を陥れるために条約調印を強行したと邪推したのだろう。

生糸貿易

徳川斉昭、松平慶永らが条約調印に抗議する形で江戸城に無断登城した挙句に、隠居・謹慎を命じられると、忠固の動向を伝えていた中根雪江の『昨夢紀事』も終わってしまい、老中職を解かれたのちの忠固に関する情報は、横浜の豪商、中居屋重兵衛関連のもの以外は史料が乏しくなる。中居屋の日記「昇平日録」では、上田藩との接触が翌安政六年一月二十一日に始まり、家老の岡部志津馬（九郎兵衛の息子）らが窓口となって、家中あげての「山海の珍味」で中居屋を饗応したことがわかるほか、三月五日には「伊賀守様御進達、九日御引合せ下され候」と、忠固にも面会したと思われる記述などもある。[178]

ところが最近になって、忠固が生糸取引の始まりと関連していた可能性がきわめて高いことがわかってきた。横浜の歴史は生糸貿易と切り離せない。『横浜市史稿』産業編などは、「生糸貿易の濫觴《らんしょう》」として丸々一節を割いているほどだ。近年では、安政六（一八五九）年六月二十四から二十八日に氏名不詳の日本人とオランダ商人間で行なわれた取引が初めだと言われてきた。[179] だが、原町商人伊藤林之助が中居屋開店の当日、「十九日朝、店開之節、イギリス人参り、大井に噺《はなし》相分かり」（「出府日記」）と書いた記録があり、さらに六月二十四日付の上田の「原町問屋日記」に「十九日始まり、生糸の引合があり相成」と記され、上田商人武蔵屋祐助が秘密裏に横浜から上田へ戻り、両町（海野町・原町）で等分して一〇駄分を横浜へ送る算段をしたことが判明したのだ。[180] この行動は産物会所の許可を受けたものでなく、後日、処罰されている。『週刊うえだ』に掲載された地元史家の阿部勇の「蚕都上田の輝きと未来」によると、上田藩では安政四（一八五七）年に、上田の大手前堀端（海野町）と江戸の南新堀町、のちに上田の原町にも産物会所を設け、検査するとともに税金を徴収していたという。伊藤林之助は、藩の指示で中居屋に滞在していたが、彼ら生糸商人は浅草瓦町中屋敷にも出入りし、御屋敷御長屋を貸し渡されていた。[181]

しかも、取引相手はほかでもないジャーディン・マセソンだったようなのだ。開港直後に入港した六隻のイギリス船のうち、トロアス号[182]（一八五九年七月二十六日入港、八月三日出港）の船長ホームズの手記である『ホームズ船長の冒険』の邦訳版に、荷受主のジャーディン・マセソン商会ケズィックの七月二十一日（安政六年六月二十二日）付の次のような手紙が転載されている。「一人の大商人と二、三〇〇〇袋の砂糖と氷砂糖をひきわたす契約をむすぼうと努力しています。それと交換に、かなりの量の生糸を販売してくれるということです」[183]。従来は、水野忠徳らが導入した二朱銀が停止された安政六年六月二十三日以前に生糸取引はなかったと考えられていたが、[184] バーター取引が成立していた可能性が高いのだ。

上田の商人が生糸貿易の一番乗りであったとすれば、「生糸貿易の国家百年の長計たるを達観して」いた上田藩主の忠固の先見の明ゆえと言えるだろう。もっとも、彼は自由貿易を想定していたわけではなく、重商主義のコルベールのように、産業と貿易によって幕府を支えることを漠然と考えていたに違いない。だとすれば、最初の取引が産物会所をすり抜けていたという事実は皮肉なものだ。もう一つ、忠固が想像もしなかったであろうことがある。生糸が大量に国外へ流出して、生糸価格が高騰したため、絹織物の産地が打撃を受けたことだ。上田紬もその一つで、藤本つむぎ工房のパンフレットには、「安政の横浜開港に伴う生糸の輸出が開始されて、糸値の高騰、機械製糸、力織機の普及等により紬織業は衰退することになります」と書かれていた。この工房のご好意で、私が端切れで購入し、祖先調査ノートのカバーとして愛用している紬の柄を本書の表紙にも使わせていただいた。織物を中心に扱った三井横浜店では、八月に入っても交易はきわめて不調だった。[185] すでに産業革命を経ていた列強が東洋の小国に求めたものは、幅四〇センチ弱の地味な色合いの反物ではなく、生糸であり、さらには開港から数年後に始まった蚕種紙や繭などの原料だったのだ。欧米諸国では製糸も織物業もすでに機械化され、幅広の布が安く製造できたのであり、世界各地からの染料や合成染料で好みの鮮やかな色に染めることもできたからだ。横浜開港によって生じたインフレや社会不安を、安政の大獄が始まった時代に忠固がどう感じていたかはわからない。

忠固の死

忠固は公式には安政六年九月十日に病を以って到仕《ちし》、つまり引退し、十二日に逝去したことになっている。[186] 享年四十七（歳）。九月四日付で伊賀の署名のある遺言状が、「忠固の死後二カ月を経た安政六年一一月一四日、藩士を集めた席で家老松平靭負《ゆきえ》から忠固の遺言であるとして」読み聞かされた。[187] 猪坂直一の『あらしの江戸城』は、この晩年の記述がやや紛らわしいが、忠固は罷免から約一年後に横浜が開港し、上田商人が生糸貿易に乗りだしたことを確認したのち、三カ月未満で他界している。猪坂氏は、松平乗全宅を夜間に訪ねたあと、瓦町の屋敷に戻る途中で暴漢に鉄砲で撃たれ、屋敷まで担ぎ込まれたのち死去したとする。籠脇にいた八木剛助が二人の暗殺者のうち一人を斬り、その「男は姓名は分からなかったが、水戸浪人らしいと言われた」と書く。「謹慎中外出して暗殺されたとなると家は断絶というのが徳川の法である。よって事件一切は厳密に附されて家中重臣中にも真相を知る者なく今日に至っている」[188]

下手人がいたとすれば誰だったのか。上田藩内部犯行説も若干ながらあるようだ。藩内抗争がつづき、この年の四月に藤井右膳派が最終的に処罰を受けたことなどを考えれば、ありえない話ではない。尾崎氏は、その数年前に忠固が閣老に再任された折に、水戸藩と交流のあった恒川才八郎が死をもってこれを諌止《かんし》しようとした記録が仙台藩士岡鹿門《ろくもん》の『在臆話記』にあることに注目する。恒川は、斎藤弥九郎の道場に通っていた「剣客」で、鹿門とは昌平黌時代の知り合いであって、前述したように水戸藩と交流があり、かつ安政四年十一月に政治向誹謗を理由に学監代を罷免されているので、確かに候補者としては資格が充分にある。しかし、鹿門はその時期を「此時、上田侯閣老再勤、彦根党水戸と反対なれば、死を以て諌止、同志三、四名にて出都せしなり」と書いている。[189] 井伊直弼は安政五年四月に意表を突く形で就任し、忠固の老中再任当初は、井伊とのつながりが親戚という誰も気づいていない関係以外になかったことを考えると、かりに恒川が藩主と刺し違えを目論んだとすれば、安政五年四月から六月に罷免されるまでの二カ月間になるだろう。翌年になって、隠居した忠固を襲うほどの動機があったとは考えにくい。恒川は安政四年十月に萩を訪れた際に、「二子〔恒川・桜井純造〕曾《かつ》て其の君賢明の状を以て、告げ語ること甚だ悉《つく》せり」[190] と、吉田松陰に書かれるほど忠固のことを高く評価していた。忠固の死後、恒川は文久元年に学監代に復帰し、藩校明倫堂の七代校長を務めたのをはじめ、明治以降は松平家の家令となり、明治四年八月には上田の願行寺の墓所に廃藩置県で上田を去ったときの記念碑と思われるものを建立し、忠礼に従って東京に移住した。在米中の松平兄弟の面倒を何かと見ていた記録もある。[191]

むしろ、戊午の密勅に関与したとして、安政六年八月二十七日（陽暦九月二十三日）に斉昭が水戸に永蟄居となり、すでに逮捕されていた水戸藩の鵜飼吉左衛門親子が処刑され、同日、同藩家老の安島帯刀《あじまたてわき》が切腹を余儀なくされたことに関係があるのではなかろうか。「此度［井伊が大老に］登庸せられたるは専ら伊賀殿の姦謀[192]」と言われつづけた忠固に、水戸の関係者が恨みをいだいたとしても不思議ではない。桜田門外の変で使われた拳銃を中居屋重兵衛に売ったとされるジョージ・ホール医師は、第1章で触れたようにこの年の九月以前に来日していた。そもそも、忠固自身もペリーから「六響炮」を土産にもらっている。開港からまもないこの時期でも、水戸浪士が拳銃を入手することは可能だっただろう。開国によって、殺傷力が桁違いに高い武器が流入することを、忠固は予期していただろうか。彼が拳銃で殺された最初の犠牲者だとすれば、これまたなんとも皮肉なことだ。内藤耻叟はこの九月の出来事として「松平伊賀守隠居す。伊賀守は元老中たり。主として違勅条約に調印せしむる者とす。然れども井伊の為に憎疾せらる。是に至て内諭致仕《ないゆちし》せしむ[193]」、つまり表沙汰にせず引退とだけ記した。死亡事実そのものが伏せられていたのだろう。

忠固は藤井松平家藩主の菩提寺であった江戸の芝西久保巴町（現、港区虎ノ門三丁目）の天徳寺に葬られたが、関東大震災後に同寺が墓地を縮小した際に改葬されたようだ。戒名は大円院殿鏡誉勇進知道大居士。「天徳寺の墓は多磨霊園に移され、さらに廃棄となり今はない[194]」が、上田の願行寺に遺髪・遺歯を埋納し、安政六年十一月に建てられた墓がある。

すでに前年九月から作事奉行に左遷されていた岩瀬忠震も、前述の水戸藩の関係者と同日に免職のうえ禄を奪われ、永蟄居を命ぜられた。そんな彼が終焉の地となる向島の岐雲園《きうんえん》に隠遁できたのは、姫路藩の家老で、日本画に造詣が深かった高須書山が、岩瀬の所有していた鲁岐雲の画を譲渡してもらうのと引き換えで、この別荘をつくったためだという。その家老が川合某（河合良臣か）だという説や、林家（岩瀬の母方の家か）の古い別荘を改装したという説など、いろいろあるようだが、彼の晩年を姫路藩の家老が支えたというのは、なんとも妙な縁だ。岩瀬も一年を経ずして四十二歳で死去した。死因は、写生をするために捕まえたネズミに噛まれたことによる病気だったとも言う。[195] 岐雲園には明治になってから永井尚志や幸田露伴の兄なども住み、近くの白鬚神社には永井が撰文した岩瀬の顕彰碑がある。露伴は『水の東京』で、「墨田堤を望む花時の眺めおもしろく、白髯の祠の森も少しく見ゆ」とだけ書いている。ここはたまたま鐘ヶ淵紡績の勤務医となった伝次郎の息子が、各地にあった墓を集めて新たに門倉家の墓をつくった寺のすぐ近くで、七福神巡りや庚申塔探しで訪ねたことがあったが、そこに岩瀬の顕彰碑があることは最近まで知らなかった。露伴は「鐘が淵は紡績会社の地先にして、隅田綾瀬の二水相会するところのやや下の方をいう」と同書に書いた。この地で生まれ育った祖父は、隅田川で泳いでいたらしい。

上田の願行寺にある松平忠固の墓。2019年、筆者撮影

忠固の子供については第6章で述べるが、九条家のその

後について若干書き添えておく。開港直前に生まれた富貴宮は安政六年八月二日に短い生涯を終え、その二日後には九条関白の養嗣子の幸経も三十六歳で没した。翌年七月には祐宮が儲君《ちょくん》と定められて、夙子の実子とされる。[196] 九条尚忠は文久二（一八六二）年六月に関白を辞任し、その後落飾して洛南の九条村にしばらく隠棲したが、慶応三（一八六七）年の孝明天皇の崩御後に状況が変わり、その年末に環俗して明治まで生き延びた。尚忠の実子で長男とされる九条道孝は左大臣となり、翌年二月二十六日には奥羽鎮撫総督に選ばれる。鎮撫する対象の一つは、江戸市中取締として活躍した酒井左衛門尉家の庄内藩だった。道孝の弟たちは、松園家、鷹司家、二条家をそれぞれ継ぎ、旧五摂家中三家の当主が尚忠の息子となった。

夙子は皇太后となり、明治になると東京へ移った。[197] 宮中での養蚕は、一八七二年に明治天皇妃の昭憲皇后（一条忠香の娘）が始めたものだが、病弱な皇后以上に皇太后のほうが熱心だったようで、一八七四年に富岡製糸工場を袴に靴を履いた姿で一緒に視察する姿が半世紀後に「富岡製糸場行啓」として荒井寛方によって描かれ、聖徳記念絵画館に飾られた。当時、富岡製糸場は芸術家のパトロンとしても知られた原富太郎が所有しており、荒井もその恩恵をこうむった一人だった。[198] 一八七九年には青山御所に、群馬県伊勢崎出身の田島弥平設計で養蚕所が開設し、この施設は夙子が亡くなる前年の一八九六年まで存続した。夙子は英照皇太后と追号され、盛大な葬儀を営まれたあと、京都の孝明天皇陵の一角の、九条村にある九条家の墓所と隣接した場所に葬られた。九条道孝の四女節子《さだこ》は大正天皇妃となり、一九〇八年には紅葉山御養蚕所を新設して、宮中での養蚕を復活させた。養蚕へのこだわりや産業を推進する積極的な姿勢に、忠固にも通ずる酒井家の影響がどこか感じられる。

第5章　幕末の横浜居留地

生麦事件と前後して、薩摩藩がジャーディン・マセソン商会から蒸気船ファイアリークロス号を購入していたことに第2章で触れた。萩原延壽によると、小松帯刀らがこの船に試乗してから一週間後の一八六二年九月五日に、同商会のサミュエル・J・ガワーが、人足や大工に身をやつして船までやってくる「独立心に富んだ諸侯」の「代理人」についての報告書をヴァイス領事に書いていた。名前を明かすことはできないと断りながらも、その報告書には最近やってきた「きわめて強大な諸侯」の代理人の談として、「自分の主君は外国人の最大の敵のひとりであるとたえずいいふらされているが、それはまったくうそで、主君は外国人との友好と通商関係の樹立を切にのぞんでいると、その男はいった。〔……〕同藩の物産が大量に保管されている大坂にわたし〔ガワー〕が船をまわすことや、またいくつの他の港の名前をあげ、そこでいっしょに商売をしようではないかと提案した」ことが、書かれていた。生麦事件が起きたのはこの報告書から九日後だった。そのため、「ガウアーのいう、「代理人」はしばらく横浜に姿をみせなくなったが、すでに契約ができていたファイアリー・クロス号は事件の一週間後、無事薩摩側に引き渡された」。

ガワーは生麦事件の九カ月後に商会内部の通信で、今回は明確に薩摩の名前をだして、「薩摩はその場所（大坂）が外国貿易のために開港されることに賛成であるが、そこでの外国貿易が大君政府によって独占されることには猛烈に反対しているといわれている」と書いた。「生麦事件による薩英関係の「断絶」という表面上の事態をよそに、その背後では商取引きという手づるを介して、非公式な情報の通路が薩英間にとだえていなかったことを、このガウアーの手紙は示唆している」と、萩原氏は鋭く指摘する。[1]

ファイアリークロス号の売却価格は一二万五〇〇〇ドルだったと、レニー軍医が書いている。[2]『薩藩海軍史』は「フリーコロス」号は「英国商人某が所有せるものにして、代価六万七千両なり」[3]としているので、実際に一二万五〇〇〇ドルであれば、一〇〇ドル当たり二一四分というレートになる。そうだとすれば、開港からすでに数年を経て、当初の強制的な両替が必要なくなった「一八六二年九月当時の為替相場が、一〇〇ドルに付き［一分銀で］二一四分だったという事実は残る。条約では一〇〇ドルは実際には三一一分で両替されることになっていたのだが」[4]というサトウ記述とも合致する。「一八五九年のゴールドラッシュ」と呼ばれる幕末の金貨の流出問題は、開港当初、外国人が日本の金銀比価の違いを悪用し、洋銀一ドルを一分銀三枚というレートで替え、四分で金一両に交換して海外へもちだし、地金として売るだけで、当初の一ドルが三ドルに増えて蓄財できたことによった。金貨の推定流出額は、一〇万両から二〇〇〇万両まで諸説あるが、近年この問題を詳細にわたって検討した東北学院大学の高橋秀悦教授の論文を読む限り、金貨流出額は一三万両台が妥当そうだ。[5]第3章で書いたように、生麦事件のあと、薩摩藩が購入できなくなり、代わりに長州藩が買い取ったランスフィールド号が一二万ドルだったので、ちょうどこの二隻の蒸気船の売り上げ分に相当するくらいの額だ。通貨や為替のような複雑な問題は、私のような門外漢には簡単に論じられないが、幕末の政情不安を招いたインフレは、金貨流出だけでなく、あるいはそれを招いた日米修好通商条約締結時の問題だけでなく、開国によって従来は考えられなかった規模のこうした取引が、蒸気船や武器の輸入、生糸や茶など特定の商品の輸出において生じたことにも起因するはずだ。

幕末の政治・経済を揺るがしたもう一つの要因は、幕府が各藩の尻拭いの形で払わされた多額の賠償金だろう。生麦事件では、武装した居留民の一団と薩摩藩士が衝突する事態がすんでのところで回避され、代わりに賠償金を請求するという、いわば平和裏の外交的な措置が取られた。このような事態を防げなかった幕府にたいするイギリス側の要求額一〇万ポンドは、洋銀にすると四〇万ドルだった。一〇〇ドル当たり三〇〇分で計算すると、勝海舟が当時の日記に「今、三郎の首を出さずんば、各々の償いとして、三十万金を出すべし」と書いたように、三〇万両になる。[6]「三郎の首級」（島津久光の死刑要求）は、このときイギリス側からの要求を福沢諭吉らが徹夜で訳した文書が誤解されて広まった噂だった。文久から安政年間の歳入は一一八万七三六〇両だったので、生麦事件の賠償金は当時の幕府の歳入の四分の一以上に相当していた。[7]イギリス側は生麦事件と併せて、その数カ月前に起きた第二次東禅寺事件で殺された二人のイギリス兵の遺族のためにも一万ポンドの賠償金を要求したので、総額は四四万ドルにもなった。

この支払いの複雑な経緯を細々と追った萩原氏によれば、「幕閣はその要求金額が過大であるとは考えておらず」、むしろただ攘夷派を刺激しないために秘密裏に七回の分割払いをしたいとイギリス側に食い下がったのだという。また、「ニール〔英代理公使〕が償金支払いの方法として、関税〔収入〕を利用したらどうかと示唆」すると、その案を受け入れ、第一回の支払い日の前日には「支払われる金額はすでに横浜の運上所に用意してある」旨を伝えてきた。ところが、当日になって支払いは中止せざるをえなくなったと再び連絡がきた。ニール代理公使は賠償金が支払われるまでは神奈川奉行との面会を拒み、六月二十日には最後通牒を突きつけ、当時、横浜沖にいたイギリスの東インド・中国艦隊の司令官クーパー少将に全権を委ねた。[8] 窮地に陥った奉行らはフランスのド・ベルクール公使を頼り、それが幕府とフランスが接近するきっかけになったようだ。

このとき幕府の代表として矢面に立たされたのは、唐津藩の世子のまま老中格となった小笠原図書頭長行《ずしょのかみながみち》だった。生麦事件の償金を独断で支払った人物とされるが、実際には将軍後見職の一橋慶喜が背後で動いていたのかもしれない。文久三年五月十日（陽暦六月二十五日）の攘夷期限があと二日に迫った日のフランシス・ホールの日記にこんなことが書かれていた。「ミアコから全権を帯びてやってくると考えられているストッツバシが、昨夜は藤沢に泊まった。本日、彼は神奈川に到着し、奉行と面会した。彼の任務についてはいくらでもあるが、確かなものは何もない」。その条の注釈に編者が歴史学者コンラッド・タットマンの著書を引用して、この日、慶喜は神奈川奉行の浅野氏祐《うじすけ》と（目付の）山口直毅《なおき》と面会しており、小笠原とも会ったかどうかの確証はないが、慶喜のこうした行動は小笠原の決断への「黙認」を示唆していたと書いている。[9]「小笠原はちょうど京都から大君の命令を受けて戻ってきたばかりだった。これは御門《ミカド》および古都にいる攘夷派が大君に指示したもので、すべての港を閉鎖するよう諸外国の代表との手続きを命じるものだった！」[10] と、サトウはのちに説明した。コーモラント号に乗って再来日したばかりのチャールズ・ワーグマンは、思いの外、和やかな居留地の様子に拍子抜けしながらこう書いた。「こうした状況が数日間つづき、町の人びとは御門の特使、ストッツ・バスキが、リチャードソン氏殺害に関して請求された賠償金をもって到着するはずだと噂し始めた」[11]。ワーグマンや居留地の人びとにとって、当時の一橋慶喜の立場は、発音しにくいその名前と同じくらい難解だったようだ。ちなみに、六月二十八日に書かれたこの記事は九月十二日号のＩＬＮ紙に掲載されている。当時は原稿が船便で送られてから彫刻師が木口彫りにし印刷していたため、報道されるまでに三カ月近いずれが生じていたのだ。

ワーグマンの記事はこうつづく。「案の定、ある夜、賠償金を積んだ日本の蒸気船が到着した。当局は、ありがたい夜陰に乗じて、自分たちの任務を手早く片づけようと躍起になっていた。だが、ニール中佐は頑として譲らず、翌朝、夜の明ける前に、眠っていた横浜の住民は、ドルを積んだ大八車が港からイギリス公使館のほうへガラガラと進んで行く騒音に起こされることになった」

四四万ドルは、実際はすでに運上所に用意されていた。この夜、小笠原長行が蟠竜丸で到着して、浅野と山口に償金全額の即時支払いを命じると、その通達が午前一時にイギリス公使館に届けられ、午前五時から搬入が開始したのだった。[12] 幕府はこの荷をそのまま受け取らせようとしたが、ニールがまず数えてからと主張したため、木箱に納められた何箱分もの洋銀の真贋を検査し、数えさせられている日本人や中国人を描いたスケッチが、この九月十二日号のＩＬＮの表紙を飾ることになった。金額が確認された洋銀は、「いまニール中佐の営舎からパール号の船上へ運ばれつつある」と書かれた記事の下には、アプリンの騎馬護衛隊と海兵隊員に護衛され、見物人が見守るなか、賠償金が運ばれてゆく絵が掲載されている。[13]

一八六三年という年は、一月三十一日に御殿山のイギリス公使館が長州藩の高杉らに焼き討ちされる事件から始まり、その後も京都から戻ってきた浪士組の清河八郎らが横浜の焼き討ちを計画するなど、物騒な事件が相次いだ。十月十五日の午後四時ごろには、居留地から三・五マイル（約五・六キロ）ほどの距離にある井土ヶ谷という村で外国人の遺体が発見されたという知らせが居留地に届いた、と『ジャパン・ヘラルド』は報じた。「仏人三人騎馬にて東海道戸塚駅に遊ばんと保土ヶ谷駅の裏手なる久良岐郡井土ヶ谷に差懸った所」不意に襲われ、先頭にいたカミュを斬り殺したため、「同伴外人二人は、駆け戻って公使館に訴えた」[14]と『横浜市史稿』には書かれている。「プロイセンのフォン・ブラント領事とアプリン中尉とミリタリー・トレインの護衛隊は、東海道沿いの教えられた現場にすぐさま駆けつけ、フランスの護衛隊がそのあとを追った」[15]。事件現場は、関内から中村川沿いに進めば、大岡川との合流地点の蒔田《まいた》のすぐ先の井土ヶ谷で、距離にして四キロほどの場所にあるのだが、どうやら、アプリンたちは保土ヶ谷経由で向かったようだ。フランス軍のアフリカ猟兵第三大隊のアンリ・カミュ少尉の惨殺体は、井土ヶ谷橋と思われる橋から二〇ヤード（一八メートル）ほど先で見つかった。カミュは丸腰だった。犯人は三人組で、うち二人が帯刀者だったようだが、捕まらなかった。宮永孝教授によれば、逃走した犯人の目撃情報は岡津村（現戸塚区）、阿久和村（現瀬谷区）、中山村（現緑区）など、私の家のご近所を通って江戸に入るまで寄せられていた[16]。事件を報じる『ジャパン・ヘラルド』の記事はフランス語で書かれており、外国人墓地に葬られたカミュ少尉の葬儀に、生麦事件の被害者のマーシャルが参列していたことなどがわかる。この記事には、少し高い場所に葬られている人びととして、第二次東禅寺事件の犠牲者のクリンプ伍長とスウィートの名も挙げられているが、現在の横浜外国人墓地の埋葬者のリストに、彼らの名はない。フランス領事を務めていたロウレイロの中国人従僕の墓も少し離れた場所にあると書かれているが[17]、関東大震災でこれらの墓は行方不明になってしまったのだろう。『横浜市史稿』によると、事件現場は「現在の井土ヶ谷町六四六番地先の道路上であった」[18]。そこから一〇〇メートルほど離れた庚申塔と戦没者慰霊碑の横に「井土ヶ谷事件の跡」の案内板がある。昭和六十三年になって横浜市地域史跡に登録され、横浜市教育委員会によって建てられたもので、関内に行く際に私はよくこの脇を通る。カミュの墓は横浜外国人墓地の一般公開されていない一六区に現存しており、数年前、なかへ入らせてもらった際に一度だけ詣でたことがあるが、だいぶ傷みが激しかった。この事件を処理するに当たって幕府は、フランス公使館付書記官のブレックマンの建策を表向き受け入れ、官位を叙されたばかりの外国奉行、池田筑後守長発《ながおき》を正使に、三四名の使節団をパリに派遣した。その一員となった蘭学者の原田敬策（一道）は、後述するように、私の高祖父の伝次郎が翻訳でかかわった人だった。この使節の主目的は実際には横浜鎖港談判で、途中、スエズから陸路でカイロに抜けた際に、スフィンクスの前でベアトの兄、アントニオ・ベアトが撮影した一行の記念写真がよく知られる。「カミュース遺族扶助料として三万五千ドルを政府に渡した。これで井土ヶ谷外人殺害事件は終局を告げたのである」[19]と、『横浜市史稿』はあっさりと書いた。

一八六四年三月二日に、賜暇で帰国していたオールコックが帰任し、「第二〇連隊の分遣隊とアプリン大尉の若干の騎馬兵に護衛されて」[20]迎えられると、各国は下関戦争に向けて続々と艦隊を横浜に集結させた。横浜の居留地には最盛期にはイギリス陸軍約一三〇〇名、およびフランス軍約三〇〇名が駐屯していた。パークス公使の時代になっても残っていた約八〇〇名のイギリス陸軍の第二〇連隊から[21]、「トワンテ山」の名称が付けられたことはよく知られる。アプリンは一八六三年末に大尉に昇進しており、翌年一月のイギリスの新聞に「購入なしに大尉に昇進」と報じられた。当時、士官の地位は功績によらずとも購入できるものだったが、このときの彼の昇進は、それまでの働きを評価されたものだった。[22]

外国人を狙った殺傷事件は明治になる直前までつづいたが、アプリンが遭遇した事件としては、おそらく同年十一月二十一日の鎌倉事件が最後だっただろう。第二〇連隊のボールドウィン少佐とバード中尉が惨殺された事件で、事件当日、ワーグマンとベアトらの一行が江ノ島で偶然この二人に出会っていて、ベアトとは小一時間、行動を共にしていたことが、『ジャパン・ヘラルド』に掲載された彼らの証言からわかる。その後、被害者二人は鎌倉大仏を見に行くためにベアトらと別れ、大仏を見学したあと、現在の鎌倉駅に近い下馬の交差点付近で三人の浪人に惨殺された。事件当日、夜半過ぎに知らせを聞いて、スイス領事リンダウ、プロイセン領事フォン・ブラントらが真っ先に現場に駆けつけ、領事館員のフレッチャーも夜明け前には砲兵隊のウッド中尉とともに現場に着いて、ワーグマン、ベアトとともに詳しい証言を残している。[23] アプリンに関しては十一月二十三日付の『日本貿易新聞』に、「流底南《ルーテナント》ウード小属せる大砲方の兵卒及び甲必丹《カピタン》アプリン配下の番兵、その死骸を引き取るが為に出張」した旨が書かれている。事件の翌朝、外国人たちが現場に着いたときには、遺体は移動させられてこの三叉路の海に向かって左手に、ござを敷かれ筵をかけられて横たわっていたが、血痕は海岸へとつづく道の右側に多く残っていた。この事件現場には案内板もないが、江ノ電線路際の駐車場の片隅に小さなお稲荷さんの祠があるので、ひょっとすると何か関係があるかもしれない。

窪田泉太郎（鎮章《しげあき》）らが犯人捕縛に尽力したことで、幕府は諸外国からの信頼を大いに回復した。清水清次ら犯人は、その強盗仲間の二人とともに、第二〇連隊の士官やイギリス公使館員、ワーグマンなどの立会いのもと戸部の牢屋敷で処刑され、吉田橋のたもとで梟首《きょうしゅ》されてから、願成寺に葬られた。被害者のボールドウィンとバードは横浜外国人墓地のやはり非公開の二一区に眠るが、その墓石には「when returning from DIEBOOTS to YOKOHAMA」（ダイブーツから横浜へ戻るとき）日本人に惨殺されたと刻まれている。

四国艦隊下関砲撃事件で武力行使におよんだオールコックはその後すぐに本国召喚されてしまい、代わりにウィンチェスター代理公使が赴任した。その夫人は身長一八〇センチ、体重一二〇キロほどの大柄な女性だったらしく、ウィリスが長兄ジョージに宛てた手紙に「完全にウィンチェスターを尻に敷いていて、まるで自分が代理公使であるかのように振舞っています。彼女のあだ名な「大仏《ダイブーツ》」です[24]」と書いている。当時、居留地の外国人のあいだで長谷の大仏はそう呼ばれて人気があったようだが、事件被害者の墓碑に刻まれた「死《ダイ》ぬブーツ」の綴りは、当時の居留地の人びとの心理状態を表わしているようにも思える。なお、その後、「下関での武力行使は結果的に本国政府の了解するところとなり」、オールコックは翌一八六五年には駐中国行使という「東洋」で最高のポストに就き、一八七一年まで北京に駐在した[25]。

赤松小三郎と内田弥太郎

こんな状況下で高祖父の伝次郎は、『明細』に書かれたように、元治元年九月（一八六四年十月）に「西洋馬具御買入れ并びに馬療取調べの為、折々横浜表え罷越し、蘭人え問合せ候様仰せ付」られていた。『上田市史』には「上田藩幕府に請い、伝次郎をしてアプリンに就き」とあったので、何かしら許可証や紹介状をもって居留地に入ったのだろうか。もしくは、居留地の関門を上田の商人に紛れてすり抜けたか、横浜警備に付いていた松代藩士の象山弟子の伝でも頼っただろうか。

手がかりの一つは、『上田市史』の赤松小三郎の項にある次の一文だ。「慶應元［一八六五］年再び下曾根金三郎の塾に入り、専ら英学を学びしが、此時英国兵法の大に則るべき者あるを知り、藩の許諾を得、門倉伝次郎、山田純一郎と共に、英国騎兵士官オヒシール　アプリンに就きて、騎兵術を伝習し、同時に英文学を学べり」。『上田郷友会月報』の「赤松先生伝」には、赤松が「曾《かつ》て英国の騎兵術を識らんと欲し、藩士門倉某を介して、横浜駐在英国騎兵尉官アプリンに面して、騎兵操練調馬等の事を問う」[26]とあった。

赤松小三郎も、上田以外ではさほど名の知れた人ではないが、赤松小三郎の研究者である関良基教授は彼を「日本で初めて議会制民主主義を建白した人物」と位置づけ、その驚くべき先進性を著書『赤松小三郎ともう一つの明治維新』のなかで指摘する。慶応三（一八六七）年六月に薩摩と土佐のあいだで結ばれた薩土盟約の構想に、赤松が福井の松平慶永と薩摩の島津久光にだした二つの建白書が影響を与えた可能性があるのだという。この盟約が結ばれた翌月にアーネスト・サトウが二回にわたって西郷隆盛と会談している。サトウはのちに、「西郷は、大君による既存の政府の代わりに、全国民の議会《パーラメント》を創設すべきであると大いに語った。若い友人の松根《まつね》［内蔵《くら》、宇和島藩家老の息子］から、これが反大君派のあいだで非常に一般的な考えであることを知った。私にしてみれば、これは狂気じみた考え《マッド・アイディア》に思われた」[27]と書いたが、その理由は説明していない。ただ、当時の彼の日記にはその出来事について「かれらが考えているものは、イギリス風の議会（Parliament）というよりも、むしろアメリカ風の議会（Congress）というべきだろう」[28]とつけ加えている。薩土盟約は「上は公卿より、下陪臣庶民に至るまで」の議事官からなる「議事院」という議会を樹立すべきだとする、かなり民主主義的なものだった。サトウはその構想を一蹴し、西郷に「狂気じみた考え」の放棄を促したのだろうと関教授は考える。というのも、薩摩藩士にイギリス式兵学を教えていた赤松小三郎が、西郷の腹心の部下であった中村半次郎や田代五郎左衛門らに暗殺された四日後に、西郷は土佐の後藤象二郎に一方的に薩土盟約の破棄を通告しているからだ。[29]

赤松小三郎は高野長英の弟子だった内田弥太郎（五観《いつみ》）のもとで天文、測量を学んだ。内田弥太郎は「明屋敷番伊賀者《あきやしきばんいがもの》」の和算家で、渡辺崋山が江川英龍に測量家として推薦した逸材であり、高野長英の逃亡を助けた人としても知られる。佐久間象山は『省諐録』に「詳証術は万学の基本なり」と書いたことから、自然科学の基礎としての数学の重要性をいち早く理解していたとされてきたが、実際にはこれは内田が「詳証学《マテマチカ》」と呼んで追究した演繹的証明による論証数学からの「受け売り」にすぎず、象山が万学と言ったのは、彼の最大の関心事である軍事技術の意味で、象山は数学を実用面でしか考えていなかったと、数学者の川尻信夫は書く。「詳証術」はオランダ語のウィスキュンデ、数学の訳語だ。象山は一八四六年に「暦算家内田弥太郎の手にやはり紅毛製にて、台に乗り居候天球と地球と揃い候」と書いているので、両者のあいだになんらかの交流はあった。日本ではいまでも科学《サイエンス》と技術《テクノロジー》は混同されているので川尻氏の指摘はおそらく的を射ているのだろう。実用を重視する日本人が純粋数学でなく応用数学のみを学ぶようになったのは、「いわばはったりに近かった象山の詳証術が、形を変えて現代にもなお生き残っている」からで、象山の「数学の知識の実態は［……］無に近いものであった」とも川尻氏は総括で述べる。だが、これは内田の詳証学を「当時の水準から隔絶していた」と絶賛するあまり、象山を不当に貶めてはいないだろうか。西洋人の圧倒的多数は、当時もいまも数学を実用面でのみ用いているはずだ。川尻氏はまた、終生熱烈な朱子学者であった象山が、「朱子学の基本である自然と人事の連続性を否定して、自然界と人間界の峻別の上に立つヨーロッパ自然科学の枠組を果して理解していたのであろうか」と問うが、西洋的な自然観の見直しが進む現在では、この点も再考の余地がありそうだ。[30]

川尻氏はまた、「伊達家の家老松根図書《ずしょ》が五観と知り合い」で、長英はその伝で逃亡中の嘉永元（一八五〇）

年春に宇和島に行ったのだとも書く。サトウの「若い友人」である図書の息子内蔵《くら》が議会政治を目指した陰には、この時代からつづく人脈があり、赤松には松根図書、内蔵親子にまでまたがる接点があったのだろうか。

民主主義という訳語の起源をたどった拓殖大学の野口忠彦教授の研究からは、早期に共和政治に言及した加藤弘之が『鄰草《となりぐさ》』を執筆するに当たって蕃書調所の蔵書を参照していたことが判明している。その書物はオランダ語の地理の教科書的な書物の邦訳書の『地学正宗《せいそう》』でである可能性が高いという。渡辺崋山と親交のあった蘭学者の小関三英《おぜきさんえい》が最初に一部を訳し、のちに杉田玄瑞が嘉永元年から訳し直して、杉田成卿の校閲で嘉永三年から四年にかけて板行した七巻と附図のことで、そのなかに世界の国の政体に関する説明があった。[31] 大橋敦夫がまとめた上田藩の蔵書目録にも『地学正宗』は含まれていた。数年にわたる翻訳作業のあいだ彼らの生活を支え、これだけの巻数の板行費用を捻出したのは、杉田家が仕えた小浜藩の酒井家だろうか。または、松平忠固が兄の三宅康直から小関三英の稿本について聞き、老中時代にそれを刊本にさせた可能性もあるだろうか。いずれにせよ赤松小三郎は、藩内の蔵書からも、内田塾でも、海外には自分たちの想像もつかない政体が実在することを知る機会があったに違いない。

先述したように、赤松小三郎は伝次郎らと横浜でアプリンに「騎兵術」と「英文学」を習ったとされる。折しも一八六四年十一月三十日に水野忠精《ただきよ》ら老中が連名でオールコックに書簡を送り、横浜駐屯幕府兵の指揮官である定番役頭取締の窪田泉太郎とその配下の者に、イギリス式の軍事教練を受けさせてほしいと依頼していた。横浜開港資料館の中武香奈美によると、オールコックは「教えを受けたイギリスの戦術をもって幕府がイギリス軍に立ち向かってくる危険性は小さいこと、依頼を断ればオランダ・フランス・

アメリカがその指導に名乗りをあげるであろうことなどを考慮した結果」承諾し、第二〇連隊のブラウン大佐にその旨の依頼文を送るとともに、日本側からは依頼されていなかったが、アプリン大尉にも騎馬の教練を授けるように指示した。また、アプリンが健康を害したため二カ月ほど日本を離れているので、騎兵の教練はそれまで行なえないことも、十二月二十二日付の幕府への回答に添えられていた。[32] イギリス駐屯軍による窪田らへの教練は翌年一月から始まったようだが、伝次郎らはこれに参加したのだろうか。

一八六四年九月五日・六日（元治元年八月五・六日）に下関戦争が四国連合艦隊側の圧倒的な勝利に終わり、攘夷は不可能であることが歴然と示されたこの一時期、横浜の居留地で幕府側とイギリス側が親密になった期間があったようだ。鎌倉事件で幕府が初めて犯人を逮捕・処刑したことも大きかった。赤松小三郎の日記には、幕府のこうした動きと並行するか、やや先駆けて、十一月三日（陽暦十二月一日）に「イギリス人騎兵オシシール　アプリン」を横浜に訪ね、翌日、「アプリン宅に行き、アレキサンドルの通訳で話す」と書かれている。通訳はシーボルトの息子だったらしい。十一月十六日にはアプリンに数々の質問をし、二十三日には「馬書を戴《いただ》く」。この日記は、柴崎新一が昭和十四年に書いた『赤松小三郎先生』に引用されている。柴崎氏によると、アプリンは『騎兵操典』一冊を貸し与え、それを赤松は寝食を忘れて読み、六日目に返却して、本に書かれていた内容に関する質問に確実に答えてみせたという。同書で引用された赤松の日記にはさらに、翌慶応元年二月十六日（陽暦三月十三日）に岩亀楼でアプリンを接待したような記述や、再びアプリン宅を訪ねて馬に関する質問をした様子が三月十七日（陽暦四月十二日）までつづく。[33] 藤澤直枝が大正六年に編集した『赤松小三郎先生』という同名の冊子には、「江戸横浜の間を往復し、英国騎兵士官オヒシール・アプリンに就き騎兵術を伝習し、同時に英文を学ぶ（元治元年の頃）」とある。[34] 先述したように、アプリンは騎兵将校でないが、アロー戦争では特殊騎馬隊を率いて「戦闘部隊のようになり過ぎている」とすら評されたことを考えれば、西洋馬術だけでなく「騎兵術」の教練もおそらくできたのだろう。ただし、「英文学」は解せない。どうやら『上田市史』を編纂する過程で、「英文」が「英文学」にすり替わってしまったようだ。赤松の日記を見る限りでは、アプリンはこの間に日本を離れていた形跡はない。日記の引用された箇所にはアプリンのもとで西洋馬術を学んだはずの伝次郎や、勝海舟門であった山田純一郎のことは言及されておらず、幕府が手配した調練に参加した様子もないので、この日記からもそれ以上のことは判明しなかった。

居留地の馬場

ところで、伝次郎が西洋馬術を学んだとすれば、馬場はどこにあったのだろうか。幕末まで洲干《しゅうかん》弁天社の瓢箪《ひょうたん》池の裏に小さい馬場があったことは、開港当初の地図や錦絵からわかる。『横浜市史稿』には、「文久元年中、洲干弁天社裏西海岸［……］を埋立て、馬場及び馬見所を新設し、幕府の役人達が此所で馬術を練習し、折々競馬を開催した。外国人もまた、此馬場を利用して馬術を練習し、競馬を行って居た」[35]とある。日本人町のはずれにあって、人目に付きやすい場所なので、ここで習ったとすれば、なんらかの公式な教練に参加したに違いない。この馬場は一八六五年のクリペの地図にもまだ描かれているが、一八六二年にはすでに弁天社つづきの海面を埋め立ててオランダ総領事館ができ、その後、フランス公使館、プロイセン領事館も建てられ、やがて弁天社そのものが取り壊されている。

もう一つ可能性があるのは、居留地内で競馬が開催されていた横浜新田だ。一八六二年の春と秋にここで競馬が行なわれたことはいくつかの資料で確認できる。競馬の歴史を調べた富山大学の立川健治教授によると、それに先立って一八六〇年九月一日に開催された最初の競馬は、元町側に設けた馬蹄形のコースで開かれたという。[36]『横浜市史稿』は、先述の弁天裏の馬場の説明につづいてこう書く。「此施設と前後して、大岡川の後方横浜新田の堤塘《ていとう》に沿い、沼地を埋立て幅六間の道路敷を築造した。（現今の中区山下町西ノ橋通り支那町付近に当たる。）即ち此所を非公式の馬場として居たが、文久二年の夏頃、周囲数町にわたる楕円形の馬場を設け、同十月、番組を定めて各国人総合の競馬会を開催した。これが横浜に於ける洋式競馬の元祖であって、後年の日本競馬倶楽部設立の前提を為し、我国に於ける競馬の創始であった」

　生麦事件からまもない十月一日、二日に、居留地の人びとが競馬に興じていたというのは、意外でもあり、西洋人のたくましさを感じさせる一面でもある。開催された競馬では、イギリスのヴァイス領事、オランダのポルスブルック領事、ガワー兄弟らとともに、アプリン中尉が世話役として名前を連ねていた。[37]第1章でも言及したウィリアム・ソーンダースの山手からパノラマ写真には、いまの石川町駅に近い西の橋付近の堀川沿いに数軒の建物があるばかりで、それ以外は杭が並ぶ広い空き地が広がる。一八六二年秋の競馬の直後から周囲にあった柵が撤去され、この空き地は自由に馬場として使えなくなった。[38]

　現在、中華街があるこの区画は、一八〇四（文化元）年に横浜新田として開発された場所だった。江戸時代前期から干拓されてきた吉田新田と、大岡川・中村川の河口の横向きの砂州のあいだには、洲干入江と呼ばれた内海が残されていた。その最奥部の角に相当する部分を斜めに干拓したのが横浜新田だった。中華街の通りが、山下町の他の区画と異なる方向に走っているのは、横浜新田を宅地造成した際に水路や畦道をそのまま残したためではないかと、近年、推論されている。[39]造成地を排水するための水路は、確かにあった。だが、ここで競馬が開催されていたことを考えれば、畦道はあったとしても、その時点ですでに均《なら》されていたはずだ。

J・R・ブラックは「海にすぐ面した土地は、内陸側よりもやや海抜が高く、この奥のほうの土地は稲作にも利用できた試しがなく、ただの、そしてときには不快な海水の沼沢地でありつづけた」[40]と書いている。干拓はしたものの、塩分が抜け切らず、水田としては利用できない土地だったのだろう。開港前の横浜村は、「水田少なく陸田多し、爰《ここ》も天水にて耕植す」という状況で、天保一四（一八四三）年でも民戸は八七戸、村全体で三四一石とわずかな収穫しかなく、そのうち横浜新田の石高は、代官所分として七三石五升九合と記されている。生産性の悪かった昔の一石一反で計算すると、約七万三〇〇〇平米の水田が必要になる。横浜新田は少なくともいまの堀川まで含まれていたし、面積約二〇万平米という現在の中華街には砂州だった部分も若干含まれているようなので、単純な比較はできないが、水田はせいぜい全体の三分の一程度の面積だったのではないだろうか。[41]『横浜市史稿』は文久年間中に造成された加賀町や尾張町の「新居留地」について、「畑地を埋立て、新たに居留地を補足した」と書いているので、大半は麦畑などの畑地だったと思われる。[42]そもそも、一八六二年ごろ作成されたA・クラークの地図には、この区画の一部に「日本人の墓地」がある。ペリー艦隊の再訪時に応接場所として横浜村を視察した際も、「数百基の墓石が集まった場所」があり、「刻まれた文字の多くは漢字だったが、新しい墓石の一つにはチベット文字に似た文字が刻まれていた」と書かれ、通訳のウィリアムズが梵字に目を留めていた。[43]

一八六三年のブライン大尉の居留地防衛図[44]では、横浜新田の区画には、イギリスの新しい領事館（一五五番）のほか、前田橋の関門と、太田屋新田との境に番小屋が描き込まれており、横浜新田の北側の居留地との境に道路と排水路があるのが見える。一八六三年七月ごろ山手から撮影されたと考えられているパノラマ写真には、地図にもある番小屋のほか、堀川沿いに一一五番のキャメロン&クックの小造船所など数軒が写っており、中央部にもすでに家が二軒建ち、堀川寄りは木の柵で区画ごとに囲いができているのがわかる。[45] 南側の太田屋新田は、一八六五年作成のクリペの有名な地図でもまだ湿地となっている。

第2章で引用したG・W・ロジャーズの回想記事にはこんなことも書かれている。「一八六二年のレースの最中に休憩所で騒動が始まり[……]。英国騎馬ミリタリー・トレイン、とそのころ呼ばれていた連中も、護衛として公使に随行していた。騒動が深刻な事態になるとわかったとき、ヴァイス大尉とミリタリー・トレインを指揮するアプリン中尉が現場に向かい、たちまち秩序を回復させた。ところで、このミリタリー・トレインは白い見返しのある紺色の制服を着ており、のちのハリー・パークス卿の有名な騎馬護衛隊が着ていた制服とはかなり異なるスタイルだった[46]」

一八六二年以降、「競馬場の施設を具体化する為め、英国特派全権公使オールコック、米国弁理公使プライン[……]元治元[一八六四]年十一月二十一日、横浜居留地覚書に調印し、其第一条は」以下のようだったと『横浜市史稿』は書く。「周囲日本里程十八町(英法一里)にして、既に方位は示し置たる堀割の向なる地所を各国人の調練場、且、当地居留の外国人競馬の為、永々免すべし。右地所は当今沼地なるが故、日本政府の失費にて埋らるべし。且、此地所は双方の調練場なるが故、此地租は払う事なしと雖《いえども》、競馬の為に設《もう》くる外面周囲の地租は、追って取極め払うべし」。しかも注釈に「第一条は慶応二年横浜居留地改造及び競馬馬、墓地約書第一条に因りて廃止、下に載す」ともある。米国弁理公使のプラインは、プリュインとよく表記されるほか、『横浜市史稿』政治編二では、「フローン」になっている。その後いろいろ問題が生じて、慶応二（一八六六）年秋に再度、諸外国と幕府間で取り決めが交わされ、根岸に常設の競馬場をつくることになったのだ。[47] そんな経緯ゆえか、この過渡期の二年間に、横浜新田に残された空き地や埋め立てたばかりの太田屋新田が使用されつづけた事実が見落とされてきたのだと思われる。

日英合同観兵式

「一八六四年にラザフォード・オールコック卿と、ご老中の一人である酒井肥後守の前で行なわれた英軍の観兵式を、私はよく覚えている。酒井は家臣に護衛されて横浜を訪れた。家臣らは練兵場——当時埋め立てられたばかりの沼地《スワンプ》の一部——の脇に整列し、ここに駐屯していた第二〇連隊、英国海兵隊、および砲兵隊の二隊の演習を熱心に見学した」と、ブラックは書いた。[48] ブラックは肥後守と書いているが、越前敦賀藩主の酒井忠毗《ただます》は実際には飛騨守で、「ご老中」ではなく若年寄を三度歴任して外国事務掛を務め、ヒュースケン事件以降、オールコックが安藤信正とともに秘密会談をもった相手であり、生麦事件の事後処理ではフランスのセミラミス号上での英仏代表との会談に臨み、下関戦争等の交渉でも活躍した人物だ。

ブラックはさらにこうつづける。「観兵式のあと、第二〇連隊を指揮したブラウン大佐がラザフォード卿のもとに進みでて、隣にいる大名を説得して、家臣たちの演習や戦術を見せてもらえないかと頼んだところ、酒井は快く実演して見せた。だが、彼はラザフォード卿のほうを向いて、自信と誇りに満ちた独特な口調でこう言った。「私の家臣の数は少なく、いま拝見した演習のあとでは、わが方の戦術は注目に値するものではありません。しかし、私に「死ね！」と命じられたら、家臣のうち誰一人としてみずからの命を犠牲にするのをためらう者はいないでしょう」」。一八六五年一月七日号のＩＬＮにこの英日両軍の観兵式の様子がワーグマンの絵入りで紹介されている。この絵の左側にはユニオン・ジャックの翻る建物が描かれている。それが一五五番のイギリス領事館だとすれば、この空き地の場所が特定できるだろう。現在、中華街の端に位置するこの場所には、神奈川県警加賀町分庁舎がある。ワーグマンの絵の右隅にも国旗が翻っているが、弁天のオランダ総領事館が見えるのだろうか、それとも海岸通り付近のポルトガル領事館やフランス公使館だろうか。家並みの背後には大きな木が見える。

一八六四年十月二十日に行なわれたこの合同観兵式は、その前日に酒井が各国外交官と司令官を野毛の駐屯地に招待し、幕府兵が「ぎこちなく、見るのも痛々しい」洋式訓練をする様子を見学させたことから、オールコックと酒井のあいだで急に決められたものだった。[49] 当時、幕府の陸軍当局は留学生をオランダに派遣することを検討していたが、この合同観兵式が引き金になったのか、元治元年十月六日（陽暦十一月五日）には老中から次のような指令がでた。「書面和蘭陀国え留学の義は及ばれ難く御沙汰候、当時英国陸軍の者ども、横浜表滞在いたし居候に付、同所に於いて伝習の積り相心得巨細《こさい》取調べらるべく申聞き候事」。これにたいし、すぐに陸軍奉行並から上申され、翌年に許可が下りて英式調練が始まったという。[50] 元治元年十月には、神奈川奉行から横浜に英語稽古所を設け、ヘボン、バラ、デイヴィッド・トンプソン（タムソンの表記で知られる）、およびフローン（米弁理公使のプラインか）ら四人が雇用された。ブラックだけでなく、ワーグマンもこのときの「サカイ」が誰なのかよく認識してなかったようだが、生麦事件前後の重大な時期にオールコックが帰国していなかったら、彼のような幕閣との信頼関係が育まれ、違う歴史の展開もあったのではないかと想像してみたくなるエピソードだ。

ギャリソン競馬

日英の合同観兵式の翌一八六五年、再び春の競馬会が催され、「横浜在住の小紙専属画家および特派員は、四月十四日付で次のように書く」とILNで報道された。「先週木曜日、春の競馬会が当地で催された。素晴らしい好天で、非常に暑く、空には雲一つなかった。このたび初めて日本の士官たちがこの競技に参加した。彼らの乗りっぷりは誰からも称賛された。[……]これら日本紳士の乗り手たちは二人だけ落馬したが、それでも充分に勇気を示した。[……]日本人がこのように、スポーツ好きのイギリス男たちの競争相手として頭角を現わしたのはじつに喜ばしく、彼らの株を大いに上げたと思われる。騎乗者はいずれも武士で、そのうちの何人かはかなり若かった。この催しのスケッチを同封する」[51]。この絵では場所を特定できるものはないが、競馬ができるほど平らな広い場所で、周囲を柵で囲われ、その向こうに大きめの家屋が建ち並び、数本の大きな木が見える光景は、観兵式場とよく似ている。

立川健治は『文明開化に馬券は舞う』で、「ギャリソン競馬」と呼ばれたこのレースの開催「場所は調練場(parade ground)、現在の横浜市中区諏訪町の一帯」だと推定している。一八六五年にイギリス軍が作成した山手駐屯地図で、middle camp、south campとなっている一帯だ。横浜の山手の諏訪町は英軍作成の等高線図が示すように、あるいは陣屋坂を下ればわかるように、南東方向に傾斜している。山手本通りですら起伏があり曲がりくねっている。現在の港の見える丘公園の側にもイギリス軍のnorth campがあるが、ここも競馬場にするには狭く起伏もある。諏訪町で競馬が開かれたというのは、非常に考えにくい。立川氏自身も「調練所跡の諏訪町を訪れて見るとわかるが、競馬が行われたとは信じられないほどの狭い所である」[52]と書く。前年十月の観兵式で使用された場所と同様、どちらも横浜新田の一五五番近くの空き地だったのではないだろうか。

四月八日付の『ジャパン・ヘラルド』には、「日本人レース。これは第一級レースで、外周を三周、つまり半マイル［約八〇〇メートル］回った。騎手たちは健闘し、多くの称賛を集めた馬もいた。勝ち馬はイチュウイアリ」と書かれた。ちょんまげ姿で、やや猫背になって日本馬を駆る騎手たちに、すでに四十代の伝次郎が交じっていた可能性はないだろうが、周囲で見守る日本人観客のなかにはいたかもしれない。

ハリー・パークスの赴任

一八六五年六月にオールコックの後任として、長らく在中国イギリス領事館に勤務し、アロー戦争時には捕虜になった経験もあるハリー・パークスがイギリス公使として赴任した。高圧的な態度で日本人にはえてして不人気だったパークスだが、イギリスと薩摩がロンドンを舞台に画策した「松木提案」には懐疑的であり、[53]外交官として中立政策を貫く努力はしたようだ。ただし当然ながら、自由貿易は迫ってきた。

一八六六年一月、老中松平伯耆守《ほうきのかみ》（宗秀）がみずから横浜を訪れ、幕府の苦しい立場への理解を求めた。この帰りにイギリス公使館員のジョン・マクドナルドが自家用馬車で東海道を走り、老中を川崎まで送り届けるという画期的な出来事があった。「アプリン大尉指揮下の公使館の護衛隊と、伯耆守の従者も多数従った」[54]と、ブラックは書き、ワーグマンは初めて見る馬車に驚き興奮する人びとや、老中一行を乗せた二輪馬車を御するマクドナルドや、その後ろにつづくアプリンら護衛隊の様子をＩＬＮに描き送り、短い記事の最後を「ヤング・ジャパンよ永遠に！」と締めくくった。Ｊ・Ｒ・ブラックの本の題名は、この記事をヒントにしたのではないかと、私は想像している。ところが、その数カ月後の五月にマクドナル

『イラストレイテッド・ロンドン・ニュース』で報道された1866年1月に東海道を初めて馬車が走ったときの図。横浜開港資料館所蔵

ドは脳軟化症と卒中で、二十九歳になったばかりと思われる年齢で急死した。治療に当たっていたウィリスが、転地療養の同意を取りつけたその日のことだったという。二月にワーグマンが書いた記事が四月十七日号のＩＬＮの記事になって報道された直後のことだった。彼も横浜外国人墓地の、鎌倉事件の被害者たちの近くに葬られたが、墓碑は風化している。日本の古写真を研究したテリー・ベネットは、ジョン・マクドナルドとエイベル・ガワーが混同されている可能性を指摘するが、東禅寺で撮影されたロシエの写真の裏面の説明でガワーは金髪で髭の少ない若者と特定されている。第2章で触れたように、ワーグマンの戯画や挿絵と比較すると、マクドナルドは濃い色の髪にたっぷりした顎鬚の、小太りの人物だったと思われる。[55]

　パークスは同年七月三日から一カ月半かけて長崎、鹿児島、下関、宇和島を訪問しており、このとき「「セラミス」号に乗組たるは、「ハルリー・パルクス、」「レヂバー、パルクス」学士「ウイルリス、」甲比丹「エプリン」等なり。「プリンセス、ローヤル、」に乗組みたるは、「シーボルト」「ローズル」「ゴローフル」日本通事〔詞〕堀某等」だった。[56] 鹿児島行きにはラウダー、グラヴァー、パークス夫人も乗艦しているので、「レヂバー」はレディ・パークス、「ローズル」はラウダー、「ゴローフル」はグラヴァーだろうか。通詞は、ペリー来航時の通詞だった堀達之助の次男、孝之が薩摩の密航留学生と渡欧し、一八六六年前半に五代友厚らと帰国しているので彼かもしれない。[57]

ウィリスはこの訪問について、九月三十日付の義姉宛の手紙に、「長崎にグラバーという商人がいて、この地方の単純で物わかりのよい人間に、武器やその他多くの役にたつ危険な品物を売りさばいています。ところで、薩摩侯はこのグラバー商会に大借金を負っていたのですが、このことは利用価値のある縁であり、また長官「パークス」も絶えず仕事に取り組もうとしているので、グラバー氏が両者の会談の仲立ちをしたのです。私が見たかぎりでは、公使や提督とともに、このグラバー氏は薩摩侯のきわめて大切な賓客でした」と書き、さらにこうつづけた。「私の考えでは、われわれのこの薩摩訪問は大変な欺瞞的行為であって、東海道でリチャードソンの斬殺を命令した悪党（島津久光）と宴席をともにするなんて、まったく穏当なことではありません」。[58] リチャードソンの遺体を検視したウィリスならではの、率直な気持ちだろう。この訪問で、アプリンが何をしたのかは定かではない。

居留地の舞台芸術

競馬と同様、居留地で早い段階から催されていた娯楽に芝居や音楽会などの舞台芸術があった。薩英戦争前で、国内が浮き足立っていた時期である一八六三年七月九日には早くも、横浜湾に碇泊中のパーシアス号の船上で芝居や演劇が催される盛大なイベントが開かれ、提灯を照明に使った仮設劇場に、二人の婦人も列席して観劇を楽しんだほか、夕食会も開かれた。[59] J・R・ブラックは、最初は歌手として来日している。一八六四年三月にはリズリーの曲馬団が来日し、居留地の一〇二番にロイヤル・オリンピック劇場という大層な名前の劇場が開設された。ここでは日本の馬術技芸会とは異なるサーカス風の出し物が演じられ、錦絵にも描かれているので、伝次郎も見学したかもしれない。

一八六六年には居留地六八番に住んでいたオランダの商人ノールトフーク・ヘフトが事務所の裏に小さな公会堂を建てた。居留地では六三年に早くも演劇が始まっており、アプリンは後述するように、この公会堂で隅田川浪五郎の胡蝶の舞を見ている。ここはすぐに手狭になり、一八七〇年にはコリント式列柱のある初代ゲーテ座がこの地に建設された。開港五〇周年にジェームズ・ペンダー・モリソンが当時を懐かしんで語った記事に、凝った衣装をまとい、男性だけで演じられた一八六〇年代末の写真がある。演目は『黒い目のスーザン』と記されている![60]が、衣装から察するに、これは生麦事件の劇ではなく、一八二九年に元船員で、本家イギリスの『パンチ』誌に執筆していたダグラス・ジェロルドが書いた戯曲だろう。初代ゲーテ座は資金繰りが苦しくなって、まもなくパブリック・ホールと名を変えて使用されつづけた。一八八五年になって山手二五六番に二代目ゲーテ座が建てられ、一八九一年にはここでシェイクスピアが本邦初上演された。[61] 二代目ゲーテ座は関東大震災で崩壊し、跡地には現在、ゲーテ座ホールを併設した岩崎博物館がある。J・P・モリソンは横浜カントリー&アスレティッククラブの会長を務めた人で、モリソン商会が一八八三年に居留地四八番に建てたレンガ造りの建物もやはり関東大震災で半壊し、彼の息子夫婦らが犠牲になったが、建物の一部はいまも保存されてその場に残っている。

イギリス公使一行の徳川慶喜謁見

幕府は一八六六年なかばには陸軍伝習をフランスに正式に依頼しており、その後は当時の新聞でも、「横浜騎馬義勇隊、駐屯軍観兵場で初の訓練を行う。駐屯軍見守る」、「横浜騎馬義勇隊の訓練日決定。毎火曜日午後4時山手で騎馬訓練」、「駐屯軍、幕府軍歩兵、横浜騎馬義勇隊の合同演習来週早々に予定」といった記事が増えてくる。[62] イギリスの二等書記官ミットフォードは、このころ日本で繰り広げられていた英仏の競争について回想録にこう書いた。「パークスとロッシュ〔仏公使〕は憎み合い、二人の女のように互いに嫉妬していたと言っても過言ではない。将軍と大名たちの抗争のなかで〔フランスの〕伊達剣士《ボー・サブラー》は負け馬に賭けてしまった。かたやパークスには、サトウ氏という助っ人による並外れた能力が備わっていたのだ。〔……〕今日の威容を誇る日本の陸軍と海軍の基礎が、イギリス公使とフランス公使の嫉妬心に由来することになるとは、誰に予測ができただろうか」[63]

アプリンは六年ほどにわたる日本滞在中に、『イラストレイテッド・ロンドン・ニュース』や『ジャパン・パンチ』にたびたび描かれたが、なかでも華々しいのは一八六七年八月十日号に掲載された大坂城で徳川慶喜に謁見しに行く図だろう。「ハリー卿は大坂《オーザカ》にアプリン大尉指揮下の騎馬護衛隊と、ドーント大尉およびブラッドショー中尉指揮下の第九連隊第二大隊からの五〇人の分遣隊を連れて行った。パークス夫人も同行した。随行の職員は、公使館書記官のシドニー・ロコック、ミットフォード、私自身（日本語書記官として）、ウィリス、アストン、およびウィルキンソンで構成されていた。ハリー卿を説得し、チャールズ・ワーグマンも随行させていた」[64]と、サトウは書いた。

「二枚目のスケッチは、サー・ハリー・パークス閣下が、ロコック氏、ミルフォード〔正しくはミットフォード〕氏、サトウ氏、およびアプリン大尉とともに、大君と会見するために宮殿の控えの間を通って案内される様子を示す」というILNの記事に付けられたこのイラストは、最初の非公式の謁見が行なわれた四月二十九日の模様だろう。サトウがこんなことを書いている。「ハリー卿は、使節団全員を従えて馬に乗って城へと進み、その先頭を騎馬護衛隊が行き、歩兵の衛兵が前後についた。〔……〕やや滑稽な出来事は、城の前の広場に整列していた兵士たちが、護衛隊の指揮をしていた士官に捧《ささ》げ銃《つつ》をしたことだった。きらびやかな軍服を着ていたために、彼を公使と間違えたのだ」[65]。サトウにとって、この一件はアプリンの思い出として深く脳裡に刻まれたらしく、『一外交官の見た明治維新』で赴任した当時の公使館員について語ったなかでも、「正装、準正装、略装など、きわめて複雑な軍服の問題には疎いので」と断りつつ、「彼がその身を飾り立てていた金の輝きは見るからにすばらしく、少なくとも一度は、われわれが大君に謁見するために厳粛な行列を組んでいた折に、日本の役人たちから特命全権公使と間違われることになった。さほど目立つ装いをしていなかった首位外交官に向けられるべき敬礼を、役人らはこの士官にたいして行なってしまったのだ」[66]と皮肉っている。一八六二年十二月に初めて江戸を訪問し、老中と会見した際のエピソードでも、サトウはこう回想した。「私は制服のようなものを何も支給されていなかったので、アプリンから金の紐飾りのついた略帽を借りなければならなかった。われわれはのちにこうした派手な安物を大いに軽蔑し、「真鍮帽子」のことをばかにするようになったが、一八六二年当時は私もまだ若く、地位を明らかに示す標章がかなり自慢であったので、この一件のあとすぐに幅広の金の紐飾りを少々購入して、仲間の公使館員たちのように身に着けることにした」[67]

ウィリス医師は五月一日の公式謁見の日は大坂城に招かれたものの、大坂から書いた手紙でこうこぼした。「サー・ハリー（パークス）は大君と非公式な会見をしましたが、わたしはその席に出ろといわれませんでした。出席者一同は食事を共にし、すべてが友好裡にはこばれたようです。この大坂訪問にあたって、こんな風にのけものにされたことにショックをうけています。［……］サー・ハリーが連れていったのは、ロコック、ミットフォード、サトウ、アプリンです」[68]。慶喜とパークスはサトウを通訳にして、一時間半ほど会談し、その後、パークスによれば、「将軍が公使館の騎馬護衛兵を見たいと希望したので、かれらは内庭（大広間前広場）に案内され、アプリン大尉の指揮の下に、見事な乗馬を披露した。殿下はこれまで西洋の騎兵を見たことがなかったので、たいへん満足した様子であった」。スタンレー外相宛のパークスのこの報告書を引用した萩原延壽は、このときパークスが将軍慶喜にたいして意図的に「陛下」ではなく「殿下」を使用したため、のちに幕府側が抗議することになったが、会談そのものは和やかであったとする[69]。この小細工がミットフォードの言う「サトウ氏という助っ人による並外れた能力」の一端なのだが、サトウの「英国策論」に関しては萩原氏が『遠い崖』で詳しく論じたことなので、ここではアプリンがこの歴史的な場に居合わせたことのみを述べるに留めておく。ミットフォードは、中庭で待機していた騎馬護衛兵が槍と剣の訓練を披露したところ、将軍は大いに喜んだが、「彼の興味を最も引いたのは、われわれの馬、すなわち湾岸アラブ種の馬格の良さで、これらはインドから輸入したなかなか見た目のよい馬だった」[70]と、書いた。アプリンの派手な軍服とアラブ種のフレッディは、慶喜の関心の的だっただろう。萩原氏は『遠い崖』に、「つづいて、謁見につかわれた御白書院につづく「御次の間」で、食事が出された」とし、当日の洋食の献立のほか、パークスと随行の四人への将軍からの贈物のリストを掲載している[71]。

パークスへの贈物には、「御次の間」壁面に飾られていた「三十六歌仙の内伊勢の額　壱面」が含まれていた。ミットフォードはそれについてこう書いた。「しかし、なかでも素晴らしい贈物がまだあり、それはじつに優雅に贈呈されたのだ。われわれがいた部屋には、多数の歌人の肖像画が掛けられていた。二〇〇年ほど前にさる大名が徳川将軍の一人に贈ったものだ。われわれがそれらの絵を少なからぬ興味をもって眺めていたとき、大君がそのうちの一枚を取り外して、ハリー卿に訪問の記念に差しあげようと言いだしたのだ。ハリー卿は当然ながらそれを受け取るのをためらい、ひと揃いの絵を崩してしまうのは惜しいと指摘した。だが、大君はそんなことはお構いなしに、『空いた隙間を眺めれば、かつてそこを埋めていた絵は、イギリス公使が所有していると考える楽しみが得られる』と言った。これ以上の厚遇があるだろうか[72]」。萩原氏によると、パークスのあとに謁見したオランダの総領事ポルスブルック、フランス公使ロッシュ、アメリカ弁理公使ヴァルケンバーグにも、「三十六歌仙」のうちの一枚が贈られたという[73]。大坂城は翌年一月の鳥羽・伏見の戦いでほぼ全焼しているので、これらの絵がまだどこかで現存すれば、慶喜の思いつきが功を奏したことになる。

　ミットフォードの回想録では、この内謁見に臨んだのは「ハリー卿、ロコック氏、サトウ氏と私」で、「四人のイギリス人[74]」となっているが、アプリンのことは失念したのだろうか。それとも彼は中庭で待機させられたのだろうか。その前年の一八六六年十一月号の『ジャパン・パンチ』には、このときの謁見を予期したような戯画がある。架空の人物であるパンチの守の前に、諸外国の外交官がぎこちなく身をかがめてお辞儀をしている図だ。「パンチさまによる外交団と領事団、およびその他代表たちの盛大なクリスマス・レセプション。入場を許可されるほどのお歴々でない哀れな「スパーズ」が気の毒ではないかね？」とキャプションがあり、敷居の外にスパーズ氏ことアプリンが涙を一粒流してポツンと立っている。[75]

一八六六年の『ジャパン・パンチ』にはほかにも、八月号に「スパーズの鬱々とした立場」と題され、拍車をつけたまま就寝中にハンモックの綱を切られて落下したスパーズが、逃げてゆく犯人に向かって、「見たぞ」と言う戯画や、同九月号の、馬首だけの棒状の木馬にまたがる騎馬護衛隊の先頭で、スパーズが「フレッディは戦闘中の悪魔だ」とつぶやき、部下たちの頭上に「および誇り高き仲間たち」と書かれた、何やら滑稽なイラストなどがある。ちなみに、スパーズは一八六五年ごろからパークスやミットフォードなどの外交官と同じつばのある「真鍮帽子」をかぶった姿で描かれるようになった。同十月号にはインフルエンザのパークスを手当てするウィリス医師のもとへ、粥をもったミットフォードと、意味不明の英語を話しているA・シーボルトらしき若者、それに頬被りをして、燃えさしを入れてベッドを温める器具を担ぐスパーズが見舞いにくる絵がある。シーボルトは一八六七年二月十五日に幕府がフランスに派遣した慶喜の弟、徳川昭武《あきたけ》の一行とともに横浜を発っている。アプリンを描いたポンチ絵の極めつけは、同年十二月号の「童謡　一番」と題された絵だ。パークスの膝の上で「おんまさん」をしてもらうスパーズの頭上に、「おんまさんに乗って、バンベリー・クロスへ、指には指輪を、足指には［本来の鈴の代わりに］拍車をつけて、どこへ行っても、音楽が聞こえる」という歌詞が書かれている。[76]

ところで、この童謡の「おんまさん」は実際には、先述の棒状の馬の玩具のことで、歌のなかではクックホースと呼ばれ、一般にはホビーホースとして知られていた。これとそっくりな玩具は日本にもあり、江戸時代には神社や寺の彫刻にも彫られ、日本では棒馬、春駒などと呼ばれていた。平安時代に竹馬として中国から伝わり、「竹馬の友」の竹馬は、じつはこの玩具を指すらしい。ワーグマンがそれを幕末に知って、戯画にしたのかと最初は思ったが、この玩具の起源はソクラテスの時代までさかのぼると『世界大百科辞典』にはあるので、古代からおそらく本物の馬とともに、世界的に普及した玩具であったようだ。

一八六七年になると、『ジャパン・パンチ』にスパーズは一度しか登場しない。七月号に「スパーズの任務交代《レリーフ》、馬たちは救いようがなかった《パスト・レリーフ》」というキャプションとともに、騎馬護衛隊の面々がスパーズとともに行進し、その背後から交替要員と思われる兵士たちが行進してくる絵がある。上下白い軍服とヘルメットからは、横浜の駐屯軍の写真で知られる第十連隊のようにも見えるが、一八六八年三月に明治天皇にパークス公使が謁見したときの騎馬護衛隊は、ピーコック警部指揮下のロンドン警視庁からの精鋭部隊で、槍で武装した華やかな小部隊だった。[77] 第1章で述べたように、アプリンは愛馬のアラブ種のフレッディまたはフレッデリーを一八六七年七月に売却している。横浜開港資料館にある外交文書の一八六七年の目録には、六月十四日付で「アプリン大尉の出発」[78]と記されており、青書にはそれに該当する書類は編纂されていなかったが、これが帰国日と思われる。アロー戦争直後の一八六一年十一月に、「豚追い」などと揶揄された兵站部門ミリタリー・トレインを指揮する中尉でありながら、部下とともに総勢一二名でイギリス公使館の騎馬護衛隊となり、数々の殺害現場に駆けつけ、幾度となく火事に遭い、薩摩藩主に招かれ、最後には大坂城で騎兵訓練まで披露し、最後の将軍とフランス料理の正餐をともにする機会にもおそらく恵まれた日本滞在だった。

イギリス帰国後

先の外交文書の目録には、同年十一月三十日付でアプリン大尉より、「大君の弟［へ］ロンドンでの随行を申し出る」ともあり、前後にシーボルトが徳川昭武に引きつづき随行していることが書かれているので、帰国後も何かと日本関連の仕事をこなしていたようだ。十二月三十日には、やはりアプリン大尉が薩摩候への鞍の贈り物を入念に検査し、翌一八六八年一月には選んだ鞍が日本に向けて発送されている。

帰国後のアプリンは、華々しい軍歴をもった士官として順調に新生活を始めたと見え、一八六八年の前半にアグネス・スタンリー・フェレイラとデヴォン州エクセターで結婚し、翌年には長男レジナルドが誕生し、つづいて長女メロニーと次男アーサーが生まれている。一八六八年五月一日付の『ロンドン・デイリー・ニュース』には、折しもロンドンのライシーアム劇場で隅田川浪五郎の「日本帝国一座」の公演が開かれたため、主催するリズリー氏にアプリン大尉が手紙とともに、日本からもち帰った和傘と和紙の鯉のぼりを送ったという記事が掲載された。隅田川浪五郎は日本人で最初にパスポートを取得した人であり、リズリーは一八六四年三月に曲馬団を率いて横浜にやってきて、そのまま住み着いて横浜牧場をつくり、堀川通り一一二番地で牛乳を販売して成功した人物だ。一座は一八六六年十月から海外巡業にでて、各地で成功を収めた様子がILNなどでも報道された。新聞記事に転載されたアプリンの手紙には、こう書かれていた。「あのご老人、ズミダンガワ・ナミンゴロウをあなたが連れてこられたのを知って喜んでおります。以前、蝶の技［胡蝶の舞］をラザフォード・オールコック卿の前で披露してくれたことがあります。日本人以外に誰が、あのように巧みで美しい技を演じるのに必要な繊細さをもち合わせているでしょうか」。「日本では、一年以内に男の子が生まれた家の前に長い竿を立てて、特定の祝日にこれ［鯉のぼり］を掲げます。幸運をもたらすと言われるので、あなたにふさわしいすべての成功をこれがもたらしてくれることを願っています」。短い手紙の引用だが、これは私が調べた限りで唯一のアプリンの文章である。

広重の『大江戸名所百景』の水道橋駿河台には黒い真鯉が翻る光景が描かれているが、あれも紙製だったのだろうか。アプリンは一八七二年八月には退役して、休職給を支給されるようになった[79]。

彼の長男のレジナルドは軍人として父親以上に出世し、第一四軽騎兵連隊の中佐にまでなったほか機関銃隊でも活躍し、アメリカで機関銃戦術の講義までしている。退役してからは政界に進出し、一〇年間ほど保守党の下院議員を務めた。金の紐で飾られた「肋骨服」を着て、数々の勲章を胸に、厳しい表情で前方を見据えるレジナルドの肖像写真は、近寄りがたい軍人オーラを放っている。『七つの海を越えて』[80]（未邦訳）という著書の題名は、大英帝国軍人としてボルネオからインド、南アフリカ、ジブラルタル、マルタなど、各地を渡り歩き、帝国主義の最先端にいた彼の人生そのものだ。アプリン一族の歴史を調べあげたイアン・アプリン氏が自宅に二冊あるからと言って、読むべき箇所に丁寧に付箋までつけて一冊分けて下さったので、目を通してみたところ、軍人の文章とは思えない、じつに生き生きとした回想録で驚かされた。「私はデヴォンシャー、アルフィントンの、エクセター大聖堂の鐘の音が聞こえるエクス・ヴューで一八六九年に四月十一日に生まれた。[……]そこに長く留まることはなく、まもなくトーキーに近いチェルストン・マナーに引っ越した。クッキントン・コートのマロック家の寡婦が住んでいた古いエリザベス朝時代の家だ」と、回想録は始まる。イアン・アプリン氏からはこのチェルストン・マナーの邸宅の写真もいただいたので、調べてみたところ、さすがイギリスで、ホテルに改装されてまだ現存していた。

七つの海を越えて

レジナルドの著書によれば、父のアプリンは退役後も、一八七七年に露土戦争が勃発したため、再びコンスタンチノープルにトルコ騎兵を輸送する手助けの任務に赴いている。「父はボスポラスの宮殿にパシャ・スウォビー［不明］とともに滞在し、帰国する際にアダムズの後装式拳銃を贈呈したところ、パシャは数カ月後、スルタンの救出を試みた際にそれで護衛を撃ったが、この作戦は失敗に終わり、彼自身は殺された」[81]。同書にはこんなことも書かれている。「学友のダグラス・パークスは、クリスマスと夏の休暇のあいだ、よくうちに泊まりにきていた。

イアン・アプリン氏から頂戴した長男レジナルドの自叙伝

彼はハリー・パークス卿の下の息子だった。パークス卿は、中国でゴードン将軍が剣の代わりに鞭をもって常勝軍を率いていたころ、イギリス公使だった人だ。ゴードンが彼の名付け親だったが、奥地にいて不在だったため、私の父がこの将軍の代理を務めたのだ」。パークスは日本で公使になった人であり、後述するように、ダグラスは日本生まれなので、アプリンが本当に名付け親の代理を務めたとのだとすれば、来日前の、パークスの長男誕生時ではないかと思われる。

　レジナルドとパークスの息子ダグラスはともに、イングランド最古のパブリック・スクールであるシェボーン・スクールで学んだ。「ハリー・パークス卿がチェルストン・マナーに滞在したことも覚えている。赤っぽい頬鬚を生やし、素早くきびきびと行動する小柄で敏捷な人だった。ダグラスも父親にやや似て赤毛で、静かだが神経質そうに唐突な話し方をするために、小うるさい《ヤッピー》パークスというあだ名がついていた。彼の母親のレディ・パークスは［旧姓が］ミス・プルーマーであり、私たちはよく彼［ダグラス］のおじのホール・プルーマー氏に会いにトーキーのマルパス・ロッジへ行った」。アプリンとパークスは帰国後も家族ぐるみで付き合いつづけていたのだ。レジナルドは第一世界大戦中、このプルーマー氏の息子であるハーバート・プルーマー将軍（のちに元帥）指揮下の第二方面軍によるメッシネスの戦いに加わることになった。[82]

レジナルドは軍人としてのキャリアを順調に始めたわけではない。「私は一八八六年末にシェボーンを退学した。軍隊に入るのは、家計がさらに苦しくなったために不可能であり、問題外だと父は言い、医学を勉強して医師として軍隊に入ることを私に勧めた」。[83]もちろん、一兵卒として入隊するのではなく、最初から士官になるのは無理だという意味であり、当時は士官の位が総じて購入されていたからだろう。オランダのポルスブルック領事の言葉を信じるとすれば、アプリンは下士官から戦功によって昇進しているのだが、時代が変わったのか、息子には苦労させたくなかったのかもしれない。軍隊に入る夢を捨てきれなかったレジナルドが渋々と勉強に励む一方で情熱を燃やしたのは、意外なようだが演劇であり、しかも舞台俳優になることだった。シェイクスピアの『お気に召すまま』の羊飼いシルヴィウスの役をもらい、難しいセリフをこなすようになったころ、チェルトナムで彼は「ドクター・エイヴェリングに紹介された。カール・マルクスの娘の一人と結婚した人で、［俳優の］ベン・グリートの友人だった。エイヴェリング夫人は物静かな中年女性で、ドイツ系であることは少しも感じさせなかった。おそらく彼女は母方の祖母から、スコットランドの祖先であるアーガイル公爵の気質を受け継いだのだろう。ジェームズ二世に断頭された人だ」。マルクスの末娘トゥシーを苦しめたこの人物、エイヴェリングに関するレジナルドの感想は次のようなものだった。「ドクター・エイヴェリングは無神論者であり、私はそれまでそんな人物に会ったことがなく、神の存在を疑える人がいるなどということが私には理解できなかった」[84]。横浜居留地で演劇を楽しんだアプリンではあったが、息子には「フットライトの後ろで物真似をする以上のことをすべきだと気を揉んでいた。ダグラス・パークスはすでにシンガポールに行って、官職の空き待ちをしていたので、父は私もそこで一緒に語学を学び、ボルネオの職に空きがでたときに現地にいるようにすべきだと提案した」[85]。当時、最も有望な植民地の勤め口は、デント商会が一八八二年に設立したイギリス北ボルネオ会社であり、この事業の主導者の一人は、ほかならぬラザフォード・オールコックだった[86]。

一八一九年にスタンフォード・ラッフルズがマラリアのはびこる沼地を買い取って開拓したシンガポールに、一八六九年に開通したスエズ運河経由で、一八九〇年にレジナルドが到達したとき宿泊した先は、もちろんラッフルズ・ホテルだった。「一カ月間、船の寝台で過ごしたあとで、陸に上がってゆっくりくつろげる晩になるだろうと期待した。ところが、大きな蚊帳の下で苦痛に満ちた、眠れない夜を過ごすはめになった。蚊帳のなかには、ホテル中の蚊がすべて入っていたらしかった。蚊どもは私の身体のいちばん柔らかい部分から血を吸って、たっぷり欲望を満たしていた。翌朝、起きると、顔も足首も手首も腫れあがり、シーツとカーテンには赤い染みがあったので、多くの敵をやっつけたのは確かだった。ただし、犠牲者が流した血は、私自身のものなのだが」[87]。レジナルドがシンガポールで頼りにした先の一つは、父親の日本時代の友人であるデア氏だった。一八二〇年代からインドと中国、シンガポールと中国間の海運業に従事したのち、シンガポールに定住したデア一家は子沢山で、その多くが日本に長期にわたって滞在した。シンガポールの東陵《タングリン》にあったデア家のバンガローで、レジナルドはダグラス・パークスと再会し、夜更けまで昔の思い出話に耽った。すでに銀行預金が三〇ドルしかなかったレジナルドは、三〇〇ドル貸そうというダグラスの申し出を断り、翌日に見つけたセレベス島（スラウェシ島）での職に飛びついて、ダグラスに別れを告げた。それが彼と会った最後となった。ダグラスは数年後、イギリス領マラヤの任地に赴く途中の小型蒸気船で大雨に降られ、ずぶ濡れになって震える友人に自分のレインコートを貸し、場所を交代してやったため、数日後に自分が発病してそのまま帰らぬ人となったという。[88]

　レジナルドの人生は父の人生に劣らず、冒険に次ぐ冒険であったようで、ボルネオの首狩り族から信頼された唯一の西洋人であったことや、演劇好きで、バイオリンをもち歩いていたこと、自分の持ち馬の黒いポニーで競馬に興じたことなどが綴られていた。父の晩年に関する記述はあまりないが、一八九五年二月に帰郷した際に、「母の髪はいまでは雪のように白くなり、父の肩はさほどまっすぐではなくなったが、それ以外はなんら変化がなかった」[89]とし、一九一七年六月のメッシネスの戦い直後の、パッシェンデールの戦い前の偵察中に、砲弾による漏斗孔に父親のものだったステッキを忘れてきたことに気づき、何十もあるそのような穴から探しだしたことが綴られている。[90]アプリンは一九一四年六月十三日にロンドンのペンブルーク・スクエアの自宅で他界しているので、父の形見だったのだろう。[91]レジナルドには三二年間連れ添った妻がいたが、二人のあいだの息子は生後まもなく亡くなり、妻の死後に住み込みの家政婦であった女性と再婚し、一九三五年に南アフリカへ移住した。この妻との息子と思われるロイ・アプリンと、アプリン一族の情報を提供して下さったイアン・アプリン氏が長年の友人で、アプリン大尉の肖像画を彼の家で見せてもらった際に、それをイアンさんが写真に残していた。ロイの未亡人と一緒に撮ったスナップ写真もイアンさんから頂戴したが、すでに音信不通だそうだ。レジナルドの多数の勲章が二〇〇九年にイギリスでオークションにかけられていたので、おそらくそのころ未亡人も亡くなったのだろう。

外国人による狩猟

アプリン大尉のもう一人の息子アーサーは、戯曲家・小説家として数多くの作品を残している。彼が残した作品は一〇〇冊以上あるが、イアンさんに勧められた『女たらしの釣り人』[92]（未邦訳）という晩年に書かれた自叙伝を購入してみた。末子であるアーサーは、父親とよくフライフィッシングにでかけたようで、執筆当時もまだ父にもらった釣り竿と狩猟服を愛用していた。アプリンは幕末の横浜でも大いに狩猟を楽しんでいたらしく、『ジャパン・パンチ』の一八六五年九月号には、「日本でのスポーツ。「昔ながらのスポーツマン」スパーズが射撃にでかける。キジ類の鳥は悲惨なほど少ない」と書かれた下に、例のつば付き帽子をかぶり、足には拍車を付けたスパーズがライフルを手に、毛足の長い犬を連れて、藪のなかを進むが、前方には黒い小鳥が一羽いるばかりという図がある。翌月にも、「「昔ながらのスポーツマン」その新式のスポーツ」と書かれた下に、スパーズと二人の西洋人が馬に跨《また》がり、日本人のお付きたちが籠に入れて運んできた鳥に、紐を付けて放鳥し、それをライフルで狙うという風刺画がある。スパーズは通常、いわゆる西洋馬に乗った姿で描かれているが、このイラストで彼が跨る馬はたてがみが逆立ち、前髪がふさふさと多く、見るからに日本の馬だ。[93]

アプリンが来日する一年前の一八六〇年十一月二十七日に、狩猟をしたイギリス商人マイケル・モスが、それを見とがめた神奈川奉行所の役人ともみ合った際に、本人曰く、銃が暴発して相手を負傷させ、戸部に拘束されるモス事件が起きている。領事裁判権や治外法権の最初の事例として知られる事件で、モス自身はイギリス総領事であるオールコックの厳しい処分を不服として裁判を起こし、訴訟に勝った経緯を著書に残した。[94] オランダのポルスブルック領事によれば、狩猟は開港後まもない前年十一月に、「日本の法律では江戸から一〇マイルの範囲内では狩猟が禁じられているので、オランダ人にも狩りを禁止してほしい」と神奈川奉行から頼まれて、オランダ人には回覧で狩猟禁止を通達したという。[95] しかし、修好通商条約では開港場から一〇里（約四〇キロ）の範囲、つまり多摩川の六郷の渡しまでは行動の自由を保障していた。つまり神奈川宿から川崎宿までの区間に、禁猟をめぐる食い違いがあったようだ。当時、横浜周辺にもガンやカモ、キジ、ヤマドリ、ヤマシギ、コウノトリ、トキなどがいた。ワーグマンの『ジャパン・パンチ』の毎号の表紙を飾った絵は、パンチの守が二羽の鳥と犬を従えているイラストで、タンチョウヅルだと思い込んでいたが、よく見るとコウノトリだ。外国人による狩猟はその後も横浜の沼地を含め、居留地周辺でつづけられ、アプリンもウィリスも猟を楽しんだようだ。

戯曲家・小説家のアーサー

アーサー・アプリンは『女たらしの釣り人』に、「私の父には不思議な魅力があった。父は犬や女たち、魚、家禽、それに自然とともに慎ましく生きる民を魅了することができた」[96] と書いている。アプリンが横浜で一緒に暮らしていたと思われる二人の「娘」はま、としは、その後どんな人生を送ったのだろうか。デヴォン州のあらゆる河川で釣りをした父アプリンは、テイン川、ダート川、エクス川で数時間釣りをしたあと、マスなどを四〇匹前後もち帰ることも珍しくなく、亡くなる直前に釣りの思い出話をしたのか「ああ！あのころはそうだった、息子よ」と懐かしんだという。[97]「私の父は財産を胴元の鞄に移してしまったので、私の教育は十四歳のときに終わりを迎えた」[98]とも、アーサーは書いた。アプリン大尉が競馬で財産を失ったという話は、横浜で競馬に興じていた居留地の人びとのことを考えると苦笑したくなる。彼の息子たちはいずれも金儲けには無頓着で、世界各地を冒険心の赴くままに渡り歩く人生を送ったようだ。アーサーもしばらく軍隊に入っていたが、若いころはおもに役者として舞台に立ち、エディス・オリーヴというかなり有名な女優を妻にした。エディスは、婦人参政権運動が盛んになった一九〇七年に、ギルバート・マリーという古典学者が翻訳した「メディア」の劇で主演し、この運動の象徴にもなっていた。[99]ネット上にはエディスの写真数枚とともに、彼女のものとされる肖像画もある。描いた画家は、チャールズ・ワーグマンの一六歳年下の弟で、ロイヤル・アカデミー会員の肖像画家シオドア・ブレイク・ワーグマンだった。[100]エディスの肖像画の作風から、イアンさんから写真を頂戴したアプリン大尉の肖像画もひょっとしてこの弟の作品ではないかと推測されるが、どうだろうか。原画の所在が不明なのは惜しい。

ほかにもアーサーの作品を読みたいと思ってネットを検索中に、彼の小説『ピカデリー』が、『ロンドン・バレー・ピカデリー』という題名で一九三〇年に春陽堂から邦訳出版されているのを発見した！　原書はその前年に刊行されていた。訳者は西宣雄で、中出三也の挿絵付きだ。「世界大都会尖端ジャズ文学」シリーズの一環として昭和五年にこんな本が出版されていたのは、その後まもなく鬼畜米英の時代を迎えることを考えると、じつに意外な感じがする。これはいまだに積ん読状態だが、いつか時間を見つけてじっくり読んでみたい。息子たち二人の家系は残念ながら途絶えてしまっているが、若くして亡くなったと思われる娘メロニーの子孫は、姓は異なるがアメリカに残っているようだ。

アプリン一族の歴史を、ノルマン・コンクエストの時代までさかのぼって調べあげたイアン・アプリン氏によれば、もともとはアッベリン（Abbelin）と綴られていたそうで、同じ一族でもApplinとAplinと異なるスペルの人がいるという。アプリン大尉はpを重ねているが、イアンさんは後者のほうだ。一族には軍人が多く、将軍になった人も何人かいて、イアンさんご自身も長く軍隊におられたとのことで、ご自宅のガラス・キャビネットの下段には、長年集めつづけた錫製の軍人フィギュアがごっそり並んでおり、娘が訪ねて行ったときも、市場の店でまだ新たな兵士を買い足しておられたそうだ。とはいえ、イアンさんの関心は歴史から環境問題までじつに幅広く、高齢にもかかわらず、熱心に本を読んでは論考をまとめておられた。じかにお会いできなかったのが悔やまれる。

明治以降のウィリス医師

上田でわずかに言葉を交わしただけであろう伝次郎について名前を書き残してくれたウィリアム・ウィリス医師についても少し触れておきたい。

一八六八年一月一日（慶応三年十二月七日）、兵庫（神戸）が開港し、大坂が開市となった。ウィリスを含めたイギリス公使館員はそのための準備で年末から大坂に入り、仮の宿舎を手配したりしていたが、それから一カ月も経たないうちに鳥羽・伏見の戦いが勃発した。二月一日には、ウィリスは幕府側で負傷した会津兵の手当をしているが、同月中旬には薩摩側からも負傷者の外科治療のために京都へウィリスを派遣してもらえないかという要請がだされた。前年五月に将軍慶喜に謁見した大坂城が無残な焼け跡となり、大坂城裏手にあった仮宿舎も住める状態でなくなった様子を視察したのち、一八六八年二月十八日にウィリスとサトウの二人は、おそらく織田信長時代の宣教師ゲネッキ・ソルディ・オルガンティーノ以来、西洋人として初めて京都に入ることになった。[101] じつは、御所に近い禅宗の相国寺内の養源院に、西郷隆盛の負傷した弟がいたのだ。「西郷慎悟（後の従道《じゅうどう》、頚部の負傷）も治療を受けた一人である」[102]と、鮫島近二博士が一九六三年に鹿児島大学の記念講演で語っている。『鹿児島大学医学雑誌』が掲載したこの講演録が一九九五年にまとめられてネット上で公開されており、私が伝次郎の調査をして最初に見つけた文献の一つがそれだった。ウィリスの略歴はこの講演録を読むだけでわかるので繰り返さないが、いくつか関連のある点だけ述べておく。

　ウィリスは一八六八年一月一日付で江戸・神奈川地区の副領事になって江戸駐在を命じられていたが、戊辰戦争が本格化して政情不安になり、多くの負傷兵もでたため、横浜に開設された仮病院「横浜軍陣病院」で新たに着任した医師のシドルを手伝っていた。[103] ウィリスには横浜を離れられない事情もあった。同年八月二十二日付の彼の手紙にはパークスの長男が「脳機能障害の発作」に苦しむ様子が綴られている。鮫島氏もウィリスが「横浜の英国公使館で病気中のパークスの伜を治療して居たので、江戸に行く事は困難であった事や当時副領事であったので、横浜を去る事が出来なかった等で、横浜野毛町に軍陣病院を設ける様になった」と講演で語っている。翌年二月には、妻とこの長男、および「二人の小さな男の子」を帰国させるとパークスが書いている。[104]『横浜市史稿』[105]にはこの病院の場所として、洲干弁天語学所内とする記述と、野毛町修文館とするものが見られるが、弁天ではとうてい収まりきらないと早々に判断されたのだろう。現在、老松中学がある場所が、この仮病院が設置されたところだという。

　パークスの長男というのは、ハリー・ラザフォードだろうか。サトウが一九二一年に『タイムズ』紙にでた彼の死亡記事に目を留め、六月二十九日付の日記に「サー・ハリー・パークスの上の息子のハリー・

ラザフォード・パークス」は享年が「六十歳くらいだったに違いない」と書いている。そうだとすれば、病気の子は生き延びたことになる。アプリンの息子が後年、親しくしていたダグラスのほうは一八六七年九月十六日、横浜生まれであり、ウィリスが九月三十日付の手紙で「公使夫人は母乳が出ないので」、日本人の乳母探しにまた苦労しそうだとぼやいているのが、このダグラスと思われる。ウィリスは外科医としてだけではなく、産科医としても多忙だったのだ。[106]

上田藩の赤松小三郎の暗殺犯と言われ、西郷隆盛の側近として知られる中村半次郎（桐野利秋）は、江戸市中で襲われて手を負傷し、この病院で慶応四年五月二十一日にやはりウィリスの手術を受けて八月二十一日に退院した。当時の病院日記と、後年の西南の役後の検視報告では、切断されたとされる指の左右が逆であったらしい。[107]薩摩の人びとは明治末になってからこの暗殺事件を苦にしていたと見え、『上田郷友会月報』には「伊東〔祐亨〕元帥、東郷大将、上村〔彦之丞〕中将の三氏は此程打揃うて信州に遊び、十日は上田町飯島氏方に一泊」した折に、和解を図ろうと試みたことが書かれている。[108]

ウィリスは、中村半次郎が退院する前日の一八六八年十月五日（和暦八月二十日）に筑前藩の護衛二五人に守られながら江戸を出発して、東北戦争に従軍した。途中の十月十七日に「町から離れたところの農民が織る」美しい絹織物がある上田に寄り、伝次郎に会ったのだが、高田、柏崎、新潟、新発田《しばた》、会津若松などを三カ月間、渡り歩いて治療活動に従事し、「踏破した行程は「約六百マイル（約九百六十キロ）」にのぼり、治療した負傷者の総数は、手当について指示をあたえた者を含めると約千六百名、その内訳は新政府側九百名、会津側七百名であった」。[109]会津藩は十一月六日（和暦九月二十二日）に降伏した。戊辰戦争に出兵した上田藩兵が引き揚げ命令で上田に戻ってきたのは十二月十四日（和暦十一月一日）なので、[110]ウィリスは上田に立ち寄った際に、居残り組の伝次郎に会ったことになる。

　東北から戻ったウィリスは、賜暇で一時帰国する直前のサトウのお膳立てもあって、西洋医学に則った医学校兼病院となる大学東校を創設する仕事に一年間就くことになった。諸々の説明を総合すると、神田和泉町の津藩藤堂家上屋敷北にあった伊東玄朴の医学所と、横浜から移転させた軍陣病院を合わせて、藤堂宅跡地にこの「大病院」もしくは大学東校が創設され、それが東京大学医学部に発展したようだ。跡地には、私も昔、食中毒でお世話になった三井記念病院がある。京都以来、ウィリスに信頼を寄せる薩摩藩医の石神良策が責任者となっていた。サトウは石神がシーボルトの娘、イネの夫であると勘違いしたようで、コータッツィもそれを踏襲しているが、イネは生涯独身で、「シーボルトの門弟石井宗謙といねの間に生まれました。〔……〕石井とは一度だけで私をみごもった」と孫の楠本高子が語っている。[111]

　意気揚々と新しい仕事に就いたウィリスであったが、一八六九年六月二十五日の手紙には、多忙で便りをしなかったことを弁解しながら、「これまでの医者はみな、漢方の概念に凝り固まっているか、蘭方に執着する者ばかりであり、私がイギリス系統の医学の基礎を確立することになるかどうかは、時間だけが解決してくれるでしょう」[112]と書いている。こののち、一年の任期もなかばを残してウィリスは薩摩へ移るのだが、萩原延壽はこの間の出来事について詳述しつつ、「ドイツ医学を志向する多くの蘭方医出身者にかこまれて、力およばなかったというのが実情であろうが、それ以上の推測はいまのところ無理である」としている。[113]真相は定かではないが、済生《さいせい》学舎という私立医学校を一八七五年に創設した、旧長岡藩士長谷川泰の伝記『済生学舎と長谷川泰』を書いた唐沢信安がいくつかヒントを述べている。泰は二十六歳の春に北越戊辰戦争に従軍した。長岡城下は八割以上の家が戦火で焼失し、福井村の泰の生家も焼かれたが、彼と家族は親友の石黒忠悳《ただのり》の屋敷に避難して無事であった。その間、ウィリスは新政府軍側でクロロホルム麻酔薬を用いて盛んに手術を行なっていた。一八六九年になって佐倉順天堂塾時代の友人の相良元貞《さがらげんてい》の口添えで大学東校教師として再出発することになった。当初、戊辰戦争で功績のあったウィリスだけがこの病院兼医学校で治療と講義を熱心に行なっていたが、相良元貞の兄の知安《ともやす》と、福井藩の岩佐純《あつし》の二人は、「佐倉順天堂時代から、長崎の精得館で蘭医ボードインに学んだ医学が全てドイツ医学のオランダ版であったことから「世界で最も進んだ医学はドイツ医学である」と強く主張し」、それを「支援したのは長谷川泰であり石黒忠悳であった。長谷川、石黒、土岐頼得《ときよりのり》の少壮教師は建白書を提出したり、ウィリスの講義の妨害までしたと伝えられる。［……］ウィリスは西郷隆盛、石神良策の計らいで、鹿児島医学校に去った。それは明治二年十二月三日のことであった」[114]というものだ。石黒忠悳はのちに陸軍軍医総監にまでなった人だが、若いころ蟄居を解かれてまもない象山を松代に訪ねて、蘭書は目が汚れるから読みたくないと言ったところ、象山にやんわりと諭され、開眼したという。[115]伝次郎の息子である私の曾祖父は、皮肉にもこの長谷川泰の済生学舎で学んだと伝わる。一九〇三年に廃校になったこの医学校がのちの日本医科大学の基礎となったと、唐沢氏は同書で主張している。

ウィリスはその後数年間、薩摩で多忙な日々を過ごした。一八七一年には島津久光の側役江夏十郎《こうか》の娘八重と結婚し、一八七四年には息子のアルバートが生まれた。この年、ウィリスは台湾出兵で多数の傷病兵の手当に追われた。[116]一八七五年には一時帰国し、その際に西郷隆盛から籠状の薩摩焼の菓子鉢を贈られた。薩摩に赴任して以来、西郷はウィリスの前に容易に姿を見せなかったようだが、萩原氏が推測するようにただ多忙だったのかもしれない。[117]鮫島博士によれば、これは「バスケット状をなした把柄《はへい》がついている菓子鉢」で、ウィリスの姪が譲り受けていたが、経済的な理由から手放さなければならなくなり、当時の駐英大使の林権助が買い取って日本にもち帰ったという。「十六世紀に日本の朝鮮人陶工が製作した古い陶籠」で、「大西郷が藩主から頂戴したもの」だった。薩摩焼は秀吉の朝鮮出兵の折に連れ帰った朝鮮人陶工によって始まったもので、「バスケット状」は「しろもん」の籠目透かし彫りだった可能性もあるがもはや確かめようがない。日本に戻ってきたこの「陶籠」は、「今度の戦争で皆焼けたそうです」と、鮫島博士が語っているからだ。[118]

一八七六年に再来日したウィリスは、翌年二月には西南戦争の混乱に巻き込まれて鹿児島から退去勧告を受けて長崎に避難した。薩摩軍に参加するつもりであったウィリスは「鹿児島の友人たちについてのさまざまな心配」を、サトウに宛てて書いている。[119]『ジャパン・パンチ』に彼が登場する回数はさほど多くないが、一八六六年四月号の親友のサトウと並び、「実体と影」と題された戯画はよく知られ、同年一月にも、「Ｕ・Ｙクラブのヤング・ジャパン」と書かれた下に、洋装に羽織、腰には二本差し、頭はちょんまげで葉巻をふかしながら、「文明だけ好きです！」と語る日本人とバーで談笑するウィリスが描かれている。一八七二年二月号にはウィリスが短期間、横浜に立ち寄ったときのことが「鹿児島からのリトル・ビリー、数泊のみ」と題した戯画に描かれ、お辞儀をする大男は「ゴキゲンサ、ヨロシュゴアンス」と言っている。一八七五年四月号には、「家路につく」と書かれた下に、十数年ぶりの帰国に嬉しさを隠しきれないウィリスが描かれ、一八七七年六月号には、「西郷なる人物《マン》から、イギリスの軍艦《マン・オヴ・ウォー》数隻を借りるために送られてきた特使」と題して、ポケットに薬と医学雑誌『ランセット』を入れた大男が、島津家の丸に十文字のついた帽子を手にする風刺画がある。そして、一八七七年七月号には、「医学の父、友人たちのもとを去る」と題する絵がある。頭の禿げあがった大男の足元に折れた刀や、島津の紋章のついた破れた提灯、番傘などが転がる様子からすると、鹿児島を引きあげたことを意味するのだろう。[120] 東京に戻ったウィリスに、外務卿寺島宗則（松木弘安）からの指示として、ウィリスとの契約破棄を伝える書簡が送られてきたが、薩摩の密航留学生の一人であった森有礼《ありのり》やパークス公使の奔走で、財産の損害額は返済されることになった。ウィリスは最終的にこの年の十月に家族を置いて帰国したが、数年後に再来日してアルバートをイギリスへ連れ帰っている。[121]

個人的には、ウィリスとサトウがその後、シャム（タイ）にともに赴任している点が興味深い。ウィリスはサトウよりも長く八年間、タイで暮らし、「バンコック市内に大規模な個人病院も開設した。その患者の中には当時の国王ラマ五世や王弟デヴァウォンジ親王もいた」。しかし、健康を害して帰国した翌年、北アイルランドの生地の兄の家に滞在中の一八九四年二月十四日に五十七歳で亡くなった。[122] このコータッツィの記述から、ウィリスの死後まもなくイギリス公使館の援助を受けて開設されたタイ最初の国際的な私立病院、BNH病院がそれに該当するのではないかと思い、バンコクへ行った際に訪ねてみたが、病院の歴史に彼の名前は残っていなかった。「王弟デヴァウォンジ親王」は、『王様と私』のモンクット王の息子として生まれ、彼と同腹の妹三人がチュラロンコーン王（ラーマ五世）に嫁ぎ、その子孫がラーマ六世以降すべてのタイ国王となっている人なので、岩倉具視どころでないキーパーソンである。「ウィリスとわたしはほとんど生活をともにしています」と一八八五年に書いたサトウは、「二月十六日　オーン君（Khun Aun）が夕食に来た。一八七一年（明治四）にわたしが「脇差」に拵《こしら》えたものを同君にあたえたが、この刀身は勝安房守（海舟）から贈られたものである」と日記に記した。サトウは一八六九年二月十四日の条に、「別れにのぞんで、勝は自分の脇差をわたしに贈ってくれた。われわれは互いに、つきぬ名残を惜しみながら別れた」と書いているので、勝海舟の脇差を拵え直したものだったのだろう。波乱の日々を乗り越えて賜暇にでる直前にサトウが、再来日したA・シーボルトとともに勝海舟を訪ねた際のことだった。萩原延壽はこの一件が気になったのか、こう書いている。「「オーン君」は、サトウがよほどしたしくなった人物なのであろうが、他ならぬ勝、維新後サトウがもっともしたしく交わった日本人の勝からの贈り物を手放すとは、やはり尾を引く日本への思いを断ち切るためであろうか」[123]。タイ滞在期間のサトウの日記は手に入れていないのだが、ネット上で検索する限りでは、この箇所はKhun Amの綴り間違いであり、デヴァウォンジ親王との関係で何度か登場する人のようだ。

ウィリスには江夏八重とのあいだの息子アルバートのほかにも、来日前にロンドンの医師養成病院で看護助手とのあいだにもうけたハーバードと、別の日本人妻「おちのさん」(古田千野)とのあいだに横浜で生まれた「うたろうさん」(ゆう太郎か)ことジョージがいた。三人の息子たちはみなオーストラリアに移住しており、ウィリスはこれらの遺族すべてに三〇〇ポンドずつを遺贈していた。アルバートはのちに偶然、母親の消息を知り、一九〇六年三月に「三十三歳になってようやく横浜埠頭で八重と再会した」。三〇年ぶりに鹿児島を訪ねた二人はウィリスの門下生ら二〇名余りに盛大な歓迎を受けたという。その後、アルバートは英語講師となって日本に帰化し、一九五一年に亡くなった[124]。

晩年は不遇だったが、ウィリスもまた波乱万丈の人生を送った人だった。そんな彼が、上田での短い出会いについて書き残してくれたことに、ただ感謝するのみだ。私の探究の旅はそこから始まったのだから。

第6章　古写真から見えてくる歴史

話をもう一度、幕末に戻そう。赤松小三郎がアプリンに会った時期は、ちょうど禁門の変によって朝敵となった長州藩にたいする第一次長州征討が行なわれたころだった。上田藩は元治元（一八六四）年八月に進発の命を受けたものの、長州が三家老を切腹させることで恭順したため、このときは出兵することなく終わった。同年九月十七日になってから戦備用品を注文する任務を帯びて江戸にでた赤松は、その機会を利用して江戸から横浜に通って勉学に励んでいた。翌慶応元年四月十二日、幕府から諸藩へ再び長州征討の命令が下ると、赤松は五月二十八日に江戸から海路大坂へ向かった。[1] 忠固の息子で当時十四歳の上田藩主、松平忠礼《ただなり》が「将軍旗本左右の備を命ぜられた」[2] のはこの第二次長州征討時だった。上田藩では最後となったこの武者行列は一〇七二人からなり、赤松は新進の砲術家として兄の芦田柔太郎や、やはり砲術家として知られた滝沢省吾とともに先頭の大砲方に加わり、伝次郎は殿様の後方の奥医師、殿様の乗り換え用の馬二頭の後ろから、もう一人の馬役である町田藤三郎とともについて行った。[3] ところが、大坂滞在中に将軍家茂が亡くなり、「先代大円院様［忠固］と開港説で「ソリ」が合わなかった、水戸の一橋慶喜が十五代将軍に宣下された」ため、上田藩の人びとは左遷を覚悟した。幸い、次期「藩主忠礼侯の御覚《おぼ》い目出たく」ことなきを得たという。[4]

　この最後の上田藩主松平忠礼が豪華な鞍下《サドルブランケット》の上に洋鞍を乗せた立派な黒い日本馬に、自身も洋装で跨っている写真がある。『上田市史』には、伝次郎が「仙台産の青毛馬を購い、飛雲と名づけ、アプリンに託し、一年彼国の乗馬法を以て訓育せしめ、以て藩に引き取る」と書かれていたが、青毛馬というのは全身が黒い馬のことだ。古写真に写るこの馬が、アプリンに調教してもらった飛雲である可能性は高そうだ。となると、細面の若い藩主がまたがる馬の横で引き綱をもって立つ厳つい顔の初老の人物が、「容貌魁偉」と書かれた馬役の伝次郎ではないのだろうか。私のよく知る親族とはあまり似ていないが、どことなく祖父を思いださせる表情をしている。「忠礼侯の馬具の一つ「アヲリ」、これは馬の鞍の敷布で、当時舶来の羅紗に五色の糸や金糸で刺繡した実に立派な品である。右二品［十二支を指す時計と泥障《あおり》］は上田市海野町村田靴店に保存されてある」[5]と松野喜太郎の『上田藩松平家物語』には書かれており、この鞍下を指すと思われた。まだ残っているだろうか。

　騎乗姿の忠礼の写真は、私が先祖探しの調査を始めてすぐに上田市立博物館のサイトで見つけ、それ以来、ずっと気になりつづけていた一枚だった。なんとか現物を見せてもらい、この写真が撮られた背景を知り、藩主の横に写っている人物が誰か特定できないかと思いつづけたものだ。幕末の古写真を集めたアルバムや論考をあれこれ調べ、上田藩関連の写真の多くが、上田市在住の若林勅滋《ときしげ》氏提供となっていることに気づき、いまはどうやらその大半を東京都写真美術館が所蔵していることまで突き止めたので、学芸員の三井圭司氏にもお会いしてお話を伺い、どの写真が所蔵されているのかをデータベースで確認していただいた。実際には、若林氏の古写真の大半は東京都写真美術館が創設時にまとめて買い取り、若林コレクションと呼ばれていた。おかげで多くのことが判明したのだが、残念ながら騎乗姿の忠礼の写真は同館にはなかった。

そのあと上田を再び訪ねた折に、古写真に関連してお会いした長野大学の前川道博教授が、上田市教育委員会の文化財課に連れて行ってくださったおかげで、思いもよらない事実を知ることになった。若林氏が高齢になって施設に入られたあと、十数年前にご自宅の資料館が火災に遭い、数多くの骨董品が焼失してしまったというのだ。そして、現在、東京都写真美術館に収蔵されていない写真は、永久に失われた可能性が高いのだと。後日、上田市立博物館の学芸員にも電話とメールで確認したところ、確かに一時期、若林氏から古写真を寄託されており、そのときの画像データは残っているけれども、現物は返還依頼があってお返しして、いまは同館に残っていないと教えられた。私が長年、追いつづけてきた写真は、百数十年の歳月を乗り越えてきたはずの写真は、今世紀に入ってから失われてしまっていたのだ。写真は通常の物以上に、フィルムやデジタルの画像だけでも充分にその価値を発揮する。非常に残念ではあるが、これもまた忘却・喪失の歴史だと諦めるしかない。

一方、「海野町の村田靴店」はグーグルマップで簡単に見つかったので、上田の中心街にある「創業明治二十年」のお店をふらりと訪ねてみた。店内にいらした高齢のご店主は上田に残る数少ない旧藩士の子孫で、ご先祖はやはり江戸詰めだったとのことで話が弾み、父上が書かれたという回想録まで頂戴してしまった。残念ながら泥障そのものは「お城に寄贈した」とのことで見られなかった。上田城跡公園にある博物館に確認してみたが、寄託されているのは忠固が使用したとされる、黒地に五色の糸や金糸で「牡丹に唐獅子」の派手な刺繍が施された和式の泥障だった。この生地が「舶来の羅紗」であれば、松野氏はこの泥障について言及していたのかもしれない。忠礼使用の洋式の鞍下は歳月には勝てなかったようだ。

しかし、上田市立上田図書館では、失望を吹き飛ばすほどの大収穫があった。地元史に関して多数の論文を書かれている尾崎行也氏を訪ねた際に、お会いする場所として館内の小会議室を用意してくださったおかげで、限られた時間のなかで相当な量の史料を調べることができたのだ。前述したように、尾崎氏の論文等から明治初期に書かれた『上田縞絲之筋書』に門倉伝次郎が登場することもわかっていたので、資料室ではまず大正時代に抄写された写本を閲覧させてもらい、第3章で触れたように、伝次郎が佐久間象山の指導で製造された馬上銃を藩内でも製造し、大森台場で試射していたことなどが新たにわかった。

馬上の松平忠礼像。鶏卵紙、11.2 x 15.6 cm、上田市立博物館所蔵

この図書館で、個人的に最も多くの情報が得られたのは、なんと言っても大量の『上田郷友会月報』だった。明治十八(一八八五)年創設のこの団体は、上田を離れて東京に移り住んだ同郷者のあいだで明治十一年ごろ自然発生したものらしく、いまも存続している。この会の存在は以前から知っていたが、月報を調べたことはなかった。きちんと月報が発行さ

れるようになった時代には、伝次郎は移住先の茨城県の谷田部で他界していたからだ。ところが少し前に赤松小三郎の研究者である関良基教授から、大正四年の月報に掲載された小林雄吾の「松平忠固公」のコピーを頂戴した際に、その前ページにあった一月例会のわずか一二人の出席者の一人が私の曾祖父の門倉安栗であることを発見したのだ。これまで関東大震災後に祖父が新たにつくった戸籍と墓標以外には、明治四十三年五月に「荒川綾瀬堤桜樹寄付者」として金弐円をだした隅田村の住民リストでしかその存在を確認できなかった人物だ。曾祖父は生まれてまもなく上田を離れたはずなので、世代を超えてこんな形で地縁がつづいていたとは、まったく想像だにしていなかった。長編の論考の編者の小林雄吾の名前も出席者のなかにあった。

大正四年のこの月報からどんどん時代を遡って調べてゆくと、曾祖父は年に数回、神田仲町の福田屋（いまの秋葉原電気街付近）などで開かれた例会に出席し、年間一円の会費を払っていたほか、何枚もの集合写真にも写っていた。この曾祖父は晩婚だったうえに早くに死去したため、母の世代では誰もその顔を知らなかった。祖母の死後、アルバムを整理した際に見慣れない人物の写真を見つけ、当時まだ存命だった祖父の末妹に誰かわかるか尋ねてみたことがあった。顔幅の広い、やや吊り目の祖父の妹たちと、どことなく似ていたからだ。しかし、大叔母はすでに記憶が曖昧で、関東大震災のとき逃げだした牛がいて怖かったことなどは覚えていても、父親と思われる写真には戸惑ったような笑みを返すばかりだった。曾祖父は大叔母が幼児のころに病死しており、その後、一家は震災で焼けだされたため、父親の顔は知らずに育ったのかもしれない。ところが、月報に掲載された名前入り集合写真に写る「門倉安栗」は、紛れもなくアルバムの写真の人物だった。近い親戚の顔立ちとはやや異なる、モンゴル人風の顔だ。

時代をさらに遡って明治四十三年の、創立二十五周年記念号にまでたどり着くと、そこにはなんと門倉伝次郎に関するまとまった記事と写真が掲載されていた！　感動のあまり、思わず月報を手に資料室の司書の方のところへ駆け寄った。なにしろその顔は、騎乗姿の松平忠礼の横で黒い馬の引き綱を抑えているおじさんとそっくりだったからだ。ただ、もっとずっと年老いていた。「赤松先生伝」や「滝沢先生伝」と並んで、「門倉先生伝」と題されたこの記事こそ、昭和の初めに『上田市史』が編纂されたときに参照されたものであり、おおむね同一の内容だった。しかし、引用された際の転記間違いや勘違いと思われる点も随所にあり、後者では省かれていたこともあった。

その後、本稿をほぼ書き終え、写真の使用許可を各所蔵先に願いでた段階で、上田市立博物館から思いがけない朗報をいただいた。なんと、昨秋になって上田藩関連の写真が新たに大量に寄贈され、そのなかに忠礼の騎乗姿の写真も含まれていたというのだ。写真に残る傷等から、おそらく若林氏が所蔵していた写真と同一のものだ。そんなわけで、めでたくこの写真を本書の表紙に使わせていただくことになった。行方不明の写真も多々あるなかで、この一枚は残されていたというあまりの幸運に、「史料を探し求めていると、向こうからやってきてくれることがある」という尾崎行也氏の言葉が、いま私の耳に嬉しくこだましている。

なお、画像使用の申請をした折に、この新たな写真コレクションの画像を見せていただいたおかげで、新たに重要なことが判明した。以下、昨夏の調査で得られた情報とも照らし合わせつつ、松平忠固の息子たちを中心に、幕末から明治初期という大転換期の上田藩関係者の足跡を少しばかりたどってみたい。

『上田郷友会月報』明治43年の25周年記念号に掲載された「門倉先生伝」より。上田市立上田図書館所蔵の月報を筆者が撮影

古写真という史料

騎馬姿の忠礼の写真は、上田市立博物館発行の『松平氏史料集』などでは、戊辰戦争に出陣する前の一八六八年に撮影されたという注釈がついている。『上田市史』の伝次郎の項に長州征討のときすでに「其の扮装全く西洋式なりしは、上田藩の乗馬のみ」と誇らしげに書かれていたので、この写真はもっと以前に撮影されたのではないかとずっと疑っていた。ところが、『上田郷友会月報』を読むと、飛雲について書かれた段落にあるこのくだりが、「其扮装全く西洋式なりしは独り此馬あるのみ、これを以て大に人目を聳《そばだ》たてしめたりと云う」[6]となっていた。つまり、長州征討時には、アプリンに調教してもらった飛雲一頭だけが洋式の馬具を付けていたのである。

伝次郎がアプリンに習うことになった経緯も、やや詳しく説明されていた。「次で三人口増加、独礼席に進む。当時横浜在住の英国騎兵士官にアプリンなる者あり。上田藩乃《すなわ》ち幕府に請い、門倉氏をしてアプリンに就き西洋馬術及び馬療法を修めしむ。門倉氏大に得る所あり、技益々進む。其頃藩主に稟申《りんしん》して奥州仙台産の青毛馬を購い、これを飛雲と名づけ、アプリンに託し其厩《うまや》に置くこと約一ヶ年」。伝次郎が独礼席に進んだのは『明細』より文久三（一八六三）年六月だったことが判明しているので、この年に他藩に先駆けてアプリンに接触した可能性はありそうだ。月報にはさらに、「此馬は維新後、上田の厩に移され、藩主の乗用なるを以て特別に飼育する所あり。衆呼んで西洋馬と云えり。廃藩の際、常田の鍋大に払下げられ、駿馬遂に槽櫪《そうれき》に伏するに至れり」とも記されていた。槽櫪は飼い葉桶、厩を意味するようだが、「常田の鍋大」はなんだろう。上田城内の屋台で、博物館が開くのを待つあいだ馬肉うどんを食べてみたのだが、飛雲も最後は食べられてしまったということか。月報には、長州征討から「帰府後尚《な》お横浜に［一字空欄、誤植か］来しアプリンに就き更に大に其技を修むる所あり」とも書かれていた。大坂からいつ戻ったかは不明だが、一部の上田藩兵は将軍家茂の亡骸とともに慶応二（一八六六）年十月に江戸に戻り、その他はそれ以前に帰還したようだ。[7] アプリンが翌年六月に帰国するまで、正確には一八六六年十一月の豚屋火事まで、伝次郎は何かと横浜に通い、最後に高輪接遇所を訪ねて鞍を買い取らせてもらったのだろうか。

騎乗姿の忠礼の写真には、同時期に撮影されたとされる写真がほかに三点ある。同じ洋式の軍服を着た忠礼の立ち姿の肖像写真、庭先で撮影された上田藩士との集合写真、三人の鼓手とともに並ぶ写真である。最初の二枚は東京都写真美術館が所蔵するが、[8] 残り一枚は行方不明だったところ、今回の新たなコレクションに含まれていて博物館に戻った。一連の写真が実際に戊辰戦争時のものだとすれば、江戸藩邸で一八六八年一月中旬ごろ撮影されたと推察される。鳥羽・伏見の戦況が慶応四年正月八日（陽暦二月一日）に江戸に伝わったとき、忠礼は「兵を率いて上坂し、将軍の膝下に在て忠勤を励みたき旨」を申しでたのだが、その矢先に当の慶喜が開陽丸で江戸に戻ってきてしまい、出兵する必要がなくなった。それでもなお忠礼は、銘々非常の覚悟をもって徳川氏と存亡を共にするよう藩士たちに言い聞かせたという。[9]

じつは今回の新たなコレクションに、忠礼が二人の家老と三人の藩士とともに酒宴をする構図の写真が含まれており、裏面に慶応三（一八六七）年撮影と記されていた。まったく同じ写真を東京都写真美術館が所蔵しており、アンブロタイプ、横山松三郎撮影となっていたので、[10] それをさらに撮影した写真かもしれない。問題は、全員が月代《さかやき》のない総髪に見えることだ。一方、戊辰戦争時とされてきた写真では全員が綺麗に頭頂部を剃っている。慶応三年とされるこの写真の忠礼よりも、騎乗姿の忠礼は幼くも見える。この時代に、総髪からもう一度、月代を剃り直すことは通常は考えにくいので、裏面のこの記述が正しいとすれば、戊辰戦争時とされた一連の写真は、長州征討時であった可能性も再浮上する。暗殺される数カ月前の慶応三年四月撮影の写真に、赤松小三郎も総髪、洋装姿で写っている。[11]

戊辰戦争時、慶応四年二月二十日に勤王か佐幕か態度を明らかにするよう松平伊賀守（忠礼）を呼びだす文書が東山道先鋒総督の岩倉具定《ともさだ》（具視の息子）の参謀、板垣退助から届いた。藩主は江戸在府中であったため、代わりに山田官兵衛（純一郎の父）が下諏訪の倒幕軍の本陣に赴いたと『上田藩松平家物語』は書いた。[12]『復古外記』の「東山道戦記」を見ると、二月七日にまず「御親征に付［……］兵食取計、宿々警衛、人馬継立世話向」という依頼がなされている。この当時、徳川一門でありながら新政府の議定《ぎじょう》職に就いた尾張藩主の徳川慶勝が東海道と中山道沿いの大名・旗本の「勤王誘引」活動を命じられ、三九人の家臣を各地に派遣していた。上京を求められた忠礼は、二月二十一日に江戸を発ち、二十七日にまず上田に戻り、翌日、「病中故、旅中の所労にて」という理由でしばし上京の先延ばしを請う内容の書面を重臣から総督府宛に提出している。[13]尾張藩の「勤王誘引」活動の実態をまとめた京都学園大学の松井悠奈の論文などを参考にすると、慶勝は鳥羽伏見の戦いのあとすぐに自藩に戻り、一月二十日は青葉松事件として知られる藩内の佐幕派の弾圧を敢行し、つづいて諸藩の説得に乗りだした。上田藩には二月十日に尾張藩の使者がやってきて藤井求馬之助に面会し、同月二十九日に再訪した際にはさらに「分家の松平鉄［ママ］次郎家臣山口平太郎などに面会・説諭し、伊賀守、鉄次郎及び伊賀守重臣の連印証書を提出させた」。「新政府に帰順した旧旗本らは後に本領安堵の御朱印を受けることになる。［……］徳川一門である慶勝に従うことで、自分たちは徳川家に従っているのだという名文を得ることができた」と、松井氏は分析する。[14] 上田藩は、三月八日には碓氷峠の警戒任務を命じられている。[15] 忠礼は三月十九日、塩崎知行所の旗本松平家を継いだ弟の忠厚（欽次郎）とともに、少人数で上京すべしという朝廷からの注意に従い、四〇人ばかりの家臣だけを連れて上田を出発し、四月五日に勤王の願書を大総督有栖川宮に差しだし、閏四月十四日に上田に帰着した。[16]『復古記』には、四月二日に「松平忠礼、西尾忠篤《ただあつ》、京に至る」[17] とあるので、横須賀藩主のいとこと示し合わせて上京したのかもしれない。

徳川林政史研究所が所蔵する「勤王誘引書類」は七四九点におよぶという。のちに岩倉使節団で渡米した伊藤博文は、サンフランシスコでの歓迎会で日本の「封建制度は一挺の銃を撃つことなく、一滴の血も流さずに一年も経たずして完全に廃止された」と英語でスピーチしているが、[18] それがいくらかでも正しいとすれば、外敵を前にして内戦を回避させるべく、自藩の佐幕派を粛清してまで説得工作に尽力した慶勝のような人びとの功績によるものだろう。スピーチ・ライターはいったい誰だったのだろうか。

松平忠礼はかなりの写真好きだったらしく、『皇族・家族古写真帖』（新人物往来社）は「一藩の藩主の写真がこれほど多く残っていることはほとんど例のないことである」として、八ページを割いて多数の写真を掲載している。[19] 同じ出版社から二〇〇四年に刊行された『サムライ古写真帖』では、戊辰戦争時とされる忠礼の立ち姿の肖像写真が表紙を飾った。この写真集にも騎乗姿の忠礼の写真があり、同じ幔幕を背景にした鼓笛隊との写真とともに鶏卵紙と明記されていた。[20] 尾崎氏によると、上田藩関連の写真が最初に本格的に公表されたのは、一九七五年に朝日新聞社から刊行された『庶民のアルバム、明治・大正・昭和「わが家のこの一枚」総集編』だった。[21] この写真集にも伝次郎は大きく引き伸ばされて掲載されていた。

幕末の上田藩の写真は誰が撮影したものだろうか？ 使われた敷物や絨毯、揺り椅子などの撮影小道具は、それより数年前と言われる、やや幼さが残る忠礼の二枚の肖像写真の背景と共通している。これらの小道具は藩が所持していて、写真家が藩邸に呼ばれてくるたびに、引っ張りだしてきたのかもしれない。

興味深い点は、上田藩関係の古い写真の多くがアンブロタイプであることだ。幕末から明治初期の時代にはコロジオン湿板技法の写真が一般的だった。湿板技法には、ガラス板をネガとして鶏卵紙に焼きつけて複製をつくるアルビューメン・プリントと、ガラス板の裏面を黒くして銀を含んだ感光部分を白く見せることでポジ画像とし、それをオリジナル一枚だけの写真として鑑賞するアンブロタイプの二種類があり、使用される薬品が若干異なるという。鶏卵紙と判明しているのは、東京写真美術館にある十七歳ごろの忠礼と推測されている肖像写真と、[22] 今回新たに見つかった幔幕前の二枚のみで、それ以外の明治三年ごろまでの断髪前の写真は、いずれもアンブロタイプだった。いちばん古い、元服時の写真とされるものは行方不明で焼失したと思われ、これは『サムライ古写真帖』にも写真の形態が記されていない。

撮影者が特定されている写真もある。『上野彦馬と幕末の写真家たち』（岩波書店）の表紙に使われた「上田藩主松平忠礼と三人の藩士」とされた写真は、長崎の上野彦馬のスタジオで撮影された。この写真の背景に使われている欄干は長さが二メートルほどしかなく、上野彦馬の大半の写真に写る長い欄干とは異なり、横浜の馬車道と浅草瓦町に写真館を開いていた内田九一の写真館のものとも形状が異なる。忠礼・忠厚兄弟が留学に際して長崎にグイドー・フルベッキ（ヴァーベック）を頼ったとする文献をいくつか目にしたが、フルベッキは一八六九年四月には東京に転居しており、それ以前に彼らが長崎まで行ったとは考えられない。[23]これらの写真が上野彦馬撮影と思い込んだための勘違いかと思ったが、彦馬の写真を丹念に調べた高橋信一の『フェイスブック版　古写真研究こぼれ話三』によると、欄干の置物は元々中央で二つに分かれる構造で、一八七一年ごろには半分だけが中央に置かれるようになった。[24]よく見ると、斜めの石畳も後ろの巾木も、豪華な背もたれの椅子や円柱の置物も、彦馬のスタジオのものだ。ちなみに、この写真に写っているのは忠礼ではなく、和装の弟の忠直と忠孝で、現在、東京都写真美術館に収蔵されているアンブロタイプのこの写真は、裏表でデータベースに登録されている。[25]

この写真と同じ欄干と椅子が写る松平兄弟の写真がほかに三枚ある。洋装の忠礼と忠厚が椅子に掛け、両脇に二人の男性が立つ鶏卵紙の写真と、洋装の忠直だけの肖像写真、および和装の忠孝だけの肖像写真だ。最初の二枚は、やはり東京都写真美術館にあるが、末弟の忠孝の写真は焼失したようだ。[26]ということは、留学する前年に松平四兄弟が、なぜかフルベッキのいない長崎まででかけていたことになる。上田市立博物館発行の資料に、「忠礼は翌年の渡米に備えてであろう、この年［明治四年］十一月に長崎へ赴いている」と出典は記さずに書かれている。[27]そうだとすれば、フルベッキの後任のヘンリー・スタウトに会ったのだろうか？　ろくに引き継ぎもできないままに、「浦上四番崩れ」と呼ばれたキリスト教徒の迫害の嵐のなかで、広運館と名を変えた英語伝習所で英語と西洋の学問を教えたアメリカ・オランダ改革派の宣教師だ。当時はまだ日本語も充分に習得していなかったスタウトに、なんら縁故もなく留学の斡旋を頼めただろうか。G・D・レーマンの『西日本伝道の隠れた源流　ヘンリー・スタウトの生涯』（新教出版社）

上野彦馬撮影の「松平忠直と三人の男」。東京都写真美術館所蔵。
実際には松平忠礼（前列左）、忠厚（同右）と思われる。
Image: 東京都歴史文化財団イメージアーカイブ

にも、一八七二年秋以前の迫害の時代の記述はほとんどなかった。

『皇族・家族古写真帖』には、上田藩瓦町藩邸から徒歩一分ほどの瓦町二五から二七番地に、明治二（一八六九）年開業の内田九一《くいち》の浅草の写真館「九一堂万寿」[28]で撮影された家族写真もある。上田藩が正確にいつ瓦町藩邸を引き払ったのかは不明だが、後述するように、ここは明治三年からは尾張の徳川慶勝の屋敷となっていたので、わざわざ昔馴染みの界隈を一家で訪ねたようだ。「あたかも上田藩が版籍奉還し旧藩主松平忠礼が藩知事となって二カ月目、忠礼が新夫人をともなって帰国した当日のことである」と、明治二年八月十六日に起きた上田騒動に関して『維新の信州人』に言及されているので、最終的に引き払ったのはその年六月の版籍奉還後、忠礼が上田藩知事に任命されたのちだろう。物価高騰や贋二分金をめぐる問題で豪農商と中下層農民の対立が表面化し、上田全町で打ち壊し九〇戸前後、焼失二一四戸という事態になったらしい。上田藩はまだ十九歳の「藩主みずからの説得、一揆の要求の大幅受けいれ」など、武力で鎮圧しない柔軟寛大な措置を取ったが、維新政府はこうした大幅譲歩を快しとはしなかったという。[29]

九一撮影のこの家族写真には忠礼も忠厚も写っておらず、そこに並ぶのは母と二人の姉、弟たちだと古写真帖の解説にはある。父松平忠固の正室三千子は、子のないまま一八四〇年に亡くなった。忠礼の母はおとしという側室で、三男三女を産んだという。尾崎氏によると、おとしは上田藩士の井上氏の娘という説と、「呉服問屋大丸の裁縫を引受くる職人の娘なりという」とする二説がある。[30] 井上家説の典拠は『上田藩松平家物語』だ。井上氏であれば、長州毛利輝元の浪人が寛永十年に上田藩に召し抱えられたのが初代という名門で、長州征討時に騎馬で戦闘員のしんがりを務めた井上四郎右衛門という人物がいるので、この人の娘かもしれない。ただし、同書では「松平家と婚姻関係ある藩士の家」という項目をわざわざ設けながら、井上家をそこに含めておらず、「井上元」というその息子らしい人物が「般若面」の「アバレ野郎」だったというエピソードが紹介されるなど、[31] やや解せない。忠礼の容姿は端麗そのものだからだ。一方、大丸の職人の娘説は、『上田縞絲之筋書』による。[32]

忠厚の生母に関してもこの二つの史料は食い違い、前者は家臣の岩間氏の娘おつまだとし、岩間家は本家松平山城守の浪人が祖先で、おつまの父は忠固の時代には江戸の留守居役を務めていた人物だったとする。[33] 忠厚の伝記『黄金のくさび』を書いた飯沼信子も岩間氏の娘とし、忠固とのあいだに四子をもうけたが、成人したのは忠厚一人だったとする。[34] 一方、『上田縞絲之筋書』では、忠厚の生母は「山口氏おつま夫人」とし、慶応三年の稲荷山事件という藩主暗殺未遂の企てについて記した回に、「此時の噂に、忠礼は妾腹にして生母は士族にあらず」と言われたことに触れている。[35] この史料を解読、研究した尾崎氏は、上田藩士には山口家が数軒あるため定かではないとしながらも、文久元(一八六一)年五月に上田藩塩崎分知へ忠厚が養子にでた際に、付き人を兼任する形で異動になった山口平太郎との関係に注目する。[36] 山口平太郎は藩校明倫堂出身の句読師で学監にもなり、尾張藩からの使者にも応対し、その息子の慎は忠礼・忠厚兄弟とともに渡米した人なので、重要人物であったことは間違いない。第3章で触れたように、高杉晋作が万延元年に佐久間象山を訪ね、桜井・恒川という二人の上田藩士に会った九月二十日に、「山口平太郎に遭う、稍《やや》議論有り」とも書いている。[37] ただし、山口平太郎（毅）は明治五年に五十六歳で死去しているため、[38] 忠厚の祖父と考えるには年齢が合わない。

忠固の息子たちについて『上田藩松平家物語』は、「御兄弟四人中欽次〔欽次郎、忠厚〕様最も秀才にして、一を教えて十を覚る明敏な頭の良い若様であった。〔……〕此の人を上田藩主に押立てようとした幕末最終の御家騒動が慶応三年に起こった」と書き、謀主は家老の岡部九郎兵衛と松平四兄弟を教育した藩の学者たちだったとする。[39] 忠礼、忠厚の兄弟は後述するように、明治になってからともに留学するのだが、その後袂を分かつようになった背景には、幼少期からのこうした諸々の事情もあったのだろう。

その下の二人の弟たちに関しても二つの史料の主張は異なり、前者では忠直（鏞三郎）の母は「江戸本郷の某氏」、そして末弟であり明治八年に早世した忠孝（協之丞）の母がおとしであるとし、後者は二人ともおやい夫人の子だとする。[40] 末弟の忠孝の肖像写真と考えられるものが少なくとも三枚はあり、容姿が忠礼と似ているので、これは前者が正しそうだ。[41]

この写真に並ぶ二人の姉は誰だろうか。戸沢正実《まさざね》に嫁いだ章（一八四六年生）、幕末に老中を二度務めた井上正直《まさなお》に嫁いだ芳（一八四七年生）、堀直虎に嫁いだ俊（一八四八年生）がいると一般には言われるようだが、小林雄吾による系図では、成人した娘は井上正直に嫁ぎ、初名が芳子だった章子と、堀直虎夫人の俊《しゅん》子、それに忠固の異母兄である酒井壱岐守忠讜《ただなお》の娘を養女にした茂子しかいない。芳と俊はおとしの娘で、父の忠固が大坂城代であった時代に大坂で生まれたともいう[42]。そうなると大丸の職人の娘説が信憑性を帯びてくる。内田九一撮影の家族写真は、忠礼ら兄弟の留学中に撮影されたおとしとその子たちを中心とした写真で、撮影後まもなく忠孝は死去したのではないか。

俊子が嫁いだ信州須坂藩主の堀直虎は、外様大名ながら若年寄兼外国総奉行を務めた人だった。母が横須賀藩主西尾忠善の娘なので、俊子のはとこに当たるかもしれない。直虎は慶応四年正月十七日、江戸城で老中・若年寄らで朝から激論がつづいた日に、「非常に強い調子で慶喜に諫言《かんげん》を迫ったので、慶喜は大へんに興奮し、不快な顔になって席を立ち、奥へ入ってしまった。［……］直虎はこのあと立って、西の丸のかわや（便所）に入り、短刀でのどを突いて自殺した」と言われる。「行年数え年三十三歳」。直虎の評伝を書いた青木孝寿はその動機をめぐる諸説を紹介しながら、「幕藩大勢のもつ非情さが佐幕と勤王のあいだに揺れている小大名を、おしつぶしたといえるのではないか」と慮る。「直虎の夫人は一カ月もたってから自害のことを知ったという」[43]。俊はその後、一八七四年に実業家の中澤彦吉と再婚しており、上田の願行寺で開かれた松平忠固のシンポジウムには、祖先をたどってこうした経緯を知ったという子孫の方も見えていた。前述の家族写真と同日に写されたと思われる「母」と「姉」の一人の、それぞれの写真も東京都写真美術館に収蔵されているので、この「姉」は当時実家に戻っていて、再婚直前の俊だろうか[44]。

徳川慶勝と上田藩

尾張の徳川慶勝は、第4章で述べたように、開国をめぐって松平忠固と衝突した一人であり、戊辰戦争時には上田藩に恭順を迫る使者を送り込んできた相手でもあった。慶応四年五月には、上田藩は尾張藩とともに榎峠《えのき》で、河井継之助の率いる長岡藩を相手に戦うことにもなった。北越戦争のこの最初の戦いは「連日の大雨にて、信濃川洪水、渡船相成りがたく」苦戦を強いられ、上田藩では八木剛助の養子の兼助をはじめ若干の犠牲者がでた。朝日山では慶勝の異母弟である松平定敬と行動をともにした一部の桑名藩兵が長州藩兵を撃退している。[45] 桑名藩主の松平定敬は十九歳で最後の京都所司代となった人であり、京都守護職の異母兄、会津の松平容保を助け、戊辰戦争では旧幕府軍側について長兄の慶勝と対峙し、箱館戦争まで抵抗をつづけた。

「幕府陸軍の写真」として知られる、和洋折中スタイルの一団の兵の前に洋装の指揮官が立つ写真がライデン・コレクションの写真集、『甦る幕末』(朝日新聞社)にある。その指揮官が面長で細身であり、どこか忠礼に似ているため、上田藩兵の写真ではないかとずっと気になっていた。ところが、この同じ人物と思われる騎馬姿の写真が古い写真集で見つかり、背景に並ぶ鳥居も同一であることがわかった。こちらは伏見稲荷で巡視する将軍慶喜というキャプションが付いていた。伏見稲荷かどうか判断はできないが、そうだとすれば二枚の写真に写る若者はいずれもこの松平定敬ではないかと私は踏んでいる。[46] サトウは定敬について、「桑名は見たところ二十四歳ほどの醜い若者で、あばたがあり、小人のような体格」と辛辣な描写をしていた。美男の誉れが高かった兄の容保についても「色黒で鉤鼻の男で、年は三十二歳前後、中背で痩せている」と素っ気ないのは、二人が幕府側を代表していたからだろうか。[47]

徳川慶勝は対外強硬論者であった割には西洋技術に強い関心をもち、幕末から多くの写真を残した大名として知られる。彼の場合は被写体になることではなく、写真術を極めることに夢中になっていた。徳川林政史研究所の『写真集　尾張徳川家の幕末維新』には、慶勝が撮影した多数の幕末、明治初期の写真が掲載されている。なかでも驚かされたのは、明治になって尾張藩の築地蔵屋敷が海軍省や鉄道の用地となり、その代地として下賜された浅草瓦町の旧上田藩邸の写真だった。じつは、この写真集を図書館で借りる少し前に隅田川テラス沿いの藩邸跡を見に行き、近くにあるギャラリーの二階のカフェから、隅田川を眺めたばかりだったのだ。すぐ横には、私が学生時代から旅行会社に勤めていた時期まで、十数年にわたって連日通学・通勤で乗っていた総武線の鉄橋が見え、そんな場所に祖先がかつて暮らしていたことに拍子抜けしたところだった。慶勝が撮影した瓦町の屋敷の一枚は、二階から見える隅田川の光景で、右手奥には両国橋が写っており、カフェの二階からの光景とよく似ていて、既視感を覚えたほどだった。

　慶勝が隅田川の対岸から瓦町邸を写した写真のキャプションには、「明治三年（1870）に尾張徳川家の東京本邸として浅草瓦町邸（現・東京都台東区柳橋1丁目から同2丁目東部）を拝領した。慶勝とその子義宣《よしのり》（十六代当主）は翌明治4年から居住した」とあり、上田藩の上屋敷であったことに触れているほか、「左側の高欄付建物の二階部分は、明治8年4月4日に明治天皇が行幸した際の御座所となった」とも書かれていた。ツツジのような低木がこんもりと生い茂った庭園の写真には、「敷地は5000坪ほどであったが庭園が大部分を占めていた。大きな石橋を池の中央に配した潮入りの庭園で、海水を取り入れるために潮の干満によって変化のある景観を楽しむことができた」と説明がある。[48] 隅田川のこの付近は感潮区間で、汽水域となっている。対岸にある旧安田庭園もかつては潮入り庭園だった。上田藩の江戸屋敷を調べた伊東律子によると、瓦町藩邸は五一五五坪で、明治二年には「久我大納言」の所有になっていた。[49] 徳川御三家筆頭であった尾張藩は、築地のほかにも市ヶ谷（現在の防衛省）や麹町（現在の上智大学）、外山（一部が戸山公園）などに広大な屋敷をもっていたが、明治以降、この「狭き処」に追いやられ、手狭だと思ったのか、翌明治五年には対岸の本所長岡町を本邸に、瓦町邸は別邸にしている。さらに明治十二年には本邸を売却して、隅田川を挟んで瓦町と向かい合う本所横網町に移った。キャプションにあった明治八年の明治天皇の行幸とは、本所小梅村にあった水戸家の屋敷をまず訪れ、その午後に対岸の尾張別邸を訪れたときのことで、「ここに、皇室と徳川家は完全に和解することになった」[50]という象徴的な意味をもつものだった。このときの水戸邸での花見の様子は、聖徳記念絵画館に木村武山《ぶざん》画の「徳川邸行幸」として飾られている。瓦町邸を拝領してから入居するまで一年間あるので、上田藩時代のものをすべて取り壊していったん更地にした可能性はもちろん充分にあるが、写真のなかの建物はさほど新築には見えない。少なくとも庭園は植木の茂り具合から推察するに、上田藩時代からあったのではないだろうか。横網町に大きな本邸をもちながら、慶勝はこの別邸を明治十六年に亡くなるまで手放さず、そこにあった建物の一棟が移築され、徳川美術館の山の茶屋として残っていることが近年、判明したようだ。[51]

徳川林政史研究所の写真集には、ほかにも巻末に「翻刻史料　徳川慶勝の写真研究書」という地味ながら貴重な史料が掲載されている。慶勝は安政の大獄で隠居謹慎を命じられていたあいだに写真術の研鑽《けんさん》を積んだという。尾張藩主がこんなことを本格的にやっていたとは信じられないほど、苦労の跡が見える研究ノートで、たとえばこんなことを書いている。「是迄ヨシウム曽達ヲ用ヱ。蘭名ノ方蘭字ソータニテ、三伯書ハホツタースト認誤也、ホツタースヨシウムハ無益。ホツタースハ草木ノ灰　曽達ハ海草也」。ちんぷんかんぷんで読み飛ばしたくなる部分だが、ダートネルの『この世界が消えたあとの科学文明のつくりかた』（河出書房新社）を訳した際にアルカリのつくり方を知識としては学んだので、草木ノ灰、海草という文字から、ホツタースはカリ、曽達はソーダだろうと見当がついた。実際、ネット上で湿板技法について調べると、コロジオン溶液にはヨウ化カリウムが使われているので、慶勝はここでヨウ化ナトリウムではなく、ヨウ化カリウムを用いるべしと言いたかったのかもしれない。

じつは上田藩で写真術を研究していた大野木《おおやぎ》左門が、尾張の阿部柳仙という人物から手ほどきを受けていたと、尾崎行也が大野木家に残された書簡などを解読して詳しく論じている。[52] 大野木左門は日本最初の商業写真家と言われる鵜飼玉川《うかいぎょくせん》とも書簡のやりとりをしており、「ハイボウ」は「炭酸曹達より炭酸一トアトムを減候品」などと、意味不明な説明を受けたりしていた。鵜飼玉川は東日本橋の薬研掘《やげんぼり》に影真堂《えいしんどう》という写真館を一八六一年から六九年まで開いていた。慶勝は「ハイボヲ」について「次亜硫酸曹達液ノ代ニ用ヒテ宜」と書いているので、次亜硫酸ナトリウム (sodium hyposulfite、$Na_2S_2O_4$) の代わりの薬品であると考えていたようだ。英語の名称からわかるようにこれが本来「ハイポ」と呼ばれるべき薬品で、漂白剤などに使われる。ところが、実際に写真の定着剤として使われるチオ硫酸ナトリウム (sodium thiosulfate, $Na_2S_2O_3$) になぜか「ハイポ」の呼称が定着してしまったらしい。こちらは酸素原子が一つ少ないので、鵜飼玉川はそれを説明したつもりだったのだろうか。いまに残る写真専門用語のこの混乱が、幕末に始まったものであることがわかりじつにおもしろい。

湿板技法で使われるガラス板の画像はネガであるだけでなく、当然ながら左右が反転しており、そのまま裏面を黒くすれば逆版に見える。しかしガラス板なので、厚みで多少画像がぼやけたとしても単純に裏側を表と見なせば済むらしい。慶勝が撮影した初期の写真なども、着物の合わせや刀の位置は間違っていない。しかし、大野木は玉川に、女子は撮影時に襟を反対に合わせれば済むが、男子の場合、脇差を逆には差せないと言わんばかりに、「然りとて画の裏よりえの具をさし候事」は難しく、どう対処すればよいのかと質問している。[53] 解決策は、画像をヘリニスなりエルニスなりでコーティングすることだったようで、慶勝はその「陽像薬」の成分をアルコール、コハク、石脳油とする。アンブロタイプでは単純に裏に黒い布を敷いてポジ画像にすることもあったようだが、慶勝は「右ヲ（没食酸ニ合〆）陽画ニ用レハ黒色ヲナス」と書いているので、裏面を黒く塗っていた。

大野木左門は自分自身を撮影した写真などを残しているが、上田藩の幕末の写真などの撮影者が彼であった可能性は少ないと尾崎氏は考えておられた。となると、徳川慶勝の写真術はかなりのレベルに達していたことになる。西洋技術をそれだけ理解し受け入れられる能力のあった慶勝が、嘉永・安政年間から世界に目を向けていなかったのは、なんとも残念なことに思う。

ラトガーズへの留学生

明治四（一八七一）年七月十四日には廃藩置県が断行され、松平忠礼は藩知事を免職となった。弟の忠厚の伝記『黄金のくさび』によると、忠厚は一八六七年には婿養子先である塩崎知行所五千石の家督を継いでいたが、全国の旗本と同様に、明治になって領地・領民を新政府に引き渡した。忠厚には妻とのあいだに娘が誕生していたが、明治二年六月に早世している。上田の願行寺の松平忠固の遺髪・遺歯を納めた墓の向かい側に「松平欽次郎忠厚娘」と側面に刻まれた小さな墓があった。明治三年に忠厚が家臣に宛てた書状が残されており、「家臣は言うに及ばず、郷士にいたるまでねんごろに決別の盃をかわして先祖代々の主従の関係を清算した」と、伝記のなかで飯沼氏は書いた。[54]『皇族・家族古写真帖』には、忠厚がおそらくは塩崎知行所の家臣と「酒宴中」の明治初年ごろとされるスタジオ撮影写真がある。忠厚はすでに髷がなく見えるが、その他の人は月代のない総髪姿なので、断髪前の別れの盃の記念写真だろうか。断髪令は明治四年八月にだされた。忠厚の酒宴写真に写る一人は、「ピストルを持つ侍」と題された写真の人物と同一で[55]、この写真を引き伸ばしたものが上田の村田靴店にも飾られていた。

忠礼は弟の忠厚とともに明治五（一八七二）年七月にアメリカ・ニュージャージー州ニューブランズウィックにあるラトガーズ大学に留学した、と一般には言われる[56]。前年出発した岩倉使節団とともに渡米したという説明も見受けられるが、上田の記録では私費留学だった。松平忠礼を、先代の桑名藩主（定猷）の息子で、駒井重格《しげただ》を従者にしてラトガーズ大学へ留学した松平定教《さだのり》と混同した記述も多い。松平定教は、養父で桑名藩最後の藩主、松平定敬（定猷の娘婿）と駒井とともに、横浜でS・R・ブラウン師の修文館に入学し、ブラウンの推薦をもって一八七四年に留学した。似たような名前と境遇で混同されたのも無理はないのだが、『ブラウン書簡集』を見る限りでは、ほかに松平姓の留学生に関する言及はないので[57]、上田の松平兄弟が横浜でブラウン師の推薦を得て留学した可能性は低い。修文館は一八七一年に高島嘉右衛門が設立した藍謝堂、通称、「高島学校」が母体となった学校で、ジェームズ・バラもそこで教えていた。

松平忠厚が「築地のキリスト教会に通い、洗礼を受け」といった説明も、初期のプロテスタント信者として知られる上田藩出身の鈴木親長《ちかなが》、銃太郎親子との関連でウィキペディアには見られる。築地に長老派の教会が建てられたのは、一八七三年にキリシタン禁制の高札が撤去された翌年のことなので、この時期に忠厚が「洗礼を受け」た可能性はまずないし、これはラトガーズと関係の深い宗派でもない。ただし、一八六九年から長老派宣教師のデイヴィッド・トンプソンやクリストファー・カラザースが洋学の私塾を開いているので、忠厚はその私塾に出入りしていたのかもしれない。上田市立博物館が発行した『赤松小

三郎　松平忠厚』という小冊子に、忠厚が四年ほど住んだペンシルヴェニア州ブラッドフォードの新聞に掲載された彼の死亡記事があり、一部欠損していて正確には読めないが、こう書かれている。「彼は仏教徒として育てられたが、この国に数年間在住したのち、かつての信仰を捨て、当地に住んでいたときは特定の教会または教義に忠誠を誓うことはなかった」[58]。忠厚は測量術を中心とした数多くの科学論文のほかに、「アメリカの受け継がれた習慣のキリスト教精神」、「神とバイブル」などの論文も残したと、忠厚の伝記に飯沼氏が書いているので[59]、原稿が見つかればぜひ読んでみたい。日本最古の地方教会の一つと言われる上田基督教会（現、上田教会）が、ジェームズ・バラのもとで入信した上田藩士の稲垣信《あきら》や鈴木親長らによって一八七六年十月に建てられ、稲垣はその後、横浜海岸教会の日本人初の牧師を二二年にわたって務めるなど、上田とキリスト教との関係は深い[60]。だが、アメリカに残った忠厚も兄の忠礼も改宗はしなかったようだ。父の忠固が開国時にキリスト教に寛容であったことと合わせて考えると、興味深い。結局、いまのところ松平兄弟がどのような伝で留学したのかは判明していない。

　上田市立博物館の新たな写真コレクションには、明治五年、松平兄弟の留学前に撮影された家族写真と思われる貴重な一枚も含まれていた。この写真の説明と思われる次のようなメモがある。「俊姫様、御年廿六歳、公〔忠礼〕御年廿三歳、欽君〔忠厚〕御年廿二歳、鏞君〔忠直〕、御年廿一歳、弘君〔忠孝〕御年廿一歳」。写真に写るもう一人の女性はおとしと思われる。末弟の忠孝は十七歳で夭逝と『上田藩松平家物語』には書かれていたが、没年は明治八年で、複数枚残る写真からも忠直と同年齢というこのメモ書きが正しいと思われる。となると、両者の生母は異なるという説のほうが正しいだろう[61]。

少々脱線するが、ここで日本と深い関係にあったラトガーズ大学と日本からの留学生について触れておきたい。同大はもともと、日本にブラウン、シモンズ、フルベッキ、宣教師を辞任したシモンズの後任となったジェームズ・バラ、フェリス女学院の創設者のメアリー・E・キダー、ヘンリー・スタウトなどの宣教師を送り込んだアメリカ・オランダ改革派教会の付属学校として創設された。これらの宣教師を日本に送り込んだ同教会の外国伝導局総主事がフェリス博士父子だった。タウンゼンド・ハリスの後任でアメリカ弁理公使となったロバート・プラインはニューヨーク州オルバニーのオランダ系旧家の出で、ラトガーズの卒業生である。[62] 一八六七年に福井藩の松平慶永がこの大学に送りだした最初の公式留学生である日下部太郎は、卒業を目前にした一八七〇年四月に肺結核で客死する悲運に見舞われたが、[63] その後、日下部と親交のあったグリフィスがお雇い外国人として来日し、日本からも数十人の留学生が学ぶなど、同大は日本と深い縁をもつようになった。グリフィスは『日本のフルベッキ』と『ミカドの帝国』を執筆している。ラトガーズ大学の教授として現地で留学生たちを教え、やはりお雇い外国人として文部省顧問などを務めたデイヴィッド・マリー（モルレー）も、日本の教育に大きな影響を与えた。

ラトガーズ大学のウェブサイトには、日下部太郎の墓の前に集まる四人の日本人留学生の写真がある。この写真について書いたニュージャージーの州内旅行案内ページによると、薩摩藩が幕末にひそかにイギリスに送りだした留学生の一人で、その後、ローレンス・オリファントに誘われ、アメリカの神秘主義者であるトマス・レイク・ハリスのニューハーモニーのコロニーへ行った畠山義成（変名、杉浦弘蔵）と、勝海舟門下生の庄内藩の高木三郎が写っているという。[64] オリファントは『エルギン卿遣日使節録』を書き、第一東禅寺事件で重傷を負いながらも、イギリスで日本人留学生に強い影響を与えつづけた人物だ。しゃがんでいるのは、長岡藩を脱藩して海援隊に入った白峰駿馬とも言われるようだが、長州藩の山本重輔《しげすけ》ではないだろうか。のちに吉備毛利家に養子入りして鉄道技師となり、碓氷峠列車逆走事故で息子とともに命を落とした人だ。高木の肩に手をかけて立つ人物は、やはり薩摩の密航留学生、吉田清成（変名、永井五百助）に似ている。畠山と吉田はともに、頑迷な攘夷派の代表として、五代友厚の建策で「教育的効果をねらって」敢えて留学生に選ばれたが、のちに帝国主義を批判するオリファントに感化されて西洋の技術だけでなく道徳も学ぼうと考え、佐久間象山以来の伝統を打ち破った二人である。[65] 畠山と吉田は一八六七年八月に森有礼、松村淳蔵、鮫島尚信、長澤鼎《かなえ》とともにイギリスから渡米したが、翌年春にハリスとの意見の食い違いから、松村と三人でコロニーを離れてラトガーズ大学のあるニューブランズウィックへ移った。

ラトガーズ大学への最初の日本人留学生は実際には、一八六六年に密航した熊本藩の横井左平太と太平《だいへい》だった。横井兄弟は福井藩の政治顧問となった横井小楠の甥で、勝海舟の神戸海軍操練所に入ったのち、長崎でフルベッキに学んだ。フルベッキからの短い紹介状とわずかばかりの資金だけをもってニューヨークへ渡り、J・M・フェリスを訪ねた兄弟は、アメリカ・オランダ改革派教会の有志の善意に支えられて生き延びた。[66] 彼らが横井小楠という有力者の甥であり、留学生が日本の将来を変える契機になると踏んでのことだろうが、先を見越した宣教師たちのこうした発想が日本の近代化を後押ししたのは間違いない。横井兄弟はのちに官費留学生の待遇となったが、仕送りもない苦しい生活のなかで弟は結核を患って六九年に帰国し、翌々年に死去、兄は無事に留学を終えたものの、帰国後まもなく結核で命を落とした。

幕末・明治初期のアメリカへの留学生の実態については正確な資料がほとんど見つからなかったが、

一八六六年からの一〇年間にニューブランズウィックで学んだ留学生の総数は約四〇名で、そのうちラトガーズ大学に入学したのは一三人であり、卒業したのは日下部を含め四人しかいないという。多くの留学生は経済的事情や健康上の理由もあり、ラトガーズ・グラマースクール（現プレップスクール）に通っただけで帰国し、一部は他の教育機関へ移っていった。[67] 松平兄弟も最初はこのグラマースクールに行ったと考えられており、兄の忠礼はその後、一八六五年創設という同大の三年制理学部に進み、一八七九年に卒業している。その年の一月二十一日付の『ニューブランズウィック・デイリー・タイムズ』は、前年に卒業した日本人留学生の工藤精一がいよいよ帰国し、「この紳士が出発すると、ラトガーズに残る日本人学生は一人となる。彼の名前はタダナリ・マツダイラで、やはりトーケイ［東京］出身である」と報じた。工藤精一は留学中に改革派教会で洗礼を受け、帰国後は札幌農学校で教えた。忠礼は何度か留年して、最後の一人となりながら、卒業するまで頑張ったようだ。卒論のテーマは日本の青銅であったことが、同じ新聞の一八七九年三月二十一日付の記事からわかる。この卒論はアメリカ最古の科学雑誌『サイエンティフィック・アメリカン』の付録三四二号（一八八二年七月二十二日付）に、ジューゴイ・タ

アメリカ留学中にニューヨークで撮影された松平忠礼。従五位と署名。ラトガーズ大学所蔵

ダナリ・マツダイラの著者名で掲載されたことが目次から確認でき、それによってアメリカの冶金学者の目に留まったのか、同年、および二年後に少なくとも二度は新聞にも書かれた。日本の銅生産が八世紀に始まったことや、聖武天皇時代の僧行基《ぎょうき》のことなどに言及するものだった。[68] 藩主でも知事でもなくなった忠礼は、従五位の官位を肩書きに愛用していたようだ。

ラトガーズ大学を卒業した残りの一人は、一八七五年卒業の長州の服部一三《いちぞう》だ。服部に関しては、フルベッキが一八七〇年三月十九日付でJ・M・フェリス宛に五人の留学生の一人として紹介状を書いている。「旭、龍、折田、服部、山本、です。最初の二人はわたしの生徒で後のはスタウト氏の生徒でありました。前の二人はその立派な態度でもわかるように帝国政府の最高責任者の一人の子息たちです。服部も立派な青年です」[69]。旭（旭小太郎）と龍（龍小次郎）は、岩倉具定、具経、つまり、十六歳で東山道先鋒総督となって松平忠礼に恭順を迫った当人と、十四歳で副総督を務めた岩倉具視の三男のことだ。俳優の加山雄三は具定の子孫という。折田彦市は薩摩藩士の四男で、慶応四年正月ごろから岩倉具視の御付きとなり、密命を帯びて戦況を視察する伝令役として活躍していた。東山道先鋒総督と副総督は、この年の九月（西暦十一月）に会津が降伏すると早くも父に呼び戻されて戦線を離れ、留学に備えて長崎の到遠館《ちえんかん》で教えていたフルベッキに学ぶことになった。折田は京都から長崎へ向かう道中からすでに兄弟のお伴に選ばれていた。「フルベッキ写真」として話題を呼んだ上野彦馬撮影の集合写真には、フルベッキ親子の左右に、まだ幼さの残るこの岩倉兄弟が写っており、折田は具定の前に座る若者だという。[70] 岩倉の二人の息子が留学するに当たって、薩摩の折田と、長州の服部一三、山本重輔が随行したというわけだ。渡航前の明治三年二月にこのメンバーで内田九一の浅草のスタジオで撮影された写真が残っている。[71]

一九七八年に邦訳された『フルベッキ書簡集』のこの部分には、若干の誤訳がある。「最初の二人は」の部分の原文は、「The first two have been my and later Mr. Stout's scholars.」[72]であり、正確には旭と龍の二人は、「私の生徒であり、のちにスタウト氏が教えました」とすべきだろう。つまり、フルベッキが一八六九年四月に急に東京へ赴任することになったため、前年晩秋に戊辰戦争を離脱してきた岩倉兄弟やお伴の折田への英語教育を後任のスタウトに任せたのだ。フルベッキは折田が自分の生徒であることは失念していたか、言及するには値しないと思ったのだろう。服部は留学前からかなり英語ができたと思われる。

一八七〇年代前半にはニューブランズウィックに大勢の日本人留学生が集まっていたため、同市のD・クラーク写真館で撮影された興味深い集合写真が何枚か残っている。合計一八名が並ぶ写真には、岩倉兄弟のほか、服部一三、前述した薩摩の畠山義成、海援隊の白峰駿馬などが顔を揃える。この写真は、私が祖先の調査を始めてすぐに読んだ忠厚の伝記、『黄金のくさび』にも掲載されており、「後列左から三人目が忠厚と思われる」、という説明とともに、「一八七二年、ラトガース大学提供」となっていた。[73]上田藩主であった兄に比べて数は少ないが、忠厚の写真もそれなりに残っており、三番目の若者は確かに似ていた。その斜め前で、集合写真のほぼ中央でカメラを見据える若者は兄の忠礼に似ていたので、なぜそう書かれていないのかが不思議なほどだった。ところが、実際には忠厚と思った人物は、禁門の変の責任を取って切腹させられた長州の三家老の一人、国司親相《くにしちかすけ》の養子の建之助であり、かたや忠礼だと思った若者は南部藩主の息子で、のちに大隈重信の婿養子になった南部英麿《ひでまろ》なのだという。にわかには信じられず、メンバーを一人ひとり調べた結果、納得せざるをえなくなった。この写真は当然ながら焼き増しされて何枚か現存するようだが、留学生の一人である戸田氏共《うじたか》がもち帰った一枚も、ラトガーズ大学に残る一枚も一八七一年撮影としており、[74] そうなると写真の中央にいる畠山義成が一八七一年十月に渡英するまでのあいだに撮られたと考えるのが妥当だ。となれば、松平兄弟が写っている可能性はなくなる。写真の一枚の持ち主だった若い元大垣藩主、戸田氏共は、その異母兄の戸田欽堂《きんどう》とともに写真に収まっている。大垣藩は鳥羽・伏見の戦いでは幕府軍に属していたが、当時十三歳の藩主氏共を「藩老」が説得して早々に新政府軍に恭順し、東山道軍の先鋒となった。氏共は三年後には、のちに鹿鳴館の華となる岩倉具視の三女、極子《きわこ》と結婚し、幼い妻を岩倉邸に残したまま一八七六年まで留学した。兄の欽堂は側室の子で、生母は高島嘉右衛門の姉せんである。[75] 欽堂は一年余りで帰国後カラザースから受洗し、築地の新栄教会の建設や銀座の十字屋の設立にかかわった。

この集合写真にはもう一人、岩倉具視の関係者、原保太郎《やすたろう》がいる。『一枚の肖像画――折田彦市先生の研究』を書いた板倉創造によると、原は「岩倉公の側近、用心棒的存在」であり、丹波園部藩士の息子として生まれ、岩倉の蟄居中に「長州系の然るべき人物から差向けられて居た」可能性が高いという。原は徹底抗戦を主張して、郷里に引退謹慎させられていた幕臣の小栗忠順と家臣を取り調べもなく斬首に処した人物として知られるが、東山道軍の先鋒として工作活動を担ったのちに「偽官軍」として下諏訪で隊員すべてが処刑された赤報隊事件にも深くかかわっていた。岩倉具定が留学中の一八七二年三月なかば以降に病気になった際に、原が頻繁に折田に連絡していた様子が、折田の在米日記に書かれている。原は後年、『岩倉公実記』編纂に際し校勘に従事したという。

具定は四月にはニューブランズウィックを離れ、五月に帰国の途についており、弟の具経は岩倉ミッションとして欧米視察中の父具視とともに六月に渡英しているので、明治五年七月一日（陽暦八月四日）に日本を発ったとされる松平兄弟とはすれ違っていたのである。ニューブランズウィックの留学生について知るうえで『一枚の肖像画』はこのように大いに参考になったが、松平兄弟については、一八七四年に折田が交遊した日本人のリストに忠礼の名が一度含まれているだけだった。[76] 若い藩主であった忠礼の境遇も大垣藩の戸田氏共と似たようなものだが、忠礼の場合、父忠固が開国をめぐって岩倉具視とことごとく対立したうえに、みずからも恭順を強いられたことを思えば、異国の地での対面が実現しなかったのは残念だ。

南部英麿もやや似た境遇で、姉が嫁いだ華頂宮博経《かちょうのみやひろつね》親王が留学することになったため、その機会を利用して一八七〇年に十四歳で一緒にアメリカに渡っていた。徳川慶喜の姉を正室に迎えた彼の父が慶応元年九月まで抵抗をつづけたため、南部藩は

1871 年にニューブランズウィックの D. クラーク写真館で撮影された日本人留学生。（後列左より）松村淳蔵、奈良真志、国司建之助、岩倉具定、白峰駿馬、田尻稲次郎、種田精一、菅野覚兵衛、（中列左より）山川健次郎、戸田氏共、南部英麿、畠山義成、岩倉具経、大塚綏次郎、戸田欽堂、（前列左より）原保太郎、服部一三、最上五郎。ラトガーズ大学所蔵

維新後苦しい立場に置かれたようだ。華頂宮との結婚は、その打開策だったのだという。[77]英麿に随行した南部藩の奈良真志《しんし》も国司建之助の横に立つが、彼は勝海舟の弟子であり、同じく勝弟子であった白峰駿馬と菅野《すがの》覚兵衛も後列に並ぶ。同じ写真館で撮影したと思われる彼ら三人の写真が、海援隊について調べたサイトに掲載されていた。[78]菅野覚兵衛は、サトウがイカルス号事件の犯人と誤解し、「殺害の会った夜、横笛の船長（佐々木栄）とともに花月楼にいた男で、ぞっとするような顔をした若者である」と書いた人物だ。[79]薩土盟約が解消されたのは、この事件が関係すると一般には言われる。勝海舟の息子小鹿《ころく》は、慶応三（一八六七）年という早い時期に渡米し、ラトガーズのグラマースクールで二年間学んでいたが、このころにはアナポリス（海軍兵学校）に移っていたため、この集合写真には写っていない。海舟は息子を留学させるために奔走し、息子の後見人として前述の高木と、のちに日銀総裁となる富田鐵太郎を同行させたが、その他の弟子たちの便宜も何かと図ったのだろう。

　この集合写真には、ほかに薩摩の松村淳蔵、田尻稲次郎、最上五郎、種田精一、あるいは「フルベッキ写真」にも写るという佐賀の大塚綏次郎《ぬいじろう》が並ぶ。いわば明治維新をうまく乗り越えた勝ち組の面々だが、一人だけやや異色の存在がいる。しばらく白虎隊にもいたという会津の山川健次郎、あの山川捨松《すてまつ》の兄だ。山川はイェール大学で物理学の学位を取り、日本人初の物理学教授となった。

　ラトガーズに多くの日本の若者を送りだして世界の実態に目を向けさせたグイドー・フルベッキは、日本の歴史を変えるうえでもう一つ重要な役割を担った。一八六九年の秋か冬に条約国に使節を派遣したいという天皇の意向に即した形で、「ブリーフ・スケッチ」（概略）として知られる意見書を書いて元生徒の大隈重信に渡したところ、それが数年後に岩倉使節団の欧米への派遣となって実現したのだ。一八七二年八月一日付のフェリス宛の手紙に、くれぐれも内密にしてくれと念を押したうえで彼は、「使節団は私の意見書に沿って組織されています」と書き、岩倉具視に前年十月二十九日に呼ばれて、この意見書の内容を説明したのち、岩倉が「最終的に、それこそまさに彼らがなすべき唯一のことだと語り、私のプログラムを文字どおりに実行すべきだと語った」と言い添えている。[80]

岩倉具視は欧米訪問の旅に和装に髷を結った姿ででかけたが、息子にその恰好が見世物になっていると諭され、シカゴで断髪したという。[81] 断髪前後の写真が、『オックスフォード大学所蔵幕末明治の日本』（山川出版社）に並べて掲載されている。帰国時には昔の五百円札でお馴染みの装いになっていたわけだ。ラトガーズの留学生は実際、錚々《そうそう》たる面々だったのである。

松平忠厚

『黄金のくさび』を書いた飯沼信子が指摘するように、ラトガーズ大学では松平兄弟を混同しているふしがある。「司書によるとグラマー・スクールの記録は消失し」、忠厚はラトガーズ大学で学んだあと、ウースター工科大学の聴講生として半年在籍したと、飯沼氏は書いた。[82] ラトガーズ大学のグリフィス・コレクションを調べて日本の留学生について書いたジョン・E・ヴァン・セイントは、忠厚は一八七二年に渡米し、数年後にはハーヴァード大学へ移り、一八七七年に卒業したとする。[83]『上田市史』では、忠厚は「忠礼帰国の後も彼地に在りて「マサチューセッツ」工芸学院に於て業を了り土木技師」になったとする。[84] ラトガーズ大学のファーナンダ・ペロンヌは、日本人留学生の集合写真二点の鮮明な画像を掲載した論文で忠厚はニューブランズウィックで短期間学んだとし、その後、「ウースター・フリースクール（のちに工科大学）」、およびハーヴァード大学に移ったとする。[85] 忠厚がどこで学んだのかは、このように定かでないのだが、日本滞在を終えて帰国するグリフィスとともにフィラデルフィアにやってきて、ペンシルヴェニア大学に留学した福井出身の今立《いまだて》吐酔《とすい》と、一八七五年十二月には手紙をやりとりしており、翌年のフィラデルフィア博覧会で「ガイドか何かの「学業検査の選任」（選抜試験か）に応募しようとして」[86] いたことなどが知られているので、数年後にはニューブランズウィックを離れていたとするペロンヌの見解が正しそうだ。

松平兄弟は当初ともに一八七九年に帰国する予定だったが、忠厚が急に姿をくらまして帰国を拒否するという事態が生じた。ニューブランズウィックの書籍商の娘カリー・サンプソンと恋仲になってしまったのが、帰国拒否の理由だった。忠厚は少なくとも一八七九年一月からニューヨークで働き始めており、忠礼が帰国した直後に、二十七歳で、十九歳のカリーと結婚している。[87]

上田市立博物館の『赤松小三郎　松平忠厚』には、忠礼が帰国から二年を経た一八八一年八月二十五日になって、ようやく忠厚に書き送った書簡が転載されている。「一昨秋小生帰朝の砌《みぎり》、突然御逃匿《とうとく》の件は、小生帰朝後内外に対し面目を失し、其の不体裁なる、実に言うべからざりき。然るに阿弟（弟を親しんで言う称）今回遠くこれを謝罪し」と切りだした書簡は、「男子の決心自由の存する処、到底挽回す可からず。今日阿弟の場合、素より不十分の事なるも、万止《ばんや》むを得ざるの事件と再思し」、養子先の妻との離婚は承認するが、今後は「金銭の義は一切御構《おかま》え申さず、独立自弁の御事と、断然御承知成し下さるべく候也」と、突き放す内容だ。前述したように、忠厚は塩崎知行所に十歳ごろに婿養子となることを前提にだされ、十六歳ごろに結婚して家督を継いだと思われ、二年後に娘を亡くしている。松平兄弟の留学には、旧上田藩士の山口慎（平太郎の子）が随行し、忠礼とともに帰国したと考えられており、忠厚と連絡を取りつづけていた。同年九月に、「かねて御依頼の金子《きんす》漸《ようや》くの事にて本日御廻し申し上げ候」と、忠厚に頼まれていた五十円を送金する旨を伝えた山口は、追伸に「二白《にはく》、金六十五円九十六銭にて（是は少々足し前あり、おまけなるべし）銀貨四十弗《ドル》相求め、それに又金貨三十五弗七十銭相求め、此の度御廻し申し上げ候也」と書いている。[88]『皇族・家族古写真帖』には、忠礼が帰国する前年の一八七八年七月二十六日と裏面にメモ書きされた写真があり、忠礼と、忠厚かと思われる口髭の男性と、もう一人日本人らしき男性が、アメリカ人女性三人とともに気取ったポーズでカメラを見据えている。この三人目が山口慎だろうか。それとも工藤精一だろうか。山口はその後、高橋是清《これきよ》に同行して南米に行ったのち、「晩年根室銀行の重役となり、次て旧藩主松平家の家令」になったと、『上田郷友会月報』に掲載された彼の追悼記事は伝える。[89]

アメリカに残った忠厚は、一八八〇年一月にはすでにマンハッタン鉄道会社でメトロポリタン高架鉄道の工事に土木工学技師として一年ほど勤務しており、同年二月十八日付の『ニューヨーク・タイムズ』紙には、忠厚が余暇を利用して画期的な三角測量用の器具、直角三角計《トリゴノメター》を考案したことが詳細に報道された。この発明を含む三つの器具が、同年三月二十日号の『サイエンティフィック・アメリカン』誌に紹介されており、このころ彼は話題の人であったようだ。同月二十三日付のイリノイ州マーシャルの地元紙には注目すべき人物として「多数の発明をし、一一カ国語を操り、三巻もの数学書を書きあげたばかりのニューヨークで働く三十歳の日本の技師」を紹介する短い記事がある。[90]「空間における地点《ロシ・イン・スペース》」と題されたこの著作を指すのかどうか定かではないが、『上田市史』の忠厚の項には、「著すところ翰林茗話《かんりんめいわ》数巻あり」と書かれている。一八八一年に忠厚は、東西両海岸を結ぶ路線が開通したばかりのユニオン・パシフィック鉄道で、さらに北部のワイオンミング準州、アイダホ、モンタナに鉄道網を広げるための測量に主任技師として従事し、みずから発明した測量器具をもって「道なき道を歩き、谷川は馬で渡り歩いた」[91]。一八八二年にはペンシルヴェニア州ブラッドフォードに移って、そこを拠点に測量の仕事をつづけ、一八八四年には同市の技師に選任されている。この就任に当たって、アメリカで公職に就いた最初の日本人ということで全米各地の新聞に忠厚の記事が掲載された。いずれもなぜか忠厚は一八七〇年にアメリカへ裕福な日本の貴族の父親の費用で留学したことになっており、七年間大学に通ったうえ、さらに学業をつづけたいと希望したが父に反対され、以後、仕送りが途絶えた云々という紹介記事になっている。実際には、忠厚はアメリカで初めて公職に就いただけでなく、アメリカ人女性と結婚した点でも、アメリカ最古の科学雑誌に掲載されたことでも最初の日本人である。同市には一八八三年に忠厚が作成した区画整理と水道の配管設計図が残されており、上田市立博物館所蔵の同市の下水道計画図を見れば、彼の図面がいかに芸術的なものかがよくわかる[92]。ネット上で読める当時の新聞からは、忠厚が江戸時代に復刻された二巻ものの幾何学、数学（和算）の書を日本から持参していて、その英訳出版を考えていたことなどもわかる[93]。上田藩には、算術、測量の師範として活躍し、天保十二年に江戸で「算数学者」の相撲番付で東の大関となった竹内善吾のような人材がいたし、高野長英の高弟で江戸湾の測量に携わった内田弥太郎に師事した赤松小三郎などもいたので、なんらかの恩恵を受けていたのだろう[94]。

忠厚は帰国することなく、結核療養のために移り住んだコロラド州デンヴァーで一八八八年一月二十四日に死去した。三十六歳だった。ブラッドフォードの地元紙に掲載された彼の死亡記事には、ハーヴァード大学に在学中にアメリカの牧師の娘と知り合い結婚したと書かれた[95]。カリーの父親はフリーメイソンであったと飯沼氏が書いており、忠厚の息子のキンジロウの墓には確かにフリーメイソンのシンボルマークがあるが、忠厚本人が会員であった証拠は見つかっていない。そもそもフリーメイソンはキリスト教会とはむしろ対立することも多かった組織である。[96] 死亡の翌年十月末にはブラッドフォードの地元紙に、忠厚が生前から妻に、自分が死んだら、日本からきた親しい友人と再婚するようにと頼み、未亡人はその言葉に従って、二番目の日本人の夫と幸せに暮らしているという記事が掲載された。[97]『黄金のくさび』には、絹製品を貿易するセントルイス在住の関という日本人とカリーが再婚した旨などが書かれている。父忠固が絹の輸出をあれだけ奨励したことを考えれば、残される妻子を養う道として忠厚が絹商人に後を託したのは腑に落ちるものがあるが、関との関係はやがて破局を迎えたようだ。カリーと忠厚のあいだに生まれた長男のタロウは米西戦争でフィリピンに出征し、現地女性と結婚してマニラでマツダイラ・ホテルを経営していたが、一九一八年に風邪がもとで父とほぼ同年齢で死去した。[98] おそらく世界的に流行したスペイン風邪だろう。次男のキンジロウはメリーランド州エドモンストンで初の日系人市長となった。キンジロウが市長になった一九二八年に書かれた新聞記事では、忠厚はハーヴァード大学とマサチューセッツ工科大学で学び、ニューヨークのブルックリン橋の建設にかかわったとされている。[99]『黄金のくさび』は一章を割いて、この橋の難工事の歴史に触れている。この工事は一八六九年に着工されたが、工事の責任者のローブリング親子が相次いで倒れ、息子の妻エミリーがその翌年から一一年間プロジェクトを指揮したという驚異的な事業だった。その彼女がニューブランズウィック出身であるため、忠厚はその縁故でマンハッタン鉄道会社に入社したのではないかと飯沼氏は推測するが、ウィキペディアによればエミリーはニューヨークのコールドスプリング出身だ。忠厚が同社にいたわずか一年のあいだに、マンハッタンの第八、第一、第二アベニューでの工事のほかに、[100] 着工してすでに一〇年以上を経て、一八八三年に竣工した橋の測量の仕事にも携わったというのは、やや考えにくい。鋼鉄ワイヤーを使った世界初の吊り橋であるブルックリン橋の工事は、彼の学歴やその他の経歴と同様、報道や残された人びとのあいだで尾ひれがついたものかもしれない。[101] 一九二八年の新聞記事にはほかにも、日本では兄の忠礼がすでに死去し、忠厚の消息がわからず父親が別の養子を後継にしたなどとも書かれた。アメリカの遺族にしてみれば、謎の国日本の大名の息子だったという血筋は、好奇心を強く掻き立てられるものだったに違いない。

兄の忠礼は帰国後、外務省御用掛、宮内省式部官などを歴任し、一八八四年には子爵となった。そのころに撮影したとされる武者姿の写真がある。『サムライ古写真帖』によると、名刺版写真だったようだが、[102] 焼き増しされ、引き伸ばして額装されたこの写真は、上田の村田靴店にも残されていた。立涌文様の金襴の衣装は、元服時の写真とされる少年時代に着ていた着物だ。藤井松平家の五三の桐紋付きの陣羽織を羽織っている。何を思って再びこの姿の写真を残したのだろうか。どちらもオリジナルは行方不明だ。宮内省式部官の正装という派手な洋装姿の写真を残してまもなく、忠礼は一八九五年に四十六歳で他界した。『上田郷友会月報』に小林雄吾と思われる「溝口某」が「嗚呼痛ましきかな我公には遂に薨去《こうきょ》あらせられぬ」と嘆く追悼文を書いた。別の記事には、「皆公の御早世を悲しみ、殊には御旧恩を負う面々には直に京に上りて御屋敷に候もの八十有余名」などと書かれた。[103] 実子はなく、土井家に養子入りした異母弟の忠直の子、忠正を養子とした。上田藩士の桜井純造は一八七二年から宮内省に入り、八二年には宮内省大書記官となって従五位に叙せられているので、彼が元藩主の就職先を斡旋したのかもしれない。桜井はその二年後、病に倒れ、特旨をもって正五位に叙せられた翌日、五十九歳で死去した。[104]

『皇族・家族古写真帖』には、「敷地三千坪、屋敷は五百坪もあったという」東京荏原の松平邸の写真が

明治 42 年 1 月号『上田郷会月報』に掲載された集合写真。前列中央に土井忠直、松平忠正親子が座り、後ろから 2 列目、左から 2 人目が小林雄吾、筆者曾祖父の門倉安栗は同 7 人目。上田市立上田図書館所蔵の月報を筆者が撮影

ある。[105]『上田郷友会月報』に明治四十五年五月二十八日付で、「子爵松平忠正様御儀、荏原郡平塚村字蛇窪四百八番地に兼て御工事中の御新邸宅落成候」という広告がでていた。[106] 松平忠正は上田郷友会の大会に何度か出席しており、明治四十二年の月報には、父の土井忠直（忠礼の異母弟）と一緒に最前列に座る集合写真がある。後方の列には、私の曾祖父の顔も見える。この写真を見て、祖父が子供のころ、父親に連れられて旧藩主の家に年始の挨拶などに行っていた、という逸話が脳裡に浮かんだのは言うまでもない。小田島雄志・翻訳戯曲賞を受賞するなどして活躍する翻訳家の浦辺千鶴氏は、この子爵の子孫である。日本を開国させた松平忠固の精神は、産業・通商を推進した文化的な酒井家や、数学を奨励した上田藩の気風とともに、彼の子孫たちに受け継がれているのだろう。

終章

上田を再訪した際に閲覧できた『上田郷友会月報』の記事から、門倉伝次郎および息子の安栗について新たにわかったことがいくつかあるので、最後に簡単に触れておきたい。

『上田市史』の伝次郎の項にも若干書かれていたが、師であった佐久間象山が下田踏海事件に連座して松代に幽閉されたのち、伝次郎は「蘭医の名家伊東玄朴の門に入り其塾頭となる」と、月報の記事には書かれていた。シーボルトの弟子だった伊東玄朴は、シーボルト事件に深くかかわったのち、江戸で活躍した人であり、私の父の故郷である佐賀の出身者でもあるため、伝次郎が玄朴にも師事したとすれば画期的なことだが、いまのところこれを裏づける史料は見つかっていない。『伊東玄朴伝』に門人姓名録があり、そこには上田藩から藩医の家系と思われる香山文石、香山杏林(嘉永四年入門)の二人の名前が見つかるので、まったく考えられないことではないが、何かの誤解だろう。ちなみに、門倉玄春という、私の近所の名瀬町出身者が安政六年に入門している。[1] 門倉姓は北関東と同じくらい、神奈川県にも多い。門倉玄春は蘭医として名を馳せていたが、築地と横浜を往復する蒸気船シティ・オヴ・エド号の爆破事故の犠牲になった。

伝次郎の訳書と思い込んでいた「蘭書ネッテント」は、月報では「蘭学者栗田敬策（幕府蕃書改所勤務）に依頼し、蘭書ネッテントを翻訳せしめ、西洋馬術軌範と名づけて出版せり」となっていた。この訳者は、伊東玄朴弟子の原田敬策（一道《いちどう》）と見て間違いないだろう。福沢諭吉が英学を始めた際に一緒に取り組み、文久三年の遣仏使節に加わり、そのまま一八六七年までオランダ陸軍士官学校で学び、明治になって陸軍少将にまでなった輝かしい経歴の持ち主で、その長男の豊吉は「原田・ナウマン論争」を引き起こした地質学者であり、次男の直次郎は洋画家として活躍した。[2]分冊された写本の辞書しかない時代に、それまで馬に乗ってばかりいた伝次郎に翻訳ができたのかというのが私の長年の疑問だったが、原田敬策が渡欧したのち、訳稿の馬術に関する表現に手を加えたというところだろうか。この原書ならびに訳書の行方はわからないが、『騎兵操練』あるいは『騎兵操練運動』と題された数巻ものの写本が、少なくとも盛岡市中央公民館と島根大学付属図書館にあり、双方はおおむね同様の内容で、「千八百五十五年　ブレダ各地書林子《ネ》イス元第合発」と記載されているので、ひょっとするとこの本かもしれない。原書については、佐久間象山が安政三年から勝海舟に「カハレリーのエキセルシチー　レグレメント」という蘭書の新しい版を探すよう依頼しているので、それではないかと推測している。象山は文久二（一八六二）年四月になって、この本の一八五五年版を上田藩の赤松小三郎から借りることができ、ちょうど蟄居も解けて西洋馬術の習得に夢中になっていたことが書簡からわかっている。赤松から最初に二巻だけ借り、一カ月ほど経ってから、象山の古い友人である上田藩士、加藤彦五郎が訪ねてきた際に三冊目を届け、先の二冊は上田にもち帰っている。[3]ネット上で調べた限りでは、オランダの騎兵規則本、『*Exercitie-reglement der cavalerie*』は十九世紀後半から二十世紀初頭まで何版も刊行されており、古書として購入できた一九一二年版は、写本

ようやく曾祖父の安栗と確定した写真

の構成とは一致せず、手帳サイズに陣形の図やラッパの合図の譜までびっしりと盛り込まれたものだった。『上田郷友会月報』には、なんと曾祖父の安栗が死去した際の追悼文も掲載されていた。[4]筆者は無濁生というペンネームしかわからないが、山口慎のあとに松平家の家令となった人のようだ。追悼文には伝次郎の逸話もあり、「愛宕山の男坂を騎馬で上下されたと云う話も聞いた」とか、幕臣とトラブルになって追われ、「所謂《いわゆる》鞍上に人なく鞍下に馬なき勢いを以て桜田門内に駆け付け役屋敷（老中邸）を三匝《そう》して塀を乗り超えて邸内にはいられたと云う」などの「武勇伝」も書かれていた。曾祖父については、「君は伝次郎氏の長男で明治四年七月上田に於て生れたのである。両親に従い東京に移住してから十四、五歳の頃、医師山極吉哉氏（山極博士の養父）の書生として厄介になったのであるが当時は中々の腕白ものであった」と、驚くべきことが記載されていた。生年が明治四年というのも、山極勝三郎の養父の家に居候していたことも子孫には伝わっていなかったからだ。伝次郎は谷田部に移ったのち、息子を一人で東京に送りだしたのだろう。山極家は上田藩医の家系だった。当初は獣医に育ててくれと依頼されたらしいが、「山極氏の意見で獣の医者よりは人間の医者の方がよかろうと云う説に伝次郎氏の未亡人も同意されたので、山極氏の薬局生となって始めて医書のいろはの手解きをして貰い傍ら、本郷の済生学舎へ通うて前期試験には山極氏の宅に居る頃に及第したのである」。山極家には祖父の留学の保証人どころでなく、お世話になっていたのだ。こうして、「春風秋雨幾歳月を経て」医術開業の試験免許状を得て、明治三十二年にようやく医師になった、と追悼文はつづく。尾張出身の材木問屋の娘として神田小川町に生まれた十八歳の曾祖母と結婚したのは明治三十四年、二十九歳だったことになる。医師になった年に鐘ヶ淵紡績会社の医員となり、明治四十五年まで勤めたのち本所菊川町に開業した。祖父が生まれた隅田村大字隅田一六一九番地は、明治四十四年の地図では鐘紡所有の広大な土地のうち字古川敷となっていた場所だった。ここで撮影されたと思われる子供時代の祖父と妹たちの写真が残っている。伝次郎の諱《いみな》、信敏の字をそれぞれにもらった信胤と敏枝だ。二番目の妹は、なぜか伊藤博文から「博子」とつけられたらしい。月報には菊川で開業した門倉医院の広告もでていた。曾祖父は自分で胃癌と診断して、手術は受けてみたものの手遅れで、そのまま退院して自宅で死を迎えたという。

伝次郎の名前をもらった信胤、敏枝、および博子（右より）。1911 年ごろ撮影か

戯れにグーグル検索したことから始まった私の祖先探しは、これでひとまず区切りをつけることにする。祖先が出会い、多大な恩義を受けながら、同じように歴史に埋もれてしまった恩人たちの生涯を、素人なりに少しでも掘り起こし、従来の偏った歴史の解釈に小石でも投じられたのであれば

幸いだ。松平忠固の死後半世紀を経て、曾祖父の知人の小林雄吾が長文の論考を書いたように、それをもとにさらに半世紀後に猪坂直一が小説『あらしの江戸城』を書き、いまから四半世紀前に小林利通が再びそれらの資料の存在に言及して書き残してくれたように、拙稿が半世紀後に一部でも、デジタルのファイルとしてでも残れば、誰かがそれに目を留めて役立ててくれるかもしれない。私が翻訳業で暮らしを立てているのも、娘がイギリスで学ぶことになったのも、何かしら祖先から受け継いだことが影響しているのだろう。いま思えば、高校時代にアリゾナ州の荒野でカウボーイの子孫のような若者たちと一緒にいきなり馬に乗らされ、腿の内側に大きな青あざをこしらえながらも、小一時間の遠出から落馬もせずに戻れたのは、江戸時代どころか古墳時代や、そのまた先にまでさかのぼる祖先と馬とのつながりゆえだったのかもしれない。

　馬役という祖先たちの特殊な経歴に興味をもったことから原書を読み、あまりの驚異的な内容に感動して邦訳出版に漕ぎつけたデイヴィッド・アンソニーの『馬・車輪・言語』（筑摩書房）には、こんな一節がある。「誰にでも四人の曾祖母がいる。遺伝学的には充分に近い存在で、曾祖母たちの顔立ちや肌、髪の要素は、鏡に映った自分を見るたびに目にしている。彼女らにはそれぞれ旧姓があって、何千回となくその名で呼ばれてきたのに、おそらくどの曾祖母の旧姓も思いだせないのではないだろうか[5]」。五年半にわたる調査でたどったのは、私を構成する一本の糸の、わずか数代前まででしかない。

　母方の曾祖母たちの話は昔からよく聞かされてきたので、旧姓はもちろん、顔も写真で見分けがつくし、晩年の様子なども知っているが、父とは疎遠だったので、父方の曾祖母たちについては知らなかった。数年前に叔父から除籍簿や寺の過去帳の写しを見せてもらい、墓を訪ねてようやく名前がわかったが、一人の曾祖母は旧姓がわからない。社会的な活動が少ない女性の場合、調査が難航するのは目に見えているが、いつか下関の阿弥陀寺町生まれの曾祖母のルーツだけでも探ってみたい。何しろ、その広くはない町に日清戦争の講和条約の舞台となった春帆楼や、壇ノ浦の戦いで亡くなった幼い安徳天皇を祀った赤間《あかま》神宮があるだけでなく、ここは朝鮮通信使の滞在地でもあり、下関戦争の戦場にもなったからだ。母系をたどると行き着く、私のミトコンドリア・イヴのようなこの曾祖母が下関出身だと知っていたのは、祖母が亀の甲せんべいの缶を大事そうにかかえ、子供のころよく田舎から送ってもらったのよ、と話していたからだ。

足跡をたどりつづけた高祖父の伝次郎など、私がDNAを受け継ぐ一六人の高祖父母の一人にすぎないことを、『交雑する人類』(D・ライク著、NHK出版)という本に掲載された図を見ながら改めて認識した。高祖父にはほかにも、織田信長が生まれた城があるという尾張の勝幡村《しょばたむら》出身の材木問屋や、たくさんの古墳がある熊本県玉名市出身で一家を離散させた放蕩親父もいるし、佐賀の鍋島藩の支藩である多久藩の「家老の娘」と伝わる高祖母もいる。墓石に旧姓を刻ませていた人だ。その息子は、炭鉱に手をだして痛い目に遭ったという。祖先一人ひとりの人生をたどれば、それがそのまま日本史になりそうである。今回、私がたどることのできた九代前の有右衛門は、上田藩に最初に召し抱えられ、宝永年間に上田の七軒町(丸堀町)に住んでいた人だが、この世代の私の祖先は実際には五一二人もいて、彼ら由来の六八六本のDNA鎖がまだなんらかの形で私のなかに受け継がれていることも同書から知った。[6] そんなにたどることはもちろんできないが、もうあと数本の糸はできる限り遠い過去までさかのぼってみたい。

参考文献

序章

1 ヒュー・コータッツィ著、中須賀哲朗訳『ある英人医師の幕末維新』、中央公論社、1985年、201頁。
2 鮫島近二「英医ウィリアム・ウィリスについて」、『鹿児島大学医学雑誌』47号、1995年、36頁。
3 「ウィリス関係文書」162番、横浜開港資料館所蔵。これを清書したものがFO46／98 288。
4 萩原延壽『江戸開城、遠い崖――アーネスト・サトウ日記抄7』、朝日新聞社、2000年、253頁。
5 *Monmouth Guardian*, 1914年6月19日付。
6 信州デジくら、上田藩士席順分限帳（写）1865年。現在、この分限帳は見られない。
7 『上田藩の人物と文化』、上田市立博物館、1986年、巻末。
8 この分限帳の伝次郎の年齢は、『上田市史』の生年と食い違う。
9 大橋敦夫「信州洋学史研究序説――藩校旧蔵書と関連人物を中心に」、『紀要』(16)、上田女子短期大学、1993年、66－68、77頁。
10 上田市編『上田市史』下巻、信濃毎日新聞社、1940年、1238－39頁。
11 尾崎行也「松平氏家臣団について」、『上田藩の人物と文化』(1986)、101－111頁。
12 尾崎行也「第一章　領主と支配」、『上田市誌歴史編（7）城下町上田』上田市誌編さん委員会、上田市・上田市誌刊行会、2002年、26－33頁。
13 松野喜太郎著、平野勝重、尾崎行也編『上田藩松平家物語』、郷土出版社、1982年、10、64－65頁。
14 松野（1982）、210頁。
15 橋本健一郎著、馬の博物館企画・編集『浮世絵に描かれた人・馬・旅風俗：東海道と木曾街道』、神奈川新聞社、2001年、76頁。
16 コータッツィ（1985）、184－185頁。この書に関しては、中須賀氏の訳文をそのまま引用させていただいた。
17 鈴木理生『江戸はこうして造られた』、ちくま学芸文庫、2000年、123－126頁。
18 『安政度地震大風之記』、中村操ほか「安政江戸地震（1855／11／11）の江戸市内の被害」、『歴史地震』第18号、2003年に引用。
19 「松平家文書」資料番号68「明細　御家中格禄三上」、上田市立博物館蔵、133－139頁。
20 尾崎（1986）、106－107頁。
21 松野（1982）、178頁。

22 東谷智「松平忠周の所司代就任と幕府発給文書について——信濃国上田藩松平家文書の内の所司代関連文書の紹介を中心に」、『甲南大學紀要・文学編』154巻、２００８年、27、38頁。
23 「松平家文書」 資料番号99－27、上田市立博物館蔵。
24 『日本大百科全書』の八条流の項。
25 寒立馬を守る会 http://www.kandachime.info/（２０１６年2月10日閲覧）
26 『東京朝日新聞』明治29年9月13日付の草刈庄五郎の死亡記事。「見世物興行年表」のブログに転載。http://blog.livedoor.jp/misemono/archives/51934174.html（２０１６年3月12日閲覧）
27 山口玲子『女優貞奴』、朝日文庫、１９９３年、35頁。

第1章　横浜と神奈川

1 Alcock, Rutherford, Sir, *The Capital of the tycoon: narrative of a three years' residence in Japan*, vol. I, Bradley Co., 1863, pp. 138-139.（『大君の都』上、ラザフォード・オールコック著、山口光朔訳、岩波文庫、220頁）
2 ネグレッティ&ザンブラ社、Views in Japan, No. 72, 73, Bennet, Terry, *Photography in Japan 1853-1912*, Tuttle Publishing, 2006, pp. 46, 50. ステレオ写真はわずかに異なるアングルで撮影された二枚の写真を並べて、立体視の効果を狙ったもの。
3 福地源一郎『懐往事談』、民有社、国立国会図書デジタルコレクション（以下ＮＤＬＤＣと略す）、１８９４年、13－14頁。
4 ポルスブルック著、ヘルマン・ムースハルト編著、生熊文訳『ポルスブルック日本報告１８５７－１８７０——オランダ領事の見た幕末事情』、雄松堂出版、１９９５年、108頁。この書に関しては生熊氏の訳文をそのまま引用させていただいた。
5 福地（１８９４）、23頁。
6 Alcock (1863), vol. I, p. 141.（『大君の都』上、１９９７年、224頁）
7 横浜市編『横浜市史稿』、横浜市、ＮＤＬＤＣ、１９３１－３３年。とくに政治編一の巻頭にある「徳川氏中期」の地図と、附図の巻にある嘉永4年、安政6年、万延・文久、明治9年の地図。
8 Rennie, D. F., *The British Arms in North China and Japan: Peking 1860; Kagoshima1862*, J. Murray, Internet Archive, 1864, p. 294.
9 『横浜市史稿』、政治編二、514頁。文久3年時の居留地の総面積。
10 Satow, Ernest, *A Diplomat in Japan; the inner history of the critical years in the evolution of Japan when the ports were opened and the monarchy restored*, Internet Archive, 1921, p. 25.（『一外交官の見た明治維新』上、アーネスト・サトウ著、坂田精一訳、岩波文庫、23頁）

11 『横浜市史稿』地理編、971頁。
12 福地（1894）、9頁。
13 『横浜市史稿』風俗編、10頁、地理編、971頁。県立歴史博物館の学芸員による毎日新聞の連載記事「特別展掃部山銅像建立110年」2020年3月。
14 佐久間象山著、飯島忠夫訳註『省諐録』、岩波書店、1944年、43頁。（1854年成立、1887年刊）
15 『横浜市史稿』政治編二、327－328頁。
16 東京帝国大学編『大日本古文書　幕末外国関係文書』第18巻、東京帝国大学、1925年、〔89〕、〔90〕、〔121〕。
17 徳富蘇峰『近世日本国民史　堀田正睦』(四)、講談社学術文庫、1981年、170－171頁。
18 佐野真由子『オールコックの江戸──初代英国公使が見た幕末日本』、中公新書、2003年、87頁。
19 佐野（2003）、88－91頁。堀の引用部分も同書より。その他は『横浜市史稿』政治編二、332頁。
20 斎藤多喜夫『幕末・明治の横浜──西洋文化事始め』明石書店、2017年、26－34頁。
21 デ・コーニング（2018）、第5章、152頁以降。
22 福沢諭吉著、富田正文校訂『福翁自伝』、岩波文庫、1978年、99頁。
23 Notehelfer, F. G. ed., *Japan Through American Eyes*, Princeton Univ. Press, 1992, p. 35, note 116. Brooke (1986), pp.166-167.
24 Heco, Joseph, ed. Murdoch, James, *The Narrative of a Japanese; What he has seen and the people he has met in the course of the last forty years*, vol. I, 1895, p.217.
（『アメリカ彦蔵自伝』1、中川努ほか他訳、平凡社、1980年、104頁）
25 Rennie (1864), p. 294.
26 『横浜市史稿』附図、六　東海道神奈川宿繪圖面　蔓延文久の交。原図は軽部三郎氏所蔵。
27 佐野（2003）、81－82頁。
28 Rennie (1864), p. 295.
29 Rennie (1864), p. 296.
30 Rennie (1864), p. 301-302.
31 Satow (1921), p. 50.（『一外交官の見た明治維新』上、58頁）
32 ネグレッティ&ザンブラ社、Views in Japan, No. 70, Bennet (2006), p. 46.
33 De Coningh, C. T. Assendelft, ed. and trans. by Chaiklin, Martha, *A Pioneer in Yokohama*, Hackett Publishing Company, Inc. 2012, p, 115.『幕末横浜オランダ商人見聞録』、C・T・アッセンデルフト・デ・コーニング著、マーサ・チャイクリン英訳、東郷えりか訳、河出書房新社、2018年、180頁。

Griffis, William Elliot, *A maker of the New Orient, Samuel Robbins Brown, pioneer educator in China, America, and Japan: the story of his life and work*, Fleming H. Revell Company, 1902, Internet Archive, p. 161

34 ニールの階級は中佐（Lieutenant-Colonel）だが、肩書きとして用いられる際にColonel Nealeと書かれるためか、大佐とよく誤解されている。

35 Rennie (1864), p. 251.

36 Knollys, Henry, *Incidents in the China War of 1860; compiled from the private journals of General Sir Hope Grant*, William Blackwood and Sons, Internet Archive, 1875, p. 30.

37 Griffin, P. D., *Encyclopedia of Modern British Army Regiments*, Sutton Pub Ltd., p. 156.

38 ポルスブルック（１９９５）、124頁。

39 スタッド・ブレッドは、スタッド（種馬）から意図的に交配させ品種改良した馬を指すようだ。

40 Sutton, D. J., ed, *Wait for the Waggon: The Story of the Royal Corps of Transport and its Predecessors, 1794-1993*, Leo Cooper, 1998, p.14-16; Rennie（1864), pp. 12, 16.

41 Allgood, George, *China War, 1860; letters and journal*, Longmans, Green & Co., 1901, p. 27.

42 Knollys (1875), p. 154.

43 *Illustrated London News*, １８６３年９月26日号。

44 Rennie (1864), p. 13.

45 Rennie (1864), p. 82.

46 Fonblanque, Edward Barrington de, *Niphon and Pe-che-li; Two Years in Japan and Northern China*, Saunders, Otley, and Co., 1863, second edition, Internet Archive, p. 7.（『馬を買いに来た男』E・B・ド・フォンブランク著、宮永孝訳、東西交流叢書、２０１０年、11頁）。Brooke, George M. Jr. ed., *John M. Brooke's Pacific Cruise and Japanese Adventure*, 1858-1860, Univ. of Hawaii Press, 1986, Inernet Archive, p. 195.（『万延元年遣米使節史料集成』第五巻、日米修好通商百年記念行事運営会編、風間書房、ジョン・ブルック著、清岡瑛一訳、１９６１年、５頁）

47 立ち居振る舞いの美しい好男子という理由で正使になった新見正興は戸塚区信濃町と千葉上総を領地とし、外国奉行も務めた。明治２年に48歳で病死。柳橋芸者として売られた娘のりょうを公家の柳原前光が落籍し、その娘が柳原白蓮という。前光の妹の愛子は大正天皇の生母。

48 ネグレッティ&ザンブラ社、Views in Japan, No. 55, 60, 79など。Bennet (2006), pp. 44, 47, 48. 東京大学史料編纂所古写真研究プロジェクト編『高精細画像で甦る150年前の幕末・明治初期日本』、洋泉社、２０１８年、86－87頁。

49 McMaster, John, Alcock and Harris. Foreign Diplomacy in Bakumatsu Japan, Monumenta Nipponica, vol. 22, No. 3/4 , Sophia University, 1967, p. 320.

50 Fonblanque (1863), pp. 33-35（『馬を買いに来た男』、45－47頁）。
51 『大日本古文書――幕末外国関係文書』第37巻、東京大学出版会、1986年、77号、165頁。熊澤徹「アロー戦争と日本――1860年の英仏連合軍の軍用馬輸出一件」、『横浜英仏駐屯軍と外国人居留地』、1999年、289頁に引用。296－297頁の表4。
52 熊澤（1999）、表4。
53 Fonblanque (1863), pp. 60-61.（『馬を買いに来た男』、74－75頁）
54 松伯編『珍事五ヶ国　横浜はなし』、元町杵屋米八、1862年、明治末期に『横浜貿易新報』の連載記事になったものが『横浜どんたく』下巻、有隣堂、1973年、にある。引用は同書158頁。以下、同書で引用箇所を示す。原書は国文学研究資料館や早稲田大学のサイトで見られる。
55 Fortune, Robert, *Yedo and Peking*, John Murray, Internet Archive, 1863, p40.（『幕末日本探訪記――江戸と北京』ロバート・フォーチュン著、三宅馨訳、講談社学術文庫、58頁）
56 Brooke (1986), p.176.（「横濱日記」、16頁）外国人は二本差しの侍を一般にオフィシャル（役人）と呼んでいた。
57 Alcock (1863), vol. I, p. 251.（『大君の都』上、405頁）
58 『横浜市史稿』政治編二、404頁。
59 勝安房『開国起源』上、吉川半七、NDLDC、1893年、1341頁。
60 『横浜市史稿』風俗編、384、386、388、397頁。
61 Lindau, Rudolphe, *Un Voyage autour du Japon*, Librairie de L Hachette et Cie, Internet Archive, 1864, p. 194.（『スイス領事の見た幕末日本』ルドルフ・リンダウ著、森本英夫訳、新人物往来社、1986年、147頁）
62 デ・コーニング（2018）、185－186頁。
63 『横浜市史稿』風俗編、336頁。ポルスブルック（1995）、121頁。
64 ポルスブルック（1995）、111頁。
65 デ・コーニング（2018）、187頁。
66 ポルスブルック（1995）、173頁。
67 勝（1893）、1343頁。
68 「御開港横浜大絵図二編、外国人住宅図」橋本玉蘭斎。古典籍総合データベース（早稲田大学図書館）に細部まで見られるデジタル画像がある。
69 デ・コーニング（2018）、101－104頁。
70 『横浜市史稿』産業編、94－105頁。松島秀太郎「西洋夷狄商人ロウレイロ家の人びと」、『石川郷土史学会々誌』22号。引用部分は『横浜開港五十年史』

下巻、527頁より。

71 大井隆男「大谷孝蔵——貿易の先駆者」、『維新の信州人』、信濃毎日新聞社、1970年、107頁。

72 『横浜もののはじめ考』第3版、横浜開港資料館、2010年、31頁。

73 Japan Gazette, Co., Ltd., *"Japan Gazette" Yokohama Semi-Centennial, specially compiled and published to celebrate the fiftieth anniversary of the opening of Japan to foreign trade*, 1909, p. 22.（『市民グラフヨコハマ』41号、横浜市市民局相談部広報課、1982年、26頁）

74 『横浜どんたく』下巻、194頁。

75 『横浜市史稿』政治編二、404頁。武田耕雲斎は水戸の天狗党首領。『横浜開港五十年史』上巻は、ロシア人殺害犯を水戸の浪人小林幸八、中国人殺害犯を浪人小林忠雄とするが、これは同一人物である。

76 『横浜市史稿』政治編二、344－345頁。

77 『横浜市史稿』地理編、635－647頁。

78 The Ricardo Album, http://www.ricardophotoalbum.com/21/ 写真転載を快諾いただいた同アルバム所有者Myrna Goldware氏によるとカロタイプの写真。

79 栗原清一『横浜の史蹟と名勝』、横浜郷土資料研究会、NDLDC、1928年、59、86－87頁。

80 百瀬敏男『昭和初期横浜市指定の名木』、www.city.yokohama.lg.jp/somu/org/gyosei/sisi/pdf/25-mo.pdf

81 Black, *Young Japan*, vol. I, Trubner & Co., 1880, p. 93.（『ヤング・ジャパン』1巻、横浜と江戸）J・R・ブラック著、ねず・まさし他訳、平凡社、78頁）。
海兵隊士官の階級は現在の訳語による。

82 Alcock (1863), vol. II, p. 364. Lieut. Aplin と綴られている。（『大君の都』下、362頁）

83 コータッツィ（1985）、23－24、27－28頁。

84 Satow (1921), p. 56.（『一外交官の見た明治維新』上、66頁）

85 Black (1886), vol. I, p. 146.（『ヤング・ジャパン』1巻、127頁）

86 『横浜市史稿』政治編二に再掲載。

87 Satow (1921), p. 71,（『一外交官の見た明治維新』上、86頁）。前述のA・クラークの地図には、British Legation（イギリス公使館）と書き込まれている。

88 ベアトの名も、イギリス公使館についても書かれていないが、この写真は横浜開港資料館で、三枚綴りの葉書となって売られている。

89 『横浜もののはじめ考』、142頁。

90 Japan Gazette (1909), p. 64.（『市民グラフヨコハマ』41号、82頁）

91 『横浜どんたく』下巻、208－215頁。引用部分は214頁。

92 A rough sketch of YOKOHAMA、イギリス国立公文書館蔵。『横浜もののはじめ考』、33頁に転載。清書版の防衛図は、影山好一郎「横浜外国人居留地の防衛——英国の軍事力行使をめぐって」、『横浜英仏駐屯軍と外国人居留地』、東京堂出版、１９９９年、163頁に転載されている。

93 『横浜もののはじめ考』、129頁。

94 Public Record Office 所蔵の地図。WO78/1014/13。影山（１９９９）、170頁にはこの下絵となった地図（MFQ/975）が転載されている。

95 影山（１９９９）、162-163、168-171頁。

96 *Illustrated London News*, １８６７年2月9日。豚屋火事の記事には切妻屋根となっているが、イラストに描かれた建物は寄棟屋根に見える。注86の地図（本書54頁に転載）でも155番に領事館がある。

97 『横浜もののはじめ考』、85頁。

98 Room for Diplomacy, Catalogue of British Embassy and consulate buildings, 1800-2010, "Yokohama" https://roomfordiplomacy.com/japanese-consulates/（２０１５年2月20日閲覧）

99 Satow (1921), pp. 164-165.（『一外交官の見た明治維新』上、204-205頁）

100 萩原『遠い崖』（3）、159頁。

101 萩原『遠い崖』（4）、202頁。

102 横浜開港資料館ウェブサイト、「施設案内と「たまくすの木」」http://www.kaikou.city.yokohama.jp/guide/tamakusu.html（２０１５年5月20日閲覧）

103 Japan Gazette (1909), 64, および地図。（『市民グラフヨコハマ』41号、29、82頁）

104 『市民グラフヨコハマ』33号に再掲載。増田万吉は居留地消防の預かり人と書かれている。

105 *Illustrated London News*, １８６３年9月12日号。横浜発、6月28日の記事。

106 『横浜どんたく』下巻、208-215頁。ガハールとガーハルはガワー兄弟、ホールはフランシス・ホール、ミニストルは公使館の意味と思われる。

107 引用部分は萩原、『遠い崖』（1）、189-190頁より。

108 萩原『遠い崖』（2）、95-97頁。

109 Satow (1921), p. 95.（『一外交官の見た明治維新』上、115頁）

110 Freeman-Mitford, Algernon Bertram, *Memories*, vol. 1, London Hutchinson, Internet Archive, 1915, p. 381（『英国外交官の見た幕末維新』A・B・ミットフォード著、長岡祥三訳、講談社学術文庫、27頁）

111 Satow (1921), p. 163.（『一外交官の見た明治維新』上、202頁）

112 シーボルトについては、幕末・明治に日本に滞在した外国人を詳細にまとめたサイト等を参考にした。Meiji Portraitshttp://www.meiji-portraits.de

アレクサンダー来日時のロシエ撮影の写真がある。

113 萩原『遠い崖』(1)、299頁。

114 ガワー兄弟については、以下のサイトを参照 https://www.geni.com/people/Samuel-Gower/6000000024656514940（２０１７年８月12日閲覧）

萩原『遠い崖』(2)、376頁。

115 『横浜どんたく』下巻、212頁。

116 デ・コーニング（２０１８）、189－193頁。斎藤多喜夫「横浜居留地の成立」、『横浜と上海——近代都市形成史比較研究』、横浜開港資料館、１９９５年、136－140、162－164頁。

117 デ・コーニング（２０１８）、201－206、239頁（訳者あとがき）

118 Fonblanque (1863), pp. 82-87.（『馬を買いに来た男』、102－105頁）

119 Alcock (1863), vol. I, p. 223.（『大君の都』上、361頁）。Japan Gazette(1909), p. 22. 霊安堂の写真は複数あり、現在の墓石は『横浜市史稿』政治編二の写真のものと変わらなく見えるが、墓地の説明板によると場所が移動している。

120 デ・コーニング、180、201－206頁。

121 Notehelfer (1992), p. 296.

122 Bakunin's Stop-over in Japan, https://libcom.org/library/bakunins-stop-over-japan（２０１５年３月20日閲覧）

123 *Illustrated London News*, １８６１年８月10日号。

124 萩原『遠い崖』(1)、165、189頁。サトウの日記（１８６２年10月１日の項）も同書より引用。

125 Satow (1921), p. 54.（『一外交官の見た明治維新』上、64頁）

126 萩原『遠い崖』(1)、189頁。

127 ジョゼフ・ロガラ編著、チャールズ・ワーグマン原著、山下仁美訳『Ｍｒパンチの天才的偉業——チャールズ・ワーグマンとジャパン・パンチが語る横浜外国人居留地の生活１８６２－１８８７』、有隣堂、２００４年、224頁。そのため、肝心の生麦事件発生時に、ＩＬＮには彼の通常の詳細にわたる報道がない。生麦事件を描いた彼の絵は、想像図ということになろうか。

128 斎藤多喜夫「横浜写真小史——Ｆ・ベアトと下岡蓮杖を中心に」『Ｆ・ベアト幕末日本写真集』、横浜開港資料館、１９８７年、177頁。

129 Allgood (1901).

130 『萬國新聞紙』慶応３年６月中旬、『日本初期新聞全集』12、ぺりかん社、１９８８年、74頁。

131 『復刻版 THE JAPAN PUNCH』第1巻、雄松堂、１９７５年、298－299頁。

132 Satow (1921), p. 32.（『一外交官の見た明治維新』上、33頁）。
133 *Illustrated London News*, 1867年2月9日号。
134 斎藤（1987）、176－177、182頁。死亡年についてはウィキペディアのフェリーチェ・ベアトの項より。

第2章　生麦事件

1 Black (1880) vol. 1, p.124-139.（『ヤング・ジャパン』1巻、106－121頁）
2 Satow (1921), p. 52.（『一外交官の見た明治維新』上、61頁）
3 Black (1880) vol. 1, p.186.（『ヤング・ジャパン』1巻、117頁）
4 Japan Herald, 1862年9月16日付、号外。一部が9月20日付の『ジャパン・ヘラルド』に再掲載されたほか、11月28日付の『タイムズ』に転載されているが、号外そのものは、合冊本にはない。
5 宮永孝『幕末異人殺傷録』角川書店、1996年、148頁。
6 『横浜市史　資料編五』石井孝編、横浜市、1969年、〔105〕、103－107頁。
7 同前、108－109頁、〔107〕。
8 *Japan Herald*, 1862年9月16日付、号外。
9 尾佐竹猛『幕末外交秘史考』、邦光堂書店、1944年、11頁に引用。
10 「薩藩生麦一件」一八九七年に編纂された文書の集録。『生麦事件と横浜の村々』横浜市歴史博物館、2012年、12頁に転載。
11 『嘉永文久年間見聞雑記』に収録されていたもので、『薩藩海軍史——島津公爵家御蔵版』中巻、原書房、1928－29年／1968年、300－302頁より引用。
12 Black (1880) vol. 1, p. 97.（『ヤング・ジャパン』1巻、82頁）
13 *Japan Herald*, 1862年9月20日付。
14 八木昇編『幕末動乱の記録——「史談会」速記録』、桃源社、1965年、序文。
15 西河稱編『維新前後實歴史傳』二巻、東京大学出版会、1892／1913年、137－138頁。
16 公爵島津家編纂所編『薩藩海軍史』中巻、原書房、1929／1968年、296頁。
17 『薩藩海軍史』（1968）中巻、299頁。
18 史談会編『史談会速記録』合本二、第十輯、原書房、明治25年12月12日の談話、26－28、33－34、36頁。

19 『薩藩海軍史』（1968）中巻、299－300頁。
20 『薩藩海軍史』（1968）中巻、298頁。
21 「生麦村騒擾記」（1885）、『よこはま教育時報』第36－70号、1962年9月、15－16頁に抄録がある。
22 「生麦事件の始末」、『横浜貿易新報』に1909年7月に連載。引用は『横浜どんたく』上巻（1973）、71頁以降に収録されたものより。
23 『史談会速記録』合本二、十輯、明治25年12月12日の談話、33頁。
24 『横浜どんたく』上巻、78頁。尾佐竹（1944）、20頁。
25 長岡由秀『新釈 生麦事件物語』文藝春秋、2008年、163頁。
26 奉行所定廻りの三橋敬介と渡辺清次郎の報告書にあった品物のリストが以下に転載。松沢成文『生麦事件の暗号』講談社、2012年、42頁。
27 ヴァイス領事からニール中佐宛の1862年9月30日付の書簡。以下に引用。Black (1880) vol. 1, p. 187-188.（『ヤング・ジャパン』1巻、119－120頁）
28 尾佐竹（1944）、15－16頁。
29 「生麦事件の始末」、『横浜どんたく』上巻、76－77頁。
30 『鹿児島新聞』1912年7月3日付。
31 『薩藩海軍史』（1968）中巻、298頁。
32 尾佐竹（1944）、24－25頁に引用。
33 「生麦村騒擾記」（抄録）および、『横浜どんたく』上巻、79頁。
34 Lindau (1864), pp. 203-204.（『スイス領事の見た幕末日本』、156頁）
35 Black (1880) vol. 1, pp. 136-137.（『ヤング・ジャパン』1巻、119－120頁）
36 Japan Gazette (1909), p.15.（『市民グラフヨコハマ』41号、17頁）
37 Denney, John, *Respect and Consideration: Britain and Japan 1853-1868 and Beyond*, Radiance Press, 2011, p. 82.
38 宮澤眞一『「幕末」に殺された男――生麦事件のリチャードソン』新潮選書、1997年、151頁。
39 『生麦事件と横浜の村々』、18頁に掲載。
40 生麦名主宅に残る日記からの引用。浅海武生『ドキュメント生麦事件』、生麦参考館発行、7頁。
41 『神奈川県橘樹郡生見尾村誌』（大正8年刊）の複製を以下で発行。持丸輔夫編『鶴見区の前身 生見尾村誌』寺尾郷土研究会、1976年、79頁。
42 『なまむぎ今は昔』生麦の昔の姿を考える会、230クラブ新聞、1993年、167頁。
43 『横浜市史稿 風俗編』157－158頁。

44 『薩藩海軍史』（１９６８）上巻、299頁。
45 『薩藩海軍史』（１９６８）上巻、298頁。
46 松沢（２０１２）、41頁。尾佐竹（１９４４）、21、29頁に引用。
47 「橘樹郡生麦村絵図」天保7年、神奈川県立文化資料館蔵。『生麦事件と横浜の村々』、16頁に転載。
48 『なまむぎ今は昔』、88－89頁。
49 『薩藩海軍史』（１９６８）中巻、282頁。
50 『横浜市史稿　地理編』、824－825頁。
51 「鶴見区明細地図」、経済地図社、昭和33年度版。
52 「生麦村騒擾記」（１８９５）。『横浜どんたく』上巻、77頁。
53 横浜貿易新報社編『横浜開港側面史』、横浜貿易新報社、１９０９年、ＮＤＬＤＣ、50頁。青木町、岩崎次郎吉雑談。『横浜どんたく』上巻、50頁。
54 「生麦事件で偉人を斬殺した私、初めて公表する事件の真相」、『話』、１９３６年。横浜史料調査委員会が転写・謄写刊行したものが、「神奈川宿古文書の会会報」第41号、34－38頁に再掲載された。
55 『横浜どんたく』上巻、80頁。
56 『薩藩海軍史』（１９６８）中巻、298頁。『鹿児島新聞』１９１２年7月3日付。
57 『薩藩海軍史』（１９６８）中巻、285頁。
58 『なまむぎ今は昔』、82、88頁。
59 『薩藩海軍史』（１９６８）中巻、298－299頁。
60 宮永（１９９６）、142頁。
61 『「名主日記が語る」幕末』、横浜開港資料館、１９８６年、図5、街道沿い部分の復元図、および生麦事件参考館の街並み復元図を参照。
62 『横浜市史稿　地理編』866－867頁に「英人遭難（生麦事件）地趾」の項に、事件を目撃した内海伊三郎（当時十歳）の証言をもとにした図があるが、これは発生現場とほぼ一致するものであり、遺体発見現場ではない。
63 金井円、石井光太郎編『神奈川の写真誌　明治中期』、有隣堂、１９７１年、14－15頁。
64 『なまむぎ今は昔』、106、166－167頁。
65 『「名主日記が語る」幕末』、図5。
66 Griffis, William Elliot, *The Mikado's Empire*, Internet Archive, 1876, p. 359. この書は明治初期からたびたび訳されている（『明治日本体験記』グリフィス

著、山下英一訳、東洋文庫、45－46頁)
67 Notehelfer (1992), pp. 447-448, 450.
68 *Japan Herald*, 1862年9月13日付。
69 *Japan Herald*, 1862年、9月20日付。
70 『薩藩海軍史』(1968) 中巻、269頁。萩原『遠い崖』(1)、355頁。
71 Black (1880) vol. 1, p. 99.(『ヤング・ジャパン』1巻、84頁)
72 Scotish Built Ships: The History of Shipbuilding in Scotland, http://www.clydeships.co.uk/search.php (2017年8月2日閲覧)
73 萩原『遠い崖』(2)、10－11頁。
74 Satow (1921), p. 27.(『一外交官の見た明治維新』上、26頁)
75 宮澤(1997)、60、88頁。
76 Denney (2011), p. 114 に引用。
77 『生麦事件と横浜の村々』、11頁、および文書翻刻集。
78 斎藤多喜夫「横浜開港時の貿易事情」、『横浜開港資料館紀要第17号』、1999年、16、18頁。
79 『生麦事件と横浜の村々』、62、69頁。1862年9月3日付、父親宛の書簡。
80 「珍事五ヶ国 横浜はなし」、『横浜どんたく』下巻、209頁では、「英 アスブネル」は14番で別当は鉄五郎、15番には名前がなく、16番が「英 マース」で別当が市五郎となっている。
81 番地に関しては、『市民グラフヨコハマ』第41号、83頁を参照。
82 *Supplement to The Japan Herald*, 1862年9月20日付。
83 パンチのあだ名については、The Ricardo Album, http://www.ricardophotoalbum.com/21/。戯画は『復刻版 THE JAPAN PUNCH』第1巻、198頁。
84 Sevenoaks Chronicle and Kentish Advertiser, 1891年5月8日付。The British Newspaper Archive
85 『生麦事件と横浜の村々』、69頁。1862年9月3日付、父親宛の書簡。
86 チャールズ・リチャードソン・シニアからヴァイス領事への1862年12月10日付の手紙。Denney (2011), p.101 に引用。
87 コータッツィ(1985)、39頁。この書に関しては中須賀氏の訳文をそのまま引用させていただいた。
88 宮澤(1997)、16頁。
89 *The Japan Weekly Mail*, 1903年12月5日号。斎藤(2017)、297－317に訳文がある。

90 宮澤（1997）、60頁。
91 ポンペ著、沼田二郎ほか訳『日本滞在見聞記――日本における五年間』、雄松堂書店、1968年、226、229、231、368頁。原書は、*Vijf jahren in Japan* (1857-1863)。
92 『生麦事件と横浜の村々』、63頁。
93 House, E. H., "Kagoshima Affair," Black (1880), vol. 1, pp. 132-135に一部引用(『ヤング・ジャパン』1巻、114-117頁)。『横浜市史』資料編五に邦訳全文が収録。
94 『薩藩海軍史』（1968）上巻、298頁。
95 Griffis (1876), p. 592.（東洋文庫の『明治日本体験記』は同書の抄訳で、肝心の原註および付録は省略され、303頁の訳注で若干触れているのみである。
F・ショイヤーが誰を指すかは不明だが、横浜の重鎮だったショイヤーはラファエルで、1864年に来日した彼の息子のイニシャルはEだった。
96 林董『後は昔の記他――林董回想録』東洋文庫、NDLDC（43年刊）、1970年、112-113頁。
97 『薩藩海軍史』（1968）上巻、304頁。
98 Satow (1921), p. 212.（『一外交官の見た明治維新』上、271頁）

第3章　佐久間象山

1 佐久間象山『象山全集』巻5、信濃毎日新聞、NDLDC、1934-35年、附録761-764頁。オリジナルは京都大学附属図書館所蔵。
2 「亜墨利加人御警護一件」大目付、真田家文書の嘉永7年3月9日の条。『佐久間象山と横浜』横浜市歴史博物館、2014年、32頁に再掲載。
3 『象山全集』巻1の「佐久間象山先生年譜」、松本健一『評伝　佐久間象山』上巻、中公叢書、2000年、112、120-125頁。松浦玲責任編集『佐久間象山・横井小楠』、中央公論社、1984年、19頁。川尻信夫『幕末におけるヨーロッパ学術受容の一断面』、東海大学出版会、1982年、286頁。
4 佐佐木杜太郎『開国の先覚者中居屋重兵衛』、新人物往来社、1972年、36頁。
5 Wikipedia 真田幸貫の項を参照。
6 松本（2000）上巻、136-137、172-175頁。のちに開港問題や大砲鋳造で象山がおもに非難したのは三男の英敏のほうである。
7 東徹『佐久間象山と科学技術』、思文閣出版、2002年、52頁。
8 『象山全集』巻3、玉池時代、天保13年10月9日付の加藤永谷宛の手紙〔100〕、214-219頁。
9 松本（2000）上巻、137頁。
10 『象山全集』巻1、「佐久間象山先生年譜」の19頁。ここでは弟が励次となっている。
11 『象山全集』巻1、「佐久間象山先生年譜」の21頁。
12 『象山全集』巻3、玉池時代、天保12年正月16日付の加藤彦五郎宛の手紙〔79〕、171頁。

13 松浦（１９８４）、509頁。上田の小林利通に確認した松浦氏は、「兄の励次郎が、藩の内紛に関係があると推定されている理由によって家督を相続できず、永谷が代わって天保8年に家を継いでいた。永谷は父の維藩と同じく江戸の昌平黌に学び、父子ともに象山と親交があった。この書簡の文中に兄が引き籠っていることが出てくるが、永谷自身もこのあと、「藩政をめぐる対立関係のために譴責を受け、十年も引き籠らされた」とする。
14 『象山全集』巻2、上書、「感應公に上りて天下當今の要務を陳ず」、天保13年11月、25－53頁。
15 松本（２０００）上巻、188－189頁。
16 佐久間象山著、飯島忠夫訳注『省諐録』、岩波書店、１９４４年、25、91頁。
17 Van Saint, John E., *Pacific Pioneers: Japanese Journeys to America and Hawaii, 1850-80*, University of Illinois Press, 2000, pp. 52, 57, 62.
18 松本（２０００）上巻、178－179頁
19 松浦（１９８４）、22－24頁。
20 従来の通説には、伴月楼記念館（旧象山桑原記念館）館長の関章氏が「佐久間象山の電信実験」（『産業考古学』32号、１９８４年）13頁で反論を唱え、現在では象山は１８６０年以前に電信実験ができたはずはないと考えられている。
21 松浦（１９８４）、33頁。
22 『象山全集』巻1、「佐久間象山先生年譜」の42頁。
23 松本（２０００）上巻、240頁。
24 『象山全集』巻4、木挽町時代、嘉永4年9月18日付の恩田頼母宛の手紙〔３９６〕、26頁。
25 吉田松陰「辛亥日記」、『吉田松陰全集』10巻、１９３９年、ＮＤＬＤＣ、172頁。
26 吉田（１９３９年）、176－178頁。
27 松本（２０００）上巻、242頁。
28 江藤淳・松浦玲編『氷川清話』、講談社学術文庫、２０００年、78－79頁。
29 勝海舟著、勝部真長ほか編、『勝海舟全集 18』、勁草書房、１９７２年、189、440頁。
30 『象山全集』巻4、木挽町時代、嘉永5年11月15日付、長谷川甚大夫宛の手紙〔４３８〕、93－94頁。
31 佐久間（１９４４）、15頁。
32 小林紀子「佐久間象山資料の研究（二）熊倉家伝来 佐久、間象山関係資料の書簡について」、『横浜市歴史博物館調査研究報告、第9号、２０１３年、50頁。
33 『象山全集』巻2、上書、36頁。現代語訳は、松浦（１９８４）、116－134頁を参照。

34 松浦（1984）、21、59頁。1837年のモリソン号事件後、江川太郎左衛門がすでに軍艦を用いた海防策をだしていたと松本健一は指摘する。
松本（2000）上巻、172－174頁。
35 土居良三『開国への布石――評伝・老中首座 阿部正弘』未來社、2000年、195頁。
36 『象山全集』巻2、上書、37頁。
37 松浦（1984）、124－125頁。
38 『薩藩海軍史』上巻、625頁。
39 石井謙治『図説和船史話』、至誠堂、1983年、294－295頁。
40 『象山全集』巻3、御使者屋時代、嘉永3年7月26日付の母宛の手紙〔310〕、584頁。
41 松本（2000）上巻、228頁。上書の草稿は『象山全集』巻2、79－91頁。
42 『象山全集』巻3、御使者屋時代、嘉永3年9月11日付の川路聖謨宛の手紙〔315〕、593－602頁。
43 松本（2000）上巻、270－271、275頁。
44 『象山全集』巻2、補遺、「急務十条」、3頁。
45 『象山全集』巻2、上書、「時事を痛論したる幕府へ上書稿」、文久二年九月、引用は168頁。
46 福沢諭吉『福翁自伝』、岩波文庫、1978年、105頁。
47 松浦（1984）、125頁
48 ポンペ（1968年）、29頁。
49 小野寺龍太『岩瀬忠震――五州何ぞ遠しと謂わん』、ミネルヴァ書房、2018年、64頁。
50 西野光一「水戸藩における濡仏・撞鐘徴収策の構想について」、『佛教文化学会紀要』巻13号、2004年、118、124頁。
51 『象山全集』巻1、「佐久間象山先生年譜」の15頁。
52 吉田常吉、佐藤誠三郎校注『日本思想体系56 幕末政治論集』、岩波書店、1976年、16頁。
53 徳田武『朝彦親王伝――維新史を動かした皇魁』、勉誠出版、2011年、66頁。西野（2004）、128頁。東京帝国大学史料編纂所編『大日本古文書 幕末外国関係文書』第22巻、東京帝国大学、1939年、485－486頁。巻によって発行年が異なるが、以下『幕末外国関係文書』と略す。
54 『日本思想体系56 幕末政治論集』、9、14－15頁。
55 『象山全集』巻2、上書、29、33頁。
56 この間のオランダの歴史についてはデ・コーニング（2018）、英訳者による解説、15－16頁を参照。出島 Dejima ～つながる出島～

https://nagasakidejima.jp/restoration-work/history-of-dejima/dejima-and-nagasaki（２０１７年６月20日閲覧）
57 佐藤昌介ほか校注『日本思想体系55　渡辺崋山・高野長英・佐久間象山・横井小楠・橋本佐内』、岩波書店、１９７１年、63頁。
58 丸山眞男「幕末における視座の変革~佐久間象山の場合」、『忠誠と反逆——転形期日本の精神的位相』、筑摩書房、１９９２年、123頁。
59 『象山全集』巻2、上書、「和蘭語彙板行許可を乞ふため阿部侯へ上申書」阿部正弘宛。嘉永３年３月11日、76頁。
60 厚生新編（大槻玄沢自筆本）、早稲田大学図書館、およびウィキペディアの「厚生新編」の項。
61 『象山全集』巻2、上書、176、185頁。松浦（１９８４）、41－42、270頁。
62 刑部芳則『公家たちの幕末維新——ペリー来航から華族誕生へ』、中公新書、２０１８年、38頁。人間違いで議奏の徳大寺公純を襲った。
63 東京帝国大学編『大日本古文書　幕末外国関係文書』第1巻、東京帝国大学、１９１０年、図版に転載。
64 日米交流 Japan-US Encounters Websitehttps://p8.secure.hostingprod.com/@www.japanusencounters.net/ssl/sub_aulick.html#aulick（２０１９年７月20日閲覧）
65 Hawks, Francis L., *Narrative of the Expedition of an American Squadron to the China Seas and Japan*, Beverley Tucker, Internet Archive, 1856, pp.133, 148-149, 228.（『ペリー艦隊日本遠征記』上巻、加藤祐三・伊藤久子解説、オフィス宮崎訳、万来舎、２００９年、303、334－335、506頁）
66 嶋村元宏「阿部家旧蔵「別段風説書」について——ペリー来航前夜の世界情勢」、『神奈川県立博物館研究報告——人文科学』第21号、神奈川県立博物館、１９９５年、51頁。
67 Hawks (1856), pp. 82, 87, 90, 97, 114, 197, 212, 281-282, 306 (footnote).（『ペリー艦隊日本遠征記』上巻、198、207－208、214、232、266、442－443、467－468頁。下巻、11－12、78頁）
68 ウィキペディア「小笠原諸島」の項。
69 ポンペ（１９７８）、36頁。
70 『特別展　ペリーの顔・貌・カオ——「黒船」の使者の虚像と実像』、神奈川県歴史博物館、100－101頁、"A Brief Summary of The Perry Expedition to Japan 1853," Department of the Navy, Washington, D. C. 1953 http://www.ibiblio.org/hyperwar/PTO/Dip/Perry/（２０１７年８月４日閲覧）
71 『象山全集』巻2、「横浜陣中日記」、60頁。
72 『象山全集』巻4、木挽町時代、安政元年３月12日付の夫人宛の手紙、〔５０４〕238－239頁。
73 Hawks (1856), pp. 357-358.（『ペリー艦隊日本遠征記』下巻、178頁）
74 『横浜貿易新報』167号、明治43年４月４日付、田沢仁右衛門翁其他諸氏談。『横浜どんたく』下巻、82頁に引用。ただし、「老中、若年寄始め、大勢見物に来られました。［……］日本人では一人も乗りませんでした」と語っている。
75 『象山全集』巻5、聚遠楼時代、安政６年11月３日付の勝麟太郎宛の書簡〔８５６〕、152頁。P. van der Burg, *Eerste Grondbeginselen der Natuurkunde*. 薩

摩藩は1844年刊の第2版を邦訳して、1859年に『遠西奇器述』として出版、象山は1854年刊の第3版を入手した。

76 東（2002）、230頁。

77 『象山全集』巻2、「横浜陣中日記」、61-62頁。

78 『象山全集』巻2、「横浜陣中日記」、58頁。

79 『佐久間象山と横浜』（2014）、32頁。

80 末松謙澄『修訂　防長回天史』第2編、1921年、末松春彦、NDLDC、508頁。

81 江戸切絵図のうち深川絵図、景山致恭他編、尾張屋清七発行、嘉永2-文久2刊。国会図書館所蔵 http://dl.ndl.go.jp/info:ndljp/pid/1286680/1 地図右下。左下の永代橋の近くに、象山が最初の砲術塾を開いた真田藩邸が、中央の扇橋には上田藩の抱え屋敷がある。

82 古川薫『わが長州砲流離譚』、毎日新聞社、2006年、97頁。

83 維新史回廊構想推進協議会編「維新史回廊だより」第17号、山口県環境生活部文化振興課、2012年、https://www.pref.yamaguchi.lg.jp/gyosei/bunka-s/ishin/ishinshidayori/dayori-17.pdf（2016年5月20日閲覧）

84 Satow (1921), pp. 109-110.（『一外交官の見た明治維新』上、132頁）

85 『象山全集』巻2、上書、天保13年11月、52頁。

86 東（2002）、33頁。

87 同前、26頁、35頁に G. J. Stieltjes: *Omschrijving van den verleden en tegenwoordigen toestand der Nederlandsche veld-artillerie* であるとする。

88 杉田玄端尺牘、国会図書館所蔵。http://dl.ndl.go.jp/info:ndljp/pid/2540960

89 尾崎行也「幕末期上田藩士の西洋受容——写真術を中心に」、『信濃』第50巻第9号、1998年、13頁。ウィキペディア「杉田玄端」の項。

90 東（2002）、64頁。小林利通「松平忠固・赤松小三郎」、『松平忠固・赤松小三郎：上田にみる近代の夜明け』上田市立博物館、1994年、22頁。

91 松浦（1984）、105、512頁。

92 松本（2000）下巻、27-30頁。

93 吉田寅次郎（松陰）『回顧録——附・長崎紀行』、巻之上、NDLDC、1886年、8頁。松本（2000）下巻、52-54頁。

94 椒山野史、『近世史略』山口氏蔵版、上、1872年、3頁。明治8年版はNDLDC等にある。

95 同前、4頁。

96 松本（2000）上巻、40-43頁、下巻、55-63頁。松浦（1984）、36-37頁。

97 松本（2000）上巻、67頁。

98 松本（２０００）下巻、159-160頁。
99 丸山（１９９２）、114-115、120頁。
100 松浦（１９８４）、253-259頁。原文は『象山全集』巻2、上書、安政5年4月、135-144頁。
101 松本（２０００）下巻、190頁、松浦（１９８４）、38頁。
102 東京大学編『大日本古文書　幕末外國関係文書』第20巻、東京帝国大学、１９３０／１９７２年、258-267頁。
103 松浦（１９８４）、38頁。
104 『象山全集』巻5、聚遠楼時代、安政5年正月26日付、梁川星巌宛の書簡〔７５５〕、689-700頁。
105 『象山全集』巻5、書簡宛名索引、71頁。
106 同前、聚遠楼時代、安政5年秋と推察される山田兵衛宛の手紙、〔８０８〕、93-94頁。
107 松本（２０００）上巻、166頁。
108 『薩藩海軍史』（１９６８）上巻、299頁。
109 豊田泰著『開国と攘夷』、文芸社、２００６年、104、153-154頁。
110 田辺太一『幕末外交談』、平凡社（ＮＤＬＤＣは１８９８年版）、１９６６年、155頁。
111 豊田（２００６）、154-155頁。
112 高野澄『清河八郎の明治維新――草莽の志士なるがゆえに』日本放送出版協会、二〇〇四年、167-168頁。
113 高杉晋作他『東行先生遺文』、民友社、ＮＤＬＤＣ、１９１６年。松陰から象山への書簡は44-45頁。「射撃行日譜」（高杉晋作の旅行記）の引用は12-13頁より。松本（２０００）下巻、202-203、222-223頁に引用。高義亭は松代の象山神社の境内に移築されている。
114 「五月」十一日、晴、朝管氏を訪い、夜平先生を訪、鶏語に至り去る」『江月斎日乗』（久坂玄端の日記）、松本（２０００）下巻、224頁に引用。
115 松本（２０００）上巻、52頁。下巻、258-259、287頁。
116 Satow (1921), p. 71.（『一外交官の見た明治維新』上、86頁）
117 犬塚（２００１）、35-42頁。
118 『井上伯伝』巻之一、犬塚孝明『密航留学生たちの明治維新――井上馨と幕末藩士』、日本放送出版協会、２００１年、42頁に引用。
119 犬塚（２００１）、52頁。
120 松本（２０００）下巻、224頁。
121 犬塚（２００１）、39-41、53、59頁。

122 同前、53頁。
123 石井寛治『近代日本とイギリス資本――ジャーディン＝マセソン商会を中心に』、東京大学出版会、1984年、136-137頁。
124 Satow (1921), pp. 20, 128.（『一外交官の見た明治維新』上、18、157頁）
125 萩原『遠い崖』(2)、383-386頁。
126 春畝公追頌会『伊藤博文傳』上巻、原書房、1970年、94-106頁。犬塚（2001）、59-65、102-104頁。
127 『象山全集』巻2「横浜陣中日記」、60頁。
128 『象山全集』巻4　木挽町時代、嘉永6年4月15日付、島津文三郎宛の免許状〔456〕、129頁。
129 河内誠一著、飯島花月抄写『上田縞絲之筋書』、花月文庫、上田市立上田図書館、第26回。不鮮明な写真画像から矢野太氏に解読していただいた。
130 『象山全集』巻5　聚遠楼時代、文久3年8月20日付、勝麟太郎宛〔1090〕、461-462頁。
131 同前、文久3年11月5日付の妻宛の手紙〔1102〕、477頁。
132 小林紀子「佐久間象山資料の研究（二）、熊倉家伝来　佐久間象山関係資料の書簡について」、『横浜市歴史博物館調査研究報告　第9号』、2013年、49-56頁。
133 『象山全集』巻5　聚遠楼時代、文久三年十一月十三日付の妻宛の手紙〔1104〕、482頁。
134 同前、文久3年11月27日付の妻宛の手紙〔1105〕、486頁。
135 同前、元治元年正月12日付の妻宛の手紙〔1119〕、505頁。
136 同前、元治元年2月22日付の妻宛の手紙〔1126〕、528頁。
137 同前、「公務日記」、元治元年3月17日、738頁。『象山全集』巻5の竹村金吾宛の書簡〔1122〕や白井平左衛門宛の書簡〔1267〕にこの馬が松代藩の馬奉行であった竹村金吾と竹村熊三郎の手配と触れられている。
138 松本（2000）下巻、279-280頁。
139 『象山全集』巻5、上洛時代、元治元年5月18日付の妻宛の手紙〔1276〕692-693頁。
140 川崎紫山「佐久間象山」、松本（2000）下巻、310頁に引用。
141 『象山全集』巻5、佐久間先生史料雑纂、811-812、819-820頁。
142 松本（2000）下巻、312頁。
143 松本（2000）上巻、12頁に引用。
144 『象山全集』巻5、佐久間先生史料雑纂、811頁。

145 松本（2000）上巻、16頁。
146 坂本令太郎「佐久間象山――開国論の推進者」、『維新の信州人』、信濃毎日新聞社編、1974年、219頁。
147 刑部（2018）、22頁。

第4章　上田藩主　松平忠固

1 野沢枕城「原善三郎伝」、『横浜どんたく』下巻、268頁。
2 福地源一郎『幕末政治家』、平凡社、（NDLDCは福地桜痴名で1900年版）1989年、81－82頁。
3 『松平氏史料集』上田市立博物館、1985／2010年、93頁。
4 小林利（1994）、7頁。
5 菊地久、「井伊直助試論～幕末政争の一断面」（上、2015年）、（中の1、2018年）、北海学園大学法学研究、後編は本稿執筆時点で未発表。
6 小林利（1994）、19頁。
7 表向きは酒井忠実の次男だったようだが、実際には十男である。江戸浜町の藩邸生まれは、小林雄吾編「松平忠固公」、『上田郷友会月報』、大正4（1915）年1月号、2－4頁。『松平氏史料』、2頁。
8 岡本哲史、『川と堀割〝20の跡〟を辿る江戸東京歴史散歩』、PHP新書、2017年、71－72頁。
9 猪坂直一『あらしの江戸城――幕末の英傑松平伊賀守』、上田氏立博物館、1958年、6、190頁。松野（1982）、159頁。
10 『姫路市史資料叢書2　姫陽秘鑑（一）』、姫路市市史編集室、2001年、322頁。甥の忠学の子が交じっていて、実際には二二男一一女の可能性もある。
11 岡野智子「姫路酒井家と酒井抱一」、『酒井抱一と江戸光琳派の全貌』、求龍堂、2011年、380頁。
12 井伊美術館ホームページ http://www.ii-museum.jp/blank-50（2017年12月11日閲覧）
13 川尻（1982）、152、299頁。
14 田中弘之『「蛮社の獄」のすべて』、吉川弘文館、2011年、92－93、130－132頁。
15 小林利（一九九四）、12頁。
16 『日本思想体系55　渡辺崋山・高野長英・佐久間象山・横井小楠・橋本佐内』、157－158頁。
17 『上田藩の人物と文化』、84頁。
18 中根雪江『昨夢紀事』第2巻、日本史籍協会、NDLDC、1920－21年、169頁。三宅友信も「三宅の老公」と呼ばれており、混乱がありそうだ。
19 酒井家系譜調雑留等書付54／7－88、群馬県立文書館、『姫陽秘鑑（一）』、328頁。

20 東京大学史料編纂所編『大日本維新史料　類纂之部　井伊家史料』第10巻、東京大学出版会、1977年、12－13頁。巻によって発行年が異なるが、以下『井伊家史料』と略す。
21 『昨夢紀事』第4巻、88頁。
22 『播磨聖人　亀山雲平顕彰会会報』第7号、1996年。
23 跡見学園女子大学「学生便覧」平成31年度版。
24 『松平氏史料集』(2010)、90、93頁。『姫陽秘鑑』(一)、326。
25 尾崎行也「江戸後期上田藩内紛争」、古文書学習会「山なみ」・上田市立上田図書館『幕末藩主暗殺疑獄――「上田縞絲之筋書」を中心に』、上田市立上田図書館、2009年、4頁。
26 小林雄(1915)、2－4頁。『松平氏史料』、97、106頁。
27 蚕都上田プロジェクト『蚕都上田ものがたり――歴史のとびら』、2012年。
28 『松平氏史料集』(2010)、98頁。
29 小林利(1994)、11頁。
30 松野(1982)、62頁。
31 『松平氏史料集』(2010)、98頁。
32 小林雄(1915)、8頁。
33 『上田郷友会月報』二十五週季記念号後編、明治43(1910)年、167－168頁。
34 猪坂(1958)、9頁。
35 猪坂(1958)、5－6、111、195頁。
36 『昨夢紀事』第3巻、327頁。
37 『上田市史』上巻、590－591、597頁、下巻、1199頁。
38 『上田市史』下巻、1216、1287頁。土居良三、『開国への布石――評伝・老中首座阿部正弘』、未來社、2000年、175頁。浦賀近世史研究会監修、『南浦書信――ペリー来航と浦賀奉行戸田伊豆守の書簡集』、未來社、2002年、11－12頁。
39 土居(2000)、177頁。
40 Williams, S. Wells, *A journal of the Perry Expedition to Japan (1853-1854)*, Kelly & Walsh, Internet Archive, 1910, p. 51.(『ペリー日本遠征随行記』、サミュエル・ウェルズ・ウィリアムズ著、洞富雄訳、雄松堂書店、1978年、95頁)

41 『幕末外国関係文書』第1巻、〔１１９〕、269-270頁。
42 Hawks (1856), p. 238.（『ペリー艦隊日本遠征記』上巻、527頁。船旗となっている）
43 Hawks (1856), p. 247.（『ペリー艦隊日本遠征記』上巻、544頁）
44 『幕末外国関係文書』第1巻、〔１５〕、24頁。
45 嶋村（１９９５）、51-52頁。
46 『日本思想体系56　幕末政治論集』、9頁。
47 土居（２０００）、186-188、191-192頁。斉昭の6月5日付の書簡の引用も同書より。
48 田保橋潔『増訂　近代日本外国関係史』、原書房、１９４３／１９７６年、495-496頁。
49 吉川弘文館編『水戸藩史料』上編 乾、吉川弘文館、（ＮＤＬＤＣは刊行年不明）、１９７０年、34-38頁。
50 淺井良亮「嘉永六年の江戸湾巡検」、『佛教大学大学院紀要』文学研究科篇、第39号、２０１１年、72、75-76頁。
51 ウィキペディア「昇平丸」の項。
52 土居（２０００）、228頁。残りの2隻は3月4日に到着した。
53 Williams (1910), p.115.（『ペリー日本遠征随行記』、189-190頁）
54 『幕末外国関係文書』第5巻、〔1〕、〔4〕、〔6〕、３-９頁。
55 内藤恥叟『開国起源安政紀事』、東崖堂、ＮＤＬＤＣ、１８８８年、60頁。
56 猪坂（１９５８）、46頁。
57 『水戸藩史料』上乾（１９７０）、263頁。
58 内藤（１８８８）、61頁。
59 『昨夢紀事』第1巻、142-149頁。
60 藤田英昭「嘉永・安政期における徳川慶勝の人脈と政治動向」、『金鯱叢書——史学美術史論文集』第44輯、２０１７年、117-118、122頁。
61 内藤（１８８８）、66-67頁。
62 渡辺修二郎『阿部正弘事績——日本開国起原史』、１９１０年、ＮＤＬＤＣ、331-332頁。
63 渡辺（１９１０）、345-347頁。土居（２０００）、248頁。内藤頼寧は、横須賀藩西尾忠善の娘で酒井忠実の養女の万代を継室に迎えたが早世している。
64 渡辺（１９１０）、335-336頁。
65 『水戸藩史料』上乾、651頁。

66 徳富蘇峰『近世日本国民史　堀田正睦』(四)、講談社学術文庫、1981年、106－107頁。
67 渡辺(1910)、211頁。
68 『昨夢紀事』第4巻、135頁。
69 『昨夢紀事』第2巻、170頁、第4巻、34頁。
70 『水戸藩史料』上乾(1970)、650－651頁。
71 渡辺(1910)、345頁。
72 『水戸藩史料』上乾(1970)、438頁。
73 小林利(1994)、16頁。
74 松浦(1984)、37頁。
75 松本(2000)下巻、76頁。
76 『吉田松陰全集4巻』、山口県教育委員会編、NDLDC、1939－40年、365頁。
77 第3章の注11参照。
78 『上田市史』下巻、1214－1215頁。
79 『上田藩の人物と文化』(1986)、71頁。
80 尾崎行也「文久期における上田藩(一)」、『信濃』第36巻第5号、1984年、22頁。
81 尾崎行也「開港期前後の上田藩(三)」、『信濃』第35巻第2号、1983年a、49頁。
82 小林利(1994)、11、14頁。
83 尾崎行也「開港期前後の上田藩(二)」、『信濃』第34巻第10号、1982年、15頁。同(三)、(1983a)、50頁。
84 小林雄(1915)、5、34、46頁。
85 『昨夢紀事』第2巻、168頁。
86 松野(1982)、131、134頁。
87 『上田市誌　歴史編(7)城下町上田』、上田市・上田市誌刊行会、2002年、137頁。
88 同前、135－136頁。
89 『水戸藩史料』上乾(1970)、353頁。
90 『昨夢紀事』第1巻、68頁。嘉永6年8月7日に松平慶永から老中に提出した御答書。

91 徳富蘇峰『近世日本国民史　安政の大獄前篇』、講談社学術文庫、１９８３年、163－164頁。
92 『上田市史』下巻、１２１６頁。
93 山口宗之『幕末政治思想史研究』ぺりかん社、１９８２年、26頁。
94 同前、32頁。
95 Heusken, Henry, *Japan Journal 1855-1861*, Trans. and ed. by Jeannette C. Van der Corput and Robert A. Wilson, Rutgers University Press, 1964, p. 101.（『ヒュースケン「日本日記」』、青木枝朗訳、校倉書房、１９７１年、105頁）
96 猪坂（１９５８）、90－91頁。
97 土居良三『評伝　堀田正睦』、図書刊行会、２００３年、112頁。
98 『昨夢紀事』第２巻、167－169頁。
99 『史談会速記録』合本25、168輯、附録、嶋津家事跡訪問録、原書房、１９７３年、68、71頁。
100 『昨夢紀事』第２巻、171、300－301頁。
101 『昨夢紀事』第３巻、361頁。
102 日本史籍協会編『橋本景岳全集』、東京大学出版会、１９７７年、551頁。
103 『昨夢紀事』第２巻、247頁。
104 『昨夢紀事』第２巻、198－199頁。
105 同前、326頁。
106 同前、386－387頁。
107 小林利（１９９４）、19頁。
108 維新史編集事務局編『維新史』２巻、維新史編集事務局、ＮＤＬＤＣ、１９３９年、435頁。
109 徳富『堀田正睦』（四）、541－542頁。
110 『忠固日記』は菊地（２０１８）、348頁より引用。水野忠徳は『昨夢紀事』第２巻、425頁より。
111 『幕末外国関係文書』第20巻、２－６、12－18頁。
112 ポルスブルック（１９９５）、92頁。
113 Harris, Townsend, *Complete Journal of Townsend Harris*, C. E. Tuttle co., 1930/1959, pp. 512-513.（『ハリス日本滞在記』下巻、ハリス著、坂田精一訳、岩波文庫、１９７９年、124－125頁）

114 徳富『堀田正睦』(四)、473、535頁。ハリスの日記の引用の訳文も同書より。
115 日本史籍協会編『九條尚忠文書』四、東京大学出版会、1987年、443頁。
116 東久世通禧『維新前後――竹亭回顧録』、博文館、NDLDC、1911年、61頁。
117 徳富蘇峰『近世日本国民史　堀田正睦(五)』講談社文庫、1981年、278頁。
118 『井伊家史料』第5巻、397頁。
119 同前、430頁。
120 『橋本景岳全集』、673頁。
121 『昨夢紀事』第3巻、391-392頁。
122 『井伊家史料』第5巻、480-481頁。
123 『橋本景岳全集』、761頁。
124 徳富『堀田正睦』(五)、239頁。
125 香川敬三総閲『岩倉公實記』上巻、NDLDC、1906年、145-147頁。
126 『橋本景岳全集』、727頁。
127 海音寺潮五郎『敬天愛人　西郷隆盛』一、学研文庫、2001年、198頁。
128 宮内省先帝御事蹟取調掛編『孝明天皇紀』第41、先帝御事蹟取調掛、NDLDC、1906年、巻77、1-2頁
129 同前、10頁。
130 『九条尚忠文書』(一)、(NDLDCは1916年版)、7頁。
131 『岩倉公實記』上巻、151-152頁。
132 『井伊家史料』第6巻、10、53頁、菊地(2018)、349頁。
133 『岩倉公實記』上巻、148-157頁。刑部(2018)、37-41頁
134 徳富『堀田正睦』(四)、31頁。
135 酒井忠義の公用人、三浦七兵衛から三条実万への「内進達」、徳田(2011)、137頁に引用。
136 小野寺(2018)、226頁。
137 中根、『昨夢紀事』3巻、344頁。
138 『井伊家史料』第6巻、95-99頁。『橋本景岳全集』にも2月末付の「老女生嶋」の密書がある。

139 徳富『堀田正睦（五）』、221頁。
140 松平慶永編「逸事史補」、『松平春嶽全集』第一巻、原書房、1939／1973年、290頁。
141 『昨夢紀事』第3巻、321頁。
142 同前、344－345頁。
143 徳富『堀田正睦（五）』、237－238頁。
144 『井伊家史料』第6巻、148－164頁。引用は149、154頁より。
145 『孝明天皇紀』第42、巻79、18－19頁。
146 内藤（1888）、193頁。
147 徳富『堀田正睦（五）』、392頁。
148 『維新史』2巻、435頁。
149 『昨夢紀事』第3巻、298頁。
150 同前、389－390頁。
151 『昨夢紀事』第4巻、52－54頁。
152 『昨夢紀事』第4巻、83－84頁。
153 彦根藩資料調査研究委員会『史料　公用方秘録』、彦根城博物館、2007年、15頁。
154 『昨夢紀事』第4巻、103頁。
155 菊地（2018）、366－367頁。
156 『昨夢紀事』第4巻、134頁。
157 同前、162－163頁。
158 『橋本景岳全集』、937頁。
159 『史談会速記録』合本25、72頁。
160 Black (1886), vol. I, pp. 24-25（『ヤング・ジャパン』1巻、16－17頁）
161 『昨夢紀事』第4巻、187頁。
162 『橋本景岳全集』、953頁
163 アメリカ領事館が置かれた横浜の本覚寺に「横浜開港主唱者」の碑が1982年に建立。

164 『昨夢紀事』第4巻、241頁。猪坂（1958）、173頁にも引用。
165 Harris, (1959), pp. 307-308, 509-511.（『ハリス　日本滞在記』中巻、167–168頁。下巻、122–123頁）
166 『昨夢紀事』第4巻、192–193頁。
167 『史料　公用方秘録』、17–18頁。
168 猪坂（1958）、166頁。
169 母利美和「解題「公用方秘録」の成立と改編」、『史料　公用方秘録』、347–349頁。
170 『九条尚忠文書』（一）、17–18頁。
171 『昨夢紀事』第4巻、200–201頁。
172 『維新史』第2巻、473頁。
173 『史料　公用方秘録』、18、349頁。
174 福地源一郎、石塚裕道校訂『幕府衰亡論』、平凡社、（DNLDCは1892／1936年版）、1967年、20–24、32頁。なお、1892年版、1967年版は「諸大名に和戦の評議を成さしめざる事」と逆の意味になっているが、文脈からして誤植と思われる。
175 徳富『堀田正睦』（四）、106–107頁。
176 小林利（1994）、16、19頁。
177 『井伊家史料』第7巻、80–81、102–103頁。
178 佐佐木（1972）、265頁。萩原進『新版 炎の生糸商 中居屋重兵衛』、有隣新書、1994年、126–128頁。
179 石井寛（1984）、22頁。西川武臣「中居屋重兵衛関係資料から–生糸貿易が始まった日」、『開港のひろば』第113号、横浜開港資料館、2011年。
180 NPO長野県等図書館等協働機構／信州地域資料アーカイブ「原町問屋日記」https://trc-adeac.trc.co.jp/WJ11E0/WJJS06U/2000515100/2000515100100040/ht039211（2018年11月8日閲覧）。西川（2011）。
181 阿部勇「「蚕都上田」の輝きと未来」『週間うえだ』http://www.weekly-ueda.co.jp/santo/index.html（2018年11月7日閲覧）
182 斎藤（二〇一七）、28–29頁。
183 ホームズ著、横浜開港資料館編『ホームズ船長の冒険——開港前後のイギリス商社』有隣堂、1993年、103–110頁。
184 西川（2011）。
185 三井文庫蔵『永書』、西川武臣「開港直後の横浜と貿易」、『横浜開港資料館紀要』第7号、1989年。年、3頁。藤本つむぎ工房のパンフレット。
186 小林雄（1915）、54頁。『上田市史』下巻、1200頁。

187 尾崎行也「文久期における上田藩（一）」、『信濃』第35巻第12号、信州史学会、1983年b、3頁。
188 猪坂（1958）、208－209頁。
189 尾崎（1982）、15頁、（1983b）、2頁。尾崎行也「上田藩主松平忠固暗殺考」、上小PTA母親文庫『社会教育大学月報』25号、2－3頁。
岡鹿門「在臆話記」、森銑哲編、『随筆百花苑』第1巻、中央公論社、1980年、41、296頁。
190 『吉田松陰全集』第4巻、356頁。
191 『上田藩の人物と文化』、恒川重遠の項、93頁。『赤松小三郎　松平忠厚――維新変革前後　異才二人の生涯』、上田市立博物館、2000年、58－59頁。
192 『昨夢紀事』第3巻、361頁。
193 内藤（1888）、319－320頁。
194 小林利（1994）、7頁。
195 松岡英夫『岩瀬忠震：日本を開国させた外交家』、中公新書、1981年、184－185、192頁。
196 『孝明天皇紀』第43、巻81、24頁。第52、巻96、16頁。第56、巻106、12－16頁。九条幸経の没年はウィキペディアの彼の項より。
197 『九条尚忠文書』四、442－445頁。
198 『産経新聞』2014年6月2日付、「荒井寛方「富岡製糸場行啓図」の下図　世界遺産で注目」。原富太郎は跡見女学校の教師で、教え子の原屋寿と結婚。

第5章　幕末の横浜居留地

1 萩原『遠い崖』（1）、353－358頁。
2 Rennie (1864), p. 272.
3 『薩藩海軍史』中巻、269頁。
4 Satow (1921), p. 26.（『一外交官の見た明治維新』上、25頁）
5 高橋秀鋭「幕末・金貨流出の経済学～「海舟日記」に見る「忘れられた元日銀総裁」富田鐵之助（4）」、東北学院大学経済学論集、第185号、2015年、8頁。
6 生麦事件の償金に関する1862年12月24日付のラッセル外相からの訓令は、萩原『遠い崖』（1）、230頁を参照。勝海舟の日記は文久3年3月16日の条、『勝海舟全集』18、35頁より。
7 岡本匡房『エピソードで綴る日本黄金史――江戸時代』、パンローリング、2015年、219頁。
8 萩原『遠い崖』（1）、239－270、289、302－304、309－319頁。「キューパー提督」ともっぱら呼ばれるが、当時は実際には rear-admiral なので海軍少将である。

9 Notehelfer (1992), pp. 481-488.
10 Satow (1921), p. 80.（『一外交官の見た明治維新』上、98頁）
11 *Illustrated London News*, 1863年9月12日号。
12 萩原『遠い崖』（1）、316－319頁。
13 *The Illustrated London News*, 1863年9月12日号。Notehelfer (1992) , pp. 488-490.
14 『横浜市史稿』政治編二、410頁。
15 *Japan Herald*, 1863年10月17日付（15日付号外より）
16 宮永（1996）、222－226頁。
17 *Japan Herald*, 1863年10月17日付。
18 『横浜市史稿』地理編、866頁。
19 『横浜市史稿』政治編二、411－412頁。
20 *Illustrated London News*, 1864年5月28日号。
21 影山（1999）、178頁。
22 *The Cork Daily Reporter*, 1864年1月11日付、The British Newspaper Archive.
23 *Japan Herald*, 1864年11月23、24日付。
24 萩原『遠い崖』（2）、322－333頁。コータッツィ（1985）、75頁。
25 佐野（2003）、245－246頁。
26 『上田市史』、下巻、1246頁。『上田郷友会月報』二十五週季記念号、明治43年、163頁。
27 Satow (1921), p. 256.（『一外交官の見た明治維新』下、45頁）
28 萩原『遠い崖』（5）、279頁。1867年8月26日（陰暦7月27日）の条。
29 関良基『赤松小三郎ともう一つの明治維新』、作品社、2016年、7、53－54、61、69、198－199頁。
30 川尻（1982）、9、25、28、225－226、308、331－332、334頁。『象山全集』巻3、弘化3年正月9日付、飯島楠左衛門宛の手紙〔157〕、356頁。
31 野口忠彦「「民主主義」は適訳か――「デモクラシー」訳語考序説（2）」、『拓殖大学論集』政治・経済・法律研究第12巻第2号、2010年3月、2－3頁。
『地学正宗』については広島大学、鹿児島大学のサイトで公開されている画像等を参照した。
32 中武香奈美「幕末維新期の横浜英仏駐屯軍の実態とその影響――イギリス軍を中心に」、『横浜開港資料館紀要』第12号、横浜開港資料館、1994

年、12頁。「外務省引継書類」880頁、『続通信全覧』編年之部6、雄松堂出版、１９８３年、804頁。
33 柴崎新一著、赤松小三郎顕彰会編『赤松小三郎先生』（現代語訳版）、赤松小三郎顕彰会、２０１６年、57－59、62、70頁。
34 藤澤直枝編『赤松小三郎先生』、信濃教育会小県部会、ＮＤＬＤＣ、１９１７年、3頁。
35 『横浜市史稿』風俗編、806－807頁。
36 立川健治『文明開化に馬券は舞う——日本競馬の誕生』、世織書房、２００８年、167、643頁。
37 *Japan Herald*, １８６２年９月27日付。
38 *Japan Herald*, １８６２年10月11日付。
39 「開港の広場」第99号、横浜開港資料館など。http://www.kaikou.city.yokohama.jp/journal/099/02.html（２０１７年８月11日閲覧）
40 Black (1880), vol. I, pp. 113-114（『ヤング・ジャパン』1巻、96－97頁）
41 『新編武蔵風土記稿』第4巻、「第日本地誌体系10」、蘆田伊人編集校訂、雄山閣、１９８１年、80頁。『横浜の新田と埋立』、横浜郷土双書第3巻、内田四方蔵編集、横浜市図書館、36－39頁。
42 『横浜市史稿』政治編二、514頁。旧町名は、『横浜もののはじめ考』に転載されている *The Japan Directory 1889* の地図にローマ字で記載されている。
43 Williams (1910), p.116.（『ペリー日本遠征随行記』、191頁）
44 第1章、注92照。
45 朝日新聞編集部、後藤和雄、松本逸也編、『甦る幕末——ライデン大学写真コレクションより』朝日新聞社、１９８７年、24－26頁に掲載。撮影者はチャールズ・パーカーと推定されている。
46 *The Japan Weekly Mail*, １９０３年12月５日号。
47 『横浜市史稿』風俗編、807－808頁。政治編二、523－524頁。
48 Black (1880), vol. I, p. 150.（『ヤング・ジャパン』1巻、131頁）
49 中武（１９９４）、11－12頁。
50 「陸軍歴史」（海舟全集七）、252頁、亀掛川博正「幕末期の陸軍教育について——英国陸軍伝習を中心に」、『軍事史学』第20巻第３号、51頁に引用。
51 *Illustrated London News*, １８６５年７月８日号。
52 立川（２００８）、185、196頁。
53 萩原『遠い崖』（３）、230頁。
54 Black (1880), vol. I, pp. 397-398.（『ヤング・ジャパン』２巻、82頁）

55 コータッツィ（１９８５）、124－125頁。Bennet (2006), p. 47, 117.. Negretti and Zambra, Views in Japan, No. 57, The J. Paul Getty Museum のサイト参照。
56 『薩藩海軍史』中巻、１０３７頁。
57 Black (1881), vol. II, p. 3.（『ヤング・ジャパン』2巻、102頁）。Cobbing, Andrew, *The Satsuma Students in Britain: Japan's Early Search for the 'Essence of the West,'* Routledge, 2013, p. 96. ４月25日に鹿児島着と書いているが、旧暦かどうかは不明。
58 コータッツィ（１９８５）、129－130頁に引用。
59 *Illustrated London News,* １８６３年９月26日号。
60 Japan Gazette (1909), p. 41-43.（『市民グラフヨコハマ』41号、52－54頁）
61 Wells, Stanley (2002). *Shakespeare For All Time*. Oxford: Oxford University Press. p. 335.
62 『史料でたどる明治維新期の横浜英仏駐屯軍』、横浜開港資料館、１９９３年、39頁。
63 Freeman-Mitford (1915), p. 377-378.（『英国外交官の見た幕末維新』、19、22頁）
64 Satow (1921), p. 197.（『一外交官の見た明治維新』上、250頁）。ブラックはやはり大坂に赴いたオランダのポルスブルック総領事からの報告として、やや細部の異なる説明を Black, Young Japan vol. II, pp. 39-40（『ヤング・ジャパン』２巻、136－137頁）に書いている。
65 Satow (1921), 199.（『一外交官の見た明治維新』上、253頁）
66 Satow (1921), p. 32.（『一外交官の見た明治維新』上、33頁）
67 Satow (1921), p. 69.（『一外交官の見た明治維新』上、83頁）
68 萩原『遠い崖』（5）、47頁。
69 萩原『遠い崖』（4）、388、390頁。
70 Freeman-Mitford (1915), p. 394.（『英国外交官の見た幕末維新』、58頁）
71 萩原『遠い崖』（4）、390頁。
72 Freeman-Mitford (1915), p. 395.（『英国外交官の見た幕末維新』、60頁）
73 萩原『遠い崖』（4）、395頁。
74 Freeman-Mitford (1915), pp. 393, 394（『英国外交官の見た幕末維新』、56、58頁）
75 『復刻版 THE JAPAN PUNCH』第1巻、308頁。
76 同前、271、280、301、333頁。
77 『復刻版 THE JAPAN PUNCH』第2巻、41頁。Freeman-Mitford, Algernon Bertram, *Memories*, vol. 2, London Hutchinson, 1916, p. 449（『英国外交官の見

た幕末維新』、159頁）

78 F. O. 46/221 とあるが、目録にしかない。

79 *Naval and Military Gazette*, 1873年8月24日付。British Newspaper Archive.

80 Colonel R. V. K. Applin, *Across the Seven Seas*, Chapman & Hall Ltd., London, 1937.

81 Applin, R (1937), p. 21.

82 Applin, R (1937), pp. 33, 57, 259. パークスは1871‐73年のあいだイギリスに帰国していた。パークス夫人は1867年10月には夫やウィリス医師とともに富士山に登頂するほど元気だったが、1879年にイギリスで急死し、パークスはその死を看取ることができなかった。

83 Applin, R (1937), p. 35,

84 Applin, R (1937), pp. 39-40.

85 Applin, R (1937), p. 42.

86 Wikipedia, North Borneo Chartered Company.（2016年7月15日閲覧）

87 Applin, R (1937), pp. 50-51.

88 Applin, R (1937), p. 63.

89 Applin, R (1937), p. 149.

90 Applin, R (1937), pp. 264-265.

91 *The Banbury Advertiser*, 1914年6月18日付。British Newspaper Archive.

92 Applin, Arthur, Philandering Angler, with Engravings by Denys Watkins-Pitchford, Hurst & Blackett Ltd., 1942/48.

93 『復刻版 THE JAPAN PUNCH』第1巻、86、99頁。

94 Moss, Michael, Seizure by the Japanese of Mr. Moss, and His Treatment by the Consul-General, W. Ridgeway, 1863.

95 ポルスブルック（1995）、191‐196頁。

96 Applin, A. (1942), p. 52.

97 Applin, A. (1942), p. 50.

98 Applin, A. (1942), p. 28.

99 ギルバート・マリー脚本の「メディア」の劇は以下参照。http://edithorial.blogspot.jp/2015/10/hellenism-un-and-human-rights.html（2017年2月10日閲覧）

100 ブリストル大学シアター・コレクション所蔵。https://artuk.org/discover/artworks/edyth-aline-c-18721956-mrs-arthur-applin-192806（閲覧日同前）

101 Satow (1921), pp. 314, 330, 332.（『一外交官の見た明治維新』下、123、144－145、147頁）
102 鮫島（１９９５）、33－37頁。
103 コータッツィ（１９８５）、174頁。『横浜市史稿』政治編三、594－599頁。
104 コータッツィ（１９８５）、180－181頁。萩原、『遠い崖』（８）、61頁。
105 『横浜市史稿』政治編三、594－601頁。
106 コータッツィ（１９８５）、102－103頁。Ruxton, Ian (ed), *The Diaries of Sir Ernest Satow, 1921-1926*, p. 53. Find A Grave, Douglas Gordon Parkes, https://www.findagrave.com/memorial/5022264/douglas-gordon-parkes（２０１８年９月13日閲覧）
107 鮫島（１９９５）、35頁。
108 『上田郷友会月報』明治39（１９０６）年５月号、２頁。
109 萩原『遠い崖』（７）、253、285頁。
110 『上田市史』上、510頁。
111 Satow (1921), p. 389.（『一外交官の見た明治維新』下、223頁）、コータッツィ（１９８５）、253頁。永島正一、『続長崎ものしり手紙』、長崎放送、１９７７年、132、138頁。長崎学者の古賀十二郎が高子に聞き取りしたものが「たか女の話」としてまとめてある。
112 コータッツィ（１９８５）、256－257頁。
113 萩原『遠い崖』（８）、148頁。
114 唐沢（１９９６）、12－13、19－20頁。
115 松本（２０００）下巻、209－222頁。
116 コータッツィ（１９８５）、297、305頁。
117 萩原『遠い崖』（８）、188、212頁。
118 鮫島（１９９５）36－37頁。コータッツィ（１９８５）、297、302、305頁。
119 コータッツィ（１９８５）、319頁。
120 『復刻版 THE JAPAN PUNCH』第１巻、51、197頁。第３巻、191。第５巻、32頁。第６巻、65、81頁。
121 コータッツィ（１９８５）、327－331頁。
122 コータッツィ（１９８５）、332－333頁。
123 萩原『遠い崖』（14）、354頁、『遠い崖』（８）、52頁。

124 コータッツィ（1985）、336－337頁。

第6章　古写真から見えてくる歴史

1 柴崎（2016）、57、65頁。
2 『松平氏史料集』（2010）、109頁。
3 松野（1982）、75頁。
4 松野（1982）、77－78頁。
5 松野（1982）、68頁。
6 『上田郷友会月報』二十五週季記念号後編、明治43（1910）年、167－169頁。
7 松野（1982）、77頁。
8 東京都写真美術館、10104904「松平忠礼像」、10104902「松平忠礼と上田藩兵」
9 『上田市史』下巻、386－387頁。
10 東京都写真美術館、10104901（松平忠礼を囲む写場）
11 『展示解説　上田の幕末・維新』、上田市立博物館、1998年、6頁。
12 松野（1982）、82－83頁。
13 太政官編「東山道戦記」、『復古外記』（『復古記』第11冊）、1921－31年、159、245頁。
14 松井悠奈「幕末・維新期における尾張藩の「勤王誘引」活動」、京都学園大学リポジトリ、2017年、246、247、250頁。
15 「東山道戦記」、302頁。
16 『上田市史』上巻、392頁。
17 太政官編『復古記』第3冊、NDLDC、1929－31年、271頁。
18 Lanman, Charles, ed., *The Japanese in America*, University Publishing Company, 1872, Interet Archive, p. 14
19 『皇族・華族古写真帖　愛蔵版』新人物往来社、2002年、148－155頁。
20 『サムライ古写真帖』別冊歴史読本、新人物往来社、2004年、32頁。
21 尾崎（1998年）、2頁。第3章注89参照。
22 東京都写真美術館、10104925「松平忠礼像」

23 高谷道男編・訳『フルベッキ書簡集』、新教出版社、1978年、149頁。
24 高橋信一『フェイスブック版　古写真こぼれ話：真実を求めて』(3)、渡辺出版、2016年、246頁。
25 東京都写真美術館、1001571「松平忠厚と三人の男」というキャプションがある。
26 東京都写真美術館、10001572「松平忠直と三人の男」、10001573「松平忠直像」とそれぞれキャプションがある。忠孝の写真は、『庶民のアルバム　明治・大正・昭和』朝日新聞社、1975年、7頁、13番にある。
27 『赤松小三郎　松平忠厚』、58頁。
28 森重和雄『幕末・明治の写真史列伝』、雄山閣、2019年、194頁。
29 古川貞雄「小平甚右衛門――松代騒動の首謀者」、『維新の信州人』、155－157頁。
30 尾崎(1983b)、7頁。松野(1982)、58－59、67頁。飯沼信子『黄金のくさび、海を渡ったラストプリンス　松平忠厚「上田藩主の弟」』郷土出版社、1996年、27－28頁。
31 松野(1982)、75、96、98、151－158頁。
32 『幕末藩主暗殺疑獄』、31頁。
33 松野(1982)、67、204頁。
34 飯沼(1996)、30頁。
35 『幕末藩主暗殺疑獄』、31頁。
36 尾崎(1983b)、7－8頁。
37 高杉(1916)「射撃行日譜」、12頁。
38 『上田市史』下巻、1214頁。
39 松野(1982)、67－68、80－81頁。中根らが接触した岡部九郎兵衛は安政6年に死去しているので、息子の志津馬か。尾崎(1983b)、5頁。
40 松野(1982)、67頁。『幕末藩主暗殺疑獄』、31頁。小林雄(1915)、55頁。
41 注25、26の2枚のほか、東京都写真美術館所蔵10109184。キャプションは忠厚となっている。
42 小林雄(1915)、55頁。松野(1982)、58頁。飯沼(1996)、27－30頁。
43 青木孝寿「堀　直虎：悲劇の須坂藩主」、『維新の信州人』、261－263、267頁。
44 東京都写真美術館10109181、10109183、キャプションはいずれも「女性像」。
45 『上田市史』上巻、501－505頁。

46 「幕府陸軍の写真」は『甦る幕末』（朝日新聞社）、161頁、「伏見稲荷山の将軍慶喜」は『幕末維新秘録』（横浜新聞社）、187頁に掲載されている。
47 Satow (1921), p. 301.（『一外交官の見た明治維新』下、106頁）
48 徳川義崇監修、徳川林政史研究所編『写真集　尾張徳川家の幕末維新――徳川林政史研究所所蔵写真』、吉川弘文館、２０１４年、125、127頁。
49 伊東里津子「上田藩松平家の江戸屋敷」、『千曲』第15号、１９８６年、49頁。
50 明治神宮崇敬会ＨＰ、「明治天皇絵画と聖蹟、第13回徳川邸行幸」http://sukeikai.meijijingu.or.jp/meijitenno/2301.html（２０１９年９月24日閲覧）
51 東区の町並み～文化のみち～　２０１４年３月27日の「徳川園のこのごろ　号外」http://higashibgv.com/information/3985（２０１９年７月３日閲覧）
52 尾崎（１９９８）、６頁以降。
53 尾崎（１９９８）、21頁。
54 『上田市史』下巻、１２０３頁。飯沼（１９９６）、72頁。
55 東京都写真美術館、10104915「酒を汲みかわす侍たち」、10104916「ピストルを持つ侍」
56 『上田市史』下巻、１２０３頁。飯沼（１９９６）、38頁は、明治５年７月１日（１８７２年８月４日）に出発とする。
57 高谷道男編・訳『Ｓ・Ｒ・ブラウン書簡集――幕末明治初期宣教記録』、日本基督教団出版局、１９６５／１９８０年、314頁。
58 新聞名、日付は不明。『赤松小三郎　松平忠厚』、69頁。
59 飯沼（１９９６）、124頁。*The Bradford Era*, １９６８年７月18日付で、忠厚の孫のロバートがブラッドフォード市に調査を依頼している。
60 ウィキペディア、稲垣信のページ。（２０１８年２月10日閲覧）
61 松野（１９８２）、67頁、小林雄（１９１５）、55頁。
62 ウィキペディア、Robert H. Pruyn の項。姓の発音もここに明記されている。（２０１７年８月18日閲覧）
63 "Rutgers Through the Years," http://timeline.rutgers.edu/#event-first-japanese-students-in-nation-enroll（２０１７年７月10日閲覧）
64 Hidden New Jersey, October 14, 2013, The Japanese at Willow Grove Cemetery: revealing New Jersey's role in modernizing a nation http://www.hiddennj.com/2013/10/the-japanese-at-willow-grove-cemetery.html（２０１７年８月19日閲覧）コメント欄では杉浦（畠山）と高木の名前が逆に書かれている。
65 犬塚孝明『薩摩藩英国留学生』、中公新書、１９７４年、18－19、25、115－116、128頁。
66 Ferris, J. M., HOW THE NEW BRUNSWICK, 1885, Griffis, W. E. *The Rutgers graduates in Japan: an address delivered in Kirkpatrick Chapel, Rutgers College, June 16, 1885*, pp. 33-35 に転載。
67 石附実「明治初期における日本人の海外留学」、『近代化の推進者たち――留学生・お雇い外人と明治』アーダス・バークス編、梅渓昇監訳、思文閣出版、１９９０年、157頁。この論文は１９６６年に最初に執筆されたもので、松平忠礼と松平定教を混同している。

68 *New Brunswick Daily Times*、１８７９年3月21日付、*The American Register*、１８８２年9月2日付、*IRON*、１８８４年2月29日付。
69 高谷（１９７８）、172－173頁。
70 板倉創造『一枚の肖像画――折田彦市先生の研究』、三高同窓會、１９９３年、口絵、3－5頁。
71 東京都港区教育委員会『写真集　近代日本を支えた人々――井関盛艮旧蔵コレクション』、１９９１年、84頁。
72 厳平「折田の渡米とフルベッキ――折田彦一のアメリカ体験記（３）」、『１８８０年代教育史研究会ニューズレター』、15号、２００６年、5頁に引用。Duke, Benjamin, Dr. David Murray: Superintendent of Education in the Empire of Japan, 1873-1879, Rutgers Univ. Press, 2019 にも同書簡の引用がある。
73 飯沼（１９９６）、49頁。
74 板倉（１９９３）、口絵、Perrone, Fernanda, Invisible network: Japanese students at Rutgers during the early Meiji period, 慶應義塾福沢研究センター、２０１７年、467頁。
75 金子敦子「紙腔琴の歴史」『徳丸吉彦先生古希記念論文集』、お茶の水音楽論集／お茶の水音楽研究会編、２００６年、253頁。
76 板倉（１９９３）、43－53、114、239－231頁。
77 八柳修之「南部家余談」e－たわごと38、384、387号、fuzoku.cneti.ne.jp/3-tawagoto.htm（２０１９年3月25日閲覧）
78 坂本龍馬と海援隊 http://kaientaidesu.la.coocan.jp/html/taishi6.htm（２０１９年3月20日閲覧）
79 萩原『遠い崖』（5）、338頁。１８６７年9月18日（陰暦8月21日）の日記。
80 Griffis, William Elliot, *Verbeck of Japan, A Citizen of No Country*, Forgotten Books, 1900/2012, p. 260, 高谷（１９７８）、212、216頁（手紙の日付が8月６日）。
81 ウィキペディア「岩倉具視」。国立国会図書館リサーチナビ、第2回本の万華鏡「洋靴――足元からの文明開化」第1章（１）https://navi.ndl.go.jp/kaleido/entry/post-114.php（２０１８年12月14日閲覧）
82 飯沼（１９９６）、56－57、62－63頁。
83 Van Saint (2000), p. 62.
84 『上田市史』下巻、１２０２－１２０３頁。
85 Perrone (2017), p. 455. ラトガーズ大学のグリフィス文書を管理しているペロンヌ氏には、画像借用でも便宜を計っていただいた。
86 『赤松小三郎　松平忠厚』、55頁。
87 『赤松小三郎　松平忠厚』、54、64－65頁。飯沼（１９９６）、80頁。
88 『赤松小三郎　松平忠厚』、58－62頁。
89 『皇族・華族古写真帖』、155頁。東京都写真美術館 2010670、「松平忠礼等と外国人女性」。『上田郷友会月報』大正２（１９１３）年「山口慎君を吊す」

90 *Marshall Clark County Herald,* １８８０年３月23日付。
91 飯沼（１９９６）、99－100頁。
92 飯沼（１９９６）、107－109頁、『赤松小三郎　松平忠厚』、53－69頁。
93 *The Allegany County Democrat,* １８８４年６月４日付。
94 『上田市史』下巻、１２３９－１２４２、１２４５頁。
95 『赤松小三郎　松平忠厚』、69頁、掲載紙名は不明。DEATH OF T. A. MATSDAIRA.
96 飯沼(１９９６)、83－84頁。キンジロウの墓はFind a Grave, https://www.findagrave.com/memorial/110184824/kinjiro-matsudaira（２０１９年４月15日閲覧）
97 *Bradford Era,* １８８９年10月30日付。
98 飯沼（１９９６）、151－157頁。
99 *Simpson's Daily Leader-Times,* １９２８年２月28日付。
100 *New York Daily Tribune,* １８８０年２月29日付。『赤松小三郎　松平忠厚』、68頁に転載。ウィキペディア「Emily Warren Roebling」の項を参照。
101 飯沼（１９９６）、第四章、*New York Daily Tribune,* １８８０年２月29日付。
102 『サムライ写真帖』、31頁。
103 『上田郷友会月報』明治28（１８９５）年、４月号、17、25－26頁。小林雄吾は、溝口姓から改姓している。
104 『上田市史』下巻、１２１６－１２１７頁。
105 『皇族・華族古写真帖』、153頁。
106 『上田郷友会月報』明治45（１９１２）年、６月号、26頁。

終　章

1 伊東栄『伊東玄朴伝』、玄文社、１９１６年、門人姓名録より。
2 原平三『幕末洋学史の研究』、小見壽、１９９２／２００１年、52頁。原田一道、豊吉、直次郎については、それぞれのウィキペディアを参照。
3 『象山全集』巻４、聚遠楼時代〔６３８〕、巻５、〔１０６９〕、〔１０７２〕、〔１０９６〕、〔１０９７〕。
4 『上田郷友会月報』大正７（１９１８）年、11月号、12－13頁。
5 アンソニー、デイヴィッド『馬・車輪・言語――文明はどこで誕生したのか』上巻、東郷えりか訳、筑摩書房、２０１８年、14頁。
6 ライク、デイヴィッド『交雑する人類――古代ＤＮＡが解き明かす新サピエンス史』日向やよい訳、ＮＨＫ出版、２０１８年、44－45、80頁。

索　引

東郷えりか

翻訳者。船橋市生まれ、横浜市在住。上智大学外国語学部フランス語学科卒業。訳書に、D. アンソニー『馬・車輪・言語：文明はどこで誕生したのか』、N. マクレガー『100のモノが語る世界の歴史』、T. ハント『エンゲルス：マルクスに将軍と呼ばれた男』（以上、筑摩書房）、L. ダートネル『この世界が消えたあとの科学文明のつくりかた』、デ・コーニング『幕末横浜オランダ商人見聞録』、B. フェイガン『海を渡った人類の遥かな歴史』（以上、河出書房新社）、A. セン『人間の安全保障』（集英社）など、おもに科学、歴史、考古学分野のノンフィクション作品を手がける。著作としては、本作が初めての作品となる。

埋もれた歴史：幕末横浜で西洋馬術を学んだ上田藩士を追って

2020年9月15日　第1刷発行

著　者　東郷えりか

発行者　太田宏司郎
発行所　株式会社パレード
大阪本社　〒530-0043　大阪府大阪市北区天満2-7-12
TEL 06-6351-0740　FAX 06-6356-8129
東京支社　〒151-0051　東京都渋谷区千駄ヶ谷2-10-7
TEL 03-5413-3285　FAX 03-5413-3286
https://books.parade.co.jp
発売所　株式会社星雲社（共同出版社・流通責任出版社）
〒112-0005　東京都文京区水道1-3-30
TEL 03-3868-3275　FAX 03-3868-6588
デザイン　東郷なりさ
印刷所　創栄図書印刷株式会社

ISBN 978-4-434-27823-5　C0021